Jakutsk
Ochotskisches Meer
Ocha
Komsomolsk
Amur
TRANSSIB
Chabarowsk
Schilka
Blagoweschtschensk
Ussuri
Amur
Argun
C H I N A
Ussurinsk
Harbin
Wladiwostok
Mandschurei
Japanisches Meer
NORD-KOREA
Pjöngjang
Seoul
SÜD-KOREA
Peking
Lüshun (Port Arthur)
Gelbes Meer
Tientsin

Klaus Bednarz

Ballade vom Baikalsee

Klaus Bednarz

BALLADE VOM BAIKALSEE

Begegnungen mit Menschen und Landschaften

Europa Verlag München · Wien

Die Deutsche Bibliothek – CIP-Einheitsaufnahme

Bednarz, Klaus
Ballade vom Baikalsee:
Begegnungen mit Menschen und Landschaften / Klaus Bednarz. –
München ; Wien : Europa-Verl., 1998
ISBN 3-203-75504-1

Technische Vorbemerkung:
Da die richtige Aussprache russischer Namen häufig
Schwierigkeiten bereitet, in den Gedichten aber unerläßlich ist,
führen wir nachstehend die wichtigsten Begriffe samt Betonung an:
Angará, Baikál, Bargusín, Nértschinsk, Schílka.

Umschlaggestaltung: Wustmann und Ziegenfeuter, Dortmund
Karten: Astrid Fischer-Leitl, München
Autorenfoto auf dem Umschlag: Op gen Oorth
Übersetzung der Lieder und Gedichte: Rolf-Dietrich Keil

4. Auflage 1999

Herstellung: Graphischer Großbetrieb Pößneck, Pößneck
Printed in Germany
ISBN 3-203-75504-1

»Wenn wir den Baikal nicht retten,
werden wir auch den Planeten nicht retten.«

Jenny Sutton, Irkutsk

INHALT

Sommerreise

Wasser, wertvoller als Gold

ANNÄHERUNG AN DEN BAIKAL

DIE BAIKAL-HYMNE

Herrliches Meer, o du heil'ger Baikal,
Schiff, das einst zählt' zu den Omultonnen.
He, Bargusin, blas die Wogen noch mal,
Bald ist das rettende Ufer gewonnen.

Klirrende Ketten hab lang ich verflucht,
Vorsichtig bin durchs Gebirg' ich geschlichen.
Ein alter Gefährte verhalf mir zur Flucht;
Schließlich bin so ich ins Freie entwichen.

Schilka und Nertschinsk* ficht mich nicht an,
Keiner der Wachposten hat mich gefangen,
Kein Raubtier im Dickicht rührte mich an,
Die Kugeln sind alle danebengegangen.

Bin dann gewandert bei Tag und bei Nacht,
In Städte mied ich es sorgsam zu geh'n.
Frauen im Dorf haben Brot mir gebracht,
Burschen oft auch den Knaster zum Dreh'n.

Herrliches Meer, o du heil'ger Baikal!
Das Hemd ward zum Segel, ein löchriges Gitter.
He, Bargusin, blas die Wogen noch mal!
Schon nahet von fern ein Gewitter.

Dmitrij Dawydow

*Schilka und Nertschinsk – Verbannungsorte östlich des Baikal

PERLE IM HERZEN DES SCHLAFENDEN LANDES

Entstanden ist die Idee zur »Ballade vom Baikalsee« in Ostpreußen, am Ende einer langen Drehreise, die uns von der Südspitze Masurens bis hinauf nach Litauen geführt hatte. Auf den Dünen der Kurischen Nehrung warteten wir an einem warmen Sommerabend auf den Sonnenuntergang. Vor uns die graublau schimmernde Ostsee, auf deren Wellenkämmen sich vereinzelt kleine weiße Schaumkronen kräuselten, im Rücken das fast spiegelglatte tiefgrüne Haff. Maxim hatte die Kamera auf das Stativ gebaut, Sascha und ich saßen daneben, ließen den weichen Dünensand durch die Finger rinnen und diskutierten, welches der beste Zeitpunkt zum Filmen eines Sonnenuntergangs sei. Der Moment, in dem die glühende Kugel unmittelbar im Meer versinkt, oder die Stunde danach, wenn das indirekte Licht den Himmel in besonders dramatischen Rot- und Gelbtönen erstrahlen läßt. Schließlich entschieden wir, beide Varianten zu filmen – für alle Fälle.

Nachdem wir mit den Dreharbeiten fertig waren, blieben wir noch eine Weile in den Dünen sitzen und starrten auf das inzwischen dunkle Meer. Jeder hing seinen Gedanken nach. Um uns herum war es geradezu unheimlich still. Und in das Schweigen hinein fragte Maxim plötzlich mit leiser Stimme: »Was ist eigentlich als nächstes dran?«

So unvermittelt wußte ich keine Antwort. Doch dann schoß es mir durch den Kopf: der Baikal.

»Großartig«, sagte Maxim, »da habe ich viele Jahre gelebt.«

Der Baikal, das heilige Meer Sibiriens. Kein Sibirjake würde es wagen, ihn zu kränken, indem er ihn einen See nennt. Das hatte ich schon gelernt, als ich zum erstenmal dort war, vor knapp zwanzig Jahren. Ich hatte darüber berichtet, wie Deutsche aus Ost und West in einem kleinen Hotel am Baikal gemeinsam Silvester feierten: Familien, die sich in Deutschland nicht treffen konnten, wohl aber 7000 Kilometer entfernt in Sibirien, wo der Mensch zählt und nicht die Politik, wo der Himmel, wie ein russisches Sprichwort sagt, hoch ist und Moskau weit. Schon damals, im tiefsten sibirischen Winter, hatte mich der Baikal in seinen Bann geschlagen, hatte ich etwas von dem verspürt, woran die Sibirjaken felsenfest glauben: daß nämlich der urgewaltigen Schönheit des Baikal eine magische Kraft innewohnt, die niemanden losläßt, der ihn einmal gesehen hat, und daß seine Klarheit und Reinheit auf wundersame Weise die Seele der Menschen bewegt, auch wenn sie ihm längst wieder den Rücken gekehrt haben.

Einen Film über den Baikal zu machen war ein Traum, der lange Jahre unerfüllbar blieb. Außer jenem kleinen Dorf, in dessen Hotel sich zur Jahreswende 1977 die Deutschen aus Ost und West getroffen hatten, und der Gebietshauptstadt Irkutsk gab es in der ganzen Region um den Baikalsee keinen Ort, der Ausländern zugänglich gewesen wäre. Wie im nördlichen Teil Ostpreußens, dem Königsberger Gebiet, fielen auch in Ostsibirien erst nach der Wende in Rußland die letzten Schranken für ausländische Touristen und Journalisten. Was also lag näher, als sich nun, nach dem Ostpreußen-Traum, den Traum vom Baikal zu erfüllen? Und das mit Maxim, der vom Baikal kam!

Der Name Baikal entstammt angeblich der Sprache der Burjaten, die vor allem am Ostufer des Sees wohnen, und bedeutet »erhabenste Schöpfung der Natur«. Anderen Theorien zufolge ist das Wort dem Jakutischen entlehnt und bezeichnet ein großes Meer. Das eine wie das andere wird dem Baikal gerecht. Mit seinen fast 25 Millionen Jahren ist er nicht nur der älteste See der Erde, sondern auch der tiefste, wasserreichste, sauberste und wohl auch geheimnisvollste. Sichelförmig erstreckt er sich über eine Länge von 636 Kilometern – etwa die Strecke München–Hannover – von Südwest nach Nordost; seine Breite reicht bis zu 80 Kilometern, seine tiefste Stelle mißt gut anderthalb Kilometer, genauer: 1637 Meter. Er enthält mehr Wasser als die fünf großen nordamerikanischen Seen zusammen und tausendmal mehr als der Bodensee – ein Fünftel des gesamten Süßwasservorrats der Erde. Amazonas, Ganges, Mississippi, Nil, Kongo, Lena, Donau, Rhein und die anderen Ströme der Welt müßten ein Jahr fließen, um den Baikal zu füllen. Würde man seinen Inhalt über die gesamte Erdkugel verteilen, würde er diese 20 Zentimeter hoch mit Wasser bedecken. Gut ein halbes Jahrhundert könnte er allein die Weltbevölkerung mit Trinkwasser versorgen, ein nie versiegender Quell, der »Brunnen des Planeten«, wie ihn die Russen nennen. Mehr als 300 Flüsse und Bäche strömen aus den umliegenden Bergen in den See, doch nur ein einziger Fluß verläßt ihn wieder, die mächtige Angara an der Südspitze des Sees.

Ohne Beispiel ist die zoologische und botanische Vielfalt des Baikal. Er birgt eine Fülle von Rätseln, die die Wissenschaft bis heute nicht zu lösen vermochte. Während in anderen, ihrer geologischen Struktur nach vergleichbaren Seen, wie dem ebenfalls riesigen afrikanischen Tanganjikasee, organisches Leben nur bis zu einer Tiefe von etwa 200 Metern zu finden ist, tummeln sich im Baikal Lebewesen bis auf den Grund; an seinen

Ufern finden sich mehr seltene oder gar einzigartige Tierarten als selbst auf den Galapagosinseln, in Neuseeland oder auf Madagaskar. Insgesamt wurden im Gebiet des Baikal rund 2500 verschiedene Tier- und Pflanzenarten gezählt, und mehr als zwei Drittel davon gelten als endemisch, das bedeutet, sie kommen ausschließlich hier vor.

Zu den berühmtesten gehört die Golomjanka, ein schuppenloser, durchsichtiger Fisch ohne Schwimmblase, der lebende Junge gebiert und dessen Körper zur Hälfte aus Öl besteht. Chinesen und Mongolen, so heißt es, können mit dem Fleisch und dem Öl dieses Fisches mehr als hundert Krankheiten heilen. Doch ihn zu fangen gelingt nur höchst selten. Er lebt einzeln und in großer Tiefe – der am tiefsten lebende Frischwasserfisch der Welt. Ebenfalls einzigartig ist die Epischura, ein winziges, backenbärtiges Krebstier, das nur ein bis zwei Millimeter lang wird. Auf einem Quadratmeter der Seeoberfläche wurden bis zu drei Millionen dieser Tierchen gezählt. Der Gefräßigkeit, mit der sie Algen und Bakterien verschlingen, verdankt der See seine unvergleichliche Klarheit – ein natürliches Filtersystem, dessen Effektivität nicht seinesgleichen hat.

Zu den Rätseln des Sees gehören auch die Baikalrobben, die weltweit einzigen Süßwasserrobben. Wie sie in den Baikal gelangt sind, ist bis heute nicht mit Sicherheit erwiesen. Die am häufigsten genannte Vermutung besagt, daß die Tiere einst vom nördlichen Eismeer durch die Flüsse Jenissej und Angara in den Baikal gewandert sind; vereinzelt ist auch von einem geheimnisvollen unterirdischen Kanal zu lesen, der den Baikalsee mit dem Nordmeer verbinden soll. Doch weder für das eine noch das andere gibt es bislang eine wissenschaftlich gesicherte Bestätigung.

Umstritten ist unter Wissenschaftlern auch die genaue Entstehungsgeschichte des Baikal. Weitgehende Einigkeit herrscht nur über sein Alter, das man aus den Sedimentablagerungen an seinem Grund errechnet hat: Sie erreichen inzwischen die Höhe des Himalaya, rund 7000 Meter. Und einig ist man sich auch über die Perspektiven des Sees für die nächsten Millionen Jahre: Er wird immer größer werden. Denn im Gegensatz zu den durch die Eiszeit entstandenen Seen Europas verlandet der Baikal nicht, sondern wird ständig tiefer und breiter: Ost- und Westufer driften mit einer Geschwindigkeit von jährlich zwei Zentimetern auseinander, und irgendwann, so die Geologen, wird aus dem Baikalsee ein Ozean, der zwei Kontinente teilt wie der Atlantische Ozean Afrika und Amerika. Ursache hierfür sind die anhaltenden tektonischen Prozesse der interkontinentalen Riffzone, die das Becken des Sees bildet. Noch heute werden rund um den Baikal etwa 2000 Erdstöße jährlich registriert.

Auch das besondere Klima der Baikalregion gibt bis heute Rätsel auf. Daß der Baikal sein ganz eigenes Klima hat, ist eine Erfahrung, die jeder macht, der sich auch nur kurze Zeit dort aufhält. Obwohl der See im Herzen Sibiriens liegt und das Thermometer im Winter hier bis auf 40 Grad unter Null fällt und selbst die jährliche Durchschnittstemperatur noch im Minusbereich liegt, werden am Baikal mehr sonnige Tage gezählt als in den Kurorten auf der Krim oder auf Norderney – mit Temperaturen bis zu 35 Grad plus.

Dafür, daß es im Frühling und Sommer über dem Baikalsee praktisch keine Wolken gibt, haben die Metereologen eine einfache Erklärung: Die Oberflächentemperatur des Wassers ist so niedrig, daß es kaum zu Verdunstung und damit zur Wolkenbildung kommt. Die

Wolken, die von Westen oder Osten heranziehen, regnen an den Hängen der den Baikal umgebenden Bergketten ab. Warum aber im Winter ausgerechnet über dem Baikalsee Kumuluswolken, Haufenwolken, beobachtet werden, die es sonst in Sibirien kaum gibt, erscheint den Wissenschaftlern schlicht als Phänomen. Dasselbe gilt für Luftspiegelungen, wie man sie sonst aus der Wüste kennt.

Während die Ureinwohner Sibiriens, Burjaten, Jakuten, Ewenken und andere mongolische Volksstämme sowie Turkvölker schon seit Jahrtausenden an den Ufern des Baikalsees umherstreiften, tauchte der erste Russe, soweit aus der Geschichtsschreibung bekannt, erst 1643 dort auf: ein Kosakenhauptmann namens Kurbat Iwanow, Anführer eines Trupps von 75 Mann, der im Auftrag des Zaren den Burjaten Pelztribute abfordern sollte.

Die erste ausführliche Beschreibung des Baikal verdanken wir einem Verbannten: dem abtrünnigen russischen Kirchenführer Avvakum, Wortführer der Sekte der Altgläubigen, der vom Moskauer Patriarchen Nikon zum Ketzer erklärt und nach Sibirien geschickt worden war. In seinen 1672 erschienenen Erinnerungen berichtet er über seine erste Begegnung mit der Baikal: »Der See war an dieser Stelle nicht sehr breit, vielleicht hundert oder achtzig Werst*. Ringsumher erhoben sich Berge und steile Felsklippen. Obwohl ich über zwanzigtausend Werst zurückgelegt habe, sah ich derartiges noch nie. Hoch oben erblickte man Paläste und Vorsprünge, Tore und Säulen, steinerne Mauern und Gärten – alles vom Herrgott selbst geschaffen ...« Über die Tiere des Baikal schreibt Avvakum: »Unzählige Vögel, Gänse und Schwäne schwimmen wie Schnee auf dem See. An

*Altes russisches Längenmaß: 1,067 Kilometer

Fischen findet man dort Störe und Forellen, Sterlete und Lachse, Maränen und noch vielerlei andere Arten. Obwohl es Süßwasser ist, gibt es darin riesige Seehunde und Seehasen, wie ich sie selbst am großen Ozean nicht gesehen habe. Die Störe und Forellen sind so fett, daß man sie nicht in der Pfanne braten kann, weil sonst nur Fett übrigbleibt. Das alles hat unser Heiland Jesus Christus für die Menschen erschaffen, damit sie, in die Ewigkeit eingehend, Gott loben und preisen.«

Den ersten Russen, die der übrigen Welt Nachricht brachten vom heiligen Meer Sibiriens, folgten bald Angehörige anderer Nationen – Polen, Dänen, Franzosen, Deutsche. Letztere hatten – und haben bis auf den heutigen Tag – einen ganz besonderen Anteil an der Erforschung Sibiriens und des Baikalsees. Der von Peter dem Großen ins Land gerufene Danziger Arzt und Naturforscher Daniel Gottlieb Messerschmidt erstellte die erste wissenschaftliche Karte des Baikal, die 1745 in Petersburg gedruckt wurde. Er gilt als Begründer der Sibirienkunde. »Unter den gelehrten Reisenden, denen die Welt die innere Kenntnis Sibiriens, vorzüglich der physikalischen Erdbeschreibung, Naturhistorie, eigentümlichen Völkerschaften zu verdanken hat«, so heißt es in einer alten Chronik, »war Messerschmidt der erste.«

Die erste ausführliche Darstellung der Pflanzenwelt des Baikalgebiets stammt aus der Feder des hallischen Pietisten, Arztes und Botanikers Georg Wilhelm Steller. In seinem Hauptwerk »Flora Irkutiensis« (1739) hat er etwa 1150 Pflanzen des Gebiets rund um den Baikalsee beschrieben, viele davon auch gezeichnet. Von rund 130 Pflanzen schickte er Samen an die Petersburger Akademie der Wissenschaften, von denen ein Teil im Botanischen Garten der Akademie ausgesät wurde. Auch die erste systematische Beschreibung der Vogelwelt verdankt die Forschung Steller, der in seiner »Historia avium« bereits sechzig Vogelarten für das Baikalgebiet registrierte.

Die erste wissenschaftliche Untersuchung über die Baikalrobben, die seither auch seinen Namen tragen, veröffentlichte 1747 der aus Tübingen stammende Naturhistoriker und Arzt Johann Georg Gmelin. Und mit der wissenschaftlichen Erforschung der Fischwelt des Baikalsees befaßte sich als erster Johann Gottlieb Georgi, der ein Jahr lang (1771/72) fast den ganzen Baikal befuhr.

Die Liste der deutschen Wissenschaftler und Forscher ließe sich beliebig fortsetzen, deren Leben und Beruf aufs engste mit dem Baikalsee verbunden ist. Von Johann Wacksmann, der 1741 der erste sibirische Gouvernementsarzt in Irkutsk wurde, über Peter Simon Pallas, der um 1800 als erster mit der linguistischen Erforschung der mongolischen Sprachgruppen in Sibirien begann, bis zu jenen Wissenschaftlern der Universität Bayreuth, die gemeinsam mit russischen und kanadischen Kollegen am Ende des 20. Jahrhunderts als erste das hochgefährliche Umweltgift Dioxin im Fett der Baikalrobben entdeckten. Und wohl in keinem anderen Land außerhalb Rußlands gibt es heute so viele Studien und Projekte, die sich mit diesem einzigartigen Naturphänomen Baikal beschäftigen wie in Deutschland.

»Aus Deutschland«, so der Direktor des Baikal-Instituts der Russischen Akademie der Wissenschaften in Irkutsk, Michail Gratschow, »kommt mehr Geld zur Erforschung und Rettung des Baikalsees als von der russischen Regierung in Moskau.«

Jahrtausendelang war der Baikal der natürliche Ernährer der Menschen, die an seinen Ufern lebten, der ungefährdete Lebensraum einer paradiesischen Fülle von Pflanzen und Tieren. Erst in unserem Jahrhundert mit seinem technischen Fortschritt und dem Verlust der Ehrfurcht des Menschen vor der Natur, erwuchs ihm eine Bedrohung, die bis heute nicht gebannt ist. Industrialisierung, naturfeindliche Landwirtschaft und Fischerei, rücksichtsloses Abholzen der Wälder und unkontrollierte Siedlungspolitik haben auch vor Sibirien und dem Baikalgebiet nicht haltgemacht. Und längst ist der Baikalsee nicht mehr nur Gegenstand des Interesses von Wissenschaftlern und Forschern. Auch aus Deutschland machen sich immer mehr Menschen auf den Weg zu diesem »Dornröschen im Herzen des schlafenden Landes Sibirien«, wie ein amerikanischer Forscher den Baikal unlängst genannt hat. Sie kommen, um sich an der natürlichen Schönheit dieses Sees, dieses heiligen Meeres, zu erfreuen – Touristen, Naturfreunde, Weltenbummler, für die der Baikal vielleicht das letzte Wunder dieser Erde ist, das sie noch nicht mit eigenen Augen gesehen haben. Wobei den einen oder anderen von ihnen überdies die Sorge antreiben mag, daß dieses Wunder bald der Vergangenheit angehört. Eine Sorge, die auch in Rußland immer mehr Menschen erfaßt.

Russische Intellektuelle, Wissenschaftler, Künstler und Schriftsteller, wie der am Baikalsee geborene Valentin Rasputin, waren die ersten, die Alarm schlugen. Zur Rettung des Baikalsees vor der fortschreitenden Umweltzerstörung formierte sich Anfang der siebziger Jahre die erste echte Bürgerbewegung in der Geschichte der Sowjetunion – und es gelang ihr, weltweit Aufmerksamkeit zu erregen. Gemeinsam mit internationalen Umweltorganisationen setzte sie sich bei der Unesco dafür ein, den Baikalsee in die Liste der Stätten des Weltnaturerbes aufzunehmen. Seit 1996 steht der Baikalsee, wie es offiziell heißt, unter dem Schutz der gesamten

Menschheit. Doch ob ihm dieser Schutz wirklich helfen kann, wird sich erst erweisen.

Dieser Frage nachzugehen ist eines der zentralen Ziele, mit denen wir uns auf die Reise machen – von Köln auf der Weltkarte 100 Grad nach Osten und 5 Grad nach Norden. Dabei geben wir uns keinen Illusionen hin. Denn wir wissen, der Baikal ist geheimnisvoll und rätselhaft wie jedes lebende Wesen. Doch wir trösten uns mit dem Bekenntnis Rasputins: »Selbst wir, die wir am Baikalsee leben, können uns nicht rühmen, ihn zu kennen, denn es ist unmöglich, alles über ihn zu wissen. Dafür ist er der Baikalsee ...«

DER NACHFAHRE HUMBOLDTS

Zuerst haben wir Professor Lieth auf einem Video gesehen: inmitten einer Gruppe von Studenten auf dem Osnabrücker Hauptbahnhof, auf einem botanischen Lehrpfad bei Moskau, vor einem Hotel in Irkutsk und schließlich auf einer Wiese am Baikalsee. Immer umgeben von jungen Leuten, in aufgeräumter Stimmung, erschien der mittelgroße Mann in diesen Szenen als väterlich-joviale Respektsperson. In seinem hellen Overall, der über dem Bauchansatz ein wenig spannte, sah er aus wie ein Tischlermeister, der an einem Sonntagvormittag fröhlich seinen Schrebergarten bestellt. An einer anderen Stelle des Videos saß er mit Schlips und Kragen und umgeben von anderen wichtig blickenden Herren in einem russischen Fernsehstudio in Irkutsk und diskutierte, assistiert von einem Dolmetscher, über mangelnde Abwasserklärung, ineffiziente Landnutzung, fehlende Gesamtplanung und überhaupt so ziemlich alles, was rund um den Baikalsee nicht in Ordnung ist. Der ruhige, selbstbewußt dozierende Ton verriet den routinierten Teilnehmer unzähliger wissenschaftlicher Symposien und Tagungen rund um den Globus. Da sprach einer, der zwar diplomatisch Rücksicht nahm auf den Nationalstolz seiner Gastgeber, in der Sache aber klar und unmißverständlich blieb. Wenn ihr und wir, so seine Botschaft, uns nicht endlich aufraffen, droht die Zerstörung eines einzigartigen Naturerbes – des Baikalsees.

Helmut Lieth ist Professor für Botanik, Begründer der Arbeitsgruppe Ökologie an der Universität Osnabrück. Er stammt aus bäuerlichem Milieu, sein Vater hatte einen Hof im Bergischen Land, unweit von Köln. Er studierte an der Universität Köln und habilitierte sich an der landwirtschaftlichen Hochschule in Hohenheim für den Fachbereich globale Ökologie. Als junger Wissenschaftler ist er sämtliche Reiserouten Alexander von Humboldts nachgefahren; dann hat er mehr als zehn Jahre in den USA gearbeitet. Er ist führendes Mitglied des International Council of the Man and the Biosphere (MAB) und berät die Unesco in Umweltfragen. Ein globaler Landwirt sei er geworden, sagt er, obwohl der wichtigste Baum für ihn noch immer die Linde ist, die auf dem Hof seines väterlichen Anwesens steht, auf dem er bis heute wohnt.

Seit 1988 ist er unzählige Male an den Baikalsee gereist, hat dort mit Studenten und jungen Wissenschaftlern boden- und wasserökologische Untersuchungen sowie vegetationskundliche, ornithologische Beobachtungen und Biomassebestimmungen durchgeführt. In manchen Jahren hat er, wie er nicht ohne Stolz vermerkt, bis zu 200 Leute zwischen Osnabrück und der Baikalregion »hin- und hergeschaufelt«, ein in der deutsch-russischen Wissenschaftsgeschichte einmaliger Wissenschaftleraustausch. Sein einziges Ziel dabei war: die Erforschung und Rettung des Baikal.

Begegnet man Professor Lieth persönlich, wirkt er mit seinem offenen, freundlichen, etwas bäuerlichen Gesicht, der straffen rosigen Haut und dem verbindlichen Lächeln auf den Lippen wie ein gut erhaltener Endfünfziger. Dabei ist er, wie er dem verblüfften Besucher erklärt, bereits 73 Jahre alt und seit sieben Jahren »leider« emeritiert. Was aber nicht heißt, daß er nichts mehr zu tun hat. Im Gegenteil! Er ist beschäftigt wie nie zuvor. Neben dem Baikal hat er jetzt noch ein anderes großes Thema für sich entdeckt: die Züchtung von salzverträglichen Pflanzen, mit deren Hilfe die Ernährung von einer halben Milliarde Menschen in den verschiedensten Teilen der Erde sichergestellt werden könnte.

Seine Beschäftigung mit dem Baikalsee, so Professor Lieth, sei eigentlich eine Folge der Perestrojka gewesen. Bis dahin hätte man als westlicher Wissenschaftler kaum eine Chance gehabt, für längere Zeit in diese Gegend zu kommen, wohl auch, weil in der Baikalregion eine ganze Reihe von Rüstungsbetrieben angesiedelt waren. Erst seit Gorbatschow sei das Eis geschmolzen, wenn auch zunächst nur zögerlich und mit immer neu auftretenden Problemen, bis auf den heutigen Tag.

Auf die Frage, wie er denn auf den Baikalsee als Forschungsschwerpunkt gekommen sei, hat er eine zunächst etwas überraschende Antwort: »Weil ich lange in den Tropen gearbeitet habe.« Das sei, so räumt er ein, für uns vielleicht etwas schwierig zu verstehen, aber er habe da für sich persönlich einen ganz besonderen Lernprozeß durchgemacht. Viele Jahre habe er in den Tropen gelebt und für die Erhaltung des Regenwaldes gekämpft. Doch dann habe er begriffen, daß er als einzelner nicht gegen 500 Millionen Menschen ankämpfen könne, gegen ihre Lebensgewohnheiten, ihren Umgang mit dem Regenwald, die Zerstörung ihrer Existenzgrundlage. Im Konflikt von Ökologie und Ökonomie habe er sich dort ziemlich hilflos gefühlt. »Am Baikalsee kann man aber auch als einzelner noch etwas tun.«

Und warum gerade am Baikalsee?

Das hänge zunächst mit seinen Kindheitserinnerungen zusammen, der Erinnerung an die damals noch weitgehend unberührte Natur im Bergischen Land. Und dann natürlich mit seinem Fachgebiet, der Botanik. »Wenn Sie sehen, welch eine Bedeutung der Baikal für die Vegetation hat, dann müssen Sie das einfach begreifen.« Dabei sei noch nicht einmal entscheidend, daß die überwiegende Mehrzahl der organischen Wesen im See nur hier und nirgends sonst auf der Erde vorkomme. »Für mich viel wichtiger ist die Umgebung des Sees. Nehmen Sie nur mal eine einzige Wiese, wie ich sie am Westufer des Baikal bei dem Dorf Goloustnoje gesehen habe. Da gibt es allein sieben Arten Edelweiß. Bei uns haben wir eine.« Und nach einer Pause, in der er seine Worte auf uns wirken läßt, fügt Professor Lieth mit etwas erhobener Stimme hinzu: »Alles, was wir heute bei uns an Pflanzen finden, ist dort groß geworden, hat sich dort entwickelt, ist von dort gekommen. Das ist alles entlang der Grenze zwischen Waldsteppe und Steppe vom Baikal nach Europa, nach Deutschland gewandert.«

Als botanische Laien haben wir ungläubig staunend zugehört. Unsere deutschen Pflanzen kommen vom Baikalsee? Professor Lieth nickt und hält uns einen kleinen vegetationsgeschichtlichen Vortrag. »Die gesamten modernen Blütenpflanzen«, so erklärt er, »sind im indomalaysischen Raum entstanden, in Assam und anderen Gebieten dieser Region. Dann sind sie durch die Täler des Himalaya gezogen, über das Hochplateau von Tibet und zum Baikalsee. Und von dort in östlicher Richtung über Kamtschatka nach Alaska und in westlicher Richtung nach Europa. Das hat mich als gelernten Botaniker natürlich fasziniert. Und ich habe begriffen: Da ist ein Stück Land, das dürfen wir nicht so kaputtmachen wie die Natur in Deutschland.«

Professor Lieth schaut aus dem Fenster seines Arbeitszimmers auf die riesige Linde, die er auch als 73jähriger gerade wieder selbst beschnitten hat. »Wenn ich daran denke, welche Fülle von Pflanzen es noch in meiner Kindheit hier auf den Wiesen im Bergischen Land gab und welche Fische wir in den Bächen sogar noch mit der Hand gefangen haben – und wie es heute aussieht ... Das meiste ist doch tot! Es ist ein Trauerspiel! Sicher, die Menschen mußten ernährt werden, und man wußte nicht, was das für Folgen für die Natur hat. Aber heute wissen wir es, und wir müssen verhindern, daß am Baikal dasselbe geschieht wie bei uns. Wir müssen damit rechnen, daß in der Baikalregion statt einer Million in einiger Zeit zwanzig bis dreißig Millionen Menschen leben werden. Es ist doch eine unvergleichlich attraktive Region – und um die müssen wir uns kümmern. Und zwar rechtzeitig, bevor alles zu spät ist, wie in so viel anderen Teilen der Welt.«

Zunächst, so Professor Lieth, sei er ohne konkrete Vorstellungen an den Baikal gefahren. Er habe einfach nur sehen wollen, was dort los sei und wie es dort ausschaue. Gelesen hatte er viel Alarmierendes, aber er wollte sich mit eigenen Augen ein Bild machen. »Ich glaube nur meinen eigenen Messungen.« Zum Glück bestätigten sich seine schlimmsten Befürchtungen nicht. Auch was er bei Greenpeace gelesen habe, erscheine in manchen Punkten etwas übertrieben, sagt Professor Lieth. Im Augenblick sehe er noch nicht die Gefahr einer ganz großen Katastrophe; dafür hätten die russische Wirtschaft und die russische Gesellschaft noch nicht die, wie er sich ausdrückt, ausreichende Kapazität. »Aber in ein paar Jahren können die das alles zerstören wie wir. Dann steht dort kein Baum mehr.«

Die ersten Wasseranalysen, die Professor Lieth vornahm, zeigten, daß drei Viertel des Sees noch völlig unverschmutzt sind. Die Werte der wichtigsten Verschmutzungsindikatoren wie Ammonium, Nitrat und Nitrit lagen unterhalb beziehungsweise ganz knapp an der Nachweisgrenze; auch die Werte aller anderen schädlichen Stoffe wie Sulfat oder Phosphat blieben noch weit unter den Grenzwerten der deutschen Trinkwasserverordnung. Das Baikalwasser könnte also direkt in das deutsche Trinkwassernetz gepumpt werden und würde an Reinheit sogar das meiste dessen übertreffen, was in Europa, auf Flaschen gezogen, als Mineralwasser auf dem Markt ist. Berichte über ein »Umkippen« des Baikalsees, so Professor Lieth, seien jedenfalls »maßlos übertrieben«.

Natürlich gibt es auch besorgniserregende Erscheinungen. Zwei seiner wissenschaftlichen Mitarbeiter haben die Luftverunreinigungen in der Baikalregion gemessen und in Diplomarbeiten ausgewertet – mit niederschmetternden Ergebnissen. Die Aluminiumfabriken, Düngemittel- und anderen Industriebetriebe der Region blasen so viele Schadstoffe in die Luft, daß sie nach internationalen Umwelt- und Gesundheitsschutzrichtlinien sofort geschlossen werden müßten. Doch, so gibt Professor Lieth zu bedenken, müsse man auch die besonderen Schwierigkeiten Sibiriens, die extremen Temperaturschwankungen zwischen minus 40 und plus 30 Grad bedenken. Es gebe bislang kaum Filter und andere Reinigungssysteme, die unter solchen Verhältnissen stets gleichbleibend zuverlässig funktionieren.

Lieth selbst hat bei seinen Wasseranalysen am Südufer des Sees, in der Umgebung der Zellulosefabrik von Baikalsk, ebenfalls schlimme Zustände entdeckt. »Schweinisch« werde dort mit der Chemie umgegangen, und die Abwässerreinigung sei ein Witz. Zwar laufe der technische Prozeß der Reinigung ordnungsgemäß ab, doch da der Boden der Abwasserbecken nicht betoniert sei, gelangten Unmengen von Schadstoffen durch das Erdreich in den Baikal. Die Folge: Ein Gebiet von 25 Quadratkilometern im Halbkreis vor der Zellulosefabrik sei verseucht, mehrere Tier- und Pflanzenarten in diesem Bereich des Sees wären bereits ausgestorben.

Zu den ersten Maßnahmen, die Professor Lieth initiierte, gehörte die Erstellung eines Landschaftsnutzungsplanes der Baikalregion. In Zusammenarbeit mit der Russischen Akademie der Wissenschaften, mit Geographen, Limnologen, Ökologen, Landwirtschaftsexperten und Ökonomen, finanziert vor allem mit Geldern der Gesellschaft für Technische Zusammenarbeit in Eschborn (GTZ), wurde ein gewaltiges Daten- und Kartenwerk erstellt und in Auszügen auch veröffentlicht. Mit den praktischen Konsequenzen daraus, so Professor Lieth etwas bitter, hapere es allerdings bis heute. Es fehle eben an Geld in Rußland, und die internationale Unterstützung sei auch nur begrenzt.

Als Erfolg rechnet er sich an, »vielleicht ein wenig« dazu beigetragen zu haben, die wildesten Pläne für neue Hotels am Ufer des Sees zu stoppen. »Stellen Sie sich vor, es würde da so aussehen wie am Gardasee oder am Lago Maggiore. Es wäre das Ende des Sees.« Denn die norditalienischen Seen erneuern sich dank der Niederschläge alle paar Jahre, der Baikalsee aber braucht dafür mindestens 200 Jahre. Wenn schon Hotels, die man ja brauche, denn auch Touristen hätten das Recht, den Baikal zu besuchen, dann nur im Abstand von mindestens fünf bis zehn Kilometern vom Ufer, mit garantiert funktionierenden Kläranlagen – und auch sonst in jeder Hinsicht naturverträglich.

Auf russischer Seite ist man seinen Aktivitäten zunächst mit Skepsis begegnet. Nicht bei den Wissenschaftlern, wohl aber bei den Behörden. »Die haben mich für einen Spion gehalten.« Die Tatsache, daß er aus wissenschaftlicher Eigenverantwortung handle und sich als Botaniker wirklich nicht für die Kampfflugzeuge vom

Typ MIG interessiere, die in der Nähe von Irkutsk gebaut werden, sei den alten Kommunisten, wie er formuliert, einfach nicht in den Kopf gegangen. »Der kommt hierher, also will er doch was ...«

Auf Schritt und Tritt sei er überwacht und manchmal auch in seinen Arbeiten vorsätzlich behindert worden. Doch das habe ihn nicht irritiert. Schließlich hätte ihn auch die CIA in den USA überwacht, nachdem er eine Postkarte aus Kuba und einen Brief von einem Wissenschaftler aus Vietnam erhalten habe.

Viel schwieriger sei es gewesen, sich in den wissenschaftlichen Strukturen der Nachwendezeit in Rußland zurechtzufinden. Vorher sei alles klar gewesen – auch die russischen Wissenschaftskarrieren erfolgten über die Partei. Heute gibt es die Partei nicht mehr, wenn auch zuweilen die alten Seilschaften noch funktionieren, aber die Wege der wissenschaftlichen Profilierung seien für seine russischen Kollegen weit schwieriger geworden. Das Sichbehaupten im rein leistungsmäßig orientierten Wettbewerb sei für manche noch ungewohnt. »Trotzdem gibt es viele gute Leute dort, und die werden es schon packen.«

Entsetzt war Professor Lieth über die Arbeitsbedingungen der russischen Wissenschaftler, die sich mit der Erforschung des Baikalsees beschäftigen. Zwar gehöre das Limnologische Baikal-Institut in Irkutsk zur Russischen Akademie der Wissenschaften, der vornehmsten wissenschaftlichen Institution des Landes, doch die Apparaturen und Geräte, mit denen man dort in den ersten Jahren ihrer Bekanntschaft arbeitete, hätten bei ihm nur ein Kopfschütteln hervorgerufen. Und der äußere und innere bauliche Zustand der Institute hätte es ihm vollends rätselhaft werden lassen, wie seine Kollegen dennoch zu so vielen hervorragenden wissenschaftlichen Ergebnissen hätten kommen können. Mit primitivsten Mitteln habe man Messungen durchgeführt, deren Genauigkeit die westlichen Fachkollegen überraschte. »Es sind eben gute Köpfe, und sie können improvisieren.«

Dennoch sei es bedrückend gewesen. Alles Geld für die Forschung sei in die Wissenschaftszentren in Moskau geflossen. »Für die Provinz blieb da kaum etwas. Und der Baikal war weit.« Die russischen Wissenschaftler in Irkutsk hätten viele der Geräte, die die ausländischen Kollegen mitbrachten, am liebsten gleich dabehalten, für entsprechende Gegenleistungen natürlich wie Unterbringung, Transportmittel, Organisation der wissenschaftlichen Exkursionen usw. Doch da habe der russische Zoll einen Strich durch die Rechnung gemacht. »Die haben sich selbst ein Bein gestellt, da drüben.«

Auch von Rückschlägen blieben Professor Lieth, seine Mitarbeiter und Nachfolger in Osnabrück nicht verschont. Ein großes Wirtschaftsentwicklungsprojekt, das man mit der Landwirtschaftsakademie in Irkutsk durchführen wollte und für das Fördergelder der EU in Höhe von vier Millionen Mark ausgeschrieben waren, ging an eine andere ausländische Universität, die am Baikalsee allerdings noch kaum Erfahrungen gesammelt hatte. In Irkutsk, so vermutet Professor Lieth, gibt es wohl Leute, denen nicht gepaßt hat, daß ausgerechnet die Deutschen dort soviel machen. Jedenfalls blieb die Unterstützung seitens der zuständigen russischen Behörden aus, die Wissenschaftler aus Osnabrück hatten in Brüssel das Nachsehen. Dauerhaft entmutigt hat sie das allerdings nicht.

Welche Vorstellungen hat Professor Lieth von der Zukunft des Baikalsees? Welches sind seine Hoffnungen, seine Befürchtungen?

»Mein Alptraum sind vier Millionen Touristen alljährlich am Baikalsee, die der geplante neue Flughafen in Irkutsk heranschaffen soll. Aber vergessen wir einmal diesen Alptraum. Das wichtigste ist die Entwicklung der Umgebung des Sees, der Region. Der See selbst soll in Ruhe gelassen werden, er ist durch sich selbst nicht gefährdet. Es ist die Umgebung, die ihn kaputtmacht. Natürlich können wir die Umgebung nicht konservieren. Für die Erde als Ganzes kann nicht die Museumsphilosophie mancher Naturschützer gelten, das heißt die Philosophie, daß sich nichts verändern darf, daß alles so bleiben muß, wie es ist. Die Welt verändert sich in jedem Fall. Nichts bleibt, wie es ist. Alle denken, es muß so bleiben wie in ihrer Kindheit. Unsinn! Sie vergessen, daß es vor ihrer Kindheit irgendwann einmal ebenfalls ganz anders ausgesehen hat.«

Professor Lieth macht eine Pause, als überlege er, wie er uns Laien dies am besten verständlich machen könnte. Ein Blick aus dem Fenster bringt ihn auf die Idee: »Ich will Ihnen ein Beispiel geben, hier aus Deutschland. Als man drauf kam, daß die Nadelhölzer, also Fichte und Tanne, besseres Baumaterial sind als Buche und Eiche, weil man sie nageln kann, ist in Deutschland der ganze Laubwald allmählich in Nadelwald übergeführt worden. Wenn Sie so wollen, auch ein Waldsterben, aber ein den Bedürfnissen des Menschen angepaßtes, das in Teilen zumindest später wieder korrigiert wurde. Ähnliches gilt für die Baikalregion. Der See selbst darf nicht angetastet werden. Schon die geringste Veränderung würde einen biologischen Dominoeffekt auslösen und seine Einzigartigkeit zerstören. Allerdings da, wo das Gleichgewicht der Natur bereits zerstört ist, muß der Mensch korrigierend eingreifen. Bei den Baikalrobben zum Beispiel. Früher haben Bären und

Wölfe die Baikalrobben geschlagen. Heute gibt es in dieser Region kaum noch Wölfe und Bären, also muß der Mensch die Robbenbestände dezimieren, muß diese Aufgabe im Ökosystem übernehmen. Das müssen auch die Naturschützer einsehen.«

Und wie, fragen wir, soll die Umgebung des Baikalsees entwickelt werden?

»Das muß man ganz realistisch sehen«, meint Professor Lieth. »Natürlich kann man nicht aus einem Gebiet, das fast so groß ist wie die Bundesrepublik, einen Nationalpark machen. Man kann es nicht vor den Menschen verschließen, sondern muß versuchen, Industrie, Landwirtschaft, Tourismus und Ökologie soweit wie möglich in Einklang zu bringen. Konkret heißt das, es dürfen keine neuen Industriebetriebe in unmittelbarer Nähe des Sees angesiedelt werden und in der weiteren Umgebung nur solche, die für die Bedürfnisse der Bevölkerung unmittelbar erforderlich sind und strengen ökologischen Kontrollen unterliegen. Drastisch reduziert werden muß der Pestizid- und Düngemitteleinsatz in der Land- und Forstwirtschaft, der Tourismus muß kontrolliert und umweltfreundlich sein. Natürlich gibt es dafür in Rußland bereits einige Gesetze. Doch wer hält sich schon daran?«

Manche Probleme, so Professor Lieth weiter, seien auch objektiv nur schwierig zu lösen. Das Abwasserproblem zum Beispiel. In der gesamten Baikalregion gebe es so gut wie kein System zur Abwasserregulierung. »Es gibt nur Plumpsklos, sonst nichts.« Das müsse sich natürlich ändern, was aber viel schwieriger sei als bei uns. »Der gesamte nördliche Teil des Baikal liegt im Gebiet des Permafrostes. Das heißt, der Boden dort ist das ganze Jahr über bis auf wenige Zentimeter gefroren. Wie wollen Sie da ein Abwassersystem installieren?«

Auch in anderer Hinsicht solle man sich keine Illusionen machen. Rings um den Baikalsee lagern unendliche Bodenschätze. Jede Menge Sande, Kohle, mindestens zwanzig verschiedene Erze, darunter sehr seltene, zum Beispiel Siliciumdioxyd, das man für Solarzellen braucht. »Machen wir uns nichts vor, das alles werden wir dort herausholen, weil wir es brauchen. Ob es uns paßt oder nicht.« Bedingung dafür sei aber, daß alles umweltfreundlich geregelt werde, mit neuen Technologien und Transportmethoden. »Das ist eine Riesenaufgabe. Aber solange die nicht gelöst ist, können wir Ökologen den See nicht freigeben.«

Ob er denn nicht glaube, daß er in dieser Hinsicht die Macht der Ökologen ein wenig überschätze, fragen wir.

»Mag sein«, antwortet der Professor und wirkt dabei fast unwillig. »Aber Visionen wird man doch wohl noch haben dürfen, oder zumindest Ideen!« Er jedenfalls träume davon, daß es in fünfzig bis hundert Jahren eine Autobahn in angemessenem Abstand rund um den See gebe, damit der Verkehr am See vorbeigelenkt werde. Und die Transsibirische Eisenbahn, die am Südufer des Sees verläuft, müßte weiter ins Landesinnere verlegt werden. »Natürlich brauchen wir im Gebiet um den See auch Verkehr, Kommunikationsarterien. Denn ohne Verkehr keine Wirtschaft. Wir können die Menschen, die dort leben, doch nicht allein lassen.« Aber mit Rücksicht habe das zu geschehen, mit Rücksicht, man gestatte das altmodische Wort.

Im übrigen, so Professor Lieth, der sich nun sogar ein wenig in Rage geredet hat, seien wir Deutschen gerade dabei, unsere Zukunft in Sibirien zu verspielen: »Wo ich hinkomme, sind schon hundert Japaner da und mindestens zwanzig Amerikaner. Die haben begriffen, was Sibirien wirtschaftlich für sie bedeutet.« Dabei müßten doch gerade wir Deutschen wissen, »wie gering unsere natürlichen Ressourcen sind und in welch hohem Maße wir in Zukunft auf die Bodenschätze Sibiriens angewiesen bleiben«. Wo er nur könne, »predige« er dies in Deutschland, doch stoße er meist auf taube Ohren oder Desinteresse. Die Stadt Leipzig zum Beispiel, die nicht nur durch den einstigen Pelzhandel historische Beziehungen zu Sibirien hat, habe er zu einer Partnerschaft mit Irkutsk bewegen wollen. Vergeblich! Der sächsische Ministerpräsident Biedenkopf sei dagegen gewesen. Über die Gründe könne man nur spekulieren. Und im Kulturbereich? Ja, Pforzheim habe eine kulturelle Partnerschaft mit Irkutsk. Aber was könne Pforzheim kulturell schon bieten ...?

Ihn persönlich ficht dies alles jedoch wenig an. Auch mit 73 Jahren scheint er voller Energie und umtriebig wie eh und je. Mit russischen Deutschlehrerinnen hat er in Irkutsk einen Kulturverein gegründet, der deutschen Sprachunterricht erteilt und einen deutsch-russischen Schüleraustausch organisiert. »Kontakte laufen am besten über die Kultur, und Voraussetzung dafür ist die Sprache. Alles andere kommt dann schon.« Mit sibirischen Ärzten hat er ein Programm zur Erforschung von Umweltkrankheiten erarbeitet, weil gerade in Irkutsk die Zahl der durch Umweltschäden verursachten Krankheiten in den vergangenen Jahrzehnten dramatisch gestiegen ist. Und als wir uns verabschieden, kommt Professor Lieth noch eine ganz neue Idee. Beim 1. FC Köln gebe es neuerdings einen Fußballspieler aus Irkutsk. Über ihn müßte doch ein Jugendsportaustausch in Gang zu bringen sein. Und wenn der begänne, würde sich wohl auch die deutsche Presse für Irkutsk interessieren. Ob wir da nicht mitmachen wollten?

Wir wollen.

WINTERREISE

LEGENDE VOM BAIKAL UND SEINER TOCHTER ANGARA

In alten Zeiten war der mächtige Baikal fröhlich
und gutmütig.
Unbändig liebte er seine einzige Tochter namens Angara.
Schöner als sie gab es keine auf Erden.
Bei Tag ist sie hell – heller als der Himmel.
Bei Nacht ist sie dunkel – dunkler als Wolken.
Und wer auch an Angara vorbeikam,
alle hatten ihre Freude an ihr, alle priesen sie.
Sogar die Zugvögel:
Wildgänse, Schwäne, Kraniche,
flogen tiefer hinab,
aber auf dem Wasser der Angara ließen sie sich
nur selten nieder.
Sie sagten: »Darf man denn das Helle verdunkeln?«
Der alte Baikal hütete seine Tochter mehr
als sein eigenes Herz.
Doch als er einmal eingeschlafen war, machte sich
Angara plötzlich auf
und lief davon zum Jüngling Jenissej.
Der Vater erwachte, schlug erzürnt auf die Wellen.
Da erhob sich ein wütender Sturmwind,
aufschluchzten die Berge,
es stürzten die Wälder, schwarz wurde vor Kummer
der Himmel.
Die Tiere stoben vor Schreck davon in alle Länder,
die Fische tauchten hinab bis zum tiefsten Grund,
die Vögel strebten zur Sonne.
Nur der Wind heulte,
und der alte Recke, der See, tobte wie wild.

Der mächtige Baikal drosch auf einen eisgrauen Berg ein,
brach einen Felsen von ihm ab
und schleuderte ihn der flüchtigen Tochter nach.
Der Fels fiel der Schönen direkt auf die Kehle.
Da hob die blauäugige Angara an zu flehen,
rang nach Luft, schluchzte und bat:
Vater, ich sterbe vor Durst,
verzeih mir und gib mir ein einziges Tröpfchen Wasser!
Doch der Baikal rief zornig:
»Ich geb' dir meine Tränen! ...«
Tausende von Jahren fließt nun die Angara
in den Jenissej als Tränenwasser,
und der grauhaarige, vereinsamte Baikal wurde
mürrisch und furchtbar.
Den Felsen, den der Baikal seiner Tochter nachgeworfen
hatte, nannten die Menschen den Schamanenstein.
Dort brachte man dem Baikal reiche Opfergaben.
Die Menschen sagten: »Der Baikal kann zornig werden,
dann reißt er den Schamanenstein fort,
und das Wasser wird hervorbrechen
und die ganze Erde überfluten.«
Aber das liegt lange zurück, jetzt sind
die Menschen kühn
und fürchten den Baikal nicht mehr.

ANKUNFT IN IRKUTSK

Die Begrüssung auf dem Flughafen war lakonisch. »Wie ist das Wetter bei euch?«

»Warm. Minus 18 Grad.«

Ich weiß, ich bin wieder in Sibirien.

Wolodja, unser Fahrer, der uns abholt, hat nicht einmal die Zigarette aus dem Mund genommen. Wortkarg schnappt er sich einige unserer zahlreichen Gepäckstücke und schleppt sie zu seinem Wagen, einem geländegängigen Kleinbus japanischer Produktion. Auf die Frage, wie das Wetter denn demnächst werde, zuckt er nur die Schultern. Vielleicht minus 30, vielleicht plus 5 Grad. Wer, verdammt, wisse das schon. In letzter Zeit sei doch sowieso alles versaut, und auch das Wetter mache, was es wolle. Früher, da hätte man sich darauf verlassen können – von Oktober bis April hätte klirrender Frost geherrscht, aber jetzt gehe das Thermometer mal hoch, mal runter. Verdammt wolle er sein, aber das halte doch keiner aus. Minus 18, das sei kein Frost, jedenfalls nicht für ihn als Sibirier, aber – und dann kommt ein Mutterfluch – woran das liege, könne auch er nicht sagen. Ob an den vielen Staudämmen, an den Atomkraftwerken, an den Raketen oder diesem Niño, von dem er im Fernsehen gehört habe – der Teufel weiß es. Und dann folgen wieder ein Mutterfluch und eine Reihe von Vokabeln, die in keinem russischen Wörterbuch verzeichnet sind, sich aber alle auf einen Körperteil beziehen, der nur Männern eigen ist. Danach fällt Wolodja wieder in Schweigen, das er nur noch einmal unterbricht, um uns brummend zu bestätigen, daß der Baikal immerhin auch in diesem Jahr wieder zugefroren sei. »Verdammt noch mal, aber das wäre ja auch noch schöner ...!«

Knapp sechs Stunden sind wir von Moskau nach Irkutsk geflogen, durchaus komfortabel mit einer erst unlängst gegründeten privaten russischen Airline, die nicht nur den Vorzug hat, über moderne westliche Maschinen zu verfügen, sondern diese auch, wie man hört, von israelischen Technikern warten läßt. Ob letzteres stimmt, wissen wir nicht, aber es ist zumindest ein beruhigendes Gefühl nach der Vielzahl der Meldungen über Abstürze altersschwacher und schlampig gepflegter russischer Zivil- und Militärflugzeuge.

Für die rund 5000 Kilometer von Moskau nach Irkutsk, daran hatten wir uns beim Abflug erinnert, brauchten die Sträflingskolonnen zur Zarenzeit in der Regel länger als ein Jahr. Die Fürstin Wolkonskaja, die im Winter 1826 ihrem zu Zwangsarbeit verurteilten Ehemann ins Gebiet des Baikalsees nachreiste, benötigte mit ihrer Kibitka, einem halboffenen Gefährt, ohne Aufenthalt zwanzig Tage und Nächte und war damit, wie sie voller Stolz vermerkte, schneller als ein Kurier des Zaren. Der Dichter Anton Čechov, der es etwas ruhiger angehen ließ, und gelegentlich auf einer Poststation oder in Dorfgasthöfen übernachtete, war mit seiner Kutsche im Frühjahr 1890 von Moskau nach Irkutsk fast vierzig Tage unterwegs, wobei er, wie er notiert, nach den ersten drei Tagen weder sitzen noch gehen, noch liegen konnte. Doch dann, so Čechov, »begann eine Zeit, in der ich nicht mehr bemerkte, wie auf den Morgen der Mittag und dann der Abend und die Nacht folgten. Die Tage flogen an mir vorüber wie an einem Schwerkranken. Man glaubt, es ist noch Vormittag, da sagen einem die Bauern, gnädiger Herr, du solltest über Nacht bleiben, sonst könntest du dich in der Finsternis verfahren.«

Selbst die Transsibirische Eisenbahn, die sich auf den altersschwachen und ausgeleierten Gleisen nur im Schneckentempo voranbewegt, erreicht heute Irkutsk erst nach knapp fünf Tagen und Nächten. Und der Eindruck, den man dabei gewinnt, ähnelt dem Čechovs – man verliert sehr bald das Gefühl für die Zeit. Morgen und Abend verschwimmen, und man muß immer wieder nachrechnen, den wievielten Tag man bereits unterwegs ist.

Der Nachtflug nach Irkutsk jedoch ist vorüber, bevor man überhaupt eingeschlafen ist. Bereits nach vier Stunden geht die Sonne auf, und im gleißenden Morgenlicht zieht Sibirien unter uns vorbei wie im Märchenbuch. Unendliche weiße, schneebedeckte Flächen, zugefrorene Ströme, die wie gewaltige, vielfach gewundene Bänder in der Landschaft liegen; hin und wieder eine kleine, aus der Höhe kaum erkennbare Siedlung. Im Landeanflug auf Irkutsk allerdings verliert sich die Idylle. Gewaltige Rauchwolken signalisieren schon von weitem, daß wir uns einem Industriegebiet nähern, dessen technischer Standard einer Zeit entspricht, in der der Begriff Umweltschutz unbekannt war. Mit bloßem Auge sind die abgestorbenen Wälder rings um das Aluminiumkombinat der Stadt Bratsk zu erkennen, die ökologischen Verwüstungen, die die Kraftwerke, Chemiefabriken, Metallhütten und Zellulosekombinate entlang des Flusses Angara und um die Stadt Angarsk, die übrigens von deutschen Kriegsgefangenen nach dem Zweiten Weltkrieg erbaut wurde, verursacht haben. An mehreren Stellen ergießen sich aus dicken Rohren ungeklärte Kommunal- und Industrieabwässer auf das schneebedeckte Eis des Flusses und bilden riesige gelblich-braune Flecken, die aussehen wie ausgelaufene Eiterbeulen. Über dem Flughafen von Irkutsk liegt eine graue Dunstglocke, verursacht von einigen altersschwachen Fabrikschloten, die mächtige schwarze Rußwolken in den ansonsten strahlend blauen sibirischen Winterhimmel blasen. Auf den ersten Blick keine Stadt, so scheint es, die zum Verweilen einlädt.

Wolodja ist einer der drei Fahrer, die sich bereit erklärt haben, mit uns »aufs Eis« zu gehen, das heißt, mehrere Wochen mit uns kreuz und quer über den zugefrorenen Baikalsee zu fahren, der im Winter, wie uns immer wieder versichert wird, nicht weniger faszinierend sein soll als im Sommer; allenfalls gefährlicher. Und mit Wolodja, so scheint es, haben wir einen guten Griff getan. Schon am Flughafen erweist er sich als Meister der Improvisation. Noch bevor wir beginnen, unser Gepäck in seinem Bus zu verstauen, macht er uns auf ein, wie er sagt, kleines Problem aufmerksam. Bei der Anfahrt habe ihm ein Stein eine Seitenscheibe zertrümmert, für eine Werkstatt sei keine Zeit mehr gewesen. Doch zum einen sei es ja, wie gesagt, ohnehin nicht kalt, und wenn wir ein paar Minuten Geduld hätten, würde er den Schaden jetzt gleich an Ort und Stelle beheben, vorläufig wenigstens. Mit diesen Worten verschwindet er im Flughafengebäude, aus dem er schon nach kurzer Zeit verschmitzt grinsend mit einem Stück Pappe unterm Arm zurückkehrt. Und noch während wir den letzten Kamerakoffer einladen, verkündet er lakonisch, es könne losgehen. Zwar habe man jetzt einen etwas eingeschränkten Blick, dafür ziehe es nicht mehr. Und bis zum Abend hätte er auch wieder eine ordentliche Scheibe drin. Das alles sei in Irkutsk heute kein Problem mehr. »Marktwirtschaft, versteht ihr?«

Auf der Fahrt ins Stadtzentrum wird uns angst und bange. Der festgefahrene Schnee auf den Straßen ist spiegelglatt, doch Wolodja fährt, als habe er Asphalt unter den Rädern, als seien in Sibirien alle physikalischen Gesetze aufgehoben. An fast jeder Kreuzung schließen wir instinktiv die Augen, um das unabänderlich auf uns zukommende Unheil nicht mitansehen zu müssen – und sind jedesmal aufs neue überrascht, wenn der erwartete Knall ausbleibt. Wolodja bemerkt unser verängstigtes Schweigen und amüsiert sich.

»Ihr in Moskau habt eben keinen richtigen Winter. Wir fahren das ganze Jahr so. Unser Leben lang. Schnee und Eis sind für uns das Normale, alles eine Frage der Gewöhnung. Ihr werdet schon sehen.«

»Ja, ja«, seufzt Maxim zusammengekauert auf der hinteren Sitzbank. »Wenn wir's erleben, werden wir's sehen.«

Wolodja erwidert nur ein Wort: »Genau!«

Früher war Wolodja Matrose auf einem U-Boot. In der Glanzzeit der Sowjetunion, so erzählt er stolz, ist er in der ganzen Welt herumgekommen, sogar in Mogadischu habe er vor Anker gelegen. Doch das sei lange her. Ihn habe es sowieso immer wieder in seine Heimat, nach Sibirien, gezogen, nach Irkutsk und an den Baikalsee, wo er geboren und aufgewachsen sei. Es sei schön gewesen, mal etwas anderes zu sehen, aber so wie er jetzt lebe, sei er erst wirklich glücklich. Wolodja ist angestellt bei einem privaten Taxiunternehmen, doch der Bus, den er fahre, sei so gut wie sein eigener. Irgendwann werde das Geld vielleicht sogar reichen, um sich richtig selbständig zu machen – und genau deshalb fahre er auch mit uns aufs Eis. Dafür gebe es schöne Dollar als Extra-Prämie, und vielleicht finde man dabei ja auch noch Zeit, ein wenig zu angeln. Eisfischen sei nämlich sein Hobby. Und wenn dazu keine Gelegenheit sei, na ja, dann … an dieser Stelle bricht Wolodja den druckreifen Teil des Gesprächs ab und überrascht mit einer selbst für die russischen Kollegen ungewohnten Kombination von Mutterflüchen. Wir beginnen, uns daran zu gewöhnen.

Die Schlüsselfigur dieser Reise wird Schenja sein. Mit vollem Namen heißt er Dr. Jewgenij Petrow. Er ist Zoologe, arbeitet am Baikal-Institut der Russischen Akademie der Wissenschaften in Irkutsk und gilt als bedeutendster Robbenforscher Rußlands. Im Baikalsee, so behaupten seine Freunde, kennt er jede Robbe persönlich und begrüßt sie, wo immer es geht, mit Handschlag. Es sollen immerhin einige Zehntausend sein, die den See bevölkern.

Doch Schenja ist nicht nur Robbenforscher, sondern zugleich einer der erfahrensten Reiseführer im Gebiet des Baikalsees. Er hat japanische Wissenschaftler sowie amerikanische und englische Umweltschützer auf verschiedenen Expeditionen begleitet. Er hat mehrere Monate im Team von Jacques Cousteau gearbeitet, das die Unterwasserwelt des Baikal filmte, und wird nun uns, wie er es nennt, über das heilige Meer der Sibirier führen. Wobei er gleich bei unserer ersten Begegnung darauf hinweist, daß auch Heilige tückisch sein können – und der Baikal im Winter ganz besonders.

Schenja ist etwa 45 Jahre alt, hochgewachsen, sein markantes Gesicht umrahmt ein etwas verwilderter blonder Bart. Seit mehr als zwei Jahrzehnten lebt er am Baikalsee und kennt ihn, wie er sagt, fast so gut wie sein Wohnzimmer. Aber eben nur fast so gut, denn genau wisse man bei dem Alten, wie er den See respektvoll nennt, nie, woran man sei. Und dies gelte auch und gerade für den Winter.

Ab November, so Schenjas erste Lektion für uns Unwissende, beginnt der Baikal zuzufrieren, ganz langsam, von Norden her. Spätestens Ende Januar bedeckt ihn in der Regel eine geschlossene Eisdecke. Sie erreicht bei normalen sibirischen Temperaturen im März eine Stärke von bis zu anderthalb Metern. Dann setzt die

»Navigation« auf dem Eis ein, wie es in der russischen Fachsprache heißt. Fußgänger, Pferdeschlitten, Pkws und Lastwagen benutzen es als Verkehrsweg. Von einer eigens dafür eingerichteten Behörde werden Trassen angelegt, besonders gefährliche Stellen nach Möglichkeit markiert und zuweilen sogar, meist am Beginn einer Trasse, reguläre Verkehrsschilder aufgestellt. Zu Anfang dieses Jahrhunderts, während des Russisch-Japanischen Krieges, wurde über das Eis des Baikalsees sogar eine Eisenbahnlinie gebaut. Gezogen wurden die Waggons, bis zu 67 hintereinander, allerdings nicht von Lokomotiven, die selbst für das dickste Eis zu schwer gewesen wären, sondern von Pferden. Heute allerdings gebe es nur noch eine offizielle Trasse, um die sich die Behörde wirklich kümmere: »Sie ist etwa 200 Kilometer lang, verläuft vom Ostufer des Baikalsees Richtung Norden zur Stadt Sewerobaikalsk am gegenüberliegenden Ufer und wird vor allem für Holztransporte benutzt.« Ansonsten, so Schenja, würden die Verkehrsteilnehmer eher wild über den Baikal rasen – mit allen nur denkbaren Folgen. Der See jedenfalls sei voll von versunkenen Pkws und Lkws und darin ertrunkenen Menschen.

Selbst wenn das Eis mehr als einen Meter dick ist, erklärt uns Schenja, wisse man nie, welche Stellen wirklich gefährlich seien und welche nicht. Zum einen gebe es im See warme Quellen, die ständig ihre Strömungsrichtung wechseln und das Eis auch dort unmerklich unterhöhlen, wo es eigentlich niemand vermute. Zum anderen lebe das Eis, es reagiere auf jede Temperaturveränderung. »Risse bilden sich, Spalten, die meterbreit sein können und unter der Schneedecke oft nicht zu erkennen sind. Und wo kein Schnee liegt, ist das Eis häufig so spiegelglatt, daß Autofahrer selbst bei geringer Geschwindigkeit in der Regel keine Chance mehr haben, vor einer Spalte rechtzeitig zu bremsen.« Geradezu selbstmörderisch sei es, bei Dunkelheit auf dem Eis zu fahren. Wenn es also nicht mehr gelinge, vor Anbruch der Nacht das rettende Ufer zu erreichen, gebe es nur eins – im Auto auf dem Eis zu übernachten und auf den nächsten Tag zu warten. Dasselbe gelte bei plötzlich einsetzendem Nebel oder heftigem Schneefall.

Auf unsere zaghafte Frage, mit welchen Temperaturen wir denn um diese Jahreszeit, im März, nachts noch zu rechnen hätten, erwidert Schenja ungerührt. »Minus 35 können es schon werden.«

Die häufigsten Unfallursachen auf dem Baikalsee, so Schenja, der auf Dienstreisen auch schon in Berlin und Hamburg war, seien übrigens die gleichen wie auf deutschen Autobahnen: Alkohol und überhöhte Geschwindigkeit. Jeder wisse es, doch kaum einer schere sich drum, wir würden es schon noch selber sehen.

Aus Sicherheitsgründen werden wir mit drei Autos unterwegs sein: einem umgebauten russischen Armeelastwagen und zwei geländegängigen, mit einer Spezialheizung ausgerüsteten japanischen Kleinbussen. Einer davon ist der Wolodjas. Auf die Ladefläche des Lkw ist eine Personenkabine montiert, die als Vorrats- und Geräteraum sowie als Küche dient und im Notfall auch als Schlafkabine für das gesamte Team benutzt werden kann. Ein kleiner Kanonenofen, der mit Holz beheizt wird und dessen zerbeultes Blechrohr durch ein Loch in der Decke ins Freie führt, sorgt für die nötige Wärme. Wir werden in den beiden Kleinbussen fahren, in denen auch noch die Kameraausrüstung und unser umfangreiches persönliches Gepäck verstaut werden, darunter unsere Schlafsäcke, Isomatten, Spezialschuhe und -anoraks, ein Satellitentelefon für Live-Reportagen für verschiedene deutsche Radiosender sowie für den Fall der Fälle.

Gefahren, so instruiert uns Schenja, wird grundsätzlich in Kolonne. Der schwere Lkw mit einem erprobten Expeditionsfahrer am Steuer und Schenja mit Fernglas und Kompaß auf dem Beifahrersitz, die beiden Kleinbusse im Abstand von 100 Metern hinterher, möglichst in der gleichen Spur. Wenn für Dreharbeiten auf dem Eis angehalten wird, dürfen aus Gewichtsgründen die drei Wagen auf keinen Fall nebeneinanderstehen. An erkennbar kritischen Punkten muß das Terrain zunächst einmal zu Fuß sondiert werden.

Zur Spezialausrüstung des Lkw gehören neben besonders schwerem Abschleppgerät vier dicke Holzbohlen von je drei Meter Länge, mit denen gegebenenfalls offene oder verdeckte Spalten im Eis überwunden werden können; außerdem armdicke, mannshohe Stangen mit Eisenspitzen zum Prüfen der Konsistenz und Dicke des Eises sowie zum Zertrümmern von aufgetürmten Eisbarrieren, die, wie wir sehen werden, nur allzu häufig den Weg versperren.

Wo genau wir fahren, will Schenja noch nicht festlegen. Sicher, er habe zwanzig Jahre Erfahrung auf dem Eis, aber man könne nie vorsichtig genug sein. Erst im letzten Jahr sei an einer scheinbar harmlosen Stelle einer der drei Lkws seines Instituts versunken. Ihm und dem Fahrer – übrigens derselbe, der jetzt mit von der Partie ist – sei es erst in letzter Sekunde gelungen, aus dem sinkenden Fahrzeug zu springen. Außer der von der Straßenbehörde markierten und kontrollierten Trasse im Norden des Sees, die aber auch keineswegs immer befahrbar sei, da sich ihr Zustand täglich ändere, habe er noch keine feste Vorstellung von unserer Route. Man müsse jeweils die Einheimischen in den Dörfern am Ufer fragen, die Fischer, die täglich unter dem Eis des Sees ihre Netze auslegen, die Holzfahrer, die ihre gewaltigen Ladungen quer über den See zur nächsten Eisenbahnstation transportieren, die Robbenjäger, die sich daranmachen, die Schneehöhlen auszukundschaften, in denen die Robbenmütter demnächst ihre Jungen zur Welt bringen. Natürlich sei er auch bereit, sich mit uns »in Neuland« zu wagen, wie er jene mit Schnee bedeckten Teile des Eises nennt, in denen, an den fehlenden Spuren erkennbar, noch niemand vor uns gewesen ist. Aber dies sei immer ein Risiko. Man wisse nicht, wie es unter dem Schnee aussehe, ob sich nicht nach stundenlanger Fahrt plötzlich eine unüberbrückbare Spalte auftue oder man in ein Gebiet mit bizarr ineinander geschobenem Packeis gerate, in dem die Autos nicht einmal mehr im Schrittempo vorankämen; ganz abgesehen von der Gefahr, daß die scharfen Kanten der Eisbrocken die Reifen zerfetzen. Man müsse eben auf alles gefaßt sein und könne keinen genauen Plan machen, wann und wo man am Ufer eine Übernachtungsmöglichkeit finde. Wenn man überhaupt das Ufer vor Einbruch der Dunkelheit erreiche.

Zum Schluß unserer ersten Begegnung in der wohligen Wärme des Irkutsker Hotels gibt uns Schenja noch einen Rat. Er sei zwar niemand, der Panik mache, und er wolle auch nicht den Teufel an die Wand malen – aber wenn eines der Autos wirklich einmal in eine Spalte gerate oder sonstwo im Eis einbreche, gebe es nur eins: So schnell wie möglich raus aus dem Wagen, wenn's geht; und bloß nicht daneben stehenbleiben, sondern schnell weglaufen! Der Rest sei ganz einfach: aus sicherer Entfernung zusehen und abwarten, was passiert.

Wir versprechen: Genauso werden wir's machen. Wenn's geht.

HOTELS AUF WELTNIVEAU

Glaubt man alten Reiseführern, und betrachtet man historische Stadtansichten von Irkutsk, so bleibt kein Zweifel: Manche Hotels hatten schon damals, was man Weltniveau nannte. Etwa das um die Jahrhundertwende erbaute Grand-Hotel auf der Großen Straße, das heute von einem plumpen Wohnblock sowjetischer Bauweise verdeckt wird und als städtisches Verwaltungsgebäude dient. Der Grundriß und die klassizistische Architektur der Fassade ähneln bis ins Detail dem Hotel Sacher in Wien und anderen legendären Nobelherbergen in Europa. Im Erdgeschoß befand sich eine Ladengalerie, die an Eleganz, wie berichtet wird, Pariser Einkaufstempeln in nichts nachstand. Die neuesten Modelle der Haute Couture gehörten ebenso selbstverständlich zum Angebot wie die feinsten Stoffe aus England und – in einem Spezialgeschäft – die jeweils jüngsten Entwicklungen der Schweizer Uhrenindustrie.

Das ebenfalls kurz nach der Jahrhundertwende eröffnete, nur wenige Minuten vom Grand-Hotel entfernte Hotel Central war zwar in seinem architektonischen Zuschnitt etwas schlichter, genoß aber dennoch hohes Ansehen: zum einen als Einkaufsparadies, vor allem für Schmuck und Juwelierarbeiten aus Italien und anderen europäischen Ländern, besonders jedoch wegen seines, wie es offiziell hieß, »fashionablen Restaurants 1. Klasse« im Keller des Hotels. Auf der Speise- und Getränkekarte fehlte nichts, was selbst der verwöhnteste Gourmet hätte vermissen können. Neben den erlesensten Spezialitäten der russischen und sibirischen Küche von Kaviar und Stör bis Lachs und Bärenschinken befanden sich selbstverständlich auch Austern und Langusten, Trüffel und Artischocken, Gänseleberpastete und holländischer Gouda im Angebot. Klassische Rheinweine zierten die Getränkekarte ebenso wie beste Lagen von Burgunder und Bordeaux, Soave und Tokajer.

Irkutsk, so hieß es, ist auf Reisende eingerichtet. Und selbst der sonst so kritische Anton Čechov, der hier im Jahre 1890 nur in einem kleinen Gasthof, dem Amurischen Hof, abgestiegen war, kam nicht umhin, die Hotels von Irkutsk zu loben: »Es sind gute Hotels.«

Heute, mehr als hundert Jahre später, gilt als bestes Hotel der Stadt ein gewaltiger zehnstöckiger Kasten in Plattenbauweise, wie er sich in fast jedem größeren Ort zwischen Magdeburg und Wladiwostok findet. Auch wenn an der Eingangstür das neue Wappen Rußlands mit dem Zarenadler prangt, trägt es immer noch denselben Namen wie zu Sowjetzeiten – »Intourist«. Es liegt unmittelbar am östlichen Ufer der Angara, an jener Stelle, an der einst Jules Verne seinen Kurier des Zaren, Michael Strogow, von einer Eisscholle ans Land schwimmen ließ, um Irkutsk vor aufständischen Banditen zu retten. Heute müßte ein Kurier des Zaren übrigens auf die Eisscholle als Transportmittel verzichten, denn selbst im strengsten Winter friert hier die Angara nicht mehr zu. Ein Wasserkraftwerk sorgt nicht nur für die Beheizung der Stadt, sondern auch für die Erwärmung des Stroms.

Den Eingang des Hotels erreicht man über vier spiegelglatte dunkelbraune Granitstufen mit messerscharfen Kanten. Bei unserer Ankunft hat es frisch geschneit, doch obwohl immer wieder Hotelgäste auf den Stufen ausrutschen und sich schmerzhafte Prellungen zuziehen, gibt es offenkundig niemanden, der sich dafür zuständig fühlt. Einige Männer, die sich zwischen den Doppeltüren der Eingangshalle an einem gewaltigen altarähnlichen Heizungsblock, der wie ein alter Schiffsmotor rumpelt, wärmen, schauen dem Treiben draußen jedenfalls gelassen zu. Und auch die beiden jungen Damen an der Rezeption verweisen achselzuckend auf morgen. Dann werde schon jemand kommen, der sich darum kümmere.

Das Einchecken verläuft umständlich, als sei zum erstenmal seit fünfzig Jahren ein Gast aufgetaucht. Jedenfalls scheinen die beiden Damen recht überrascht, uns zu sehen. Zwar steht vor jeder von ihnen der Bildschirm eines Computers, doch sind dies offenbar nur Attrappen. Unsere Anmeldung und unsere Namen jedenfalls finden sich schließlich in einer dicken Kladde, die mehrfach und sorgfältig von vorn nach hinten und wieder zurück durchgeblättert wird. Der Freude über das unerwartete Erfolgserlebnis wird sogleich mit der unmißverständlichen Aufforderung Ausdruck verliehen: »Aber erst muß bezahlt werden ...«

Begleitet wird die ganze Prozedur vom unaufhörlichen Geklimper einer Reihe von Spielautomaten an der Rückwand der Hotelhalle und einem auf volle Lautstärke gedrehten Fernsehapparat. Vor diesem rekeln sich in tiefen Kunstledersesseln, halb liegend, vier martialisch aussehende junge Burschen in schwarzen Uniformen; am Gürtel Gummiknüppel und Handschellen, auf der Brust und am linken Oberarm in lateinischen Buchstaben der Schriftzug »Security«. Außer den Männern von der Security versehen in der Hotelhalle noch zwei Portiers mit goldenen Ärmelstreifen ihren Dienst sowie zwei Sicherheitsleute in Zivil mit mächtigen Walkie-talkies.

Neben den Fahrstuhltüren kleben großformatige Plakate, die in englischer Sprache vor der Benutzung privater Taxis warnen. Die Kriminalität in Sibirien, so versichert uns einer der Portiers, sei in der Tat beängstigend. Sehr viel größer jedenfalls als im europäischen Teil Rußlands, und schon dort liege sie ja weit über Weltniveau. Neben der zunehmenden Kriminalisierung der gesamten russischen Gesellschaft sei einer der Hauptgründe dafür, daß viele Strafgefangene nach dem Verlassen der Gefängnisse und Lager an Ort und Stelle blieben, da sie anderswo ohnehin keine Chance auf Arbeit und Unterkunft hätten. Und da Sibirien wie unter den Zaren und zu Sowjetzeiten auch heute noch als Verwahr- und Besserungsanstalt für ganz Rußland gelte, steige hier natürlich auch der Anteil der Kriminellen an der Gesamtbevölkerung überproportional.

Nach diesen Erläuterungen trösten wir uns mit einem Konzertplakat an der Fahrstuhlwand. Es kündigt einen »Abend der Ave Maria« in der Irkutsker Philharmonie an. Auf dem Programm stehen Bach, Gounod, Schubert und Verdi.

Die Zimmer sind klein, aber mit allem Notwendigen ausgestattet; sogar mit einem laut brummenden Kühlschrank, der allerdings leer ist. In der Dusche läuft sowohl kaltes wie auch heißes Wasser, nur die Steckdose, die angeblich 220 Volt liefern soll, ist tot. Der Fernsehapparat ist an eine Satellitenantenne angeschlossen, über die auch CNN, Eurosport und ein arabisches Programm zu empfangen sind, nur nicht die wichtigsten Moskauer Sender. Auf dem Nachttisch liegt eine in giftgrünes Kunstleder gebundene Bibel in englischer und russischer Sprache, das Geschenk einer amerikanischen Missionsgesellschaft.

Ein bunter Hochglanzprospekt klärt uns über die Fülle der Dienstleistungen und Zerstreuungsmöglichkeiten auf, die das Hotel seinen verehrten Gästen bietet: drei Restaurants, zwölf Bars und Cafés, verteilt auf alle Etagen, darunter ein »Eiscafé Milano«, eine »Russische Teestube« und eine »Bierbar Berlin«. Die Liste der angebotenen Annehmlichkeiten und Notwendigkeiten vervollständigen ein Friseur und ein Kosmetiksalon, ein zahnärztliches und ein medizinisches Kabinett, eine Sauna und eine rund um die Uhr geöffnete Wechselstube. Hinzu kommt für Geschäftsreisende ein »Business Center« mit internationalem Fernschreiber, Fax und Telefon sowie für alle Touristen eine Dependance des Deutschen Reiseverkehrs-Verbandes. Ein besonderer Hinweis gilt dem Fuhrpark des Hotels, der neben modernsten Taxis und Autobussen auch fahrbare McDonald's-Stände anbietet. Geradezu bescheiden wirkt neben diesem Hotelprospekt ein kleiner gelber Zettel neben dem Zimmertelefon. Er stammt von der privaten Ostsibirischen Telefongesellschaft, die das Fernsprechnetz betreibt, und führt die wichtigsten russischen und internationalen Vorwahlnummern auf. Wohl um späteren Schocks der Hotelgäste vorzubeugen, sind auch gleich die Gebühren angegeben. 1 Minute »Germania«: 15 DM. Wobei ausdrücklich darauf hingewiesen wird, daß die Zeit vom Wählen der ersten Zahl, der Null also, gerechnet wird. Es ist eben, wie der Prospekt erklärt, ein Drei-Sterne-Hotel der internationalen Klasse.

Die erste Freude über all diesen Luxus dauert allerdings nicht lange. Noch bevor wir die letzten Sachen ausgepackt haben, klopft es an der Zimmertür. Mit einem etwas verlegenen Lächeln erklärt uns die Etagenfrau, daß wir leider das Zimmer wechseln müßten. Der achte Stock, auf dem wir uns befänden, würde ab morgen renoviert. Im siebten Stock seien aber noch genügend Zimmer derselben Kategorie frei. Saschas freundliche Frage, warum sich dies noch nicht bis zur Rezeption herumgesprochen hat, überhört die nette Dame.

Die Etagenfrauen sind noch ein Relikt aus Sowjetzeiten. Ihre vornehmste Aufgabe bestand einst darin, die Zimmerschlüssel gegen Vorzeigen des Hotelausweises herauszugeben oder in Empfang zu nehmen und auf diese Weise minutiös zu kontrollieren, wer wann das Zimmer betrat oder verließ. Heute, im Zeitalter verfeinerter elektronischer Kontrollmöglichkeiten, dürfte dieser Aspekt sekundär sein. Es ist wohl eher die jahrzehntelange Gewöhnung an ein System, gepaart mit einem beschäftigungspolitischen Nebenaspekt und dem Entdecken einer marktwirtschaftlichen Nische. So findet sich heute neben dem Pult jeder Etagenfrau im Hotel »Intourist« ein gläserner Kühlschrank mit Getränken: Bier aus Dortmund und Kopenhagen, zehnmal so teuer wie in Deutschland, dreimal so teuer wie in Moskau, ferner Coca-Cola, Mineralwasser aus Evian und die russische Marke »Heilige Quelle«. Auch unsere Etagenfrau geniert sich wegen der Preise. Unanständig seien sie, aber was solle sie machen, sie habe darauf keinen Einfluß, und verkaufen würde sie von den Sachen ohnehin kaum etwas, höchstens einmal an einen Ausländer, der so großen Durst habe, daß ihm alles egal sei. Über einen anderen Nebenverdienst schweigt sie sich geflissentlich aus: über das Vermittlungshonorar, das sie, wie meine russischen Kollegen wissen, von im Hotel aktiven Damen des leichten Gewerbes kassiert. Sie informiert sie, wann welcher alleinstehende männliche Gast abends sein Zimmer aufsucht. In der Regel dauert es dann nur einige Minuten, bis das Telefon klingelt. »Möchten Sie mit mir eine angenehme Nacht verbringen?«

Die vielen Bars und Restaurants des Hotels machen wie die Kühlschränke der Etagenfrauen ebenfalls nicht den Eindruck häufig frequentierter oder sprudelnder Einnahmequellen. Zum einen sind die meisten ohnehin häufiger geschlossen als in Betrieb, zum anderen wirkt der Preis von fünf Dollar für eine einfache russische Kohlsuppe selbst auf betuchte amerikanische Touristen nicht gerade einladend.

Ausgesprochen kultiviert geht es jedoch im riesigen Frühstücksraum zu. Zwar scheinen dort die Kellnerinnen neben der Küchentür pausenlos eine Betriebsversammlung abzuhalten und sich dafür auch nur selten durch die Bitte um ein Rührei oder eine Portion Kaffee aus der Ruhe bringen zu lassen, dafür erfreut eine diplomierte Konzertpianistin, Absolventin des Irkutsker Konservatoriums, die Gäste schon vom frühen Morgen an mit Rachmaninoff und Bernstein. Es ist also doch ein Drei-Sterne-Hotel der internationalen Klasse. Weltniveau eben!

DAS PARIS SIBIRIENS

VERGISST MAN DEN TRISTEN EINDRUCK, den die Außenbezirke beim Anflug auf die Stadt machen, und begibt man sich in das historische Zentrum, stellt man unweigerlich fest: Von allen Städten Sibiriens ist Irkutsk die faszinierendste. Irkutsk nicht gesehen zu haben, so schrieb im 19. Jahrhundert der vielgelesene russische Publizist Nikolaj Schelgunow, bedeutet, Sibirien nicht gesehen zu haben. »Wie England sich London erschuf und Frankreich Paris, so erschuf sich Sibirien Irkutsk.«

Eine der frühesten und ausführlichsten Beschreibungen der Stadt, die auch heute noch in manchen Punkten aktuell wirkt, verdanken wir dem deutschen Forschungsreisenden Georg Wilhelm Steller. Er hielt sich vom März 1739 bis zum März 1740 in Irkutsk auf, um sich dann der Großen Nordischen Expedition, der zweiten Kamtschatka-Expedition des Vitus Bering, anzuschließen. Irkutsk, so schreibt Steller in seinen Aufzeichnungen, »ist zweifellos einer der gesündesten und angenehmsten Orte in ganz Sibirien«.

Etwa 1500 Häuser zählte damals die Stadt, und mit einem gewissen Staunen hält Steller fest: »Was die privaten Gebäude anbelangt, so baut ein jeder nach seinem Verstand, nach seiner Phantasie und seinem Beutel. Und es ist nicht zu leugnen, daß man sehr viele wohlgebaute private Häuser hiesigen Ortes antrifft und manche von denen große Fenster aus reinstem Glimmer oder Marienglas haben.« Obwohl erst sechzig Jahre zuvor als Stadt gegründet – bis dahin gab es nur ein hölzernes Kosakenfort –, konnte Steller schon eine erste Kirche aus Stein besichtigen, »sehr wohl und sehr weitläufig erbaut«. Wobei ihm deren Inneneinrichtung, »was die Architektur, Bildhauer- und Malkunst angeht, nicht geringer als in den besten Kirchen in Moskau und Petersburg« erschien.

Besonders interessierte Steller der Handelsplatz Irkutsk: Mit Pelzen, die von hier aus nach China und an den Zarenhof nach Petersburg gingen, aber auch mit Tee und Seide aus China und sogar chinesischem Tabak und Rhabarber ließen sich geradezu gigantische Gewinne erzielen.

Vergleiche mit der Gegenwart drängen sich vor allem da auf, wo sich Steller zu den Bemühungen der Polizei um die Aufrechterhaltung der Sicherheit und öffentlichen Ordnung in der Stadt äußert. Mit einer gewissen Verwunderung stellt er fest, daß mit der Gründung der Polizei »zugleich auch die Dieberei in Irkutsk ihren Anfang genommen hat«; daß es zwar Aufgabe der Polizei sei, zu verhindern, daß jemand »verbotene Arbeit tue« oder mit Schmuggelware wie Branntwein und chinesischem Tabak handle, aber »dennoch passiert solches«. Weiterhin habe die Polizei darauf zu achten, daß »niemand gefährlich oder schändlich baue«, aber dennoch würden viele »heimliche Gemächer« errichten. Auch über den Zweck mancher dieser illegalen Etablissements läßt Steller keinen Zweifel: »Seit ungefähr zwanzig Jahren, seit der ersten Kamtschatka-Expedition, wird die Hurerei immer gemeiner und ohne Schande und Sünde exerciert.« Die Syphilis, auch Französische Krankheit genannt, so merkt Steller an, sei »in der hiesigen Gegend gleichsam nationalisiert und zahm geworden«. Ohne zu lügen, so Steller, könne man sagen, daß »der dritte Teil in Sibirien die Frantzosen [sic!] habe«.

Schon zu Stellers Zeiten gab es in Irkutsk einen Basar, einen Fleischmarkt, einen Fischmarkt und einen Handelshof, auf dem die Kaufleute aus Irkutsk und Rußland ihre, wie Steller schreibt, »Buden« hatten, mehrere Wirtshäuser, ein Badehaus und einen Gasthof. Zu den anderen wichtigen Gebäuden der Stadt zählte Steller, außer sechs Kirchen und einem Frauenkloster, das Gefängnis, einen Pulverkeller und die Kaserne des Kosakenregiments. Um die Stadt herum zog sich auf der dem Fluß abgewandten Seite ein Palisadenzaun; an den Toren und in den Wachhäusern versahen nicht nur Kosaken ihren Dienst, sondern auch Kanzleibeamte und Zöllner.

Die Hauptstraße der Stadt, die zum Ufer der Angara hinabführt, hieß schon zu Stellers Zeiten so wie heute: Große Straße.

»Von Jahr zu Jahr«, notiert Steller, »wächst die Stadt an Gebäuden, ja sogar bis nach Maloi Koswadnaja, fünf Werst entfernt.« Ständig, so Steller, werden neue Häuser gebaut, die es den aus Rußland ankommenden Siedlern erlauben sollen, sich »hiesigen Ortes zu verheiraten und häuslich niederzulassen«.

Die stürmische Entwicklung der Stadt Irkutsk ging auch nach dem Besuch Georg Wilhelm Stellers weiter. Außer Kosaken kamen Missionare, entlaufene Leibeigene, Verbannte, entlassene Sträflinge, freie Bauern, Abenteurer, Glücksritter, Kaufleute, Adlige. Ob Chinesen, Burjaten, Mongolen, Russen – sie alle zog die Stadt am Ufer der Angara, an der Grenze zweier Kontinente und Kulturen, in ihren Bann. Von allen Städten Sibiriens unterschied sich Irkutsk nicht nur durch seinen kosmopolitischen Charakter, sondern auch durch die Dynamik ihrer Entwicklung.

Schon zu Beginn des 19. Jahrhunderts zählte die Stadt mehr als 15000 Einwohner, eine Kathedrale, ein Dutzend Kirchen und viele prachtvolle Villen und Privathäuser.

Die Pläne für den Ausbau der Stadt und für die meisten repräsentativen Gebäude kamen aus Petersburg, zu ihrer Realisierung holte man sich die besten Architekten Europas. Das Palais für den russischen Goldhändler und Schiffsbesitzer Alexander Sibirjakow etwa baute 1804 kein Geringerer als der italienische Architekt Giacomo Queringgi. Dieses Palais, wegen seiner hellgetünchten Mauern »Weißes Haus« genannt, wurde später der Sitz des Gouverneurs von Ostsibirien; heute beherbergt es die Universitätsbibliothek von Irkutsk. Manche der öffentlichen Gebäude und Kaufmannspaläste sahen denen in London, Rom oder Paris zum Verwechseln ähnlich. Europäischer Fortschritt, europäischer Stil, europäische Eleganz – das waren die Vorbilder, an denen sich die Stadt orientieren wollte.

»In keiner anderen sibirischen Stadt«, so notierte um 1870 ein russischer Reisender, »kann man Geschäfte von so exquisitem Geschmack und mit so luxuriösen Waren finden, so prächtige Kutschen, so aufregende Gesellschaft. Eben noch befindet man sich in einem akademischen Kreis, gleich darauf in einer Diskussionsrunde, in der wirtschaftliche Probleme gelöst werden, bald in der Versammlung eines Wohltätigkeitkomitees, bald auf einer literarischen Soiree.«

Jedes bessere Haus, so wird an anderer Stelle berichtet, besaß ein Piano oder gar einen Flügel. In den Besuchersalons standen Regale mit Büchern und ausländischen Zeitschriften. Kostbarstes Eßgeschirr gehörte ebenso zum Haushalt wie silberne Samoware und Gläser aus feinstem Kristall. Ganz im Sinne einer Ausrichtung auf die europäische Kultur wurde der in St. Petersburg lebende und wirkende deutsche Architekt Viktor Schröter mit dem Bau eines Theaters betraut. Und deutsch war auch ein Lieblingsstück des Irkutsker Publikums:

Carl Maria von Webers Oper »Der Freischütz«. Jedenfalls wird berichtet, daß die Irkutsker Militärkapelle Stücke daraus schon kurz nach der Premiere 1821 in Berlin zum besten gab.

Im grellen Kontrast zum europäisch orientierten, luxuriösen Lebensstil der Oberschicht standen die Armseligkeit, der Schmutz und die Enge, in der die große Masse der Bevölkerung ihr Leben fristete. Doch dürfte es nur wenige andere Städte in Rußland gegeben haben, in denen ein so ausgeprägtes Mäzenatentum versuchte, wenigstens die schlimmsten sozialen Widersprüche abzufedern. Schulen, Waisenhäuser, Spitäler und Armenküchen wurden zu einem großen Teil aus privaten Mitteln bestritten, und einige von ihnen tragen auch heute wieder die Namen ihrer einstigen Gründer und Gönner, die zu Sowjetzeiten als »kapitalistische Ausbeuter« und »Großbürger« aus den Annalen der Stadt gestrichen worden waren.

Irkutsk ist stolz auf seine kulturellen Traditionen, und man macht überhaupt keinen Hehl daraus. In Stadtführern neueren Datums wird auf eine ganze Reihe von Institutionen verwiesen, die Irkutsk allen anderen sibirischen Städten voraus hatte: In Irkutsk gab es die erste Schule in Sibirien, die erste Bibliothek, die erste ärztliche Vereinigung, die erste geographische Vereinigung, die erste Universität Ostsibiriens. Und über das auch für westliche Besucher eindrucksvolle Irkutsker Kunstmuseum, in dem neben wunderschönen Ikonen, Landschaften und Porträts russischer Meister, japanischen Holzschnitten und chinesischen Porzellanmalereien auch ein Ölbild Karl Friedrich Schinkels, »Landschaft mit Figuren«, zu bewundern ist, heißt es kurz und unmißverständlich: »Es ist das beste Kunstmuseum zwischen Ural und Stillem Ozean.« Auch dies Museum geht übrigens auf einen privaten Mäzen zurück, den Irkutsker Kaufmann und Bürgermeister Wladimir Sukatschow.

Im Juli 1879 zerstörte ein Feuer, das durch Unachtsamkeit in einem Heuschober ausgebrochen war, die Stadt zu drei Viertel. Etwa 4000 Häuser brannten bis auf die Grundmauern nieder, mehr als 15000 Menschen wurden obdachlos. In Windeseile breiteten sich die Flammen aus, während die Feuerwehr fast tatenlos zusah. Es war ein Sonntag, und die meisten Feuerwehrleute, so berichteten Augenzeugen, waren so betrunken, daß sie nicht aufrecht stehen, geschweige denn einen Eimer mit Wasser tragen oder einen Schlauch halten konnten. Dem Feuer fielen Gebäude aller Art zum Opfer: Prachtbauten der Reichen ebenso wie die armseligen Hütten der sozialen Unterschicht. Waren im Wert von 30 Millionen Rubel verbrannten, darunter fast sämtliche Getreidevorräte der Stadt, so daß der Bürgermeister den Schnapsbrennereien befehlen mußte, ihre Produktion für zwei Jahre zu halbieren.

Mit dem zügigen Wiederaufbau der Stadt ging eine durchgreifende Modernisierung einher. Vierstöckige Stein- und Ziegelbauten verliehen dem Zentrum der Stadt fortan ein noch eleganteres Aussehen.

Anton Čechov, der 1890 auf seiner Reise nach Sachalin in Irkutsk Station machte, schwärmte in Briefen an seine Familie: »Die schönste Stadt in Sibirien ist Irkutsk ... Ganz intellektuell, Theater, Museum, Stadtpark mit Konzert, gute Hotels ... Ich trinke hervorragenden Tee, der mich angenehm anregt. Ich sehe Chinesen. Ein gutmütiges und gar nicht dummes Volk. In der Sibirischen Bank hat man mich liebenswürdig empfangen, mir sofort mein Geld ausgezahlt, Zigaretten angeboten und mich auf die Datscha eingeladen. Es gibt eine hervorragende Konditorei, jedoch ist alles höllisch teuer. Die

Trottoirs sind aus Holz ... In Irkutsk fahren gefederte Droschken. Die Stadt ist schöner als Jekaterinburg und Tomsk. Ganz und gar europäisch.«

Als im August 1898 die Transsibirische Eisenbahn Irkutsk erreichte und der erste Zug aus Moskau im neuerrichteten Bahnhof am Ufer der Angara einrollte, begann eine weitere stürmische Epoche in der Geschichte der Stadt. Sie wurde an die Elektrizitätsversorgung und das Telefonnetz angeschlossen. Die Bevölkerung verdoppelte sich im Verlauf von nur zehn Jahren. Hotels und Restaurants schossen wie Pilze aus dem Boden, im Stadttheater spielten, finanziert von reichen Bürgern, gleich zwei Schauspiel-Ensembles, und schon im Jahre 1914 gab es in Irkutsk, inmitten der sibirischen Wildnis, dreizehn Kinos.

Mit dem Reichtum der Stadt wuchs das Ansehen ihrer Bürger. Die Tatsache, daß nicht wenige von ihnen eine kriminelle Vergangenheit hatten, spielte keine Rolle. Ganze Berufsgruppen waren mit Ex-Sträflingen durchsetzt, die der Kutscher zum Beispiel mit Mördern und Totschlägern. Sogar in hohe und höchste Ämter stiegen ehemalige Sträflinge auf. Man war eben in Sibirien, und hier hatte sich über die Jahrhunderte ein besonderer Menschenschlag herausgebildet – vor allem in Irkutsk, dem Schnittpunkt zweier Kulturen, der Hauptstadt des Riesenreiches Ostsibirien.

»Das ständige Kommen und Gehen in dieser Stadt«, vermerkte der russische Reiseschriftsteller und Theoretiker des Anarchismus Pjotr Kropotkin, »verleiht ihrer Gesellschaft ein ganz besonderes Kolorit ... Der eine fährt von hier weiter hinter den Baikal oder an den Amur, der andere wird von Heimweh ergriffen und kehrt zurück nach Rußland. An ihrer Stelle kommen ständig neue Leute, und es werden immer mehr. Das alles sorgt für eine Lebendigkeit, eine Lebhaftigkeit auf den Straßen, in den Gasthöfen, den Gesprächen ..., die Irkutsk angenehm von anderen russischen Provinzstädten unterscheidet. Und dann die Entfernung von der Bequemlichkeit der [anderen] Zentren, die viel größeren Raum für Eigenständigkeit und Urwüchsigkeit läßt und die Menschen, da sie das, was sie brauchen, nicht einfach wie sonst in Moskau bestellen können, zwingt, Handel zu treiben! Und schließlich scheint mir, daß sich die höhere Gesellschaft hier weniger blasiert gibt und selbst da, wo sich dieses Petersburger Element zeigt, dieses nicht so ausgeprägt ist, denn die Begegnung mit der Wirklichkeit des Lebens auf der Fahrt durch die nackte Steppe hierher hat eine erstaunlich ernüchternde Wirkung.« Sätze, die Kropotkin wohl genauso über die Pionierstädte im Wilden Westen Amerikas hätte schreiben können.

Heute zählt Irkutsk rund 650000 Einwohner und ist die größte Industrie- und Handelsstadt sowie das kulturelle Zentrum Ostsibiriens. Bescheidenheit, so erfährt der auswärtige Besucher schnell, ist die Sache der Irkutsker nicht. Sie erscheinen selbstbewußt und haben, wie schon ein erster Gang durch das historische Zentrum zeigt, auch allen Grund dazu. Trotz der Wunden, die die Revolution und siebzig Jahre Sowjetmacht dem Stadtbild schlugen, trotz der ebenso gewaltigen wie häßlichen Industriebetriebe an der Peripherie, trotz der uniformen Plattenbauten, die an Stelle mancher historischer Gebäude errichtet wurden, und einiger kahler Plätze, an denen früher Kirchen oder Kaufmannspaläste standen, ist das architektonische Erscheinungsbild mit keiner anderen Stadt Sibiriens zu vergleichen. Und seit der Wende in Rußland ist Irkutsk offenkundig noch attraktiver geworden.

Andrej, ein ehemaliger Filmregisseur, der in Irkutsk geboren ist, hier sein ganzes Berufsleben verbracht und unzählige Filme über diese Stadt und den nur 65 Kilometer entfernten Baikalsee gedreht hat, führt uns mit der Begeisterung eines jungen Kunststudenten durch Straßen und Gassen, die zuweilen wie ein Museum anmuten. Mehr als 500 Architekturdenkmäler zählt die offizielle Statistik, und nicht wenige von ihnen sind gerade in den letzten Jahren wieder in ihrer historischen Form rekonstruiert worden. Allen voran die äußerst farbenprächtige, im Stil des sibirischen Barocks errichtete Bogojawlenskij-Kathedrale, die weißgetünchte, schlichte, feierliche Erlöserkirche und das sie umgebende Kloster, ein »Schwanengesang der altrussischen Architektur«, wie Andrej in seiner blumenreichen Sprache formuliert. Dazu – überall im Stadtzentrum verstreut – die Kaufmannspaläste mit ihrer geradezu verwirrenden Vielfalt der Stile. Manche sind in strengem russischem Empire gehalten, andere in reinstem Neoklassizismus. Aber auch mauretanische, neugotische und konstruktivistische Reminiszenzen finden sich an den architektonischen Prachtstücken des Eklektizismus der Jahrhundertwende und des beginnenden 20. Jahrhunderts, zuweilen noch durchsetzt mit asiatischen Motiven. Nicht Reinheit des Stils war die Devise der wohlhabenden Bauherren, sondern Originalität.

Dazwischen haben sich ganze Straßenzüge, ja sogar komplette Stadtviertel mit alten sibirischen Holzhäusern erhalten. Und jedes einzelne, so groß die Ähnlichkeit auf den ersten Blick erscheinen mag, ist ein Unikat. Jede der Fassaden trägt einen anderen Schmuck: Geschnitzte, oft bunt bemalte Blumenmuster, Girlanden, Rauten, Kreise, Sterne sowie unzählige geometrische Phantasiefiguren an Türen, Fenstern, am Dachfirst und an den Eckbalken verleihen jedem dieser Häuser ein unverwechselbares Aussehen. Manche von ihnen sind nur dank des erbitterten Widerstands ihrer Bewohner den Planierraupen der sozialistischen Stadtplaner entgangen; heute stehen sie unter Denkmalschutz. Seit der Wende sind im Stadtzentrum sogar neue Holzhäuser im alten sibirischen Stil, natürlich mit allem Komfort, gebaut worden – als Domizil für die kleine Schicht der Neureichen sowie für Banken und Handelsunternehmen.

Doch nicht nur die Orte, auf die er stolz ist, zeigt uns Andrej, darunter auch die Straße, in der Anton Čechov während seines Aufenthaltes in Irkutsk wohnte, und das Haus, in dem der tschechische Dichter Jaroslav Hašek nach der Oktoberrevolution einige Jahre als Redakteur einer kommunistischen Zeitung arbeitete und dabei erste Vorstudien zu seinem »Braven Soldaten Schwejk« schrieb, sondern auch jene Stellen, die, wie er sagt, an die bitteren Stunden der Geschichte erinnern: etwa den zentralen Platz, an dem einst die lutherische Kirche von Irkutsk stand, im Russischen »Kircha« genannt. 1919 wurde sie von den Sowjetbehörden geschlossen und in ein Studentenheim umgewandelt. Im Jahre 1952 wurde sie abgerissen und an ihrer Stelle ein gewaltiges Lenindenkmal errichtet, das die Wende in Rußland überdauert hat. Allerdings wird es nun überstrahlt von den Leuchtreklamen, die von den Dächern der umliegenden neunstöckigen Häuser für »Moulinex«, »Sanyo« und »Coca-Cola« werben.

Auch der Kulturpark weckt in Andrej bittere Erinnerungen. Auf diesem Areal befanden sich früher einige der bedeutendsten Friedhöfe der Stadt: neben einem russischen und einem tatarischen auch ein polnischer, ein jüdischer und ein deutscher. Über den jüdischen Gräbern wurde das Parteikomitee errichtet, über den tatarischen ein Puppentheater; der alte russische Friedhof wurde in eine Tanzfläche verwandelt. »Menschen tanzen auf Knochen«, sagt Andrej und fügt fast tonlos hinzu: »Diese Sünde wird Gott den Kommunisten nie vergeben.«

Auf den Straßen im Stadtzentrum von Irkutsk herrscht dichter Autoverkehr. Viele der Pkws haben das Lenkrad auf der rechten Seite; es sind japanische Fabrikate, die sich die Irkutsker meist auf Gebrauchtwagenmärkten in Wladiwostok oder Nachodka, 2000 Kilometer östlich, kaufen und mit der Transsibirischen Eisenbahn hierher transportieren. Unter den Autobussen fallen uns einige mit deutscher Reklame auf: »Wir gehen neue Wege – Volksbank in Essen.« Dem Aussehen nach sind sie von den Essener Verkehrsbetrieben ausgemustert worden. Auf jeden Fall, so Andrej, habe man sie günstig erstanden.

Aus dem einstigen Sportpalast in unmittelbarer Nähe des Lenindenkmals ist heute ein riesiger Trödelmarkt geworden, und zwischen den Neubauten in der Nähe des historischen Stadtkerns fällt vor allem ein häßlicher dreistöckiger Betonklotz ins Auge, das größte Warenhaus der Stadt. Ein Konsumparadies für alle, die es sich leisten können; doch das scheinen an diesem Wintertag nicht allzu viele zu sein, denn der Andrang ist eher mäßig. Kleider, Blusen und Hemden von Armani gibt es zu bestaunen, Handtaschen von Versace, Wäsche von Felina und Triumph, Küchengeräte von Bosch und Braun, Schweizer Luxusuhren, japanische Kleincomputer, chinesische Vasen, böhmisches Kristall und neben so prosaischen Dingen wie Waschmittel der Marken Ajax und Dixan auch Nerzmäntel, allerdings nicht aus sibirischer Produktion, sondern aus Griechenland.

Entlang der Flaniermeile der Irkutsker, die in einem Abschnitt Karl-Marx-Straße und im anderen Große

Straße heißt, entdecken wir Feinkostgeschäfte mit deutschen, italienischen, französischen und kalifornischen Weinen und schottischem Whisky, 25 Jahre alt; außer holländischem Käse, spanischen Oliven, ungarischer Salami, amerikanischem Senf, polnischem Schinken und Joghurt aus Bayern wird hier Bier aus Dortmund, Hamburg und München verkauft; auch 25 Sorten an russischem, finnischem und schwedischem Wodka zählen wir. Vor manchen Geschäften parken Luxuslimousinen der Marken Mercedes und BMW, Jeeps und Landrover.

In den Mülltonnen neben den Geschäften, an Straßenecken und in Hauseingängen hingegen suchen alte Frauen nach leeren Flaschen und Essensresten. Es ist das gleiche Bild wie in vielen anderen Städten Rußlands am Ende dieses Jahrhunderts: Überquellender Luxus, den einige wenige in vollen Zügen genießen, steht sozialem Elend gegenüber, dem immer mehr Menschen anheimfallen.

In manchen Kindergärten von Irkutsk, so berichten uns Erzieherinnen, wird gehungert, weil die Verwaltung kein Geld mehr hat für die Verpflegung der Kleinen; in manchen Krankenhäusern können keine Operationen mehr durchgeführt werden, weil es an Einwegspritzen und Gummihandschuhen fehlt; in einigen Schulen wird nicht mehr unterrichtet, weil die Lehrer seit Monaten kein Gehalt mehr bekommen haben und deshalb streiken. Rentner leben von Tee und trockenem Brot, da zu mehr die Pension nicht reicht. In der Nachbarstadt Angarsk will die Stadtverwaltung den Müttern das Kindergeld in Form von russischen Nationalfähnchen auszahlen, da aus Moskau keine Rubel mehr kommen. Und bevor wir am Abend ins Hotel zurückgehen, warnt uns Andrej: »Hütet euch vor den Mädchen in Irkutsk, wir haben eine neue Syphilisepidemie!«

Am nächsten Morgen führt uns Andrej in sein Lieblingsmuseum, in das einstige Wohnhaus der Fürstenfamilie Wolkonskij. Es ist eines der beiden Dekabristen-Museen der Stadt. Die Dekabristen, »adlige Revolutionäre«, wie Lenin sie nannte, hatten am 14. Dezember (russisch »dekabr«) des Jahres 1825 in Petersburg den Eid auf den neuen Zaren, Nikolaus I., verweigert. Sie dienten allesamt in Petersburger Eliteregimentern: mehr als 3000 Soldaten und ihre Offiziere, die durchweg aus angesehenen Adelsfamilien stammten, aufgeklärt und hochgebildet. Es war ein Protest, der als Fanal gelten sollte für einen politischen Aufstand gegen das absolutistische Zarenregime in Rußland, gegen Leibeigenschaft, Zensur und Polizeiwillkür. Fünf Offiziere wurden gehängt, 120 degradiert und zu schwerer Zwangsarbeit in Sibirien verurteilt. Einer der zu zwanzig Jahren Zwangsarbeit und anschließender lebenslanger Verbannung nach Sibirien Verurteilten war Fürst Sergej Wolkonskij, Träger eines der edelsten Namen in Rußland, dessen Familie bis ins 9. Jahrhundert zurückreichte. Sein Titel gehörte zu den zehn bedeutendsten in der Hierarchie von Fürsten des Russischen Reiches.

Der Transport nach Sibirien begann im Juli 1826. Nach zwei Monaten erreichten Fürst Wolkonskij und die anderen Gefangen Irkutsk, von wo aus sie auf die Bergwerke jenseits des Baikal verteilt wurden. Dort arbeiteten sie, in schwere Ketten gelegt, zumeist unter Tage. Später, als sich die Haftbedingungen lockerten, beschäftigten sie sich auch mit Ackerbau und Viehzucht, Naturwissenschaften und Kunst. Sie begannen die Kinder der anderen Bergwerksarbeiter zu unterrichten, aber auch, soweit sie dafür empfänglich waren, die Bauern in den Dörfern und die Beamten der zaristischen Verwaltung in Sibirien.

Fürst Wolkonskijs Frau Maria war zum Zeitpunkt des gescheiterten Aufstands zwanzig Jahre alt. Ihr erstes Kind, ein Sohn, wurde just an dem Tag geboren, als ihr Mann verhaftet wurde. Doch schon wenige Monate nach der Deportation Sergej Wolkonskijs beschloß Maria, gegen den Widerstand ihrer Familie und trotz einer persönlichen Intervention des Zaren, ihrem Mann nach Sibirien zu folgen, in einer Kibitka, jenem halboffenen Gefährt, das im Sommer Kutsche, im Winter Schlitten war. Nur etwas Leibwäsche, so schrieb sie später in ihren Memoiren, nahm sie mit, drei Kleider und einen wattierten Kapuzenmantel. »Das übrige Geld hatte ich in mein Kleid eingenäht, um es für Sibirien zu sparen.« Eine erste Vorstellung vom Schicksal ihres Mannes bekam sie, als sie mit ihrer Kibitka, an die ihre Schwägerin in Moskau übrigens auch noch unbemerkt ein Klavichord gebunden hatte, nach wenigen Tagen einen Trupp von Gefangenen überholte: »Sie gingen hintereinander, bis zu den Hüften im Schnee, denn die Winterwege waren noch nicht festgefahren. Ihr Schmutz und ihre Armseligkeit machten einen abstoßenden Eindruck. Und ich fragte mich: Ob Sergej auch so ausgemergelt, unrasiert und ungekämmt ist?«

In Irkutsk wollte der Zivilgouverneur, ein alter Deutscher namens Zeidler, der jungen Fürstin zunächst die Weiterfahrt zu ihrem Mann hinter den Baikal verweigern und sie statt dessen zur Rückkehr nach Rußland überreden. Inzwischen hatten sich nämlich noch weitere Ehefrauen und Verlobte verurteilter Dekabristen aufgemacht, um ihren Männern nach Sibirien zu folgen. Insgesamt sollten es elf werden. Der Zar mißbilligte die Aktion der jungen Frauen mit Nachdruck, weil er fürchtete, daß dadurch Mitleid geweckt und in politischen Sprengstoff umgemünzt werden könnte. Den Verbannten selbst war es verboten, mit ihren Familien zu korrespondieren. Was aber, wenn Berichte von anderen nach Hause gelangten? »Durch Totschweigen«, so Maria Wolkonskaja, »hoffte man, würden die Unglücklichen in Rußland bald vergessen werden. Dagegen konnte man uns, den Ehefrauen, unmöglich verbieten, daß wir durch unsere Briefe die verwandtschaftlichen Beziehungen aufrechterhielten.«

In einem dramatischen Auftritt nötigte Maria Wolkonskaja dem Gouverneur die Erlaubnis zur Fortsetzung ihrer Reise dann doch noch ab, um einen entsetzlichen Preis. Sie mußte ein Schriftstück unterzeichnen, in dem es neben vielem anderen hieß: »Eine Frau, die ihrem Mann folgt und die eheliche Verbindung mit ihm aufrechterhält, wird seines Schicksals teilhaftig und verliert ihren bisherigen Stand; das bedeutet, sie wird von nun an als Ehefrau eines verbannten Zuchthäuslers behandelt ... Die Obrigkeit ist außerstande, sie vor den eventuell stündlich eintretenden Beleidigungen von Leuten aus der verkommensten, verächtlichsten Klasse zu schützen, die sich dann sozusagen für berechtigt halten, die Frau eines Staatsverbrechers, die ihr Los teilt, als ihresgleichen zu behandeln. Derlei Beleidigungen können unter Umständen sogar gewalttätiger Natur sein.«

Und Punkt 2 des Schriftstücks, das die zwanzigjährige Fürstin unter den Augen des Zivilgouverneurs unterschreiben mußte, besagte lapidar: »Kinder, die in Sibirien zur Welt kommen, werden als leibeigene, der Krone gehörende Bauern angesehen.«

Wenige Tage nachdem Maria Wolkonskaja dieses Dokument zaristischer Unmenschlichkeit unterschrieben hatte, reiste sie aus Irkutsk ab, Richtung chinesischer Grenze, in das Gefängnis von Blagodatsk. In ihr Tagebuch notierte sie: »Nachts überquerte ich den Baikalsee, bei grimmigem Frost. Es war so kalt, daß mir die Tränen in den Augen gefroren und der Atem zu Eis erstarrte.« Und als sie ihren Mann schließlich in seiner Zelle, zusammen mit den Fürsten Trubezkoj und Obolenskij erblickte, wurde ihr zum erstenmal das ganze Ausmaß seiner Leiden bewußt. »Der Anblick seiner Ketten erschütterte mich so sehr, daß ich vor ihm auf die Knie sank und erst seine Ketten küßte und dann ihn …«

Volle 28 Jahre blieb die Fürstin Wolkonskaja mit ihrem Mann Sergej in Sibirien. Nach einiger Zeit verbesserten sich die Lebensbedingungen für die Verbannten. Die Paare durften zusammen wohnen, Geld von ihren Familien sowie Zeitungen und Bücher erhalten. Maria Wolkonskaja bekam noch zwei Kinder, einen Sohn und eine Tochter. Anfangs hoffte sie, daß der Zar die Dekabristen bald begnadigen würde, doch die Hoffnung trog. »In der ersten Zeit unserer Verbannung glaubte ich, sie würde nur fünf Jahre dauern. Dann dachte ich, sie würde nach zehn Jahren zu Ende sein, später, es würde nach fünfzehn Jahren soweit sein. Doch als 25 Jahre vorbei waren, hörte ich auf zu warten und bat Gott nur um eines: daß er meine Kinder aus Sibirien herausholen möge.«

1844 erhielt Maria Wolkonskaja die Erlaubnis, sich mit ihren beiden Kindern – ihr erstgeborener Sohn war inzwischen in Petersburg verstorben – in Irkutsk niederzulassen. Obwohl noch immer offiziell als Frau eines Staatsverbrechers geltend, wurde sie schnell zum gesellschaftlichen und kulturellen Mittelpunkt der Stadt. Sie bezog ein geräumiges, zweistöckiges Holzhaus in einer ruhigen Seitenstraße, umgeben von mehreren Nebengebäuden und Stallungen. Wie durch ein Wunder ist das Haus mit allen dazugehörigen Gebäuden und dem hohen Palisadenzaun, der das gesamte Anwesen umgibt, bis auf den heutigen Tag erhalten. Selbst das große Feuer von 1879 hat es verschont. Als die Familie Wolkonskij 1856 Irkutsk verlassen und nach Rußland zurückkehren durfte, beherbergte es zunächst zaristische Beamte, später eine Handwerkerschule für Knaben. Im Anschluß an die Oktoberrevolution wurde das Haus der Fürstenfamilie in Kommunalwohnungen aufgeteilt und 1985, nach einer gründlichen Renovierung, als Museum hergerichtet. Fußböden, Decken und Wände sind noch im Originalzustand, ebenso die riesigen Kachelöfen, die je drei oder gar vier Zimmer heizen, und die Doppelfenster, die vor der grimmigen sibirischen Kälte schützen. Ein Teil der Möbel, aber auch der persönlichen Gegenstände der Fürstin Wolkonskaja und ihrer Familie sind gleichfalls erhalten: Geschirr, Schmuck, Fächer, Lockenwickler aus Elfenbein, Stickarbeiten, Ikonen, Porträts, Medaillons, Spieluhren, Bücher, Briefe. Zugleich dokumentiert das Museum mit vielen zeitgenössischen Stichen und Bildern sowie erklärenden Schautafeln und Texten die gesamte politische und persönliche Geschichte der Dekabristen, vor allem jedoch ihrer Frauen.

An einer Wand mit den Porträts der Dekabristenfrauen ist zu lesen: »Elf heldenhafte Frauen folgten ihren verurteilten Männern nach Sibirien. Sie ließen sich nicht schrecken von den grausamen Bedingungen, die jenseits des Baikal bei der Zwangsarbeit herrschten. Freiwillig folgten sie ihren Männern und wurden rechtlose Frauen von Staatsverbrechern. Es waren die ersten russischen Frauen, die in das politische und gesellschaftliche Leben des Landes traten. Ihre Heldentat war ein Akt des Protestes gegen das selbstherrliche Regime Nikolaus' I.« In einem Raum mit den Porträts der Anführer der Dekabristen ist in großen Buchstaben ein Leninzitat an die Wand gemalt: »Im Jahr 1825 sah Rußland die erste revolutionäre Bewegung gegen das Zarentum. Sie wurde fast ausschließlich von Adligen getragen.«

Andrej, unser sibirischer Kollege, der uns in das Museum geführt hat, sieht die Dekabristen aber nicht nur als Revolutionäre. »Sie haben als Strafgefangene Kultur in unser wildes Land gebracht. Sie haben sich des Alltags in Sibirien angenommen und wurden als Träger der russischen und der europäischen Kultur selbst zum Maßstab für Ethik und Kultur in ihrer Umgebung.«

Niemand, das haben wir in Irkutsk gelernt, genießt bis auf den heutigen Tag in Sibirien größere Verehrung als die Dekabristen. Auf dem Grab der in Irkutsk verstorbenen Fürstin Jekatarina Trubezkaja, die ihrem Mann als erste in die Verbannung gefolgt war und zu dem uns Andrej ebenfalls führte, liegen täglich frische Blumen.

DIE »WIEDERGEBURT«

Es ist nicht leicht, einen ruhigen Platz zum Reden zu finden. Im Foyer des Hotels Intourist lärmen die Spielautomaten ohne Unterlaß, außerdem zieht es. Das Restaurant ist wegen der Mittagspause geschlossen, und an der Hotelbar im ersten Stock feiern ein paar halbseidene russische »bisnesmeny« mit Rolex, Goldkettchen und Handys neben sich auf dem Tresen lautstark den erfolgreichen Abschluß eines guten Geschäfts. In einem kleinen Büffet in der äußersten Ecke der Hotelhalle können wir schließlich die Kellnerin überreden, den in voller Lautstärke dröhnenden Fernsehapparat wenigstens etwas leiser zu stellen und die gleichzeitig dudelnde Musikbox vorübergehend auszuschalten.

Wir sind verabredet mit Alexander Meng, dem Vorsitzenden der Irkutsker »Wiedergeburt«, der Vereinigung der Rußlanddeutschen in Ostsibirien. Im Büro der Vereinigung, so hatte uns Alexander Meng am Telefon gesagt, sei es zu eng, und außerdem habe ohnehin nur die Sekretärin einen Schlüssel, die sei aber übers Wochenende zu ihren Eltern gefahren.

Alexander Meng ist fünfzig Jahre alt, von großer, kräftiger Statur, hat energische Gesichtszüge und schütteres blondes Haar. Deutsch spricht er sehr langsam, bedächtig und zuweilen nach Worten suchend. Sein starker russischer Akzent erinnert daran, daß Deutsch zwar seine Muttersprache, nicht jedoch die Sprache seiner Kindheit und Jugend ist. Seine Eltern sind Wolgadeutsche aus der Gegend von Engels, die wie alle anderen Deutschen in der Sowjetunion im Winter 1941 auf Befehl Stalins deportiert wurden – nach Sibirien, nach Mittelasien, in den Fernen Osten. Sie galten als potentielle Kollaborateure, Volksfeinde, Angehörige einer verbrecherischen Nation, auch wenn sie seit Jahrhunderten als loyale Bürger des Russischen und später Sowjetreiches an der Wolga, am Don, am Schwarzen Meer, in der Ukraine, im Kaukasus gelebt hatten. Zehntausende kamen bei den Transporten in Viehwaggons ums Leben. Ohne Heizung, ohne Nahrung erfroren oder verhungerten sie. Die Toten wurden beim Halt auf freier Strecke aus den Waggons in die verschneite Steppe oder Taiga geworfen. Die Überlebenden mußten sich an den Endpunkten ihrer Bestimmung nicht selten mit bloßen Händen Erdlöcher in den gefrorenen Boden graben. Man hatte sie einfach unter freiem Himmel ausgesetzt. Ohne Geräte, ohne Werkzeuge, ohne Decken, ohne Baumaterial.

Der Vater und die ältere Schwester Alexander Mengs kamen in ein sibirisches Arbeitslager, die Mutter blieb mit vier Kindern allein in Kasachstan. Hier wurde nach der Rückkehr des Vaters 1947 auch Alexander Meng geboren. Noch viele Jahre nach dem Krieg galten die Mengs, wie alle Rußlanddeutschen, als Bürger dritter Klasse: Sie waren praktisch rechtlos. Der Gebrauch der deutschen Sprache und die Pflege deutscher Kultur waren ihnen öffentlich wie auch privat verboten; höhere Schulen, Hochschulen und Universitäten blieben ihnen verschlossen. Auch die Rückkehr in ihre angestammten Siedlungsgebiete in Zentralrußland wurde ihnen verwehrt. Zum einen, weil die Sowjetführung darin ein Eingeständnis des Unrechts gesehen hätte, das man an den Rußlanddeutschen begangen hatte, zum anderen, weil sie ihr sprichwörtlicher Fleiß und ihre Disziplin in den Gegenden, in denen sie nun lebten, in Sibirien und Mittelasien, zu einem wichtigen Wirtschaftsfaktor gemacht hatten.

Obwohl die Rußlanddeutschen 1964 eine teilweise Rehabilitierung erfuhren, blieben sie weiterhin eine diskrimierte Minderheit: ohne eigene Schulen und Kirchen, ohne die Möglichkeit, sich in landsmannschaftlichen Vereinigungen zu organisieren. Erst mit der Wende unter Michail Gorbatschow brach auch für Alexander Meng und die anderen Rußlanddeutschen im Gebiet des Baikalsees eine neue Zeit an. Im Februar 1992 genehmigten die Behörden in Irkutsk die Gründung der Vereinigung der Rußlanddeutschen, der »Wiedergeburt«. Hauptziel dieser Vereinigung, so heißt es in den Statuten, ist die Kulturarbeit unter den Deutschstämmigen sowie die Popularisierung der deutschen Sprache und Kultur an Lehranstalten und in den Massenmedien im Irkutsker Gebiet.

Ferner soll ein deutschsprachiger Verlag aufgebaut und eine monatlich erscheinende deutschsprachige Zeitschrift gegründet werden, die nicht nur dem Austausch von Kultur- und Wirtschaftsinformationen unter den Rußlanddeutschen im Baikalgebiet dienen soll, sondern ausdrücklich auch zur Verbreitung in Deutschland, Österreich und der Schweiz bestimmt ist. Dabei wolle man nicht nur über das gesellschaftliche und kulturelle Leben Ostsibiriens berichten, sondern vor allem versuchen, auch Geschäftsbeziehungen zwischen dieser Region und den deutschsprachigen Ländern in Gang zu bringen. Man träumt von einer Zusammenarbeit mit deutschen Verlagen, einem Netz journalistischer Mitarbeiter, vor allem auch unter den Rußlanddeutschen in der Bundesrepublik. Eine Brücke wolle man auf diese Weise zwischen dem fernen Sibirien und Mitteleuropa schlagen, eine Brücke, an deren Bau, wie schon so häufig in der Geschichte, Deutsche in ganz besonderer Weise beteiligt sein sollen.

Alexander Meng, der all dies erzählt, wirkt keineswegs wie ein Phantast. Seit vier Jahren ist er Vorsitzender der »Wiedergeburt« in Irkutsk und hat auch in dieser Funktion, wie er sagt, mehr als genug Erfahrungen mit der Realität gesammelt. Von Beruf ist er Elektroingenieur; viele Jahre hat er als Leiter einer großen Kolchose in der Umgebung von Irkutsk gearbeitet. Wenn er russisch spricht, fällt die Geschmeidigkeit seiner Formulierungen auf, seine Eloquenz erinnert an die eines engagierten Politikers. In der Tat, so bekennt er freimütig, sei er Mitglied der Kommunistischen Partei gewesen, »eine Alternative gab es ja nicht«, und auch politische Ambitionen stellt er keineswegs in Abrede. Allerdings habe es zu Sowjetzeiten eine geheime Anweisung gegeben, Rußlanddeutsche nicht in politische Führungspositionen aufsteigen zu lassen. Als Wirtschaftsführer, Leiter von Kombinaten, Betrieben, Kolchosen und Sowchosen, Staatsgütern waren sie seit der Teilrehabilitierung nicht nur geduldet, sondern hochwillkommen. Ansonsten aber, so Alexander Meng, hatten sie sich tunlichst am Rand der Gesellschaft zu halten. Seit der Wende in Rußland ist Alexander Meng, nun als Parteiloser, auch politisch aktiv. Er war bereits stellvertretender Präsident der Gebietsverwaltung von Irkutsk, augenblicklich kandidiert er bei den Wahlen zum Stadtparlament.

Seine erste Aufgabe als Vorsitzender der »Wiedergeburt« sah er darin, »unsere Leute zu sammeln«. Gemeint sind all jene Rußlanddeutschen, die weit verstreut in den riesigen Weiten um den Baikalsee und im übrigen Ostsibirien leben. Doch schon hierbei mußte er eine erste große Enttäuschung hinnehmen. Obwohl er Anzeigen in der größten ostsibirischen Zeitung schaltete, in denen er nach deutschen Überlebenden der Stalinschen

Arbeitslager forschte, um ein Buch über deren Schicksal zu schreiben, meldeten sich gerade mal 150 Rußlanddeutsche. Zwar seien die Rußlanddeutschen unter Boris Jelzin endgültig rehabilitiert und den Bürgern russischer Nationalität formal gleichgestellt worden, doch sei bei vielen Rußlanddeutschen, so Alexander Meng, noch immer ein Element der Angst lebendig. Viele trauten den neuen Verhältnissen einfach nicht, ließen sich in ihren Paß als Nationalität »russisch« eintragen, obwohl sie ihrer Herkunft nach unzweifelhaft Deutsche wären. Bei anderen seien die Folgen der jahrzehntelangen Diskriminierung und antideutschen Propaganda nach wie vor unterschwellig spürbar. »Sie schämen sich, offen zu zeigen, daß sie Deutsche sind.« Und dies um so mehr, als die meisten von ihnen die deutsche Sprache »vergessen« haben und jeder Versuch, den russischen Mitbürgern die Gründe dafür zu erklären, in der Regel auf beiden Seiten nur alte Wunden aufreißt. Dennoch, so Alexander Meng nicht ohne verhaltenen Stolz, zählt die »Wiedergeburt« in Irkutsk heute etwa tausend Mitglieder, in der gesamten Region rund um den Baikal immerhin 8000. Und dies, obwohl mehr und mehr Rußlanddeutsche fortziehen, entweder in die Bundesrepublik oder zur Familienzusammenführung in andere russische Gebiete mit hohem deutschen Bevölkerungsanteil, etwa ins Gebiet um Omsk in Westsibirien oder in den Altai.

Zu den Erfolgen seiner Arbeit rechnet Alexander Meng vor allem die Tatsache, daß heute in neunzehn Schulen in Irkutsk und Umgebung ein von der »Wiedergeburt« organisierter Deutschunterricht angeboten wird, zumeist in Form von Abend- oder Wochenendkursen. Finanziert werden diese Kurse wie auch Ferienlager, Auftritte deutscher Musikgruppen und diverse andere deutsche Kulturveranstaltungen vor allem durch Gelder aus der Bundesrepublik, insbesondere der Gesellschaft für Technische Zusammenarbeit in Eschborn, mit der die »Wiedergeburt« seit ihrer Gründung enge Kontakte unterhält. Seitens der russischen Behörden gibt es kaum materielle Unterstützung. Nicht einmal für eine geplante Feier zum fünfjährigen Bestehen der Vereinigung habe man von der Stadt Irkutsk einen Zuschuß bekommen, so daß die Feier abgesagt werden mußte. Aber das, so Alexander Meng, sei sogar verständlich. Schließlich habe die Stadtverwaltung nicht einmal das Geld, um ihre eigenen Angestellten regelmäßig zu bezahlen.

Politisch habe man mit den Behörden keinerlei Probleme. Der Gouverneur von Irkutsk stehe den Anliegen der nationalen Minderheiten in der Stadt – außer den Deutschen sind es immerhin noch dreizehn andere, darunter Polen, Chinesen, Mongolen, Japaner, Ukrainer und Juden – ausgesprochen aufgeschlossen gegenüber. Und für ein Treffen ehemaliger rußlanddeutscher Zwangsarbeiter habe die Stadt immerhin 3000 Rubel, umgerechnet rund tausend Mark, lockergemacht. Eine, so Alexander Meng, angesichts der katastrophalen Finanzsituation der öffentlichen Verwaltung bemerkenswerte Summe und eine Geste, die man dankbar verstanden habe.

Die größte Hoffnung der Rußlanddeutschen, der Traum, dem auch Alexander Meng bei der Gründung der »Wiedergeburt« in Irkutsk anhing, wird jedoch unerfüllt bleiben: die Wiederherstellung der Autonomen Deutschen Wolga-Republik. Bis 1941 war die Wolga-Republik politisches und kulturelles Zentrum der Deutschen in Rußland. Ihre Wiederherstellung wäre von vielen als ein Signal verstanden worden, daß die Deutschen auch als autonome kulturelle und gesellschaftliche

Gruppe in Rußland wieder eine Zukunft haben. Michail Gorbatschow hatte den Rußlanddeutschen in dieser Frage Hoffnung gemacht, Boris Jelzin hatte die Wiederherstellung der Wolga-Republik dem deutschen Bundeskanzler Helmut Kohl sogar versprochen. Und nicht wenige Deutsche in Rußland hatten darauf vertraut. Auch Alexander Meng. Doch dann mußten sie erkennen, daß sie einmal mehr zum Spielball der großen Politik geworden waren. Für Boris Jelzin, so sehen es die meisten Rußlanddeutschen heute, war das Versprechen einer deutschen Wolga-Republik nichts anderes als ein billiger Trick, um von Bonn möglichst viele Milliarden Kredit zu bekommen. Für die deutsche Bundesregierung lieferte es ein wohlfeiles Argument, die ausreisewilligen Deutschen in Rußland zum Bleiben zu bewegen. Nun, so Alexander Meng, ist der Traum ausgeträumt. Die politische Führung in Moskau will keine Wolga-Republik, und die Bundesregierung ist zu feige, dies öffentlich zuzugeben.

Auch die Hoffnungen auf Erleichterungen im Reiseverkehr mit Deutschland haben sich nicht erfüllt. Im Gegenteil! Unmittelbar nach der Wende war in Nowosibirsk ein deutsches Konsulat eingerichtet worden, das Visa für alle ausstellte, die zu Besuch nach Deutschland reisen wollten, Russen wie Nichtrussen. Dann stellte das Konsulat nur noch Besuchsvisa für Rußlanddeutsche aus, und jetzt gibt es Visa ausschließlich für jene, die endgültig ausreisen wollen. Rußlanddeutsche, die nur zu Besuch in die Bundesrepublik wollen, müssen zur deutschen Botschaft ins 5000 Kilometer entfernte Moskau. Und in der dortigen Konsularabteilung, so Alexander Meng, herrschen »kommerzielle Strukturen«. In jüngster Zeit gebe es nur noch »Schwierigkeiten über Schwierigkeiten«, so daß der Besuchsverkehr von Rußlanddeutschen in die Bundesrepublik fast völlig zum Erliegen gekommen sei. Das alles trage dazu bei, daß sich jetzt mehr und mehr Rußlanddeutsche ernsthaft überlegen, für immer auszureisen. »Die Hälfte von uns sitzt auf gepackten Koffern.«

Doch die wachsenden Schwierigkeiten im Reiseverkehr mit der Bundesrepublik sind nur eines der Motive für den verstärkten Ausreisewunsch vieler Rußlanddeutscher. Das Hauptmotiv ist nach Ansicht Alexander Mengs die wirtschaftliche Situation in Rußland sowie die politische Instabilität. »Wofür habe ich meine Söhne erzogen? Für Tschetschenien? Oder das nächste Kriegsabenteuer?«

Seine Brüder und Schwestern leben bereits in Deutschland. Seine Söhne noch nicht. Der ältere ist Chirurg, der jüngere Zahnarzt. Obwohl beide in ihrem Beruf sehr tüchtig seien, hätten sie kaum eine Chance, daß ihre Diplome in Deutschland anerkannt würden. Zudem sind beide, wie er selbst, mit Russinnen verheiratet. Solange es geht, wollen sie bleiben. Doch schon jetzt rät er ihnen, sooft wie möglich nach Deutschland zu fahren, zur Schulung und um Deutsch zu lernen. »Das kann man immer gebrauchen.«

Und er selbst? Könnte er sich vorstellen, auszureisen? Für immer?

Alexander Meng denkt lange nach. Und dann sagt er, wie zu sich selbst:

»Hier liegen meine Eltern begraben.«

»Und wenn es anders wäre?«

»Schwer zu sagen. Ich weiß es nicht.«

IM DEUTSCHEN DORF

Er heisst wirklich so: Fritz Wunder. In seinem Paß steht allerdings Fjodor Wunder. Und das ist vielleicht auch gut so, denn seit dem Zweiten Weltkrieg gilt der Name Fritz im Russischen als Schimpfwort für die Deutschen. So wie in gewissen Teilen der deutschen Bevölkerung der Name Iwan, betont auf der ersten Silbe, noch immer die verächtliche Bezeichnung für Russen ist.

Fritz Wunder ist 67 Jahre alt. Geboren wurde er in einem kleinen Dorf an der Wolga, dem einstigen Gnadenfeld. Es war 1766 von deutschen Siedlern gegründet worden, die aus Hessen, dem Rheinland und der Pfalz dort hingekommen waren, gerufen von Zarin Katharina II., die ihnen Privilegien versprochen hatte: kostenloses Land, Zuschüsse zum Bau von Häusern und zur Anschaffung von Vieh und Geräten, freie Religionsausübung, innere Selbstverwaltung sowie Befreiung vom Militärdienst »auf ewige Zeiten«. Manche der Privilegien galten bis ins 20. Jahrhundert.

Die früheste Erinnerung, die Fritz Wunder an Gnadenfeld hat, ist ein Alptraum, der ihn bis heute verfolgt: die Nacht im Winter 1934, als sein Vater von der Geheimpolizei NKWD abgeholt wurde. Da war Fritz Wunder drei Jahre alt. Die Begründung, die der Mutter gegeben wurde, war lakonisch. Ihr Mann sei ein »Volksfeind«, der nach Paragraph 58 des Sowjetischen Strafgesetzes abgeurteilt werden müsse. Das Vergehen des Vaters: Er war ein freier Bauer und hatte sich geweigert, einer Kolchose beizutreten. Zunächst kamen noch Briefe aus einem Lager in der Nähe des Ortes Dmitrow, nördlich von Moskau. Dort war Wunder beim Bau des Moskau-

Wolga-Kanals eingesetzt. Seit 1938 kamen keine Briefe und auch sonst keine Nachrichten mehr. Was aus seinem Vater geworden ist, wann und unter welchen Umständen er starb, wo er begraben wurde – Fritz Wunder weiß es bis heute nicht. Er hat auch nicht nachgeforscht.

»Warum denn, es sind doch Millionen umgekommen. Es hat niemand Buch geführt.«

Fritz Wunder spricht ein grammatikalisch einwandfreies Deutsch, fließend und ohne nach Wörtern suchen zu müssen, allerdings in einer so starken regionalen Färbung, daß man ihn manchmal kaum versteht. So etwa muß es bei seinen Vorfahren geklungen haben, als sie sich vor mehr als 200 Jahren in Gnadenfeld niederließen. Bis zu seinem zehnten Lebensjahr hatte Fritz Wunder kein Wort Russisch geredet. In Gnadenfeld, so erzählt er, haben nur Deutsche gelebt, kein einziger Russe. Russische Wörter habe man nur gehört, wenn mal ein Händler, ein russischer Verwaltungsbeamter oder der russische Gendarm ins Dorf gekommen sei. Seit dem 10. September 1941 allerdings hörte Fritz Wunder fast nur noch russische Laute. An jenem Tag wurden alle Deutschen aus Gnadenfeld, auch der zehnjährige Fritz Wunder, sein elfjähriger Bruder und seine Mutter, auf dem Marktplatz zusammengetrieben und abtransportiert – in Viehwaggons, Richtung Sibirien. Stalin hatte alle Rußlanddeutschen zu »Diversanten« und »Spionen der Faschisten« erklärt und ihre Deportation befohlen. Ende Oktober, es war schon bitter kalt, wurden die Gnadenfelder am Ufer des Jenissej ausgesetzt. Fritz Wunder und sein Bruder kamen in ein Waisenhaus, seine Mutter in ein Arbeitslager der sogenannten »Trudarmija«, der »Arbeitsarmee«, wie die Zwangsarbeiter während des Zweiten Weltkriegs in der sowjetischen Behördensprache zynisch genannt wurden.

In der Schulklasse, in die Fritz Wunder in einem Dorf am Jenissej gesteckt wird, gibt es nur einen Jungen, mit dem er sich verständigen kann. Er kommt aus Lettland, spricht ebenfalls keine Silbe Russisch, dafür aber ein paar Brocken Deutsch, die er bei der deutsch-baltischen Minderheit in Riga aufgeschnappt hat. Fritz Wunder lernt jedoch schnell und kann sich bald mühelos auf russisch verständigen. Und das ist auch bitter nötig. Denn in das Dorf am Jenissej kommen jetzt immer häufiger Särge und Todesmeldungen von der Front, von Dorfburschen, die im Kampf gegen die deutschen Eindringlinge, die Faschisten, gefallen sind. Jeder im Dorf weiß, daß Fritz Wunder Deutscher ist, also auch »ein Faschist«. Täglich wird er beschimpft, schikaniert, angespuckt.

»Wie sollte ich denen denn begreiflich machen, daß ich ein anderer Deutscher war, mit den Faschisten nichts zu tun hatte?«

Da ist es gut, daß er immer besser russisch spricht. Manchen kann er überzeugen, ihm erklären, daß seine Vorfahren – das hat er in der deutschen Schule gelernt – seit Jahrhunderten in Rußland gelebt haben, immer treue Diener des Zaren gewesen sind und seine Familie auch nie gegen die Sowjetmacht gekämpft hat. Doch für die Mehrzahl der Kinder wie der Erwachsenen im Dorf bleibt er ein Fritz, ein Hitlerist, ein Aussätziger.

»Dabei habe ich das Wort Hitler zum erstenmal am Jenissej gehört.«

Im Herbst 1947, wird die Mutter aus der »Trudarmija« entlassen, muß aber weiter in Sibirien bleiben. Sie findet Arbeit in einem Wasserkraftwerk in der Nähe von Irkutsk, als Maschinistin. Sie holt ihre Söhne aus dem Waisenhaus und heiratet einen Deutschen, den sie in der »Trudarmija« kennengelernt hat. Im Hause der Wunders wird wieder nur deutsch gesprochen.

Auch Fritz Wunder setzt die Familientradition fort. Als er zwanzig Jahre alt wird, heiratet er eine Deutsche aus dem Nachbardorf, die mit den Eltern 1941 aus der Ukraine nach Sibirien deportiert worden ist. Ihrer Tochter allerdings, die bald darauf geboren wird, geben sie, um ihr Ärger zu ersparen, einen russischen Namen. Die kleine Ruslana spricht bis zu ihrem sechsten Lebensjahr ebenfalls ausschließlich deutsch, dann russisch. In der Schule gibt es keinen Deutschunterricht, obwohl er von den Behörden seit 1957 wieder offiziell erlaubt ist. Von den Mitschülern wird sie schief angesehen, solange sie mit ihnen nicht richtig russisch sprechen kann. Um dem Kind beim Erlernen der Sprache zu helfen, wird nun auch im Haus der Wunders nur mehr russisch gesprochen. Fritz Wunder arbeitet als Lastwagenfahrer, seine Frau als Melkerin in einer Kolchose. Nach einigen Jahren geht die Ehe in die Brüche, Fritz Wunder heiratet erneut, diesmal eine Russin. Ruslana verlernt das Deutsche fast ganz und versteht heute nur noch einige wenige Wörter, vor allem aus dem Haushalt.

Viele Jahre hat Fritz Wunder davon geträumt, wieder nach Gnadenfeld zurückzukehren. Doch bis zum Ende der Sowjetunion war es, wie auch Fritz Wunder erzählt, den deportierten Rußlanddeutschen untersagt, sich in ihren alten Siedlungsgebieten niederzulassen. Nach Deutschland hätte Fritz Wunder schon einige Jahre vorher ausreisen können, aber das wollte er nicht.

»Was sollte ich denn dort? Ich habe dort keine Verwandten mehr, meine Familie kam schließlich vor 200 Jahren nach Rußland. Und meine zweite Frau sprach kein Wort Deutsch!« Und im übrigen hätte sich die Lage der Deutschen in Sibirien ja auch allmählich verbessert. »Die haben gesehen, daß wir tüchtig arbeiten können, und aufgehört, uns als Faschisten zu beschimpfen. Nur wenn es mal Streit gab, waren wir plötzlich wieder die verfluchten Deutschen. Aber sobald der Streit vorbei war, war's auch wieder in Ordnung.«

Daß er als Deutscher keine höhere Schule besuchen durfte, hat ihn nicht gestört. »Ich war ja als Lastwagenfahrer glücklich.«

Fritz Wunder ist von kleiner, hagerer Statur. Sein Gesicht ist von Falten zerfurcht, die große Nase gibt ihm etwas Vogelartiges, die Augen liegen tief in den knochigen Höhlen. Fritz Wunder trägt einen dunklen, eng ansitzenden Anzug, ein weißes Hemd, dessen Kragen und Manschetten gestärkt sind, und einen silbergrauen Schlips. Er hat sich festlich angezogen, denn er ist zu Besuch – bei anderen Deutschen, in einem Dorf 50 Kilometer westlich des Baikalsees.

Das Dorf heißt Piwowaricha, ins Deutsche übersetzt: Bierbrauerdorf. Doch Bierbrauer hat es in diesem Dorf nie gegeben. Piwowaricha war der Eigenname seiner einstigen Besitzerin, der Mätresse eines reichen russischen Kaufmanns, der ihr die Ansiedlung samt den dort wohnenden »Seelen« zur Zeit der Leibeigenschaft zum Geschenk gemacht hatte. Piwowaricha wird in der Umgebung nur »das deutsche Dorf« genannt, obwohl die ersten Deutschen erst vor 50 Jahren hier eintrafen: deportierte Rußlanddeutsche, die nach der Entlassung aus der »Trudarmija« Arbeit auf der Sowchose, dem Staatsgut, in Piwowaricha fanden. Seit ein Rußlanddeutscher die Leitung der Sowchose übernommen hatte, zogen immer mehr Deutsche aus allen Teilen Sibiriens, aber auch aus Kasachstan und anderen Republiken der Sowjetunion hierher. Die Sowchose Piwowaricha wurde zum landwirtschaftlichen Musterbetrieb.

Den Weg nach Piwowaricha hatte man uns in Irkutsk so beschrieben: »Zuerst zwanzig Kilometer Richtung

Baikal, dann nach links; das schönste Dorf das ihr seht, ist das deutsche.«

In der Tat besteht Piwowaricha heute aus zwei Teilen: dem alten Dorf mit seinen kleinen, da und dort schon verfallenen Holzhäuschen mit windschiefen Zäunen sowie einer großen, rechteckig angelegten Siedlung mit langen, geraden Straßen und zweistöckigen, weiß, gelb, braun oder rosa gestrichenen Häusern aus Holz oder Stein. Jedes der gepflegt wirkenden Häuser hat einen großen Vorgarten, an einigen Häusern ist seitlich eine Garage angebaut. Vor einem der Häuser sprechen wir einen jungen Mann an, der den Schnee vom Gehweg fegt.

»Natürlich«, sagt der Mann, »leben hier noch Deutsche.« Zwar nicht mehr so viele wie früher, da die meisten inzwischen nach Deutschland ausgereist seien, aber einige Alte würden wir bis heute in jeder Straße finden. Und dann beschreibt er uns einige der Häuser, in denen Deutsche wohnen, und er nennt auch ihre Namen: »Tante Anna, Tante Lisa, Onkel Andrej« und so weiter. Er selbst, sagt er, stamme aus einer rein russischen Familie, sei ein richtiger Sibirier. Doch mit den deutschen Nachbarn würde er sich prima verstehen. »Es sind nette, hilfreiche Leute, arbeitsam und ordentlich.« Irgendwelche Probleme mit ihnen habe es nie gegeben, man lebe zusammen und arbeite zusammen. Einen Unterschied habe er nie entdeckt.

Ob er diejenigen, die nach Deutschland ausgereist seien, beneide, fragen wir ihn?

»Wieso denn?« Es ist doch ihr Vaterland. Und wenn es ihnen da gutgeht, um so besser. Ihre Heimat ist dort, unsere Heimat ist hier. Das ist ganz normal. Manche kommen auch immer wieder zu Besuch, und dann erzählen sie uns von sich, und wir feiern zusammen. Wir sind doch gemeinsam aufgewachsen, zur Schule gegangen.«

Das einzige, was der junge Mann bedauert: »Sie fehlen uns jetzt bei der Arbeit.«

Und dann erzählt er ein wenig von der Sowchose. Es sei keine große Sowchose gewesen, jedenfalls für sibirische Verhältnisse nicht, nur 9000 Hektar und rund tausend Arbeiter. Aber es sei ein vorbildlicher Betrieb gewesen, der vor allem für seine Schweine- und Rinderzucht berühmt war. Mehr als dreißig Jahre sei Herr Grünwald – er spricht den Namen »Grienwald« aus – Direktor der Kolchose gewesen, und als er vor drei Jahren in Rente ging, hätten ihn alle bestürmt, noch länger zu bleiben. Aber er habe nicht mehr gewollt, da er sich nicht gesund fühlte. Nun sei er gerade zu Besuch bei seinen Söhnen in Deutschland, aber er werde sicher zurückkommen, denn er wolle nicht ausreisen. Vielleicht deshalb, so vermutet der junge Mann, weil seine Eltern hier in Piwowaricha begraben sind. Er selbst, sagt er, erinnere sich noch sehr genau an »Direktor Grienwald«. Er sei sehr streng gewesen, aber auch sehr gerecht. Und was für wunderbare Häuser er für seine Leute gebaut habe! Alle mit fließendem Wasser, mit Strom und Anschluß an die Fernheizung. »Er ist immer durchs Dorf gegangen, und wehe, in einem Vorgarten war mal etwas nicht in Ordnung. Oder an einem Haus oder Gartenzaun. Dann gab es Unannehmlichkeiten.« Heute, so der junge Mann, sei ja auf der Sowchose alles ein wenig anders. Eine Menge Leute seien entlassen worden, und es gebe auch nicht mehr soviel Vieh wie früher. Und neue Häuser würden auch nicht mehr gebaut. »Aber es sind eben auch andere Zeiten.«

Um uns den Weg zu Tante Anna zu zeigen, schickt der junge Mann seine siebenjährige Tochter Anja mit. Wir treffen Tante Anna hinter ihrem Haus, wo sie gerade die Hühner füttert.

»Kommt's rein«, sagt sie auf deutsch, »ich mach' euch Tee.«

Tante Anna ist 65, ihr zerfurchtes, zahnloses Gesicht läßt sie allerdings älter erscheinen. Sie ist hochgewachsen, kräftig gebaut und voller Energie. Nein, nein, russisch wolle sie mit uns nicht reden, auch wenn die Kollegen aus Petersburg kein Wort verstünden, ich sollte ihnen eben hinterher alles übersetzen. Tante Anna redet fast ununterbrochen, zuweilen flicht sie russische Wörter ein, und wenn sie mal eine Pause macht, dann meist nur, um zu lachen. Ein glücklicher Mensch, so scheint es. Doch ihre Lebensgeschichte ist alles andere als fröhlich.

Geboren wurde Tante Anna 1933 in Odessa. Als die Deutsche Wehrmacht zusammen mit rumänischen Truppen im Oktober 1941 die Stadt einnahm, wurde ihre Familie »heim ins Reich« geholt, wie es die Nazis nannten. Sie wurde im Warthegau angesiedelt, auf einem Bauernhof, dessen polnische Besitzer zuvor von den Deutschen vertrieben worden waren. Als die Rote Armee im Januar 1945 gegen den Warthegau vorrückte, schafften es Tante Anna, ihre Mutter und ihre Schwester nicht mehr, nach Westen zu fliehen. »Was die Soldaten mit den Frauen gemacht haben, brauche ich euch wohl nicht zu erzählen. Meine Mutter und meine Schwester, die etwas älter war als ich, haben es nicht überlebt.«

Tante Anna wurde sodann mit vielen anderen Frauen und Mädchen aus dem Warthegau nach Sibirien deportiert, »mit nichts als den Kleidern auf unserem Leib«. Sie kam in ein Arbeitslager am Baikalsee, wo sie – als Zwölfjährige – Bäume fällen und zu Flößen zusammenbauen mußte. »Bis zur Brust haben wir im Wasser gestanden, und das war eiskalt.« Als sie im Jahr 1947 aus dem Lager entlassen wurde, verschlug es sie nach Piwowaricha auf die Sowchose. »Und dort«, so sagt sie, »begann mein

Leben. Ein gutes Leben!« Sie hat die Schweine gefüttert, Kühe gemolken, die Ställe ausgemistet. Sie hat geheiratet, einen deutschen Arbeitskollegen, Kinder bekommen, ein Haus bezogen, das ihr die Sowchose gebaut hat, und sich an Sonntagen mit anderen Deutschen in Piwowaricha getroffen und »scheene teitsche Lieder« gesungen. Ihr Mann ist inzwischen gestorben, die beiden Söhne haben Russinnen geheiratet und sind mit ihnen nach Deutschland ausgereist; die Tochter ist mit einem Russen verheiratet und lebt mit ihm, wie Tante Anna sagt, glücklich in Irkutsk. Ihr Enkel, der fünfjährige Antoscha, blond und blauäugig, der gerade bei ihr zu Besuch ist, spricht kein Wort Deutsch.

»Ist doch ganz normal«, sagt Tante Anna, »er ist ein Russenkind.«

»Wieso Russenkind?« fragen wir.

»Na ja, vom Vater her.«

Aber freuen, sagt sie, würde es sie schon, wenn er später auf der Schule auch Deutsch lernen würde. »Dann könnte er sich doch mit seinen Cousins und Cousinen in Deutschland unterhalten.«

Probleme zwischen Russen und Deutschen hat es in Piwowaricha nie gegeben, erklärt Tante Anna. Woanders, das habe sie gehört, sei es schwieriger gewesen, da wären die Deutschen schlimm behandelt worden – »weil sie eben Deutsche waren«. Aber in Piwowaricha seien die meisten sowieso »teitsche Leute« gewesen, vor allem auch der Direktor. Überhaupt sei es ein deutsches Dorf gewesen. Und auch später, als die Deutschen immer weniger wurden, weil viele ausreisten, und immer mehr Russen kamen, habe sich nichts geändert.

»Wir leben ganz friedlich.«

Nur häufiger gefeiert habe man früher, und es sei auch sonst alles viel lustiger gewesen. »Aber vielleicht kommt es uns auch nur so vor, weil wir damals jünger waren.« Eines jedoch, so Tante Anna, sei sicher: Früher hätten sie besser gelebt, materiell. »Heute mußt du für alles bezahlen. Miete, Wasser, Strom, das war doch früher alles kostenlos.« Von der Rente, die sie heute bekomme, bliebe ihr nach Abzug all dieser Kosten »nicht eine Kopeke«. Wenn sie nicht ihren Garten hätte, wo sie ihr Gemüse zieht und Blumen, die sie manchmal in Irkutsk auf der Straße verkauft, wüßte sie nicht, wie sie über die Runden käme. »Hungern müßt' ich.« Dabei lacht sie. »Aber der Herrgott sorgt für mich.«

Vom Herrgott spricht Tante Anna überhaupt viel. »Er hat mich geführt durch mein ganzes schweres Leben und wird es auch tun, bis ich unter der Erde bin.«

Ihr ganzer Stolz sind drei »fromme Bichel«, wie sie sagt, die sie uns auch unbedingt zeigen möchte. Dann holt sie aus dem Küchenschrank drei Bücher unterschiedlicher Größe. Die beiden kleineren sind völlig vergilbt und arg zerfleddert. Bei einem ist der Rücken des Einbands geplatzt, aus dem anderen fallen einige lose Blätter heraus. Der geplatzte Einband gehört zum »Gotteslob«, einem katholischen Gebetbuch, die losen Blätter zu einem deutschen Gesangbuch. Das Gebetbuch stammt noch von Tante Annas Eltern aus Odessa. »Ich weiß gar nicht, wie ich es durch mein ganzes Leben gerettet habe.« Das dritte »fromme Bichel« ist eine ziemlich neu aussehende russische Bibel in einem giftgrünen Plastikeinband. Sie wurde von einer amerikanischen Missionsgesellschaft gedruckt und vor wenigen Jahren in Rußland kostenlos verteilt.

Jeden Sonntag, so erzählt Tante Anna, fährt sie zum katholischen Gottesdienst in die polnische Kirche nach Irkutsk. Dort versammeln sich neben einigen Mitgliedern der polnischen Gemeinde auch Litauer, Ukrainer und Rußlanddeutsche, nicht nur Katholiken, sondern auch Protestanten. Der Gottesdienst wird gehalten von Vater Ignatij, einem polnischen Salvatorianerpriester aus Krakau, der seit sieben Jahren in Irkutsk lebt. Er predigt in russischer Sprache, der einzigen, die alle seine Gläubigen verstehen. Wenn er mit Tante Anna redet und niemand dabei ist, spricht er deutsch. Dann sagt sie, fühle sie sich richtig glücklich.

Warum Tante Anna denn nicht, wie so viele andere, nach Deutschland ausgereist sei, fragen wir.

»Warum, Junge, sollte ich. Dann hätte ich von meiner Tochter weggemußt. Und einer muß doch bei ihr bleiben, wenn schon die Brüder wegfahren. Und außerdem: Leben kann ich auch hier!« Und solange sie jemanden finde, der sie sonntags mit dem Auto zum Gottesdienst zu Vater Ignatij fahre, gebe es sowieso keinen Grund, nach Deutschland zu reisen. Für immer, jedenfalls. Zu Besuch würde sie vielleicht einmal hinfahren, aber dazu müßten die Söhne das Geld schicken. »Und das will ich nicht. Die brauchen doch jeden Groschen dort selbst.«

Zum Abschied fragt uns Tante Anna, ob sie uns nicht ein frommes Lied vorsingen solle. Sie singe so gern und kenne auch ganz viele Lieder. Und dann legt sie den Kopf in den Nacken, schließt die Augen und beginnt mit heller, etwas greisinnenhafter Stimme zu singen. Zunächst »Maria, meine Königin«, sechs Strophen, ohne Pause. Und dann »Großer Gott, wir loben dich«, sieben Strophen. Als sie fertig ist, lächelt sie. »Hab' ich nicht scheen gesungen?«

Ein paar Häuser von Tante Anna entfernt wohnt Andrej. Auf seinem Taufschein hatte der Name Andreas gestanden, doch seit seinem zwölften Lebensjahr wird er nur noch Andrej genannt, und daran hat er sich gewöhnt. Auch seine deutschen Freunde im Dorf nennen ihn so. Andrej ist siebzig Jahre alt, kahlköpfig, das Gesicht wettergegerbt, voller scharfer Falten. Die Augen blicken freundlich, um den Mund scheint ein ununterbrochenes feines Lächeln zu spielen. Die Heimat Andrejs ist Südrußland, ein deutsches Dorf am Don. Vier deutsche Dörfer nebeneinander hat es dort gegeben, alle um 1810 gegründet. Die Vorfahren Andrejs stammten aus Württemberg. Verwandte in Deutschland hat er, wie er sagt, keine mehr.

Andrejs Vater wurde 1937 vom NKWD abgeholt, wie alle erwachsenen Männer seines Dorfes. Seither hat er vom Vater nie wieder etwas gehört. 1941 wurde Andrej mit seiner Mutter und den drei Geschwistern nach Sibirien deportiert, in ein Arbeitslager. Dort mußte er unter Tage in einem Bergwerk arbeiten, als Zwölfjähriger. Sechs Jahre blieb er im Bergwerk, dann wurde er in die Nähe von Irkutsk verbannt und fand eine Anstellung auf der Sowchose von Piwowaricha. Vierzig Jahre hat er hier gearbeitet, meist in der Viehzucht. Vor zehn Jahren hat er sein eigenes Haus von der Sowchose bekommen, gerade noch rechtzeitig vor der Wende und dem, wie er sagt, »Abstieg« der Sowchose. Nun ist er in Rente und nach eigener Auskunft zufrieden. »Ich habe ein wunderschönes Haus, einen großen Garten, der mich ernährt, und sieben erwachsene Kinder, die alle gesund sind. Was will ich mehr!«

Andrej spricht ein sehr gut verständliches Deutsch, das nur gelegentlich mit einigen russischen Ausdrücken durchsetzt ist. Auch er bestätigt, daß es in seinem Dorf nie Probleme zwischen Deutschen und Russen gegeben habe. Und das nicht nur, wie Tante Anna meinte, weil die Deutschen in der Mehrzahl waren, sondern weil außer den Deutschen auch noch andere hier lebten, die vorher im Lager gewesen waren – Litauer, Ukrainer und sogar

Polen. Die gemeinsame Lagervergangenheit habe die Menschen in Piwowaricha verbunden, und auch das Verhältnis vieler Russen im Dorf zu ihnen bestimmt. Manche hätten sogar Mitleid gehabt mit dem schwerem Schicksal der Deutschen, Ukrainer, Litauer und Polen, die ja alle ihre Heimat verloren hatten und nicht freiwillig nach Sibirien gekommen waren.

Wenn Andrej von dem Dorf Piwowaricha spricht, klingt Wärme aus seiner Stimme und ein gewisser Stolz. Wir haben Glück gehabt, sagt er. Eine gute Sowchose, ein guter Direktor, Menschen, die einander geachtet haben. Schon bald nach dem Krieg hätten auch die Schikanen gegen die Deutschen, die »Hitleristen«, aufgehört. Das schlimmste sei gewesen, daß sie nicht in ihre Heimat, an den Don, zurückkehren durften, Verbannte blieben, deren einziges Verbrechen es war, daß sie deutsche Vorfahren hatten und sich als Deutsche fühlten. Doch das Leben in Piwowaricha sei immer besser geworden, und auch an die strengen sibirischen Winter habe man sich gewöhnt. Zwar seien die Deutschen im Dorf immer weniger geworden, in ihre Häuser seien russische Familien gezogen, doch auch zu ihnen habe er ein gutes Verhältnis. »Es gibt noch keine Kriminalität bei uns im Dorf.« Nur manchmal, da werde etwas viel gefeiert, mit Wodka, aber das sei menschlich.

Verbittert wirkt Andrej nur, wenn er über das Schicksal seiner Familie und die russische Regierung oder die Behörden in Irkutsk spricht. Zwar seien die Rußlanddeutschen heute offiziell rehabilitiert, aber das sei auch schon alles. Kein Wort der Entschuldigung oder des Bedauerns, daß man den Vater umgebracht habe, keine Kopeke Entschädigung für die sechs Jahre Zwangsarbeit im Bergwerk und auch keine Kopeke für den großen, wunderschönen Bauernhof, den die Familie am Don gehabt habe. »Weg, alles weg! Die tun so, als ob es das gar nicht gegeben hätte.«

Die einzige Wiedergutmachung, die Andrej erhalten hat, ist ein kleiner roter Ausweis, der ihm 1993 ausgehändigt wurde und den er stets bei sich trägt. Umständlich nestelt er ihn aus der Innentasche des Jacketts und legt ihn auf den Tisch. Er berechtigt ihn als »Opfer ungesetzlicher Repression«, in ganz Rußland kostenlos Eisenbahn und Bus zu fahren. Und auch um diesen Ausweis, so sagt er, habe er ein Jahr lang kämpfen müssen.

An eine Ausreise nach Deutschland hat Andrej nie gedacht. Erstens habe er dort keine Verwandten, und zweitens seien alle Kinder mit Russen oder Russinnen verheiratet. »Die konnte ich doch gar nicht allein lassen.« Zumal alle sieben Kinder in Piwowaricha oder im benachbarten Irkutsk Arbeit haben. Arbeitslosigkeit habe es in seiner Familie nie gegeben. »Wer will, findet immer Arbeit.« Das Problem sei nur, daß einige der Kinder schon seit Monaten von ihrem Arbeitgeber keinen Lohn mehr ausbezahlt bekommen hätten. »Aber wir haben ja einen großen Garten, da verhungern wir nicht.«

Auch Andrej ist ein tief religiöser Mensch. Im Gegensatz zu Tante Anna jedoch ist er Protestant, und sein großer Kummer viele Jahre hindurch war, daß es in Irkutsk zwar regelmäßig einen katholischen Gottesdienst gab, aber keinen evangelischen. Seit der Wende in Rußland jedoch hat sich in dieser Hinsicht für Andrej ein »kleines Wunder« ereignet. Von Zeit zu Zeit kommt jetzt ein evangelischer Pfarrer aus Deutschland nach Sibirien. Und manchmal hält er sogar im Haus von Andrej eine Andacht.

»Das ist meine größte Freude«, sagt Andrej, und über sein Gesicht huscht ein glückliches Lächeln.

AUFBRUCH

Der erste Tag unserer Expedition beginnt mit einer Enttäuschung. Pünktlich um 7 Uhr sind die beiden Kleinbusse und der Lkw Marke GAZ 66 beladen und abfahrbereit. Schenja hatte am Vorabend in einem der unzähligen Supermärkte von Irkutsk den Proviant besorgt. Brot, Hartwurst, Speck, Büchsenfleisch, Käse, Fischkonserven, Teebeutel, Pulverkaffee, Obst sowie Zwiebeln und Knoblauchzehen. Was eben zu einem richtigen russischen Essen gehört. Außerdem in Folie verschweißte Plastikschalen mit vietnamesischen Fertiggerichten sowie eine Kiste Wodka – auf dem Eis und in der Taiga, so Schenja, noch immer das begehrteste Zahlungsmittel. Gekocht werden soll auf zwei kleinen Spiritusbrennern, da das Anheizen des Kanonenofens auf dem Lkw doch etwas umständlich ist und wir auch nicht viel Brennholz mitnehmen können; der Platz wird für Benzin- und Dieselkanister gebraucht. Tankstellen sind in Sibirien außerhalb der großen Städte noch immer eine Seltenheit. Schenja zeigt uns seine Vorräte in allen Einzelheiten. Sogar an kleine Zwischenmahlzeiten hat er gedacht und ein paar Kartons mit russischen Keksen und amerikanischen Schokoladeriegeln eingeladen. Natürlich hat er auch Kochtöpfe, Teekessel, Thermoskannen, Teller und Tassen aus Blech, Besteck und sogar eine große Lage dicker, rauher Klorollen mitgenommen.

Umsichtig wie beim Besorgen des Proviants war Schenja auch bei der Planung der Reiseroute, und genau das sorgt bei uns jetzt für lange Gesichter. Aus Sicherheitsgründen nämlich, so eröffnet uns Schenja, werde es zunächst doch nicht aufs Eis gehen. Er habe sich bei befreundeten Meteorologen und Fischern umgehört und erfahren, daß der beste Ausgangspunkt für eine Eisexpedition im Moment das gegenüberliegende Ostufer des Sees sei. Natürlich könne man auch versuchen, die rund 50 Kilometer dorthin direkt über das Eis zu fahren, doch dies sei noch »Neuland«. Es gebe keine Spuren, keine Trassen, keine Markierungen. Und da das Eis in dieser Region des Sees mit einer dichten geschlossenen Schneedecke überzogen sei, die nicht erkennen lasse, wie es darunter aussehe, wolle er kein unnötiges Risiko eingehen. In heikle Situationen würden wir noch früh genug kommen, und warum das Schicksal herausfordern, wenn es eine ungefährliche Alternative gebe, nämlich die Straße um die Südspitze des Sees.

Ein wenig murrend nehmen wir unsere Plätze in den Bussen ein. Insgeheim allerdings sind wir ganz froh über Schenjas Vorsicht. Wolodja bringt es in seiner Art auf den Punkt: »Recht hat er, verdammt ...« Und dann folgt wie üblich der Mutterfluch.

Die Vororte von Irkutsk, durch die die Fahrt zunächst geht, wirken trist. Neben niedrigen sibirischen Holzhäuschen ragen neunstöckige schmutziggraue Wohnblocks in Plattenbauweise empor, ohne erkennbares architektonisches Konzept kreuz und quer in die Gegend gesetzt und offenbar kurz vor dem Einsturz stehend. An einigen Häusern sind tatsächlich schon die Balkone herabgefallen, an anderen klaffen entlang den Fugen deutlich erkennbare Risse. Manche Vorgärten und Hinterhöfe ähneln Müll- oder Schrottplätzen. Dazwischen allerdings unübersehbar auch die Zeichen der neuen Zeit in Rußland. Unzählige Kioske, die russisches, dänisches und deutsches Bier anbieten, amerikanische Zigaretten, schottischen Whisky, einheimischen und finnischen Wodka, »Mars« und »Snickers«, Uhren und Sonnenbrillen aus

Hongkong, Radios, Walkmen, Taschenrechner und Kleincomputer aus Japan, Spielfilme und Pornovideos aus amerikanischer und russischer Produktion. Auffallend auch die große Zahl privater Autowerkstätten, Vulkanisierbetriebe und Gebrauchtwagenhandlungen.

Auf einer riesigen Freifläche zwischen einer halbverfallenen Fabrikanlage und einem Wohnkomplex hat sich einer der beiden Chinesenmärkte von Irkutsk etabliert. In den engen Gängen zwischen den offenen Verkaufsbuden herrscht ein beängstigendes Gedränge. Es sind ausschließlich Händler aus China, die hier ihre Waren anbieten, wobei nicht wenige von ihnen gut Russisch sprechen. Auf welche Weise sie mit ihren gewaltigen Kartons und mannshohen Säcken aus Leinen oder Kunststoff über die Grenze hierher, in die Hauptstadt Ostsibiriens, gelangen, kann uns niemand genau erklären. Nur soviel ist sicher: auf legalem Wege wohl nicht. Sie bestechen, so heißt es, die russischen Paß- und Zollbeamten sowie die Schaffner der Transsibirischen Eisenbahn. Die Behörden in Irkutsk wissen es, doch sie unternehmen nichts. Schließlich hat die Stadt eine jahrhundertelange Tradition im Handel mit China.

Angeboten werden auf dem Chinesemarkt vor allem Textilien. Gefälschte und echte Markenjeans von Levi Strauss bis Calvin Klein, Lederjacken, chinesische Seidenblusen, Unterwäsche, angeblich aus Frankreich und Italien, Strickjacken, Pelzmützen und Fellmäntel.

Neben Textilien finden sich Haushaltsgeräte und Heimwerkermaterialien vom gläsernen Türgriff bis zur geblümten Tapete, aber auch Uhren und Schmuck aller Art. Daneben CDs von Pop bis Klassik, von Madonna und Eric Clapton bis Karajan und Anne-Sophie Mutter, sowie Raubkopien der allerneuesten Hollywood-Filme mit Sylvester Stallone und Arnold Schwarzenegger. Doch trotz der Menschenmassen, die sich durch die engen Budengassen schieben, hat die Attraktivität der Chinesenmärkte in Irkutsk, wie uns Wolodja erklärt, bereits wieder deutlich nachgelassen. Es sei doch meist Plunder, was hier verkauft werde, auch der russische Kunde werde zunehmend qualitätsbewußt. Während am Anfang noch »ganz Irkutsk« auf die Chinesenmärkte strömte, seien es jetzt nur mehr die ärmeren Leute. Aber davon gebe es, verdammt, ja immer noch mehr als genug. Eine Musikkassette kauft sich Wolodja aber doch noch schnell bei einem jungen Chinesen – ältere Aufnahmen der russischen Rockgruppe »Zeitmaschine«. Halb so teuer wie in russischen Musikgeschäften.

Unmittelbar hinter Irkutsk beginnt die Taiga. Die Straße Richtung Süden ist für sibirische Verhältnisse gut ausgebaut, asphaltiert und sogar teilweise von Schnee geräumt. Es ist die historische Handelsstraße, die über Ulan-Ude nach Tschita und Harbin beziehungsweise über die Mongolei nach Peking führt und einst der wichtigste Landweg von China nach Rußland und Europa war. Schon die Reiterscharen Dschingis-Khans waren hier entlanggezogen, später Kosaken, Kaufleute, Sträflinge und Verbannte, Armeen der Zaren und der Bolschewiken, Truppen der Revolution und Gegenrevolution. Seit dem Bau der nur wenige Kilometer entfernt in gleicher Richtung verlaufenden Transsibirischen Eisenbahn zu Ende des vergangenen Jahrhunderts hat sie zwar an Bedeutung verloren, doch ein wichtiger Handelsweg ist sie noch immer. Lastwagen aus Hamburg und Helsinki, die wir überholen, bezeugen es. Und auch eine andere traditionelle Funktion hat sie behalten, wie uns Wolodja augenzwinkernd erklärt – als Schmugglerroute.

Der erste größere Ort, durch den wir fahren, hatte sich schon Kilometer im voraus angekündigt. Das glitzernde

Weiß des Schnees, das links und rechts durch die Bäume der Taiga schimmerte, hatte sich zunehmend verfärbt. Zunächst wurde es grau, dann braun und schließlich war es ganz mit schwarzen Schlieren und Flocken überzogen. Die Metallhütte von Schelechow, so der Name des Ortes, gilt als einer der schlimmsten Umweltverschmutzer in der unmittelbaren Umgebung von Irkutsk. Obwohl die Produktion in den vergangenen Jahren aufgrund der allgemeinen Wirtschaftsmisere erheblich zurückgegangen ist, liegt der Schadstoffausstoß der Hütte noch immer weit über jeder auch in Rußland offiziell geltenden Gesundheitsnorm. Es gibt nur wenige modernem Standard entsprechende Filteranlagen – und dort, wo sie eingebaut wurden, funktionieren sie meist nur mangelhaft. Fehlende oder unqualifizierte Wartung ist einer der Gründe. Das jedenfalls haben wir in einer Irkutsker Zeitung gelesen, zugleich mit dem Hinweis, daß die Zahl der Atemwegs- und anderen Erkrankungen bei Kindern in Schelechow mehr als doppelt so hoch ist als sonst in russischen Städten. Daß die Emissionen der Metallhütte von Schelechow, ebenso wie die aller anderen Industriebetriebe in der Region Irkutsk, ihren Niederschlag auch im nur 60 Kilometer entfernten Baikalsee finden, ist den Behörden wie der Betriebsleitung der Hütte aus vielen Untersuchungen seit Jahren bekannt. Doch eine Besserung, so der zynische Kommentar der Irkutsker Zeitung, wird wohl erst dann eintreten, wenn die Industrie in dieser Region völlig zusammenbricht.

Einer inzwischen stillgelegten Quelle der Umweltverschmutzung begegnen wir einige Kilometer hinter Schelechow: Hunderten von Armeefahrzeugen, die auf einem riesigen Kasernengelände links der Straße eingemottet sind. Jeeps, Lastwagen, Kettenfahrzeuge, kleine und mittlere Panzer, Tankwagen, Baufahrzeuge, Kräne, fahrbare Stalinorgeln. Fein säuberlich wie zur Parade in Reih und Glied ausgerichtet, zeugen sie auf dem ansonsten menschenleeren Kasernengelände vom einstigen Ruhm und der Stärke der Sowjetarmee. Doch nicht militärischem Abrüstungswillen oder der Einsicht in ökologische Notwendigkeiten ist dieser erfreuliche Beitrag zum Umweltschutz zu verdanken, sondern dem Benzinmangel der russischen Armee. Auch wenn dieser irgendwann wieder behoben werden sollte, dürfte von den Armeefahrzeugen hier im Depot an der alten Handelsstraße kaum mehr eine Gefahr ausgehen. Klammheimlich nämlich werden sie von Soldaten und Offizieren ausgeschlachtet – eine nie versiegende Quelle für den Schwarzhandel mit Ersatzteilen. Das jedenfalls erzählt uns Sergej, der unseren Armeelastwagen fährt.

Mit zunehmender Entfernung von Irkutsk wird die Landschaft hügeliger. Unsere Kolonne, deren Tempo der schwere Lkw Sergejs bestimmt, wird immer langsamer. Schließlich kriechen wir fast im Schrittempo die engen Serpentinen eines Passes hinauf, der auf rund 1000 Meter über dem Meeresspiegel durchs Gebirge führt. An der höchsten Stelle bietet sich ein atemberaubender Blick über den steil unter uns liegenden Baikalsee. Wie ein glattgebügeltes, blütenweißes Tischtuch erstreckt sich die schneebedeckte Fläche des Eises vom Fuß unseres Bergmassivs bis zum etwa 40 Kilometer entfernten gegenüberliegenden Ufer, von dem ebenfalls schneebedeckte Berge hoch in den azurblauen Himmel ragen. Weit und breit ist nicht eine einzige Wolke zu entdecken. Wir steigen aus und verharren einige Minuten schweigend am Straßenrand, mit zusammengekniffenen Augen auf das gleißende Licht des Sees starrend.

Dann macht Maxim unserer Andacht abrupt ein Ende. Ob ihm denn vielleicht jemand sagen könne, mit welcher Blende er bei dieser Helligkeit noch vernünftige Bilder machen solle? Statt einer Antwort erntet er nur Schulterzucken. »Ich hab's gewußt!« mault Maxim und setzt sich demonstrativ wieder in den Bus. Wir fahren weiter. Wolodja legt die Kassette mit der »Zeitmaschine« ein.

Die Fahrt von der Höhe des Passes hinunter zum Seeufer scheint von Sergej, der mit dem Lastwagen vorneweg fährt, als Endspurt einer Rallye verstanden zu werden. Wie ein Rodelschlitten im Eiskanal tanzt sein schweres Gefährt durch die von keinerlei Begrenzung gesicherten Haarnadelkurven, ständig die Straßenseite wechselnd und zuweilen das rechte oder linke Hinterrad vom Asphalt hebend. Dabei schwankt die Personenkabine auf der Ladefläche, als wolle sie jeden Moment mitsamt dem Lkw umkippen.

Schließlich erreichen wir, zwar etwas bleich, aber wohlbehalten, das Dorf Kultuk am äußersten Südwestzipfel des Baikal. Trotz seiner wunderschönen Lage zwischen Berg und See ist der Ort alles andere als idyllisch. Viele der alten Holzhäuser machen einen verwahrlosten Eindruck. An manchen sind die Fenster und Türen mit Brettern oder Pappe vernagelt, viele Zäune sind schadhaft, manche umgestürzt. Die ungepflasterte Dorfstraße hat tiefe Löcher, am Ufer liegen einige alte, verrostete Kähne. Kultuk, das wird schnell deutlich, hat schon mal bessere Zeiten gesehen. Doch seit die Fischereikolchose pleite gemacht hat und auch die Züge der Transsibirischen Eisenbahn nur noch selten in Kultuk halten, sind viele der arbeitsfähigen Dorfbewohner, wie wir schon in unseren ersten Gesprächen erfahren, weggezogen. Nach Irkutsk oder Ulan-Ude auf der anderen Seite des Baikal. Geblieben sind vor allem alte Leute und Kinder.

Wie ein Symbol wirkt eine Szene auf dem Eis in unmittelbarer Nähe des Ufers. In tief gebückter Haltung dreht ein alter Mann in Wattejacke und Filzstiefeln mit Gummigaloschen eine lange Deichsel, die auf einem ins Eis gerammten Pflock befestigt ist. Auf dem Schlitten am Ende der Deichsel sitzt seine etwa drei Jahre alte Enkelin und treibt ihn an. »Schneller, Großvater, schneller!« Runde um Runde geht es so. Erst als er offenbar keine Luft mehr bekommt, schaut der Alte auf. »Es reicht, Mädchen! Ich bin zu alt.«

Einige Kilometer weiter entdecken wir an einer Mole das schräg aus dem Eis ragende Wrack eines ausgebrannten großen Passagierdampfers. Die mit einer dicken Schicht gefrorenen Schnees überzogenen Außenwände und Aufbauten lassen es wie ein Geisterschiff erscheinen. Der noch gut erkennbare Name am Bug des Wracks läßt bei unseren sibirischen Fahrern höhnische Heiterkeit aufkommen – »Moskau«. Sie erblicken in dem Schicksal des Dampfers die gerechte Strafe für den obszönen Pomp, mit dem die russische Hauptstadt gerade erst ihren 750. Geburtstag gefeiert hat – auf Kosten der Provinz natürlich. »Das müßt ihr drehen«, ermuntern sie uns, »unbedingt!« Maxim ist längst fertig damit.

Nun geht die Straße etwa 250 Kilometer unmittelbar am Ufer des Baikal entlang, zunächst in östlicher, dann in nördlicher Richtung. Parallel dazu verläuft, zwischen Straße und Ufer, der Schienenstrang der Transsibirischen Eisenbahn. In den vielen Stunden, in denen wir entlang dieser Strecke unterwegs sind, sehen wir nicht einen einzigen Zug. Zwanzig Jahre zuvor, so erinnere ich mich, fuhren hier die Züge – Personen- wie Güterzüge – im Fünfzehn-Minuten-Takt. Wirtschaftskrise, so lautet die Erklärung, Rückgang des Frachtaufkommens und Verarmung der Bevölkerung, die die drastisch erhöhten Eisenbahntarife nicht mehr bezahlen kann.

Es sind nur wenige Orte, durch die wir kommen. Der größte, schon von weitem angekündigt durch die abgestorbenen Wälder und den stechenden Geruch: die Stadt Baikalsk mit ihrem gigantischen Zellulose-Kombinat. Augen und Nase zu, lautet heute für uns die Devise. Und vorerst bleibt die unbeantwortete Frage: Wie können Menschen es nur hier aushalten?

So wenig Orte es entlang der Straße gibt, so viele Flüsse und Bäche überqueren wir. Sie tragen richtig anheimelnde Namen wie Bärenflüßchen und Espenfluß, Schneeflüßchen und Moosbeerenbach. Manche haben für uns rätselhafte burjatische Namen wie Utulik und Chorin-Murin. Obwohl sie alle von den Bergen kommen und eine starke Strömung aufweisen, sind sie zugefroren. Manche sind nur daran erkennbar, daß über sie eine Brücke führt.

Als die Dämmerung hereinbricht, werden wir ein wenig unruhig. Auf der Karte haben wir gesehen, daß die Straße, die uns jetzt am Seeufer entlang schnurgerade nach Norden führt, nach etwa 50 Kilometern aufhören wird, einfach so. Ein offenbar winziges Dorf ist an dieser Stelle noch verzeichnet, ein kleiner Fluß, sonst nichts; gar nichts – außer Wald und Bergen. Wenn die Bedingungen günstig sind, also das Eis fest und die Sichtverhältnisse gut, kann man »den Weg« auf dem Baikal fortsetzen. Doch bis wir dort sind, wird es dunkel sein, und dann fahren nur noch Selbstmörder aufs Eis, wie Schenja sarkastisch anmerkt. Im Dunkeln läßt sich keine Spalte erkennen, hatte er uns gleich in unserem ersten Gespräch erklärt, jedenfalls nicht rechtzeitig genug, um auf dem glatten Eis noch bremsen zu können; man sieht kein Loch, das vielleicht Fischer gehackt haben, und eine Spur, selbst wenn sie da ist, kann man in der Dunkelheit überhaupt nicht mehr ausmachen.

Krampfhaft halten wir Ausschau nach Schildern, die vielleicht auf eine Touristenstation oder auf das Erholungsheim eines Industriebetriebs, eines Ministeriums, eines Sportvereins oder der Armee hinweisen. Doch außer einem Schild, das den Weg zu einem Sanatorium der Eisenbahnergewerkschaft weist, können wir nichts entdecken. Das schief in seinen Angeln hängende Eisentor am Eingang zum Sanatoriumsgelände ist mit einem rostigen Vorhängeschloß versperrt, aus den Fenstern dringt kein Lichtstrahl. Ein verwilderter Hund streicht müde hinter dem Drahtzaun entlang und fletscht knurrend die Zähne, als er uns erblickt. Kein Ort zum Bleiben. Also weiter!

Nun werden auch die Dörfer immer seltener. Es sind meist Burjatensiedlungen, daran erkennbar, wie wir von Wolodja lernen, daß die Holzhäuschen noch kleiner sind als die der Russen. Die geschnitzten Verzierungen über den Fenstern und Eingangstüren allerdings sind von denen an russischen Häusern nicht zu unterscheiden. Offenbar sind hier überall dieselben Künstler am Werk.

Schließlich ist es dunkel geworden. Über der Taiga geht der Mond auf, der aussieht wie eine glühende Riesenbratpfanne, durchzogen von roten, schwarzen und violetten Bändern. Seine Größe und die Intensität der Farben erschrecken uns zunächst, doch nach wenigen Minuten ist das Schauspiel vorbei. Je höher die grellbunte Scheibe über die Wipfel der Bäume steigt, um so mehr nimmt sie Form und Farben unseres vertrauten europäischen Mondes an. Das jedenfalls stellt Maxim fest, der in Windeseile die Kamera ausgepackt hat und, leise vor sich hin brummend, versucht, das Naturschauspiel auf Videoband festzuhalten.

»Es wird nichts werden«, erklärt er vorsorglich. Diese Farben könne man elektronisch nicht wiedergeben. Hierzu bräuchte man richtiges, also klassisches Filmmaterial, am besten im 35-Millimeter-Format, oder noch besser, im 70-Millimeter-Breitwandformat wie bei den Hollywood-Filmen. Schließlich habe der Mond, wie wir ihn eben erlebt hätten, ausgesehen wie bei »Dr. Schiwago«. Und dahinter möchten wir doch nicht zurückstehen!

Auf jeden Fall wissen wir jetzt: Es gibt ihn wirklich, diesen Taigamond, der aussieht, als habe ihn ein überkandidelter Bühnenbildner gemalt und in eine kitschige Operettenkulisse gehängt. Wir reden darüber, bis es Wolodja auf die Nerven geht. Wir seien doch verfluchte Romantiker, so einen Mond wie diesen gebe es hier jeden Abend. Er jedenfalls schaue gar nicht mehr hin. Verdammt noch mal! »Aber ihr seid ja nicht aus Sibirien.« Eben!

Das letzte Dorf an der Straße. Eine einsame Laterne wirft ein spärliches Licht auf den mit Eisenstangen verrammelten Dorfladen. Aus einigen Häuschen dringt Licht durch die Ritzen der Fensterläden. Schenja ist sicher, daß wir hier eine Übernachtungsmöglichkeit finden werden. Vor dem größten der Holzhäuser läßt er anhalten.

SANFTER TOURISMUS

Auf den ersten Blick wirkt er nicht gerade sympathisch. Unter dem gewaltigen Bauch hängt das Hemd aus der Hose, die schütteren Haare sind ungekämmt, die kleinen Augen in dem fast kugelrunden Gesicht verquollen.

»Wie?« brüllt er ins Telefon, das er mit der rechten Hand fest umklammert hält. »Sie kennen mich nicht? Mein Name ist Dutschenko. Dutschenko, hören Sie?«

Am anderen Ende der Leitung ist die regionale Telefonzentrale, die von dem Gebrüll Dutschenkos offenbar unbeeindruckt ist.

»Der Name sagt Ihnen nichts? Also, hören Sie, hier kennt mich jeder. Und jetzt geben Sie mir sofort die Nummer, die ich Ihnen gesagt habe.«

Dutschenko schnauft, verdreht die Augen zum Himmel, schnauft noch einmal und schiebt den Mund ganz nah an die Sprechmuschel. »Was sagen Sie? Ich soll Ihnen schreiben? Spinnen Sie? Was, wir haben keinen Kredit bei Ihnen? Hören Sie, es geht um eine wichtige Angelegenheit. Ich brauche Benzin für ausländische Gäste! Du-tschen-ko! Jawohl, schreiben Sie es auf, und geben Sie mir jetzt sofort die Nummer. Danke!«

Der massige Mann knallt den Hörer auf den Apparat und erhebt sich ächzend aus seinem Sessel. Es ist 7 Uhr morgens, und der Anruf hat Tante Irina gegolten. Sie verwahrt in der örtlichen Kolchose den Schlüssel zum Benzintank. Nun warten wir darauf, daß die Verbindung zu ihr hergestellt wird.

Vitalij Dutschenko ist gelernter Kfz-Ingenieur. Zu Sowjetzeiten war er in Burjatien Gebietsvertreter des größten Moskauer Automobilwerks. Wir haben ihn am Vorabend kennengelernt, auf der Suche nach einer Übernachtungsmöglichkeit. Aus Gewohnheit hatte Schenja im Dorf zunächst beim Kolchosvorsitzenden, wie fast alle wichtigen Männer rund um den Baikalsee ein guter Bekannter von ihm, haltgemacht, um sich zu beraten, vielleicht auch, um bei ihm selbst Unterkunft zu finden. Eine Weiterfahrt war unmöglich, denn wenige Meter hinter dem Dorf endet die Straße – mitten in der Taiga. Die Fahrt auf dem Eis fortzusetzen verbot sich, denn es war bereits stockfinster. Kolchosscheune oder Personenkabine unseres Lastwagens, das war die Alternative für diese Nacht, mit der wir uns in Gedanken schon angefreundet hatten, wenn auch ohne allzu großen Enthusiasmus, denn der sternenklare Nachthimmel deutete auf mindestens 20 Grad Frost hin. Das jedenfalls meinten unsere russischen Fahrer. Doch es sollte wie so oft auf dieser Expedition völlig anders kommen. Statt auf einem harten Scheunenboden oder der zugigen Pritsche des Lkws in unseren Schlafsäcken vor uns hinzufrösteln, schliefen wir weich und wohlig – wie Märchenprinzen in ihren Himmelbetten. Dank Vitalij Dutschenko.

Der Kolchosvorsitzende hatte uns den Weg gewiesen. Bis zum Ende des Dorfes, dann rechts, eine kleine Anhöhe hinauf ... Alles weitere würden wir schon sehen. In der Tat ist das Reich des Vitalij Dutschenko unübersehbar: eine geräumige, zweistöckige Villa ganz aus Holz mit geschnitzten Türen, Fenstern und Balkonen, einer breiten, hölzernen Außentreppe und einer überdachten Terrasse, ein sibirisches Jagdschloß. Neben dem Haupthaus ein russisches Dampfbad, eine Banja, sowie eine finnische Sauna, Wirtschaftsgebäude und eine Reihe kleiner gemauerter Ferienhäuschen. Die ganze Anlage ist taghell erleuchtet und wird bewacht von einem alten freundlichen Soldaten und zwei ebenso alten zutraulichen Schäferhunden. Das Innere des Jagdschlosses, ganz in hellem, lackiertem Holz, ist mit dicken Teppichen ausgelegt. An den Wänden Kristalleuchter, Geweihe und Ölbilder, röhrende Hirsche der Taiga. Im Eßzimmer ein langgestreckter Tisch für vierzehn Personen mit hohen, lederbezogenen Stühlen und einer schneeweißen gehäkelten Decke. In der Ecke neben dem Fenster ein großer japanischer Fernseher. Im Stockwerk darüber ein abgedunkeltes Kaminzimmer. Neben der offenen Feuerstelle auch hier ein riesiger Fernseher mit Videoanlage sowie ein mehrstöckiger Stereoturm. Darüber, an einem Nagel in der Holzwand, eine Balalaika.

Einige der geräumigen Gästezimmer verfügen über ein eigenes Bad mit WC, alle sind mit fließendem Wasser ausgestattet – kaltem wie warmem. Nur wenige Schritte vom Ufer des Baikalsees, am Ende der Straße, mitten in der Taiga ... Wir meinen zu träumen.

Während wir unsere Kisten, Kamerakoffer, Taschen, Stative und Lebensmittelvorräte ausladen, bereitet Dutschenkos Frau Ruslana mit einer Helferin das Abendessen zu. Es wird ein Festmahl, wie es kein Moskauer Luxusrestaurant besser bieten könnte. Blini mit saurer Sahne und Kaviar, Posy, eine Art sibirische Riesentortellini, Omul, die lachsähnliche Delikatesse des Baikalsees, geräuchert, gebraten, mariniert und natürlich, wie der Hausherr stolz versichert, selbst gefangen. Außerdem, ebenfalls selbst gefangen: frischer Stör und Zander. Dazu werden von der Hausherrin eingelegte Pilze und Gurken serviert sowie erdig duftendes dunkles Brot, das eine Freundin im Dorfbackofen gezaubert hat. Zu trinken gibt es dunkelroten Moosbeerensaft, in Flaschen abgefülltes Baikalwasser und Bier aus der burjatischen

Hauptstadt Ulan-Ude. Es wird aus metallenen Fünf-Liter-Fäßchen gezapft, die das Wappen und den Namenszug einer großen norddeutschen Brauerei tragen. Als Nachtisch werden Schokoladestückchen, mit Fleisch und Kohl gefüllte Piroggen sowie Tee gereicht. Nach russischer Weise aus dem Samowar, so daß sich jeder die gewünschte Stärke aus dem Sud und dem kochenden Wasser selbst mischen kann.

Natürlich dauert es nicht lange, bis die erste Flasche Wodka auf dem Tisch steht. Allerdings hat sie die Form einer Cognacflasche und trägt ein französisches Etikett. Schenja hat sie aus seinem Rucksack gezogen und amüsiert sich über unsere fragenden Blicke. Wodka aus Cognacflaschen? Doch, doch, versichert uns Schenja treuherzig, das sei ganz normal, es handle sich nämlich um sibirischen Wodka. Wir sollten ruhig probieren, wir würden es schon merken. In der Tat schmeckt Schenjas Wodka aus der Cognacflasche so weich und sauber wie kaum eine der russischen, schwedischen oder finnischen Nobelmarken. Schenja lehnt sich zufrieden zurück und lüftet das Geheimnis. Sibirischer Wodka, das sei nichts anderes als reiner Spiritus, vermischt mit Baikalwasser. Das, so Schenja, machen hier alle so, auch seine Freunde im Institut. Wodka im Geschäft zu kaufen sei viel zu teuer und auch gefährlich. Die meisten Sorten, die es auf dem Markt gebe, seien illegal hergestellt, gefälscht oder gepanscht. Täglich würden in Rußland viele Menschen durch verunreinigten Wodka sterben, blind werden oder sonstige schwere Gesundheitsschäden erleiden. Sein sibirischer Wodka sei garantiert einwandfrei, da er ihn selber mische. An den Spiritus zu kommen sei kein Problem, schließlich habe man unter den Freunden viele Ärzte, und das Baikalwasser hole er selbst aus dem See. Das Mischungsverhältnis bestimme er nach Lust und

Laune, mal stärker, mal schwächer, auch abhängig von der Jahreszeit. Im Winter brauche man schon etwas Kräftigeres – also einen oder einen halben Liter Wasser auf einen Liter Spiritus, dann hat man 50- oder 66prozentigen; im Sommer gibt man etwas mehr Wasser dazu, aber weniger als 40 Prozent Alkohol dürfe Wodka nicht haben, sonst sei es Limonade. Unsere russischen Fahrer nicken wissend mit dem Kopf – und wir freuen uns über eine neue, angenehme und, wie sich am nächsten Tag erweist, folgenlose Erfahrung.

Vitalij Dutschenko hat während des gesamten Abendessens nur gelegentlich den Kopf durch die Tür gesteckt, gefragt, ob alles in Ordnung sei, und den Frauen lautstarke Anweisungen gegeben. »Holt Bier aus dem Keller! Beeilt euch mit den Piroggen! Wo bleibt der Tee?« Erst als der Tisch abgeräumt ist, setzt er sich zu uns. Den von uns angebotenen Wodka lehnt er zu unserer Überraschung ab. Er wisse, daß man dies von einem sibirischen Mann nicht erwarte, aber er trinke lieber Tee. Ganz heiß und mit viel süßer Marmelade. Aber wir dürften ganz beruhigt sein, ansonsten wäre er ein echter Sibirier.

Vitalij wurde hier in Suchoje, was auf deutsch soviel wie »trocken« heißt, geboren. Seine Familie kam vor genau einhundert Jahren aus der Ukraine. Der Zar hatte den Neusiedlern in Sibirien Land und Steuerfreiheit versprochen und die freie Wahl des Ortes, an dem sie sich niederlassen wollten. Die Familie Dutschenko wählte diesen Flecken am östlichen Ufer des Baikalsees, denn einen besseren, so Vitalij Dutschenko, gäbe es auf der ganzen Welt nicht. Alles, was man zum Leben brauche, finde man direkt vor der Tür. Wasser und Fische im See, Holz und Wild in der Taiga hinter dem Haus. Bis zur Zwangskollektivierung unter Stalin waren die männlichen Angehörigen der Familie Dutschenko freie Jäger und Fischer und kannten keinerlei materielle Not. Dann kamen die Zwangskollektivierung, der Zweite Weltkrieg, der die meisten Männer des Dorfes dahinraffte, später die lähmenden Jahre der Stagnation unter Breschnew und seinen greisen Nachfolgern.

Den jungen Vitalij Dutschenko hielt es nicht lange im Dorf. Nach der Schule arbeitete er noch einige Zeit als Traktorist in der örtlichen Kolchose, dann zog es ihn in die Großstadt, nach Ulan-Ude. Dort schaffte er den Sprung aufs Technikum, das er mit Glanz absolvierte. Als Repräsentant des größten Moskauer Automobilherstellers hatte er weit über die Grenzen Burjatiens hinaus ein riesiges Netz an Kontakten und Beziehungen, was sich beim Zusammenbruch der Sowjetunion als unschätzbares Kapital erweisen sollte. Gemeinsam mit ein paar Freunden der regionalen Nomenklatura gründete er ein Touristikunternehmen, das heute mehr als einhundert Mitarbeiter beschäftigt. Er selbst nennt sich bescheiden Direktor, verschweigt aber nicht, daß ihm der Löwenanteil der Firma gehört und er seine Finger längst auch in anderen Geschäften hat: im Immobilienhandel, im Im- und Export unterschiedlichster Waren. Er vertreibt Holz und Düngemittel, Motorräder und Pelze. Außerdem ist er ins Luftfrachtgeschäft eingestiegen, wobei ihm, wie er stolz erklärt, seine Erfahrung aus der Militärzeit zugute kommt: Er war Navigator bei der sowjetischen Luftwaffe, was zur Folge habe, daß es keinen Flughafen gebe und keinen Flughafenchef in Rußland, den er nicht persönlich kenne.

Auf die Frage, wer genau denn seine Partner und übrigen Geldgeber seien, antwortet Vitalij Dutschenko ausweichend. »Es sind Leute, die das Leben kennen. Meist Pensionäre, die sich zu Sowjetzeiten ein wenig zur

Seite gelegt haben.« Auf jeden Fall seien es keine »Neuen Russen«, wie jene über Nacht reich gewordenen Geschäftemacher der postkommunistischen Ära im Volksmund genannt werden. Er ganz persönlich habe übrigens etwas gegen den abfälligen Begriff »Neue Russen«. Er spreche lieber von einer neuen Generation, von jungen Leuten, die versuchen, Rußland wieder hochzubringen. »Die alte Generation schafft das nicht mehr.«

Das luxuriöse Haus, in dem wir untergebracht sind, soll das Zentrum eines gewaltigen Tourismuskomplexes werden. Auf einem Gelände von drei Hektar, das er dem Staat abgekauft hat, will Dutschenko neben weiteren Ferienbungalows noch ein Restaurant, ein Café sowie einen Konferenz- und Tanzsaal bauen. Tennisplätze sollen angelegt werden und ein riesiges Schwimmbecken, in dem auch Wettkämpfe ausgetragen werden können. In einem kleineren Bassin soll ein junger Seehund schwimmen, damit, wie Dutschenko sagt, auch die Kinder ihre Freude haben. Ein eigener Weg soll hinunter zum Badestrand führen. Ein wenig abseits davon will er zwei Dämme errichten – für einen kleinen Jachthafen. Natürlich soll es auch einen Hubschrauberlandeplatz geben, schließlich wolle man doch möglichst wohlhabende Gäste anlocken; zumal auch an ein Spielcasino mit Roulett, Poker und Black Jack gedacht ist, für das die Genehmigung durch die örtlichen Behörden schon jetzt sicher sei. »Schließlich verdienen die ja am meisten daran!«

Zum Beweis, daß dies alles keine Hirngespinste sind, lädt uns Dutschenko in sein geräumiges Arbeitszimmer unter dem Dach ein. In vier riesigen Ordnern sind die Grundstücksbeschreibungen, Baupläne, technischen Gutachten, juristischen Expertisen, Versorgungs- und Abwasserlinien sowie die Sitzungsprotokolle der acht

Kommissionen, die sich bislang mit seinem Projekt beschäftigt haben, abgeheftet. Allein die ökologische Kommission habe sich eine Woche auf dem Gelände aufgehalten und jedes Detail des Bauvorhabens auf Umweltverträglichkeit geprüft. Man wolle eben sanften Tourismus veranstalten. Alle Kommissionen haben seine Pläne befürwortet, und sogar in Moskau sei sein Projekt abgesegnet worden. Es sei Teil eines Abkommens zwischen der russischen Regierung und der Regierung der Autonomen Republik Burjatien über die Entwicklung des Tourismus in der Baikalregion. Aufgrund dieses Abkommens habe ihm die burjatische Regierung für drei Jahre einen günstigen Kredit eingeräumt – zu einem Zinssatz von 20 Prozent. Bei der russischen Zentralbank hätte er 40 Prozent zahlen müssen.

Das Schwierigste an dem ganzen Unternehmen, so Dutschenko, seien ohnehin nicht die Probleme mit den Behörden, sondern die Haltung der Leute im Dorf. Diese mußten zum Verkauf des Geländes und seiner Nutzung als Touristenzentrum ihre Zustimmung geben. Sechs Versammlungen hätten stattfinden müssen, bis sie endlich überzeugt gewesen seien, daß Dutschenkos Pläne auch ihnen Vorteile bringen würden. Sie fürchteten, Dutschenko könnte sich im Dorf als neuer Gutsbesitzer etablieren, von dem sie mit der Zeit alle abhängig würden. Und das, obwohl er doch einer der ihren sei, in diesem Dorf geboren.

Ganz zerstreut sind derlei Befürchtungen, wie wir später erfahren, bis heute nicht. Aber Dutschenko versprach, eine neue Kirche zu bauen. Dagegen konnten schließlich auch seine entschiedensten Gegner im Dorf nichts mehr sagen.

Als wir uns zur Nacht verabschieden, bittet mich Dutschenko noch um ein kurzes Gespräch unter vier Augen.

Morgen, wenn es hell werde, könnten wir sehen, daß seine Situation doch nicht so rosig sei, wie wir vielleicht glaubten. Wir würden feststellen, daß auf dem Gelände zwar noch einiges Baumaterial herumliege, aber an keinem der begonnenen oder halbfertigen Gebäude mehr gearbeitet werde. Ihm sei schlicht das Geld ausgegangen. Der Regierungskredit sei ausgeschöpft, die Banken geben keine langfristigen Kredite, außer zu Wucherzinsen von 50 Prozent. Schulden, die andere Firmen bei ihm hätten, würden nicht mehr mit Rubel oder Dollar beglichen, sondern mit den Produkten, die diese Unternehmen gerade herstellen. Aber weder mit Kohle noch mit Küchenmöbeln könne er Häuser bauen, und einen Markt für den Weiterverkauf gebe es auch nicht mehr. Was er dringend brauche, seien Investoren aus dem Ausland, am besten Touristikunternehmen aus der Bundesrepublik; die seien die solidesten und finanzkräftigsten. Es müßte, so Dutschenko, den Leuten in Deutschland doch klarzumachen sein, welche Perle des Tourismus der Baikalsee werden könne, wieviel Geld hier mit der unberührten Natur zu verdienen sei. Sicher, ein bißchen weit sei es von Deutschland schon, 9000 Kilometer, aber die Leute fliegen doch auch von Hamburg nach Thailand und Florida. Warum also nicht nach Irkutsk oder Ulan-Ude? Ob wir uns in Deutschland nicht mal umhören könnten? Komfort könne er doch bieten und jede Menge Freizeitvergnügen! Bei ihm könne man wandern, Motorboot fahren, angeln und fischen, reiten und auf die Jagd gehen, Expeditionen in die Taiga unternehmen oder mit einem Helikopter das gesamte Gebiet des Baikal erkunden. Und damit wir Interessenten in Deutschland auch konkrete Zahlen nennen können, drückt uns Dutschenko eine Preisliste seines Touristikunternehmens in englischer Sprache in die Hand. Vollpension pro Tag und

Person im Zimmer mit Bad 50 US-Dollar, im Bungalow 20 Dollar. Eine Stunde Motorboot zehn Dollar, eine Stunde Hubschrauber pro Person 500 Dollar. Der Abschuß einer Ente kostet zehn, eines Auerhahns 50 Dollar. Für 500 Dollar bekommt man einen Rehbock vor die Flinte, für 1000 einen Bären.

Vitalij Dutschenko ist 46 Jahre alt. »Ich bin ein energischer Mensch«, sagt er von sich selbst, »für vier oder fünf Jahre habe ich noch Kraft, bis dahin muß ich alles geschafft haben. Nicht für mich, sondern für meine beiden Töchter und die Enkel.« Und mit etwas leiserer Stimme setzt er hinzu: »Es ist ein Traum, aber nur schwer zu realisieren.«

Am nächsten Tag, nachdem sich der Frühdunst verzogen hat und der Blick vom Balkon des Jagdhauses ungehindert über die unendliche weiße Weite des verschneiten Baikal schweifen kann, nachdem das Problem mit dem Benzin der Tante Irina von der Kolchose gelöst ist und Sascha seinen morgendlichen Besuch im Dampfbad beendet hat, lädt uns Vitalij Dutschenko zu einem Rundgang über das ganze Areal des zukünftigen Touristenparadieses ein. Einige der gemauerten Ferienhäuschen sind bezugsfertig, bei anderen fehlen noch Türen und Fenster. Dort, wo das gewaltige Konferenzzentrum entstehen soll, gähnt eine tiefe, mit einem löcherigen Maschenzaun gesicherte Baugrube, und weiter oben am Hang liegen kreuz und quer offenbar erst unlängst gefällte Baumstämme. Hier sind weitere Gebäude geplant, sobald, wie Vitalij Dutschenko formuliert, von irgendwoher wieder Geld fließt. Vor einer Garage zeigt uns der Hausherr einige seiner touristischen Attraktionen, auf die er besonders stolz ist: benzingetriebene Schneemobile, kleine Traktoren mit Anhängern, auf denen man zum Eisfischen fahren kann, Pferdeschlitten und Kutschen. Dazu dröhnt aus einem Lautsprecher, der an einem langen Holzmast vor dem Jagdhaus baumelt, unaufhörlich russische Popmusik.

Ob er das mit dem sanften Tourismus denn wirklich ernst gemeint habe, fragen wir. Schließlich seien Jachthafen, Hubschrauberlandeplatz, lärmende Schneemobile und stinkende Traktoren nicht gerade die klassischen Attribute naturverbundener Freizeitgestaltung. Von der ständigen Musikberieselung à la sozialistischem Pionierlager oder kapitalistischem Warenhaus einmal ganz abgesehen.

»Das ist ja gerade das Problem«, meint Vitalij Dutschenko nachdenklich, »daß wir nicht wissen, was die westlichen Touristen wirklich wollen. Was die Russen wollen, die sich den Aufenthalt bei uns leisten können, wissen wir. Gutes Essen, viel zu trinken, Zerstreuung, je ausgefallener, desto besser; Möglichkeiten zum Geldausgeben und Trubel. Je lauter, je lieber.«

Aber das sei eigentlich nicht die Art von Menschen, mit denen er gern Umgang habe, wenn sie auch rein finanziell die attraktivsten wären. »Aber was«, so fragt er und wendet sich dabei direkt an mich, »wollen denn die Leute bei euch in Deutschland im Urlaub?«

In ihrer Pauschalität bereitet mir diese Frage einige Schwierigkeiten. Nur soviel, sage ich, scheint mir sicher: Wer die lange Reise aus Deutschland an den Baikalsee auf sich nimmt, macht dies nicht unbedingt, um Jubel, Trubel, Heiterkeit zu suchen. Das habe der deutsche Tourist vor der Haustür – in Italien oder Mallorca – viel einfacher und billiger. Unberührte Natur in ungestörter Ruhe genießen zu können, das, so scheint mir, dürfte für westliche Touristen am Baikal das wichtigste sein.

»Aber genau das«, so ereifert sich Vitalij Dutschenko, »haben wir hier!«

Der Jachthafen und der Hubschrauberlandeplatz, das seien doch nur winzige Fleckchen in dem Meer der Einsamkeit, das sie umgebe. Der Baikal auf der einen Seite, die Taiga auf der anderen! Und ringsumher Stille, nichts als Stille. Soviel man wolle, solange man wolle. Mit einem ortskundigen Führer könne man tage-, ja wochenlang durch die Taiga marschieren, ohne auch nur einen einzigen Menschen zu treffen. Mit einem Boot könne man sich weit hinaus auf den Baikal fahren lassen und würde, so weit das Auge reiche, nur Wasser sehen, nichts als Wasser und Wolken und am Horizont vielleicht die Berge eines Ufers. Was würde da schon sein Jachthafen stören und der Hubschrauberlandeplatz, der wohl ohnehin nur selten benutzt werde? »Die Kosten, Sie verstehen ...« Nein, nicht sein Touristenzentrum sei eine Bedrohung für die Umwelt, zumal er natürlich auch eine eigene Kläranlage bauen werde, wohl aber die neue Zeit.

Verständnislos blicken wir Dutschenko an. Welche neue Zeit?

»Natürlich diese Zeit ohne Gesetze, die Zeit seit der Perestrojka, die Zeit der sogenannten freien Marktwirtschaft in Rußland.«

Aha, sagen wir und bitten den frischgebackenen Tourismusunternehmer, uns das ein wenig genauer zu erklären.

»Es ist doch ganz einfach«, sagt Vitalij Dutschenko. Zu Sowjetzeiten, von denen man ja im übrigen halten könne, was man wolle, habe zumindest eines geherrscht: Ordnung. Zwar seien die Menschen, mit ein paar Ausnahmen, alle gleichermaßen arm gewesen, doch um die nackte Existenz habe niemand fürchten müssen. Nun seien die meisten Fischereikolchosen rund um den Baikal pleite, und auch vielen Waldkolchosen gehe es nicht besser. Die Folge: Immer mehr Menschen müßten sich ihren Lebensunterhalt auf eigene Faust, ungesetzlich sozusagen, besorgen.

»Wilderei und unerlaubter Fischfang sind für viele Anwohner des Baikalsees heute die einzige Einkommensquelle. Und diese werden ausgeschöpft – ohne Rücksicht auf Folgeschäden für die Natur. Zur Laichzeit«, gibt uns Dutschenko ein Beispiel, »wandern viele Fische des Baikalsees in die Flüsse und dort stromaufwärts. Früher war der Fischfang zu dieser Zeit streng verboten, und man hielt sich weitgehend dran. Heute gilt das Verbot zwar immer noch, doch kein Mensch schert sich drum. In den großen Dörfern und Siedlungen entlang der Flüsse fischt man nun auch zur Laichzeit ab, was sich nur bewegt. Und die Kontrollorgane saufen mit den Dörflern; und wenn sie mal wirklich kontrollieren, dann nur pro forma.« Alle zehn Meter müßte man einen Kontrollposten aufstellen und diesen so gut bezahlen, daß er es nicht mehr nötig hat, sich von den Leuten bestechen zu lassen. »Aber«, seufzt Vitalij Dutschenko, »das wird es in unserem Land wohl nie geben, unbestechliche Beamte. Jedenfalls nicht zu meinen Lebzeiten.« Das Hauptproblem Rußlands sei, daß jeder nur an heute denke und niemand an morgen. Und das gelte nicht nur für die kleinen Leute, sondern auch für »die da oben«. Entlang der Selenga etwa, jenes gewaltigen Flusses, der aus der Mongolei in den Baikal strömt, kenne er Fabrikdirektoren, die ihre Leute sogar auf Fischfang mit Elektroschocks schicken.

Ähnlich rabiat, so Dutschenko, werde mit den Wäldern im Einzugsgebiet des Baikal umgegangen. Abgeholzt und nach China und Japan verscherbelt würden sie von privaten Aktionärsgesellschaften, die sich die alten Waldkolchosen unter den Nagel gerissen hätten und für die es nur noch ein Gesetz gebe – das des schnellen Profits. Die Folgen seien schon heute an den Zuflüssen des Baikal sichtbar: Sie würden immer weniger Wasser führen. Wenn es so weiterginge, würde sein Dorf bald wieder zu Recht den alten Namen tragen, Suchoje, das trockene Dorf. Das seien die wirklichen Probleme, die den Baikal bedrohen, nicht aber sein kleines Touristenzentrum, das den Menschen außer der Natur doch nur ein wenig Komfort bieten wolle. Der Mensch lebe schließlich nicht vom Brot allein, und sich ganz dem Fortschritt verweigern, das könne man doch auch in Sibirien nicht. So jedenfalls denke er, und er sei schließlich hier geboren.

Wir hören es mit gemischten Gefühlen, halten aber jede weitere Widerrede für zwecklos.

AUF DEM EIS

Nun geht es endlich aufs Eis. Schenja ist noch einmal im Dorf gewesen und hat sich bei Fischern erkundigt: nach dem Zustand des Eises, nach ihrer Wetterprognose, nach der Stelle, an der man mit dem Auto am gefahrlosesten auf den See kommt, sowie nach eventuell markierten Trassen. Markierungen, so hat er erfahren, gibt es auf diesem Teil des Baikalsees nicht, aber eine Spur, die nach Westen führt, zu den Stellen, an denen die Fischer zur Zeit unter dem Eis ihre Netze auslegen. Wie es von dort weiterginge, nach Norden, wüßten sie nicht, aber das würden wir ja sehen. Von irgendwelchen Unglücksfällen auf dem Eis hätten sie in ihrer Region in den letzten Tagen nichts gehört. Das Wetter sei ziemlich beständig gewesen, so daß das Eis auch nicht allzu heftig gearbeitet hätte. Aufpassen müsse man auf jeden Fall, doch das wisse Schenja selbst gut genug.

Unsere Karawane, vorneweg der Lastwagen, dahinter die beiden Kleinbusse, verläßt die Dorfstraße und biegt in einen Feldweg ein, der hinab zum Ufer führt. Nach etwa 200 Metern passieren wir ein Fischerboot, das auf zwei Baumstämmen neben einem Weidezaun liegt, dann verschwindet der Lkw in einer Senke. Entlang der Uferböschung hat sich das Eis zu einer glitzernden Hügelkette gefaltet, die aussieht, als wären meterhohe Wellen mitten in der Bewegung erstarrt. In Schlangenlinien und zuweilen bedrohlich schwankend bahnen sich die Wagen mit reichlich Sicherheitsabstand einen Weg durch das Eisgebirge. Immer wieder hinter einem Hügel verschwindend und dann erneut auftauchend, wie Korken, die auf weißen Wellen tanzen.

Nach einiger Zeit geht die eisige Hügellandschaft in eine weite glitzernde Ebene über. Das Eis ist überzogen von einer schätzungsweise zehn Zentimeter hohen, gefrorenen Schneedecke, durch die sich, gut erkennbar, eine schnurgerade Reifenspur Richtung Westen zieht. Wir sind, wie Wolodja, der ehemalige U-Bootfahrer feststellt, auf Kurs.

In unserem Bus ist es bis dahin still gewesen. Angespannt haben wir in unseren Sitzen gekauert, zuweilen verstohlen links und rechts aus dem Fenster geschaut und im übrigen auf den vor uns fahrenden Lkw gestarrt. Würde er, oder würde er nicht …? Unheimlich war uns, und in Gedanken gingen wir immer wieder die Ratschläge durch, die uns Schenja gegeben hatte. Im Falle eine Falles raus, so schnell wie möglich, und weg, so weit wie möglich. Aber was, wenn die verdammte Schiebetür des Busses klemmt? Die Fenster runter? Die sind festgefroren! Also, lieber nicht dran denken, sondern schauen, was mit dem Lkw vor uns passiert. Wenn ihn das Eis trägt, wird es unsere popeligen Kleinbusse doch erst recht aushalten. Aber weiß man's?

Ein wenig wohler wird uns erst, als wir der Autospur folgen. Hier sind also schon andere gefahren, hier gibt es keine unter dem Schnee verborgenen Spalten oder Löcher, hier ist das Eis nicht durch warme Strömungen ausgehöhlt. Oder doch? Wie alt ist die Spur? Wann sind hier die letzten Autos vor uns gefahren? Was ist seither passiert? Das Eis, so hatte uns Schenja gesagt, arbeitet ständig; die warmen Strömungen wechseln fortwährend ihre Richtung! Uns bleibt nur, auf die Erfahrung Schenjas zu vertrauen, der mit Sergej im Lkw vorausfährt, mit dem Fernglas ständig das Eis absuchend.

Inzwischen wird es Mittag. Die Sonne ist endgültig durch die Wolken gebrochen und taucht den ganzen See in gleißendes, grelles Licht. Ohne Sonnenbrille, hatte uns Schenja gesagt, seid ihr auf dem Baikal in zwei Stunden blind. Wie gut, daß wir auf dem Chinesenmarkt in Irkutsk in letzter Minute noch daran gedacht haben.

Unsere erste Pause auf dem Eis. Picknick, wie die Russen sagen. In der Sonne ist es warm, etwa 10 Grad unter Null, kein Windhauch geht. Man kann den Tisch also gut im Freien decken, zwischen zwei Autos, die in einigen Metern Sicherheitsabstand voneinander geparkt sind. Wolodja hackt mit einem Beil kleine Stücke aus dem Eis und füllt sie in den Teekessel. Schenja holt die Lebensmittelkartons aus dem Lkw und setzt den Spirituskocher in Gang. Sergej hat das Führerhaus des Lkw hochgeklappt und säubert die verölten Zündkerzen. Sascha versucht das Satellitentelefon in Gang zu bringen, damit ich eine Radioreportage für das Morgenmagazin des Westdeutschen Rundfunks machen kann. Aljoscha, der Fahrer des anderen Kleinbusses, sitzt hinter dem Steuer und liest einen Roman über den heldenhaften Kampf der Roten Armee gegen die Hitlerfaschisten.

Maxim filmt die ganze Szene. Während sich auf der einen Kochplatte Wolodjas Eisstücke langsam in Teewasser verwandeln, werden auf der anderen die vietnamesischen Fertiggerichte erwärmt. Lapscha, dünne, farb- und geschmacklose Nudeln, über die aus kleinen Tüten getrocknete Fleischkrümel und eine undefinierbare Gewürzmischung gestreut werden. Dazu schneidet Schenja fetten Speck in dicke Scheiben und frisches großporiges Brot, das wir uns am Morgen im Dorfladen besorgt haben. Zum Nachtisch gibt es deutsche Kekse und amerikanische Schokoriegel, ebenfalls aus dem Dorfladen. Die Schokoriegel gelten in Sibirien wie im gesamten Rußland inzwischen als eine Art Grundnahrungsmittel. Als Tisch dient eine große Werkzeugkiste aus Sergejs Lkw, als Hocker nehmen wir Kamera- und Lichtkoffer. Selbst an Servietten hat Schenja gedacht: Er teilt jedem ein paar Blatt von dem dicken, rauhen Klopapier zu. Getrunken wird aus Blechnäpfen und etwas angeschlagenen weißen Emailletassen, als Besteck gibt es ein paar Blechlöffel und ein großes Brotmesser, aber das reicht. Der getrocknete Fisch, den Schenja noch hervorgekramt hat, und die eingelegten Gurken schmecken ohnehin am besten aus der Hand.

Die anfängliche Beklommenheit, die die meisten von uns in den ersten Stunden auf dem Eis erfaßt hat, ist während des Picknicks ein wenig gewichen. Wir sitzen bequem, essen gut und viel, lassen uns von der Sonne wärmen und vergessen zuweilen ganz einfach, daß unter dem Schnee kein fester Boden ist, sondern Eis und 1000 Meter tief Wasser. Doch bevor wir wieder losfahren – die Blechnäpfe, Tassen und Löffel sind sorgfältig mit Schnee gereinigt, die Abfälle in einem Plastiksack und die Vorräte wieder frostsicher im Lkw verstaut –, bringt uns Sergej unsere tatsächliche Situation wieder ins Bewußtsein. Zur Überraschung aller Nichtsibirier in unserem Team nämlich besteht er darauf, eine Flasche Wodka aus dem Safe, wie wir die Kiste mit diesem russischen Zahlungsmittel nennen, hervorzuholen und zu öffnen.

Wodka am Tage, so das ungeschriebene Gesetz unserer Expedition, ist eigentlich tabu. Und nun will ausgerechnet Sergej, der den Lkw fährt, dieses Tabu brechen und schon am Mittag mit dem Trinken beginnen? Die Begründung, die er gibt, halten wir zunächst für eine billige Ausrede. Man müsse dies tun, das sei ein alter Brauch, sonst gebe es Unglück. Ha, ha, höhnt Sascha, der Petersburger Kollege, und klopft sich auf die

Schenkel. Doch Schenja, der bärtige Robbenforscher Dr. Jewgenij Petrow, ist sofort im Bilde. Sergej habe recht, eigentlich hätten wir es schon früher tun müssen, nämlich dem Gott Burchan und dem Vater Baikal zu huldigen. Burchan sei eine der vielen buddhistischen Gottheiten der Burjaten und sozusagen zuständig für den Baikalsee. An sein Gesetz müsse man sich halten, wolle man ihn nicht erzürnen.

Ob Sergej, da er so auf diesem Brauch bestehe, denn vielleicht Burjate sei, obwohl er eigentlich nicht danach aussehe, fragt Maxim dazwischen.

Sergej reagiert heftig. Keineswegs, erklärt er und betont jedes Wort mit Nachdruck; er sei ein waschechter Russe, seine Vorfahren wären waschechte Kosaken gewesen und waschechte Verbannte. Aber er sei am Baikal geboren, und am Baikal sei es völlig egal, ob man Russe ist oder Burjate. Das Gesetz Burchans habe jeder zu achten. Und dann erhebt er die Hand mit der Wodkaflasche und beginnt eine kleine Rede. »Wir haben uns heute aufs Eis begeben, und dies war unsere erste Rast. Wir haben noch eine weite Reise über das Meer vor uns, und bevor wir sie fortsetzen, wollen wir Gott Burchan und den Vater Baikal um ihre Gunst bitten. Mögen sie uns festes Eis geben, günstige Winde und eine glückliche Heimkehr. Als Zeichen unserer Ehrerbietung und unserer Verbundenheit mit dem Gott und der Natur wollen wir das, was wir haben, mit ihnen teilen.« Dann schenkt uns Sergej die inzwischen wieder hervorgeholten Blechtassen voll, nimmt selbst einen tiefen Schluck aus der Flasche und gießt den Rest aufs Eis.

Wir tun es ihm nach. Auf eine glückliche Fahrt!

AN DIE KÄLTE MUSST DU DICH GEWÖHNEN

DER ERSTE RAT, den uns die Fischer geben, klingt brutal: »Ihr dürft euch zwischendurch nicht aufwärmen. An die Kälte muß man sich gewöhnen.«

Wir hatten lange nach den Fischern gesucht. Irgendwo auf dem Eis hatten sich die Autospuren verloren. Wir fuhren einfach drauflos, ins »Neuland«, in den unberührten Schnee – hoffend, irgendwann einen Anhaltspunkt zu finden, der uns zu den Fischern führen würde. Nach einigen Stunden im Schrittempo Richtung Norden macht Schenja durch das Fernglas eine Entdeckung: Pferdeäpfel und Hufspuren, daneben Reifenabdrücke eines Traktors; sichere Zeichen dafür, daß die Fischer nicht mehr weit sein können. Schon bald werden am Horizont auf dem Eis kleine schwarze Punkte sichtbar, von denen sich einige bewegen. Wir haben die Fischer mit ihren Pferden und Geräten gefunden.

Vom Ostufer des Sees hat sich inzwischen ein schneidender, eisiger Wind erhoben, der den Schnee vor sich hertreibt und große Flecken nackten, spiegelblanken Eises bloßlegt. Bizarr verlaufende vertikale und horizontale Sprünge sowie eingeschlossene Luftblasen im ansonsten glasklaren, durchsichtigen Eis geben Hinweise auf die Stärke der Eisdecke. Sie beträgt hier knapp einen Meter, wie Schenja schätzt. An Stellen, an denen es keine Sprünge und Luftblasen gibt, ist nicht auszumachen, wo das Eis aufhört und das Wasser darunter anfängt. Der Blick geht durch das Eis in eine dunkelgrüne Tiefe, unheimlich und mit magischer Kraft den ganzen Körper anziehend. Gut tausend Meter soll die

Tiefe des Baikal hier betragen, und es ist noch nicht einmal die tiefste Stelle des Sees.

Unheimlich auch die Geräusche, die das Eis Tag und Nacht von sich gibt. Mal knackt es wie dürres Reisig im Feuer, dann wieder erschreckt es mit einem trockenen Knall wie aus einer Pistole. Gelegentlich sirrt es, als reiße eine Geigensaite, und gegen Abend glauben wir fernen Geschützdonner zu hören. Es grummelt und wummert ohne Unterlaß, dazu kommt hin und wieder ein Glucksen und Gurgeln wie aus einem Waschmaschinenabfluß.

»Das Eis redet mit uns«, erklärt Schenja, »aber keine Bange, wenn es schlecht wird, sagt es uns rechtzeitig Bescheid.«

Einen Augenblick glauben wir, daß Schenja uns nur beruhigen will und deshalb ein wenig flunkert. Doch die Sicherheit und Bestimmtheit sowie die demonstrative Vorsicht, mit der er sich auf dem Eis bewegt, zerstreuen unsere Zweifel. Und hat er nicht auch gleich am ersten Tag gesagt, das Schönste an jeder Reise über das Eis sei, heil wieder nach Hause zu kommen?

Als wir in Moskau abflogen, hatten wir uns für die Reise ins Eis gut gerüstet geglaubt. Kanadische Daunenanoraks, mit Filz gefütterte Spezialstiefel, dicke Fausthandschuhe und klassische russische Pelzmützen mit Ohrenklappen, Schapkas genannt, schienen uns Garanten gegen jede Art Kälte. Und die Kälte, so stellte sich bald heraus, sollte auch nicht unser Problem werden: 20 Grad Frost, später auch minus 30 Grad, sind spielend zu ertragen, solange ... ja, solange kein Wind geht. Beim leisesten Lufthauch jedoch ist es, als würde das Gesicht mit Rasierklingen zerschnitten. Die Augen tränen, die Nasenspitze färbt sich weiß, und die Finger werden selbst in den dicken Handschuhen steif. Und Wind auf dem Baikal ist meist kein linder Lufthauch, sondern ein auf- und abschwellender gewaltiger Sturm, der durch die Daunenjacken bis ins Mark fegt.

Wie halten das nur die Fischer aus? Sie tragen dicke Schafspelze, das Leder nach außen gekehrt, und hohe, bis zu den Oberschenkeln reichende Stiefel, die in einer zusätzlichen Außenhaut aus Plastik stecken, gegen das Wasser, das aus den Netzen tropft.

Nach einer Stunde Dreharbeiten auf dem Eis wollen wir uns in einem unserer Kleinbusse aufwärmen. Doch die Fischer halten uns davon ab. So, Jungens, werdet ihr euch nie an die Kälte gewöhnen. Der Körper kann viel mehr ertragen, als ihr glaubt. Oder seid ihr alle verwöhnte Muttersöhnchen?

Eigentlich haben wir uns geschworen, nicht die Helden zu spielen, aber nun können wir nicht anders. Die Zähne zusammenbeißend, hocken wir uns neben die Fischer, die im spärlichen Windschatten eines Kastenwagens, auf dem der Fang später abtransportiert werden soll, eine Pause machen. Die erste nach sechs Stunden, genau zwanzig Minuten lang.

Zwei Brigaden, wie es noch immer in der Sprache der Fischer heißt, arbeiten heute an dieser Stelle auf dem Eis: 24 Mann. Insgesamt dauert ihre Schicht zehn bis zwölf Stunden, Tag für Tag, selbst bei 40 Grad Frost. Nur wenn der Sturm im Winter zu stark wird, unterbrechen sie ihre Arbeit auf dem See, oder wenn der Schnee so dicht fällt, daß man die Hand nicht mehr vor den Augen sieht. Ansonsten gilt für sie was auch für die Schulkinder in Sibirien gilt – kältefrei gibt es erst ab minus 40 Grad.

Es hat einige Zeit gedauert, bis wir das System verstehen, mit dem die Fischer hier arbeiten. Zunächst wird mit langen Holzstangen, an deren unterem Ende sich scharfe Eisenspitzen befinden, ein Viereck in das Eis gehackt, etwa zwei Meter breit und vier Meter lang. Mit einem altersschwachen Traktor wird der Eisblock aus dem Wasser gezogen. Dann wird ein riesiges Schleppnetz, an dessen beiden vorderen Enden zwei Holzbretter, jeweils 30 Meter lang, befestigt sind, zu Wasser gelassen. Mit Motorfräsen werden halbkreisförmig im Abstand von 30 Metern Löcher ins Eis gebohrt, unter denen die Holzbretter mit langen Haken hindurchgeschoben werden. Wie es die Fischer schaffen, die 30 Meter langen, unmittelbar unter dem Eis schwimmenden Bretter jeweils genau bis zum nächsten Loch zu bugsieren, bleibt uns ein Rätsel. Das am Ende der Bretter befestigte Schleppnetz wird von Pferden mittels Seilwinden von Loch zu Loch unter dem Eis hindurchgezogen. Am Ende werden die beiden Halbkreise wieder zusammengeführt, und an einem Loch, etwas größer als das Eingangsloch, wird das Netz von den Pferden wieder aus dem Wasser gezogen.

Einer der Brigadiere ist Igor, ein etwa vierzigjähriger, stämmiger Burjate, der sich trotz der Kälte und des schneidenden Windes ständig die Pelzmütze aus der Stirn schiebt, um sich mit dem Handrücken den Schweiß abzuwischen. Die 30 Meter langen Bretter unter dem Eis hindurchzuschieben erfordert nicht nur große Geschicklichkeit, sondern auch viel Kraft.

»So wie wir es von unseren Vorfahren gelernt haben«, sagt Igor, »so fischen wir auch heute noch. Wahrscheinlich haben schon die ersten Menschen, die hier am Baikalsee gelebt haben, so gefischt wie wir heute.«

»Aber gibt es keine moderneren Methoden als diese: mit langen Brettern und den Pferden, die die Seilwinden drehen und dabei in den Pausen, wie uns scheint, immer frieren?«

»Wir haben es versucht«, sagt Igor und schiebt sich die Mütze ein weiteres Mal aus der Stirn. »Wir haben mechanische Geräte eingesetzt, Motorwinden und ähnliches – aber unter der Wasseroberfläche verändert sich andauernd alles. Die Struktur des Eises, es schwimmen Baumstämme herum. Und wenn sich da die Netze verhaken, merken es die mechanischen Geräte, die Technik nicht. Aber die Pferde spüren es. Die Pferde sind für unsere Arbeit hier auf dem Eis einfach besser.«

»Hat sich denn«, fragen wir Igor, »in den letzten Jahren, nach der Wende in Rußland, hier etwas für Sie geändert?«

»Nein, wir leben wie immer.«

»Und die Perestrojka?«

»Auch die hat nichts verändert. Uns hat die Perestrojka nicht berührt. Wir Fischer sagen, wir haben nichts zu verlieren außer unseren Kindern.«

In Igors Brigade arbeiten auch zwei Jungen, fünfzehn und sechzehn Jahre alt. Ob sie ihr späteres Leben hier am Baikal, als Fischer verbringen wollen, wissen sie, wie sie sagen, noch nicht. Sie lächeln nur ein wenig verlegen. Aber Igor glaubt, es genau zu wissen. »Sie werden hierbleiben. Wo sollen sie denn hingehen? Arbeit gibt es doch sonst nirgendwo. Aber hier ernährt uns der See. Wir verdienen nicht viel, aber es reicht zum Leben.«

Früher arbeiteten in Igors Fischereikolchos achtzig Männer. Heute nennt sich die Kolchose Aktiengesellschaft, gehört dem früheren Direktor und einigen seiner Freunde und beschäftigt nur mehr vierzig Mann. Ihr Monatsverdienst liegt bei umgerechnet 300 Mark.

Nach neun Stunden beginnen Igor und seine Männer mit Hilfe der beiden Pferde, die die Seilwinden drehen, das Netz herauszuziehen. Am Ende werden dreieinhalb Tonnen Speisefisch auf dem blanken Eis in der Abendsonne glitzern. »Ein guter Tag«, sagen die Fischer.

HIER FRAGT DICH KEINER

Den Hinweis hatte uns Jewgenij Jewtuschenko gegeben, der russische Dichterfürst, wie ihn seine Verehrer nennen. Wenn ihr an den Baikal fahrt, hatte er uns in Moskau gesagt, müßt ihr unbedingt Jurij Panow besuchen. Schaut euch seine Skulpturen an und seine Hände.

Jewgenij Jewtuschenko ist Sibirier. Er ist unweit des Baikal geboren, nahe einer Station der Transsibirischen Eisenbahn, die den Namen Sima trägt, zu deutsch: Winter. Die Sibirier, sagt er, sind Kinder eines gewaltigen Kosmos, für den die Begriffe Unfreiheit und Freiheit gleichermaßen zum Symbol geworden sind. Im Schicksal Jurij Panows, so Jewtuschenko, verdichtet sich dieser Kosmos wie in einem Brennglas.

Das Dorf, in dem Jurij Panow lebt, heißt Bolschaja Retschka, Großes Flüßchen. Es liegt an einem gewaltigen Strom, der Angara, dem einzigen Fluß, der den Baikal verläßt. Von der Südspitze des Baikal wälzt er sich fast 1800 Kilometer in nordwestlicher Richtung und mündet unweit von Krasnojarsk in den Jenissej. Bis heute haben die Wissenschaftler nicht enträtseln können, an welcher Stelle des Baikal die Angara entspringt, doch dort, wo sie den See verläßt und ihr eigenes Bett beginnt, zwischen den Orten Listwjanka und Port Baikal, ist sie bereits einen Kilometer breit. Die Russen nennen die Angara »Tochter des Baikal« und verbinden unzählige Legenden mit ihr. So soll der Felsen, der an der Stelle, wo die Angara den Baikal verläßt, aus der Mitte des Stromes ragt, einst vom zornigen Vater Baikal der untreuen Tochter Angara, auf der Flucht zu ihrem Geliebten Jenissej, hinterhergeschleudert worden sein. Es ist ein

Schamanenstein, der den burjatischen Ureinwohnern als heilig galt. Hier beteten sie, hierher schleppten sie Verbrecher, um sie im bitterkalten Wasser zurückzulassen. Wenn die Strömung den Delinquenten bis zum Morgen nicht weggetragen hatte oder er im eisigen Wasser nicht umgekommen war, wurde ihm verziehen.

Bolschaja Retschka liegt in unmittelbarer Nähe des Schamanenfelsens am rechten Ufer der Angara. Etwa 2000 Menschen leben hier, und Jurij Panow scheinen alle zu kennen. Es ist ein strahlender Märztag, der Schnee taut von den Dächern, und auf der lehmigen Straße, die zum Ufer hinabführt, haben sich kleine Sturzbäche gebildet. Kinder in Gummistiefeln hüpfen durch die Rinnsale und Pfützen, alte Männer ziehen ächzend zweirädrige Handwagen mit Wasserfässern durch den Matsch, und hin und wieder knattert ein Motorrad mit Beiwagen die Straße entlang, ein Gemisch aus Schlamm und bläulichen Auspuffgasen in die Luft wirbelnd.

Wir fragten einen etwa zwölfjährigen Jungen mit Baseballmütze und dickem Wollschal nach Jurij Panow und erhielten eine überaus einfache Beschreibung: »Immer geradeaus bis zum Fluß, dann rechts, das Märchenhaus – mit den Baumstämmen davor.«

In der Tat, das Heim Jurij Panows wirkt, als hätte ein Bühnenbildner aus Hollywood den Auftrag erhalten, ein sibirisches Bilderbuchhaus zu entwerfen. Es ist eine geräumige, ebenerdige Holzkonstruktion, deren Fensterrahmen, Dachkanten und Eckpfosten mit Schnitzereien reich verziert sind. An der seitlichen Außenwand, die zur Eingangstür führt, hängen Menschenmasken und Tierköpfe aus Holz und Ton, entlang der Straßenfront stehen die Baumstämme, von denen der Junge sprach – fast drei Meter hohe geschnitzte Stelen mit Totenköpfen,

Kreuzen, Pistolen, Klu-Klux-Klan-Masken, Folterwerkzeugen, Lenin- und Stalinporträts. Kein Zweifel, hier wohnt der Bildhauer Jurij Panow.

Wir treffen ihn in der Küche. Auf dem Tisch liegt ein langes, weißgestrichenes Holzbrett, auf das in geschwungenen roten Buchstaben »Aktiengesellschaft Versorgung« gepinselt ist. Jurij Panow ist gerade dabei, links und rechts des Schriftzugs mit grüner Farbe je ein kleines Eichhörnchen zu malen, nach einer Vorlage aus einem Biologiebuch. Er tut es bedächtig, als male er eine Ikone.

Jurij Panow ist 75 Jahre alt, hat kurzgeschnittenes, eisgraues Haar und einen ebenfalls kurzgeschnittenen grauen Bart, der einen eindrucksvollen Kontrast zu den stahlblauen Augen bildet. Nachdem er uns kurz begrüßt hat, wendet sich Jurij Panow wieder seiner Arbeit zu. Die Ärmel des groben, rotbraun karierten Baumwollhemdes hochgekrempelt, das Gesicht dicht über den Tisch gebeugt, läßt er sich von uns nicht ablenken. Wir sehen ihm schweigend zu und können den Blick nicht von seinen Händen lassen. Seine Finger sehen aus wie dicke, knorrige Äste, vertrocknet und an den Enden breit geklopft; dabei führen sie den Pinsel mit der Zartheit und Behutsamkeit eines Porzellanmalers.

»Ein Reklameschild«, sagt er schließlich, »für den Dorfladen.« Morgen müsse es fertig sein. Da komme das gute Wetter gerade richtig, um die Farben an der Luft trocknen zu lassen.

»Und lohnt sich das?«

»Natürlich lohnt sich das. Von der Kunst kannst du nicht leben. Und diese neuen Geschäftsleute zahlen gut, die Aktiengesellschaft, wie sie sich nennen. Farben, Pinsel und alles andere gibt es jetzt überall zu kaufen. Du mußt nur Geld haben, dann ist das kein Problem. So macht das Arbeiten richtig Spaß. Auch das Arbeiten für Brot.«

»Wie war das denn zu Zeiten des Kommunismus? Was haben Sie damals gemalt?«

»Also, Kommunismus hatten wir ja noch gar nicht. Da wollten wir erst hin, wie sie immer gesagt haben. Was wir hatten, nannte sich Sozialismus, und da spielten Agitation und Propaganda eine zentrale Rolle, der Kampf an der ideologischen Front. Dafür mußten Unmengen Plakate und Losungen gemalt werden. Wie bei euch in Deutschland unter Hitler. Nur, daß es bei uns noch viel mehr von diesem Zeug gab als bei euch.«

»Haben auch Sie solche Losungen und Plakate gemalt?«

»Natürlich. Das war unsere Hauptbeschäftigung. Bilder hat doch niemand gekauft, für Kunst hat sich niemand interessiert. Die einfachen Leute konnten es sich nicht leisten, und die Behörden wollten nur Propagandabilder, am liebsten Politikerköpfe.«

»Welche Politikerporträts wurden denn am besten bezahlt?«

An dieser Stelle hört Jurij Panow erstmals auf zu malen, legt den Pinsel aus der Hand und macht eine weit ausholende Geste.

»Am besten wurde für Stalinbilder gezahlt. Wer da gut im Geschäft war, der hatte ausgesorgt. Bei Chruschtschow wurde schon nicht mehr so viel gezahlt und bei Breschnew noch weniger. Bei Gorbatschow, da haben sie zwar am Anfang etwas gezahlt, später jedoch wollten sie nur noch Karikaturen von ihm. So ändern sich die Zeiten.«

Jurij Panow nimmt den Pinsel wieder in die Hand und kratzt sich damit am Bart unterm Kinn. Und dann lacht er.

»Wissen Sie, das mit den Plakaten und Losungen und diesen ganzen Propagandageschichten darf man nicht so ernst nehmen. Die hat doch keiner beachtet. Es war den

Leuten vollständig egal, was darauf stand oder was für Bilder darauf zu sehen waren.«

Und dann erzählt Jurij Panow eine Geschichte, wobei seine stahlblauen Augen blitzen und sein Mund jungenhaft lächelt.

»Ich habe einmal ein Plakat gemalt, fünf Meter breit. Darauf stand, weiß auf rotem Untergrund: ›Vorwärts zum Sieg des Leninismus!‹ Und bei dem Wort Leninismus habe ich einen Buchstaben vergessen, ein N. Zwei Jahre hing dieses Plakat, das der Direktor der Kolchose in Auftrag gegeben hatte, mitten im Dorf, und niemand hat den Fehler bemerkt. Zwei Jahre lang! Bis ein kleines Schulmädchen mit seiner Mutter kam, auf das Plakat zeigte und sagte: ›Da fehlt doch ein N.‹ Niemand, keiner der Natschalniks, der Chefs, keiner der Kommunisten hat es bemerkt. Zwei Jahre lang. Es hat einfach niemanden interessiert.«

Jurij Panow hat auch das zweite Eichhörnchen zu Ende gemalt. Vorsichtig nimmt er das Ladenschild und trägt es hinaus in den Hof, wo er es zum Trocknen an die Hauswand lehnt. Wir schauen uns in seiner Wohnung um. Die Küche ist offenbar sein Atelier. Im Regal neben dem Herd stehen außer Kochtöpfen und Büchsen mit Mehl, Tee, Zucker und Salz auch Gläser mit Pinseln und Spachteln, Terpentinflaschen, Farbtöpfe und -tuben. Von der Decke hängt eine nackte Glühbirne, die den Raum auch tagsüber zusätzlich erhellt.

Das mit bunten Teppichen ausgelegte Wohnzimmer gleicht einer Bibliothek. Die drei fensterlosen Wände sind bis unter die Decke vollgestellt mit Bücherregalen. Neben Klassikerausgaben russischer und ukrainischer Literatur finden sich da auch Übersetzungen aus dem Deutschen und Englischen: Heine, Kafka, Remarque und Böll neben Shakespeare, Steinbeck und Hemingway. In den unteren Regalreihen stehen vor allem Kunstbände, Ausstellungskataloge, Fotoalben jeder Art. Stolz zeigt uns Jurij Panow das Geschenk eines Freundes aus dem Dorf – einen Bildband »Maler aus Dachau«. Der Freund, der in Dachau im Konzentrationslager saß, hat ihn vor einigen Jahren vom Dachauer Bürgermeister geschenkt bekommen, als er mit einer Gruppe ehemaliger russischer Häftlinge dort zu Besuch war. Der Band zeigt Landschaftsbilder, Stilleben und Porträts, die Dachauer Künstler in verschiedenen Jahrhunderten gefertigt haben. Eine Erinnerung an die jüngste Vergangenheit enthält der Bildband nicht. Jurij Panow hat soeben einen Frauenakt des 19. Jahrhunderts aus dem Band kopiert. Er hat ihm den Titel »Deutsches Mädchen« gegeben.

Aus dem Wohnzimmer gelangt man in einen kleineren Raum, den Jurij Panow offenbar ebenfalls zum Malen benutzt. Hier steht eine Staffelei, und die Wände sind dicht behängt mit Bildern. Meist sind es Landschaftsbilder, darunter viele Motive der Taiga und des Baikal, aber auch Porträts und allegorische Darstellungen. Sie sind in kräftigen, einfachen Farben gehalten, in realistischem Stil. In allen Räumen stehen Holzskulpturen, hängen Masken und Tierköpfe an den Wänden und Türrahmen, baumeln skurril geformte Holzstücke und Äste wie Mobiles von den Decken.

Wir nehmen an dem schweren runden Eichentisch im Wohnzimmer Platz. Jurij Panow hat eine etwas abgewetzte Mappe mit Bildern und Briefen hervorgeholt, die er uns unbedingt zeigen will. Es ist die Geschichte seines Lebens, wie er sagt.

Geboren wurde Jurij Panow 1922 in Charkow, in der Ukraine. Sein Vater war ein angesehener ukrainischer Schriftsteller, der den kleinen Jurij von Kindheit an mit der Literatur seiner Heimat, aber auch mit der russischen Literatur und der vieler anderer Völker vertraut machte. 1934 wurde Jurijs Vater als »ukrainischer Nationalist« und »Feind der Sowjetmacht« verhaftet. Im Terrorjahr 1937 wurde er in einem Lager von der Geheimpolizei NKWD erschossen; die Familie weiß bis heute nicht, wo. Seit der Verhaftung seines Vaters galt Jurij Panow als »Sohn eines Volksfeindes«. Das heißt, wie er bitter bemerkt, »ich war schon als Kind kein vollwertiger Mensch mehr«. Nach zehn Schuljahren kam Jurij Panow zur sowjetischen Armee. Allerdings nicht wie alle anderen Jungen, die eine zehnjährige Schulausbildung absolviert hatten, zu einer Einheit im europäischen Teil Rußlands, in die Ukraine, nach Litauen oder Lettland, sondern in eine gottverlassene Garnison im tiefsten Sibirien. Es war eine Spezialeinheit für Söhne von »Volksfeinden« oder aus Familien, die Angehörige im Ausland hatten; auch Söhne ehemaliger Fabrikbesitzer, selbständiger Handwerker und Bauern, von Beamten aus der Zarenzeit und Offizieren der einstigen zaristischen Armee wurden in diese Spezialeinheit gesteckt, die unter besonderer Beobachtung des NKWD stand. Die Konflikte waren programmiert.

»In den meisten unserer Familien saßen schon viele in Gefängnissen und Lagern. Bei uns gab es keinerlei Begeisterung für Stalin. Wir waren nicht mehr naiv. Und im Gegensatz zu unseren Kommandeuren, die meist aus einfachsten Verhältnissen kamen, waren wir gebildet. Dafür haben sie uns gehaßt und schikaniert.«

Jurij Panow hatte bereits als Kind leidenschaftlich gern gezeichnet. Das tat er nun auch in der Kaserne und schickte, was er da zu Papier brachte, nach Hause und seinen Freunden. Es waren, wie er sagt, harmlose Skizzenblätter, die das Kasernenleben festhielten und Dinge zeigten, die der gutbürgerliche Junge aus der Ukraine vorher noch nie gesehen hatte: gesteppte Wattejacken, wie sie in Sibirien getragen werden, lange, dicke Unterhosen, Fußlappen. Eher scherzhaft seien seine Briefe und Zeichnungen gewesen; mit keiner Silbe habe er sich beschwert oder beklagt. Doch die Post wurde kontrolliert und Jurij Panow wegen »antisowjetischer Agitation« und »Verleumdung der Sowjetarmee« vor Gericht gestellt. Am 1. Juni 1941 wurde Jurij Panow zu zehn Jahren Lager und Zwangsarbeit in Sibirien verurteilt, da war er gerade neunzehn Jahre alt.

Ungläubig schauen wir Jurij Panow an. Doch der zieht aus der Mappe ein paar Zeichnungen hervor und legt sie wortlos auf den Tisch. Es sind postkartengroße Feder- und Bleistiftzeichnungen von Soldaten in ihren Unterkünften. Drei Feldbetten übereinander, in der Mitte des Raums ein Kanonenofen; quer durchs Zimmer ist eine Wäscheleine gespannt, an der Hemden, lange Unterhosen, Fußlappen baumeln. Eine andere Zeichnung zeigt Soldaten, die in Stiefeln und voller Montur auf den Betten liegen, eine weitere hält die Gesichter junger Rekruten und kahlgeschorene Köpfe fest. Auf manchen Zeichnungen finden sich klein, in den Ecken, auch noch andere Motive: ein Sandstrand mit Palmen, ein Meer, auf dem ein Dampfer fährt, ein blauer Himmel mit strahlender Sonne. »Meine Träume damals«, sagt Jurij Panow lakonisch.

Und wegen dieser Zeichnungen soll er zehn Jahre Lager erhalten haben?

Jurij Panow lacht. Wir wären nicht die ersten, die ihm nicht glauben wollten. Vor fünf Jahren seien Journalisten aus Irkutsk bei ihm gewesen, denen habe er die gleiche Geschichte erzählt: Sie hielten das alles für reichlich übertrieben, und so hätten sie sich »auf die Suche nach den Tatsachen« gemacht. In den Irkutsker Archiven des

KGB, der Nachfolgeorganisation des NKWD, hätten sie vergeblich recherchiert, aber im Moskauer KGB-Archiv seien sie fündig geworden. Dort seien sie auf die Prozeßakten gestoßen und darin enthalten, fein säuberlich abgeheftet, die Briefe und Zeichnungen Panows, die dem Gericht als »Beweismittel« gedient hatten. Auf der Rückseite der Zeichnungen, die Jurij Panow inzwischen ausgehändigt wurden, sind noch die Registriernummern des Gerichts zu erkennen.

In der Gerichtsverhandlung, die nur wenige Minuten dauerte, hatte Jurij Panow keine Chance, den Richter von der Harmlosigkeit seiner Zeichnungen zu überzeugen. »Du bist der Sohn eines Volksfeindes«, schrie dieser Panow an, »der Sohn eines ukrainischen Nationalisten. Wie der Vater so der Sohn, der Apfel fällt nicht weit vom Stamm, das weiß man doch.« Dankbar müsse er sein, so der Richter zu Panow, daß er ein so mildes Urteil erhalte. Das habe er nur seiner Jugend zu verdanken.

Mit dem Gedanken an seine Jugend tröstete sich auch Jurij Panow. »Wenn ich aus dem Lager rauskomme, so rechnete ich mir aus, bin ich 29 Jahre. Das ganze Leben liegt dann noch vor mir und die Welt voller schöner Mädchen.«

Sehr schnell begriff Jurij Panow jedoch, daß die Höhe der Strafe längst nicht das entscheidende war. »Alles hing davon ab, wo du hinkamst ... zum Straßenbau, zum Eisenbahnbau, ins Bergwerk zum Goldschürfen, in die Taiga zum Holzfällen oder in die Fabrik. Kommst du in eine Fabrik, in eine Werkstatt, hast du eine Chance, die zehn Jahre zu überstehen. Aber beim Straßenbau oder beim Holzfällen überlebst du vielleicht ein oder anderthalb Jahre, und dann ist Schluß. Es sind einfach ganz unterschiedliche Bedingungen, die schwere körperliche Arbeit, die schlechte Ernährung ...«

Jurij Panow kam zunächst in ein Lager zum Holzfällen. Zwei Jahre lang hat er dort gearbeitet. Er rechnete schon nicht mehr damit, daß er überleben werde.

»Jeden Tag sind fünfzig Leute bei der Arbeit in der Taiga gestorben. Dann haben sie das Lager zugemacht, weil keine Leute mehr da waren. Sie waren alle gestorben, einfach weggestorben.«

Die wenigen Überlebenden, unter ihnen auch Jurij Panow, wurden in ein Krankenhaus gebracht. »Ich war ja noch jung. Zwar abgemagert, mit Hungerödemen, erfrorenen Zehen und Fingern – aber noch am Leben.«

Nachdem sich Jurij Panow einigermaßen erholt hatte, wurde er in ein anderes Lager gebracht, einen riesigen Fabrikkomplex in der Nähe von Bratsk, wo es viele verschiedene Werkstätten gab: Schmieden, Schlossereien, Gießereien, Tischlereien, mechanische Werkstätten und eine Malerwerkstatt. Dort wurden Anstreicherarbeiten, aber auch sogenannte künstlerische Arbeiten – Plakate, Propagandalosungen, Wandgemälde – ausgeführt. Hier kam Jurij Panow unter. Schließlich hatte er ja gerichtlich bestätigt bekommen, daß er zeichnen konnte.

»Die Tatsache, daß ich zeichnen konnte, hat mir das Leben gerettet. Wer mit der Axt oder der Brechstange arbeiten mußte, der ist umgekommen. Am Leben geblieben sind im Lager diejenigen, die mit dem Bleistift, dem Füllfederhalter oder dem Pinsel hantierten: Buchhalter, Ingenieure oder Künstler wie ich, die Losungen und Plakate gemalt haben. Alle anderen waren bald unter der Erde.«

Im Verlauf unseres langen Gesprächs zieht Jurij Panow immer wieder Vergleiche mit Deutschland, sagt einzelne Wörter oder ganze Sätze in deutscher Sprache. Er hat sie als Kind in der Ukraine von seinem Vater gelernt und später von deutschen Mithäftlingen im Lager.

»In der Konsequenz«, sagt Jurij Panow, »haben sich die russischen Lager nicht von den deutschen unterschieden. In allen wurden Menschen vernichtet. Kommunismus und Faschismus – das ist doch letztlich ein und dasselbe.«

Dennoch habe es einen gewaltigen Unterschied zwischen den Lagersystemen in Deutschland und der Sowjetunion gegeben. Bei den Deutschen sei alles klar gewesen: »Deutschland, Deutschland über alles!« Jurij Panow sagt es auf deutsch. »Den Rest hat man ausgerottet, die Juden, die Zigeuner. Bei den Deutschen war alles zynisch, menschenverachtend, aber offen und ehrlich. Bei uns hingegen war alles verlogen. Man behauptete, daß die Lager nicht der Vernichtung dienten, sondern der Erziehung zur Arbeit, der Umerziehung. Und tatsächlich gab es in manchen Lagern bei uns auch Theatergruppen, die wir übrigens ›Leibeigenentheater‹ nannten, Musikensembles, Malerzirkel, mit deren Hilfe die Häftlinge umerzogen werden sollten. Und einige Aufseher und Lagerleiter nahmen die Idee der Umerziehung auch tatsächlich ernst. So etwas gab es in Deutschland nicht. Aber auch bei uns war das nur in einigen wenigen Lagern der Fall, in großen Industriebetrieben, die gelegentlich von hohen Führern aus Moskau besucht wurden. In den meisten anderen aber war davon keine Rede. Schon gar nicht im Bergwerk oder beim Holzfällen.«

Gab es denn, fragen wir Jurij Panow, in den russischen Lagern während des Krieges und nach dem Krieg einen Unterschied in der Behandlung der Häftlinge?

»O ja«, sagt Jurij Panow, »einen gewaltigen. Während des Krieges war das Regime im Lager nicht so streng wie nach dem Krieg. Die Lagerverwalter und Aufseher hatten Angst, daß die Deutschen siegen könnten und sie dann zur Verantwortung gezogen würden. Als die Deutsche Wehrmacht gegen Stalingrad vorrückte, haben uns unsere Aufseher in vertraulichem Kreis gesagt: Männer, macht euch keine Sorgen, bald wird euch Hitler befreien. Aber als die Deutschen bei Stalingrad geschlagen waren und abzogen, fing man an, die Schraube fester anzuziehen. Wir haben dennoch nicht aufgehört zu hoffen, daß der Krieg bald zu Ende ist. Nicht weil wir wollten, daß die Faschisten siegen, sondern weil wir glaubten, daß wir nur wegen des Krieges im Lager seien, sozusagen als unsichere Kandidaten, die man in schwierigen Zeiten besser wegschließt. Und als der Krieg zu Ende war, haben wir uns alle gefreut. Doch da kamen die Aufseher und sagten: Ach, schaut mal an, die Faschisten. Ihr habt darauf gewartet, daß euch Hitler befreit. Auf Hitler habt ihr gehofft, daß er die Sowjetmacht stürzt. Jetzt werden wir's euch zeigen. Und dann wurde es in der Tat immer schlimmer, das Regime immer härter.«

Und statt sich zu leeren, so Jurij Panow, füllten sich die Lager immer mehr. Mit russischen Soldaten, die in deutsche Kriegsgefangenschaft geraten waren, dort wie durch ein Wunder überlebt hatten und nun als Vaterlandsverräter gebrandmarkt wurden; mit Kosaken, die aktiv gegen die Sowjetarmee gekämpft hatten; aber auch mit Zivilisten, die das Unglück gehabt hatten, in von der Wehrmacht besetzten Gebieten zu wohnen und nun als Kollaborateure der Faschisten galten; auch immer mehr Frauen wurden in die Lager gesperrt. An eine von ihnen erinnert sich Jurij Panow besonders genau. Er hat sie 1946 am Zaun kennengelernt, der das Männerlager vom Frauenlager trennte. Sie hieß Lara, war 21 Jahre alt und hatte während des Krieges auf der Krim für die Deutschen als Übersetzerin gearbeitet. Dafür hatte sie 25 Jahre Zwangsarbeit erhalten. Jurij Panow hat Lara gemalt, im Lager, heimlich. Es gelang ihm, das Bild durch alle Kontrollen aus dem Lager zu schmuggeln; heute liegt es in der Mappe mit seinen Zeichnungen, die ihn vor Gericht und nach Sibirien brachten. Durch einen Stacheldrahtzaun ist das melancholische, zarte Gesicht eines schwarzhaarigen Mädchens mit großen braunen Augen zu sehen, dahinter ein Wachturm und Baracken. Kurz nachdem Jurij Panow dieses Porträt fertiggestellt hatte, wurde Lara abtransportiert, nach Kolyma. Er hat sie nie wiedergesehen, nie wieder etwas von ihr gehört.

Im Juni 1951 hatte Jurij Panow seine Frist, wie die Lagerstrafe im Russischen genannt wird, abgesessen. Zehn Jahre! Jetzt, so dachte er, sei er endlich frei, und es beginne ein herrliches Leben. Doch als er beim Lagerkommandanten seinen Entlassungsschein abholen wollte, erlebte er eine böse Überraschung. Sag einmal, fragte ihn der Lagerkommandant, hat dich die Sowjetmacht gekränkt? Na klar, antwortete Jurij Panow voller Vorfreude auf die Abreise, sie hat mir meine Jugend gestohlen, für nichts und wieder nichts. So, so, sagte der Lagerkommandant, die große Sowjetmacht hat dich also gekränkt! Dich Stück Dreck! Und dann brüllte er los: »Also, aus dem Lager kommst du, aber nach Hause, nach Europa, darfst du nicht! Offenbar haben sie dich im Lager noch nicht genug gequält! Also, ab mit dir, noch weiter nach Sibirien, an den Baikal!« Wieder zum Holzfällen oder zum Kraftwerkbau an die Angara.

Für Jurij Panow war dies noch schlimmer als die erste Verurteilung. Denn seine ganze Hoffnung hatte auf der Zeit nach dem Lager beruht, dem Leben, das er mit 29 Jahren beginnen würde, in Freiheit und mit tollen Mädchen.

»Für mich war es schrecklich! Es brach eine Welt zusammen, und ich litt mehr als im Lager. Denn dort hatte ich als Maler, als Künstler gearbeitet, dort saßen auch Schriftsteller und andere Intellektuelle, dort bin ich weder körperlich noch geistig kaputtgegangen. Doch nun kam ich zu den Arbeitskolonnen, in denen lauter Kriminelle waren, kriegte erneut eine Axt in die Hand gedrückt, ›und los‹! Dazu der blanke Hohn der Brigadiere: Jetzt arbeitest du hier als freier Mann. Aber woanders darfst du nicht hin. Und ich dachte: O Mama, jetzt geht das Ganze noch mal los. Und keinerlei Hoffnung. Denn auf dem Entlassungsschein stand: ›Ewige Ansiedlung in Sibirien‹. Verbannung auf Lebenszeit nannte man das. Als erste Phase waren 25 Jahre Strafarbeit vorgesehen, Katorga, wobei man sich einmal wöchentlich beim Kommandanten des Ortes melden mußte. Und falls man die Katorga überlebte, konnte man sich als freier Ex-Sträfling in Sibirien begraben lassen. Eine andere Hoffnung gab es nicht – außer einer: daß Stalin vielleicht doch irgendwann einmal sterben würde. Als Stalin dann tatsächlich starb, am 5. März 1953, haben in Moskau alle geweint. Bei uns hat niemand geweint. Wir haben vor Freude getanzt.«

Doch freigekommen ist Jurij Panow auch nach dem Tod Stalins noch nicht, sondern erst drei Jahre später: nachdem Nikita Chruschtschow 1956 in seiner großen Geheimrede die Verbrechen Stalins angeprangert und die Freilassung aller politischen Gefangenen verfügt hatte. Auch Jurij Panow wurde 1956 rehabilitiert und erhielt das Recht, Sibirien als freier Mann zu verlassen. Dennoch blieb er.

»Warum«, fragen wir, »sind Sie nicht weggefahren?«

»Ich bin weggefahren. In die Ukraine, wo ich geboren bin, und nach Kirgisien. Aber überall, wo ich hinkam, hieß es sofort: Aha, ein Verbannter, ein ehemaliger Sträfling, ein Feind des Volkes. Egal ob ich rehabilitiert war oder nicht. Nirgends habe ich Arbeit bekommen, nicht einmal im dörflichen Kulturhaus. Politisch unzuverlässig, lautete das Schlagwort. Aber hier in Sibirien fragt dich keiner: Hast du gesessen? Warst du im Gefängnis, im Lager? Hier stammen doch alle irgendwie von Verbannten oder Sträflingen ab. Und viele sind, oft zu Recht, sogar stolz darauf. Hier in Sibirien fragt man nur: Was kannst du? Machst du deine Sache gut? Aber niemand fragt: Was liegt hinter dir?«

Also ging Jurij Panow wieder zurück nach Sibirien. »Wer das Lager überlebt hat, der läßt sich nicht mehr so leicht unterkriegen.« Er arbeitete zunächst als Forstgehilfe, belegte Abendkurse, absolvierte das Technikum, wurde Agraringenieur mit dem Spezialgebiet Holzwirtschaft. Dann baute er sich ein Haus, heiratete und kaufte sich eine Flinte. In dieser Reihenfolge jedenfalls hat er es uns erzählt. Und die ganze Zeit malte er. Losungen und Propagandaplakate zum Verkauf an die Behörden, Ölbilder und Aquarelle mit Landschaftsmotiven, Stillleben und Porträts zum Vergnügen. Dann begann er zu schnitzen – »Mit Holz konnte ich ja umgehen ...« – und in Irkutsk alte Holzhäuser zu restaurieren. Und als er genug Geld zusammenhatte, kaufte er eines der schönsten alten Irkutsker Häuser, zerlegte es und baute es an der Stelle wieder auf, von der er geträumt hatte, seit er das erste Mal als Verbannter am Baikalsee war: am Ufer der Angara, dort, wo der Fluß den See verläßt und der Schamanenstein aus dem Wasser ragt, den einst der zornige Vater Baikal seiner ungetreuen Tochter Angara hinterhergeschleudert hatte.

»Der Baikal ist für mich alles. Immer wenn ein Jahr vorüber ist, versuche ich mich zu erinnern: Was war in diesem Jahr wichtig? Und das einzige, was jedes Jahr wirklich im Gedächtnis bleibt, ist die Zeit, die ich mit dem Boot oder dem Schlitten auf dem Baikal verbracht habe – mit Angeln, Jagen und Zeichnen.«

»Aber was ist für Sie das Besondere am Baikal?«

»Zunächst einmal: Es gibt hier nur wenig Menschen. Aber dafür wilde, unberührte Natur. Stürme, das Meer, die Berge, die Taiga. Du siehst die Schönheit dieser Natur und fühlst ihre Gewalt. Und wirst als Mensch ganz demütig. Sicher, auch ein paar Touristen kommen hierher, sogar aus Deutschland, aber das zählt kaum. Das Entscheidende ist: Hier gibt es keine Zivilisation, dafür aber Freiheit, völlige Freiheit.«

Erst kürzlich hat Jurij Panow wieder seine Heimat besucht, die Ukraine. Aber nur, um sich endgültig von ihr zu verabschieden.

»Dort ist mir alles fremd geworden, vor allem dieser immer schlimmer werdende Nationalismus. Unser großer russischer Dichter Konstantin Paustowskij hat zwar einmal geschrieben: ›Ohne Heimat kannst du ebensowenig leben wie ohne Herz‹, aber damit bin ich nicht einverstanden, das sehe ich ganz anders. Sicher, ich bin dort geboren und aufgewachsen. Aber das ist auch schon alles. Heute ist meine Heimat Sibirien. Wie viele haben Rußland verlassen, als Emigranten, freiwillig und unfreiwillig! Sie leben in Deutschland, in Frankreich, in Israel, in vielen anderen Ländern. Na und? Die Schriftsteller unter ihnen schreiben dort, die Maler malen dort, die Musiker musizieren. Es ist eine Erfindung des Nationalpatriotismus, daß du ohne Heimat umkommst, verloren bist. Alles Quatsch! Wenn du Hände hast, mit denen du etwas machen kannst, und einen Verstand, dann kommst du auch ohne Heimat durchs Leben. Ich bin Kosmopolit, meine Heimat ist die Erdkugel.«

An dieser Stelle macht Jurij Panow eine Pause, hält sich die Hand vor den Mund und lacht. »Aber wenn ich ganz ehrlich bin, in Amerika möchte ich um Himmels willen nicht leben. Diese Geschäftigkeit dort, bei der sich alles nur ums Geld dreht! Money, money, money …« Die letzten drei Wörter sagt Jurij Panow auf englisch und schüttelt sich dabei. Und dann kommt er ins Grübeln und meint, wenn er so richtig nachdenke, sei das mit der Heimat und den Orten, an denen der Mensch leben möchte, vielleicht doch ein wenig komplizierter. Er zum Beispiel habe einen Freund aus Deutschland, der ihn gelegentlich besuche. Dem habe er einmal erzählt, wie sehr er die Deutschen bewundere, ihre Ordnung, ihren Fleiß, ihre Pünktlichkeit – und wie sie ihr zerstörtes Land nach dem Krieg wieder aus der Asche aufgebaut haben. Darauf habe der deutsche Freund gesagt: »Und ich beneide euch. Ihr Russen seid freie Menschen. Wenn ihr arbeiten wollt, arbeitet ihr, wenn ihr Wodka trinken wollt, trinkt ihr Wodka.« – »Aber du hast einen Jeep«, entgegnete Jurij Panow, »und einen Mercedes, und du reist, wohin du willst. Ich reise nirgendwohin, weil ich es mir nicht leisten kann.« Doch auch dies hat den deutschen Freund nicht beeindruckt. »Über euch Russen hängt nicht dieser ewige Druck, morgens aufstehen, schnell zur Arbeit, immer schnell, schnell. Wenn ein Freund zu Besuch kommt, sagt ihr: Ich gehe heute überhaupt nicht zur Arbeit, heute werden wir feiern.«

Jurij Panow schaut mir unverwandt in die Augen. »Es ist schon komisch: Ihr beneidet uns, weil wir zwar schlecht, aber ungezwungen leben, und wir beneiden euch, weil ihr so gut lebt und so viel arbeitet. Das verstehe, wer will.«

Als seine wichtigste künstlerische Arbeit betrachtet Jurij Panow die Skulpturengruppe, die er vor seinem Haus aufgestellt hat – aus Platzgründen und als Demonstration. Er hat ihr den Titel gegeben: »Den Opfern des

Terrors«. Im Jahr 1986, zu Beginn der Gorbatschow-Ära, hat er mit der Arbeit an diesen gewaltigen Stelen begonnen. Sie zeigen Symbole des Terrors, Täter und Opfer aus zwei Jahrtausenden. Jede ist aus einem einzigen Baumstamm gefertigt. Ein Mahnmal, zu dem sich Jurij Panow als Überlebender des Terrors verpflichtet fühlte. »Der Terror«, so sagt er, »begann vor 2000 Jahren, mit dem Entstehen der Weltreligionen. Seither bringen sich die Menschen im Namen der Religion oder aus Gründen der Ideologie um. Als sich das Christentum über die Erde ausbreitete, hat es allen das Heil, die Erlösung, Brüderlichkeit, Nächstenliebe und Abschaffung der Sklaverei versprochen. Später hat der Kommunismus das gleiche versprochen. Im Namen des Christentums wurden die Menschen umgebracht und im Namen des Kommunismus. Das wollte ich zeigen.«

Die Dorfbewohner haben sich für die Skulpturen des Jurij Panow, wie er erzählt, kaum interessiert. »Die Menschen verhalten sich neutral, um nicht zu sagen: gleichgültig.« Aufmerksamkeit erregen seine Arbeiten bei Touristen, die sich nach Bolschaja Retschka verirren, und bei Intellektuellen aus Irkutsk oder Moskau, die inzwischen von Jurij Panow gehört haben. In Sibirien hat noch keine Zeitung über ihn geschrieben, wohl aber in Europa, in Moskau. Nach der Wende hatten die Irkutsker Korrespondenten der inzwischen unabhängigen und angesehenen Moskauer Zeitung »Iswestija« über Jurij Panows Leben und Arbeit berichtet, die auch seine Zeichnungen im Moskauer KGB-Archiv gefunden hatten. Die Reaktionen auf diesen Artikel waren heftig. Jurij Panow erhielt viele böse Briefe, die er ebenfalls alle in der abgewetzten Mappe mit den Zeichnungen aufbewahrt. »Du bist ein Faschist, den man vergessen hat auszurotten«, ist da zu lesen. »Wir erschlagen dich« und

»Stalin war gut, Lenin war gut, aber du bist ein Vaterlandsverräter«. Manche schickten Jurij Panow sein Porträtfoto, das die »Iswestija« abgedruckt hatte; auf einigen dieser Zeitungsausschnitte ist auf seine Stirn ein Hakenkreuz gemalt, auf anderen trägt er einen Judenstern. »Es wird noch Generationen dauern«, sagt er mit Bitterkeit, »bis die Leute verstehen, was der Kommunismus ihnen und diesem Land angetan hat.«

Er selbst ist glücklich über die Wende in Rußland. »Ich kann heute frei mit jedem reden, sogar mit Ihnen als Ausländer. Früher mußtest du bei jedem Wort überlegen, was du riskierst. Aber heute sage ich zu jedem, was ich denke, auch über ihn selbst und über diejenigen, die an der Macht sind. Früher wäre am nächsten Tag ein schwarzes Auto gekommen und hätte mich abgeholt: wegen antisowjetischer Agitation, Kritik an der Partei oder weiß der Teufel was. Verschwunden wäre ich und vielleicht nie wieder aufgetaucht. Können Sie verstehen, was es bedeutet, sagen zu können, was man denkt, und dabei keine Angst mehr zu haben? In Rußland zu leben, ohne Angst – und ehrlich sein zu können? Doch die meisten einfachen Leute bei uns haben mit Demokratie und Meinungsfreiheit nichts am Hut. Sie brauchen das nicht. Was sie brauchen, ist Brot, sagen sie. Jelzin ist schlecht sagen sie, unter kommunistischer Herrschaft war alles besser. Dabei vergessen sie selbst die Dinge, die ihr alltägliches Leben bestimmt haben: die Schlangen vor den Geschäften, die leeren Läden.«

Was Jurij Panow Sorgen bereitet, ist der vehement aufkeimende russische Nationalpatriotismus. »Als ob wir die Größten wären! Rußland, Rußland, über alles …!« Wohin dies führe, habe man ja am Beispiel Hitlerdeutschlands gesehen und auch am Beispiel der Sowjetunion. Er hoffe nur, daß diese Leute nie die Macht in

Rußland übernehmen. Sie seien engstirnig und verbohrt. Wie sein Nachbar Kolja zum Beispiel. »Ein schrecklicher Nationalpatriot. Jedesmal wenn wir zusammen trinken, bekommen wir Krach.«

Und noch etwas stört Jurij Panow an den veränderten Verhältnissen: die Neuen Russen. Sie, so meint er, nehmen sich noch viel mehr heraus als früher die Parteibonzen, und gegen sie könne man sich noch weniger wehren als gegen die alte Nomenklatura. Mit ihrem Geld würden sie sich einfach alles kaufen: jeden Politiker, jeden Richter, jegliche Privilegien. So hätte sich einer dieser Neuen Russen unmittelbar vor seiner Nase, am Uferhang der Angara eine Datscha hingebaut – und dies, obwohl es nach dem Gesetz über den Gewässerschutz am Baikalsee streng verboten sei. Nun sei ihm der Blick auf seinen geliebten Fluß fast gänzlich verstellt, und es gebe keine Institution, bei der er sich auch nur mit dem Hauch einer Erfolgschance beschweren könnte. Die örtlichen Behörden seien sowieso alle korrupt, und zum Prozessieren fehle ihm das Geld. Ganz abgesehen davon, daß er dann befürchten müßte, aus nicht aufzuklärenden Gründen könnte plötzlich sein eigenes Haus brennen. Beispiele dafür gebe es schließlich genug. Aber, so Jurij Panow, es wäre ja auch zu schön, wenn in Rußland von einem Tag auf den anderen alles paradiesisch wäre. Es brauche eben seine Zeit, bis die Menschen lernen, die Gesetze zu beachten. »Wann in unserer Geschichte haben wir schon soviel Freiheit gehabt wie heute?« Er jedenfalls sei dankbar, daß er all dies noch erleben dürfe. »Und die Nationalpatrioten und die Neuen Russen, die holt vielleicht doch einmal der Teufel.«

Wir wünschen Jurij Panow, daß sein Wunsch in Erfüllung gehen möge. Als wir ihm das zum Abschied sagen, strahlt er übers ganze Gesicht.

DIE VERGESSENEN VON SEWEROBAIKALSK

Das Bahnhofsgebäude ist nicht einmal zehn Jahre alt und erinnert an einen protestantischen Kirchenneubau in Norddeutschland. Oder an eine Skischanze. Vom Turm mit der Bahnhofsuhr senkt sich das Dach in steilem Schwung in die Tiefe. Am untersten Punkt der Kurve ragt es noch einige Meter waagerecht über die Gebäudewand hinaus und bricht dann unvermittelt ab. Die Ähnlichkeit mit einer Skischanze, so erfahren wir bald, ist gewollt. Der Bürgermeister, unter dessen Ägide zu Sowjetzeiten der Bahnhof gebaut wurde, war ein »Meister des Sports«. Seine Disziplin: Skispringen. Er ist noch immer der Bürgermeister von Sewerobaikalsk.

Der Ort Sewerobaikalsk liegt an der Nordspitze des Baikalsees und ist die wichtigste Station der Baikal-Amur-Magistrale, auf russisch BAM genannt. Sie verbindet das nördliche Baikalgebiet mit dem rund 3000 Kilometer östlich gelegenen Ort Komsomolsk am Amur und gilt als das größte Bauprojekt, das seit der Oktoberrevolution auf russischem Boden realisiert wurde. Erste Überlegungen zum Bau dieser Eisenbahnlinie hatte es bereits zur Zarenzeit gegeben, erste Teilstücke waren noch von Stalin in Angriff genommen worden – unter Einsatz Hunderttausender von Häftlingen. Verfallene Lager und Massengräber entlang einiger Streckenabschnitte zeugen heute noch davon. Die BAM, so sagen die Menschen in Sibirien, ist auf Knochen gebaut.

Der offizielle Baubeginn wird mit dem Jahr 1974 angegeben. Im Hafen von Sewerobaikalsk, von wo aus sich die Bahnstrecke unmittelbar am Ufer des Baikalsees hinzieht, steht ein kleiner, in der Form eines Zeltes gestalteter Obelisk mit der Inschrift: »Heil dem ersten Arbeiter der BAM. An dieser Stelle ging am 23. Juli 1974 der erste Tunnelbauer an Land.«

Die Gründe für den Bau der BAM waren zunächst militärische. Man wollte eine Alternative zu der einige hundert Kilometer südlich, in unmittelbarer Nähe der chinesischen Grenze verlaufenden Transsibirischen Eisenbahn haben. Zugleich sollte diese Linie der Erschließung der Reichtümer des östlichen Sibiriens dienen und die Region entlang des Schienenstrangs in blühende Landschaften verwandeln. Zehn Millionenstädte sollten an dieser Strecke entstehen, Modelle sozialistischer Urbanität. Mit einer gewaltigen Propagandakampagne wurden in der gesamten Sowjetunion Freiwillige für den Bau der BAM angeworben, vor allem unter den Komsomolzen, den Angehörigen der Jugendorganisation der Kommunistischen Partei. Und sie kamen in Massen. Viele voller Euphorie und Idealismus, aber auch angelockt von den Löhnen, die mehr als doppelt so hoch waren als auf anderen Baustellen der Sowjetunion. Nach ihrer Rückkehr, so wurde ihnen versprochen, würden die jungen Leute eine eigene Wohnung und ein eigenes Auto erhalten. Sollten sie in Sibirien bleiben wollen, so hieß es, würden sie in den neuen Städten entlang der BAM Arbeit und Unterkunft finden.

Auch Maxims Vater, ein Ingenieur, der schon beim Bau der Leningrader Metro mitgearbeitet hatte, kam nach Sewerobaikalsk. Den Ort hatte es vorher nicht gegeben, nur ein paar Ewenken hatten hier gelegentlich ihre Jurten aufgeschlagen. Die Bahnbauer, Helden der sozialistischen Arbeit, wie sie genannt wurden, lebten zunächst in Zelten, dann in Eisenbahnwaggons. Später wurde mit der Errichtung der von Leningrader Architekten entworfenen Stadt begonnen. Fünfstöckige Wohnblocks wurden symmetrisch entlang einer gewaltigen Magistrale hochgezogen, die vom Bahnhof direkt in die Taiga führt und dort irgendwo im Nichts endet.

Der Bahnbau erwies sich als weit schwieriger als angenommen. Der Schienenstrang führt durch das Gebiet des Permafrostes und zudem durch eine extrem erdbebengefährdete Zone. Mehr als 4000 Brücken und Viadukte mußten errichtet und dreißig Tunnel in die Felsen der sibirischen Gebirgsketten gesprengt werden. Ständige Erdrutsche, Verwerfungen, Tunneleinbrüche und zusammenstürzende Brücken forderten unzählige Menschenleben, und statt der Millionenstädte wurden meist nur Barackensiedlungen gebaut, die inzwischen längst wieder zerfallen. Selbst Sewerobaikalsk, die wichtigste Stadt entlang der BAM, zählt heute nur 35 000 Einwohner. Statt im Zehn-Minuten-Takt, wie einst geplant, verkehren heute nur mehr ein oder zwei Passagierzüge pro Tag. Güterzüge fahren nur noch nachts, weil tagsüber meist die Strecke repariert werden muß. Das jedenfalls erzählt uns der Bürgermeister von Sewerobaikalsk; und er erklärt auch, warum das Gleisbett ständig repariert werden muß. »Das Streckenprofil ist schwierig, und beim Bau ist geschlampt worden.«

Wladimir Badrow hat uns in seinem gewaltigen Arbeitszimmer im Rathaus von Sewerobaikalsk empfangen. Es ist mit schweren, dunklen Ledermöbeln ausgestattet, auf dem Konferenztisch aus massiver Eiche stehen zwei gekreuzte Fähnchen, ein russisches und ein deutsches. Wladimir Badrow ist gelernter Bauingenieur und 1974 als einer der ersten hierhergekommen, aus Ulan-Ude, der Hauptstadt der Burjatischen Republik, zu der auch Sewerobaikalsk gehört. Karriere hat er, so heißt es in der Stadt, vor allem dank der Kommunistischen Partei gemacht, doch die politische Wende im Land hat er unbeschadet überstanden. Bei den letzten Kommunalwahlen ist er ganz demokratisch ins Amt gewählt worden, allerdings mit gewaltiger Rückendeckung der gesamten Administration und der lokalen Presse, in der immer noch dieselben Seilschaften aktiv sind wie zu Sowjetzeiten. Doch im Gegensatz zu sowjetischen Gepflogenheiten redet er heute ganz offen über die Probleme der Stadt.

»Der Bau der BAM«, so Wladimir Badrow, »war sicher eine gute Idee, auch wenn ihr strategischer Nutzen heute eher von untergeordneter Bedeutung ist, da sich die Beziehungen zu China doch deutlich verbessert haben. Aber die Erschließung der natürlichen Ressourcen Ostsibiriens wäre ohne die BAM gar nicht denkbar.«

Allein in der Region um den nördlichen Baikalsee gibt es unendliche Vorkommen an Eisenerz, Blei, Zink, Asbest und auch Gold. Man bräuchte die Erze eigentlich nur auszugraben und in die Waggons zu verladen, meint Badrow, doch genau da liege das Problem: »Die meisten Gruben in Ostsibirien sind hoffnungslos veraltet, arbeiten unrentabel und können auf dem Weltmarkt nicht konkurrieren. Und auch das edelste aller Erze, das Gold, ist kaum noch etwas wert, seit die Preise dafür in der ganzen Welt drastisch gesunken sind.« Hinzu komme, daß seit Einführung der Marktwirtschaft in Rußland die Preise für die Eisenbahntransporte um ein Vielfaches gestiegen seien. Das Ganze, so Wladimir Badrow, sei ein Teufelskreis. Die Gruben würden immer weniger produzieren, da sie immer weniger verkaufen könnten. Also gehe auch das Frachtaufkommen bei der Eisenbahn ständig zurück. Das aber bedeute, daß immer weniger Züge fahren, immer mehr Zulieferbetriebe der Eisenbahn bedeutungslos und immer mehr Menschen arbeitslos würden. Ganz Sewerobaikalsk hänge an der Eisenbahn, und wenn es mit der bergab gehe, gehe es auch mit der Stadt und ihren Menschen bergab. Die Eisenbahnverwaltung entlasse immer mehr Mitarbeiter, immer mehr Transportagenturen würden geschlossen. Nur noch zwei kleine Fabriken, so Badrow, arbeiten in der Stadt: ein Betrieb, der Baikalwasser als Mineralwasser in Flaschen abfüllt, und ein Holzverarbeitungsbetrieb. Doch auch mit der Holzbearbeitung im Raum Sewerobaikalsk und in ganz Ostsibirien sei es nicht mehr weit her. Das meiste Holz werde heute unbearbeitet nach China exportiert, wo die Löhne noch niedriger wären und die Holzbearbeitung noch preisgünstiger.

»Die Arbeitslosigkeit«, erklärt Wladimir Badrow, »ist unser Schlüsselproblem.« Wobei die »perverse Situation« entstanden sei, daß es manchen Arbeitslosen sogar bessergehe als denen, die noch Arbeit haben, aber oft fünf bis sechs Monate auf ihren Lohn warten müßten. »Denn die Arbeitslosen bekommen ihre kleine staatliche Unterstützung wenigstens regelmäßig, während diejenigen, die arbeiten, oft ihr ganzes Hab und Gut verkaufen müssen, um die Familien einigermaßen ernähren zu können. Das verbreitet Kälte unter den Menschen.«

Wladimir Badrow bemüht sich, private Investoren zu finden, die sich bei der Modernisierung der Gruben und der Erschließung neuer Lagerstätten engagieren, um so auch die Bahnlinie wiederbeleben zu können. Und er hofft auf ausländische Tourismusunternehmen, die vielleicht die Attraktivität der warmen Heilquellen und die wunderbare Landschaft rund um den nördlichen Baikalsee in ihre Angebote aufnehmen könnten. »Doch nicht ein einziger ernstzunehmender Interessent hat sich bislang gefunden. Die Lage in Rußland ist politisch und wirtschaftlich einfach viel zu unsicher.«

Dabei, so der Bürgermeister, könne man durchaus auch stolz sein auf das, was hier geschaffen worden sei. »Hier gab es doch einstmals nur Taiga, keinen Weg, keinen Steg, nur Bären und Beeren.« Sicher, das mit den Millionenstädten, das sei eine propagandistische Übertreibung gewesen. Aber die Bahnlinie sei ein Wunderwerk der Ingenieurtechnik, und auch die Stadt Sewerobaikalsk, selbst wenn sie wohl nicht mehr über 35 000 Einwohner hinauswachse, habe durchaus ihre angenehmen Seiten. Vor allem der Bahnhof, und dabei lächelt Wladimir Badrow fein, sei architektonisch bemerkenswert. Dabei habe jede Eisenbahnschwelle, jeder Ziegelstein, jeder Sack Zement, jeder Nagel, jede Reißzwecke über Hunderte oder gar Tausende von Kilometern durch die Luft oder über den Baikal herangeschafft werden müssen. Im Sommer mit riesigen Lastkähnen von Irkutsk oder Port Baikal über den See in den Hafen von Sewerobaikalsk, den man auch erst einmal bauen mußte, im Winter über das Eis des Baikal, wobei viele Lastwagen im See versunken wären. Der Grund des Baikalsees, so Wladimir Badrow, sei ein »Lastwagenfriedhof«. Besonders viele Lastwagen vom Typ Magirus-Deutz lägen dort, sie seien die wichtigsten Helfer beim Bau der BAM gewesen. »Ohne die Magirus-Deutz hätten wir die BAM nie gebaut.« Sie seien die einzigen Lastfahrzeuge, die den harten Anforderungen des kalten sibirischen Winters standgehalten hätten und selbst bei Temperaturen von unter minus 40 Grad ihren Dienst nicht versagten. Solange die russischen und burjatischen Fahrer jedenfalls den Spiritus, der bei besonders niedrigen Temperaturen in die Bremsflüssigkeit gekippt werden mußte, nicht anderweitig verwendeten. Wenn er heute jedoch sehe, daß der Hafen von Sewerobaikalsk praktisch leerstehe und den schönen Bahnhof nur noch wenige Züge täglich passieren, so tue ihm das in der Seele weh. »Aber wer hat denn ahnen können, daß es mit der Sowjetunion so enden, daß einmal alles so zusammenkrachen werde.«

Trotz der Arbeitslosigkeit und der fehlenden Steuereinnahmen bemüht sich Wladimir Badrow um ein hohes kulturelles Niveau in der Stadt. »Hier leben ja viele Spezialisten und Menschen mit Hochschulbildung, das muß man nutzen.« So habe man bisher weder – wie in so vielen anderen russischen Städten – das Kulturhaus geschlossen noch die Zahl der Schulen und Kindergärten reduziert. Im Gegenteil: Erst unlängst sei eine neue Schule eingeweiht worden, deren Unterrichtsschwerpunkt die Kunsterziehung sei. Auch das städtische Krankenhaus arbeite noch. Die Feuerwehr allerdings könne nur in den allerdringendsten Fällen ausrücken, da sie kein Geld für Benzin mehr habe. Wie alles weitergehen soll, weiß allerdings auch Wladimir Badrow nicht. »Als Realisten können wir nur auf ein Wunder hoffen.«

Ein Thema scheint für den Bürgermeister ein ausgesprochenes Reizthema zu sein, die Frage nach dem Umweltschutz. Beim Bau der BAM, so hatten wir gelesen, hat man auf die Umwelt kaum Rücksicht genommen, und auch heute sei es in Sewerobaikalsk um den Umweltschutz nicht allzu gut bestellt. Auf unsere entsprechende Frage poltert Wladimir Badrow los:

»Was heißt hier, ›man hat kaum Rücksicht genommen‹? Da, wo der Mensch sich breitmacht, gibt es natürlich Umweltschäden. Um so mehr bei einem solchen Jahrhundertprojekt wie der BAM. Das ist bedauerlich, doch damit muß man leben. Natürlich kann man sich fragen, ob man überhaupt Abwässer in den Baikal schütten darf. Aber nun haben wir hier mal eine Stadt, und in dieser Stadt leben Menschen und arbeiten Betriebe. Also entstehen auch Abwässer. Zugegeben, lange Zeit sind die einfach so in den Baikal geflossen. Doch inzwischen haben wir mit finanzieller Unterstützung und fachlicher Beratung der Unesco und anderer internationaler Organisationen eine Kläranlage mit dreifachem Filtersystem gebaut und das Problem der städtischen Abwässer weitgehend entschärft.« Anders allerdings sei es mit den Abwässern der Kolchosen in der Umgebung. »Da sieht es zum Teil noch schlimm aus.«

Und auch die Luftverschmutzung habe man noch nicht vollständig im Griff. Trotz neuer Filteranlagen komme aus dem hohen Schornstein des städtischen Elektrizitätswerks nach wie vor viel Rauch. »Dabei dürfte Rauch am Baikal überhaupt nicht sein.« Aber was, bitte schön, solle man denn machen? Die Menschen in der Stadt bräuchten doch Strom und Wärme. Die einzige Hoffnung sei, daß Sewerobaikalsk irgendwann an das Elektrizitätsnetz von Irkutsk angeschlossen werde, dann könne man das eigene kleine Kraftwerk stillegen. Aber dafür hätte im Moment niemand das Geld. »Vielleicht klappt es ja im nächsten Jahrtausend.« Und im übrigen, so fügt der Bürgermeister nach einer Pause hinzu: Wenn die Unesco den Baikalsee schon zum Weltnaturerbe erklärt hat, dann bedeute dies doch auch, daß sich die ganze Menschheit dem Schutz dieses einmaligen Naturphänomens verpflichtet fühlen müßte. Rußland allein sei damit überfordert, in seiner jetzigen Situation jedenfalls.

Ob es für seine Stadt vielleicht vorteilhafter gewesen wäre, so fragen wir den Bürgermeister ein wenig provozierend, wenn der Baikalsee von der Unesco nicht zum Weltnaturerbe deklariert und damit ein besonderer Schutz nötig geworden wäre?

Wladimir Badrow antwortet diplomatisch. Natürlich sei der Schutz der Umwelt ein hohes Gut. Das habe man inzwischen auch in Sibirien verstanden, wo man, zugegebenermaßen, jahrzehntelang ziemlich gedankenlos und verschwenderisch mit den Reichtümern der Natur umgegangen sei. Aber längst noch nicht alle seien bereit, dafür auch den entsprechenden Preis zu zahlen, Rücksicht zu nehmen auf die empfindliche Umwelt und Abschied von alten Gewohnheiten – etwa die leeren Wodkaflaschen einfach in der Taiga liegenzulassen oder in den See zu werfen, die Abfälle hinters Haus zu kippen und das alte Motorenöl in den Ufersand oder auf die Straße laufen zu lassen. Hier sei noch viel Überzeugungsarbeit zu leisten, und es reiche sicher nicht, nur Schilder aufzustellen, wie wir sie am Ufer des Sees gesehen hätten: »Menschen, schützt den Baikal!« Doch für eine wirklich intensive Bildungs- und Aufklärungsarbeit fehle der Stadt das Geld, und im übrigen seien dies auch Erziehungsprobleme, die man nicht so einfach von einer Generation zur anderen lösen könne.

Er als Bürgermeister habe sich zunächst um die elementarsten Bedürfnisse der Bevölkerung zu kümmern. Und da gebe es neben der Arbeitslosigkeit noch ein anderes ganz dringliches Problem – die Wohnungsnot. Sicher, in der Stadt sei schon viel gebaut worden, auch wenn die ersten Wohnblocks, bei denen man die Balkone vergessen habe und auch manch anderes, nicht gerade schön seien. Aber wegen der ständigen Erdbebengefahr dürfe man nicht höher gehen als fünf Stockwerke und müsse auch sonst noch eine Menge zusätzlicher Vorschriften beachten, die das Bauen viel teurer machten als im europäischen Rußland. Auch der Permafrost spiele eine erschwerende Rolle, die Tatsache, daß der Boden ab einer Tiefe von 70 Zentimetern ganzjährig gefroren ist. Dennoch sei es gelungen, im vergangenen Jahr für mindestens 200 Familien in Sewerobaikalsk neue Wohnungen zu bauen. Angesichts der vielen tausend Menschen in der Stadt, die noch immer in Notunterkünften hausen, sei dies allerdings nur ein »Tropfen im Meer«. Er als Bürgermeister hätte nichts dagegen, wenn wir uns auch diese Notunterkünfte einmal anschauten. »Sie sind ein Schandfleck für unsere Stadt, aber eine Realität, vor der niemand die Augen verschließen darf.« Zunächst jedoch würde er vorschlagen, daß wir uns im Stadtzentrum umsehen, hier könnten wir feststellen, wie sich die Zeiten auch für Sewerobaikalsk geändert haben.

In der Tat: die ersten Veränderungen gegenüber der Sowjetzeit fallen uns gleich im Gebäude der Stadtverwaltung auf, wo der Bürgermeister im fünften Stock sein imposantes Büro hat. Zwei Stockwerke tiefer befindet sich die »Abteilung für soziale Bedürfnisse«. Der Flur davor ist überfüllt mit Menschen aller Altersgruppen. Die meisten stehen, es gibt nur wenige Stühle. Fast niemand sagt etwas, viele starren ausdruckslos vor sich hin. Nur von Zeit zu Zeit, wenn sich die Tür vor den Wartenden öffnet, geht eine Bewegung durch die Menge, doch nur für kurze Zeit, dann verfallen alle wieder in apathische Reglosigkeit. Die Gesichter der meisten, die aus der Tür herauskommen, signalisieren: vergeblich.

Im Stockwerk unter der »Abteilung für soziale Bedürfnisse« entdecken wir ein kleines, mit einfachsten Mitteln hergerichtetes Fernsehstudio. Von hier aus strahlt der Stadtsender mehrere Stunden täglich sein Programm aus. Lokalnachrichten, eine Kriminalchronik, alte sowjetische Spielfilme und vier- bis fünfmal pro Stunde einen Werbeblock. Die Studioeinrichtung gehört dem Pressesprecher des Bürgermeisters, der zugleich auch Chefredakteur des Programms ist. Der Sendebetrieb wird finanziert von der Stadtverwaltung und von Werbekunden.

Nach außen hin gilt der Sender als unabhängiges Privatunternehmen. Darauf angesprochen, ob dies nicht reine Augenwischerei und Irreführung der Öffentlichkeit sei, gibt sich der Chefredakteur gelassen. Die meisten Menschen in der Stadt wüßten ohnehin, für wen der Sender arbeite. Und für ihn persönlich gehe es schließlich um ein existentielles Problem. Der politische Gegenspieler des altkommunistischen Bürgermeisters nämlich, ein sogenannter Liberaler, habe für den Fall seines Wahlsieges einschneidende Reformen in Sewerobaikalsk und die Entlassung der alten Kader angekündigt. Das würde auch ihn als Pressesprecher der Stadt treffen, und dagegen müsse man doch etwas tun. Nicht die geringste Spur eines Unrechtsbewußtseins habe er dabei. »Schließlich haben wir Demokratie und Marktwirtschaft, und da darf sich jeder einen Fernsehsender kaufen.« Auch der liberale Gegenspieler könne es. »Wenn er allerdings kein Geld dazu hat, hat er Pech gehabt.«

Den Einwand, daß in seinem Sender vermutlich öffentliche Gelder für einen privaten Wahlkampf mißbraucht werden, wischt der Chefredakteur mit einer Handbewegung vom Tisch: »Es ist doch im Interesse der Stadt.«

Im Parterre der Stadtverwaltung haben sich viele kleine Kioske etabliert. Hier gibt es Zeitungen, vor allem Illustrierte, Anzeigenblättchen, Mode- und Pornohefte, frische Piroggen, Kosmetikartikel und Modeschmuck. Vor allem vor den Schmuckartikeln herrscht reger Andrang.

»Das verstehe einer!« meint Maxim, »offensichtlich gibt es auch hier Leute mit Geld.«

Daß es diese Leute auch in Sewerobaikalsk tatsächlich geben muß, wird deutlich auf der anderen Seite der Hauptstraße, im zentralen Warenhaus gegenüber der Stadtverwaltung. Hier sind auf zwei Etagen so ziemlich alle Markenartikel untergebracht, die dem Besucher aus

Europa vertraut sind. Miele, Bosch, Siemens, Henkel, Nestlé, Alpenmilch und Schöller-Eiscreme sind ebenso selbstverständlich im Angebot wie italienische Kücheneinrichtungen, französische und kalifornische Weine, holländischer Käse und schottischer Whisky, zwölf Jahre alt. Bei den elektronischen Geräten herrschen japanische Erzeugnisse vor, bei Schuhen und Textilien Produkte aus China und Vietnam. Aber auch feinste Dessous französischer Provenienz finden sich und Kleider italienischer Nobeldesigner. Käufer allerdings sind an diesem Tag im Warenhaus kaum zu beobachten. Die meisten Besucher flanieren nur durch die Gänge, bleiben hier und da stehen, mustern die ausgestellten Waren und ziehen dann häufig mit einem Kopfschütteln weiter, nachdem sie die Preise gelesen oder bei den Verkäuferinnen erfragt haben. Lediglich an einem Stand mit bunten Filzpantoffeln aus China, das Paar zu umgerechnet drei Mark, klingelt gelegentlich die elektronische Ladenkasse.

In der großen Buchabteilung dominieren Ratgeber, Wörterbücher, Lexika und Kalender aller Art, vor allem astrologische. Aber auch Klassiker und Unterhaltungsliteratur sind reichlich vertreten. Eine 29bändige Ausgabe von Agatha Christie kostet soviel wie eine Flasche französischer Edelcognac. Auch Übersetzungen von Walter Scott, Balzac, Zola und Alexandre Dumas sind vergleichsweise preisgünstig. In der Abteilung für politische Literatur stehen die Biographien Martin Bormanns und Alexander Lebeds friedlich nebeneinander, und bei der Gegenwartsliteratur sind nach Aussagen der Verkäuferin russische Science-fiction-Romane und die Bücher zu amerikanischen TV-Serien wie »Gefangener meines Herzens« die Renner. Großer Beliebtheit erfreuen sich auch die Biographien von Liza Minnelli und Greta Garbo. Doch die absoluten Hits, so wird uns gesagt, sind im Augenblick zwei Ratgeber: »Massage für alle« und das Strafgesetzbuch der Russischen Föderation.

Auf dem Bürgersteig vor dem Warenhaus werden ausschließlich heimische Produkte angeboten: Fisch aus dem Baikalsee oder dem Pazifik, frisch, warm geräuchert, kalt geräuchert, getrocknet oder zu Konserven verarbeitet. Dazu frisch geschlachtete Hühnchen, selbstgesammelte Pilze und Beeren, eingelegte Gurken und gestampfter Kohl in Fässern. Als Delikatesse gelten Stückchen aus getrocknetem Zedernharz – sibirischer Kaugummi. Diese »Tränen der Bäume« sind hart und schmecken bitter, sollen aber für die Zähne und auch sonst sehr gesund sein. Die Marktfrauen kauen sie fast alle.

Den Weg zu den Waggontschiki müssen wir nicht erfragen. Waggontschiki werden in Sewerobaikalsk die Menschen genannt, die noch immer in Notunterkünften hausen, in alten Eisenbahnwagen. Ganze Stadtteile bestehen aus nichts anderem als diesen Waggons sowie Hütten, die um sie herum gebaut wurden. Die erste dieser Siedlungen haben wir gesehen, als wir am Abend zuvor, vom Eis des Baikal kommend, nach Sewerobaikalsk hineinfuhren. Die Waggons stehen ohne Räder zu ebener Erde, die angebauten Hütten sind aus Holz, Wellblech, Spanplatten oder einfach nur aus Preßpappe. Es gibt kein Wasser, keine Kanalisation, nur einige wenige haben Strom und elektrisches Licht. Als Heizung dienen in den langen und strengen Wintern, in denen es bis minus 45 Grad kalt wird, kleine Kanonenöfen, deren Rohre durch die Fenster oder Waggondächer ins Freie ragen. Mehrere tausend Menschen leben in diesen Slums, wie sie auch auf russisch genannt werden, manche von ihnen schon zwanzig Jahre lang. An einer der Hüttenwände lesen wir in großen weißen Buchstaben »Russian Bronx«.

Der Waggon von Jelena und Anton steht direkt neben dem Bahndamm zwischen Kiefern und Fichten. Um den Waggon herum ist ein ganzes Labyrinth von Hütten, Verschlägen, Vordächern, Abstellräumen entstanden. Dazwischen sind Beete angelegt, auf denen Kartoffeln, Bohnen und Mohrrüben angepflanzt werden; in einer Ecke stehen ein paar wackelige Kaninchenställe, und in einem mit Maschendraht abgeteilten Karree scharren Hühner den kahlen, frostigen Boden. Katzen streunen umher und kleine Hunde. Und aus einer der Hütten ertönt Säuglingsgeschrei. Ein hoher, aus rohen Brettern gezimmerter Zaun trennt Jelena und Antons Reich von den Nachbarn in den anderen Waggons.

Jelena ist 48 Jahre alt, Anton 52. Vor genau zwanzig Jahren sind sie nach Sewerobaikalsk gekommen, aus Leningrad, wo sie geboren wurden und schon eine eigene Wohnung hatten. Anton trägt auch im Waggon eine Pudelmütze und einen dicken, grobgestrickten Pullover, Jelena eine Pelzmütze, einen Schal und einen langen Mantel. Dabei ist es heute noch warm in Sewerobaikalsk, nur zehn Grad unter Null, doch im Waggon liegt die Temperatur nur knapp über dem Gefrierpunkt, mehr ist mit dem kleinen Ofen zwischen den dünnen, mit Pappe verstärkten Holzwänden, durch die der Wind pfeift, nicht zu schaffen.

Als Anton und Jelena ankamen, waren beide voller Hoffnung und Idealismus. »Euphorisch waren wir«, sagen sie heute. Und was hatte man ihnen nicht alles versprochen – materiell und ideell! »Vorwärts, zum Bau der BAM, des Jahrhundertwerks!« hatte eine der Losungen gelautet, mit denen die Jugend hierher gelockt wurde.

Als »Helden der sozialistischen Arbeit« wurden sie gefeiert, als Pioniere, die den Reichtum Sibiriens für eine glückliche Zukunft des Sowjetvolkes erschließen, als Vorbilder für die kommenden Generationen, denen der Dank der Partei und des Vaterlandes gewiß sei. »Und wir haben das alles geglaubt«, sagt Anton. »Dafür haben wir alles aufgegeben, was wir in Leningrad hatten: unsere Wohnung, unsere Arbeit, unsere Freunde.«

Natürlich, das gibt Anton zu, hat sie auch das große Geld gelockt, »der lange Rubel«, wie man in Sibirien sagt. Mindestens doppelt so hoch als im übrigen Rußland waren die Löhne an der BAM; dazu wurde den jungen Leuten für die Zeit nach ihrer Rückkehr eine Wohnung und ein Auto in Leningrad versprochen. Da habe man nicht einmal gezögert, den einjährigen Sohn mitzunehmen, obwohl man wußte, daß es zunächst ein hartes und entbehrungsreiches Leben sein würde. »Als wir herkamen, gab es hier nur Wald«, sagt Anton und zeigt dabei mit ausgestrecktem Arm über die gesamte Siedlung. »Hier haben wir unsere Hütten hingestellt, einfach so, zwischen die Bäume. Und so leben wir bis heute.«

Anton ist Ingenieur und hat beim Verlegen der Gleise gearbeitet, Jelena war Buchhalterin bei der Bauverwaltung. Während sie die BAM bauten, wurde in Sewerobaikalsk ein Wohnblock nach dem anderen in die Höhe gezogen, von Bauarbeitern, die ebenfalls aus Leningrad gekommen waren. Mit jedem neuen Wohnblock wuchs die Hoffnung des Ehepaares, daß es nun endlich aus dem Waggon in eigene, feste vier Wände umziehen könne. Doch immer hieß es: Ihr seid noch nicht an der Reihe, wartet noch ein wenig, es wird Wohnungen für alle geben. Dann war die BAM fertig, und Jelena und Anton hatten noch immer keine Wohnung. Und Arbeit hatten sie nun auch nicht mehr. Dafür aber, nach der Wende und der Einführung der Marktwirtschaft in Rußland, das Angebot, sich in Sewerobaikalsk eine Wohnung zu kaufen.

»Ein Hohn«, sagt Anton, »wovon sollten wir denn eine Wohnung bezahlen?«

»Und man hat Sie, als die BAM fertig war, tatsächlich einfach so aus Ihrem Betrieb entlassen?« fragen wir.

»Genau, einfach so«, sagt Jelena. »Zu mir haben sie gesagt: Ihr habt doch hier gutes Geld verdient, jetzt schenken wir dir noch ein Eisenbahnticket, damit kannst du fahren, wohin du willst. Aber wohin hätten wir denn fahren sollen? Woanders gibt es doch auch keine Arbeit!«

»Und was war mit der Wohnung, die man ihnen im Mutterland, im europäischen Teil Rußlands, versprochen hatte?«

Anton zieht die Mundwinkel nach unten und lacht kurz. »Ihr müßt verstehen, haben sie gesagt, die Zeiten haben sich geändert. Wir haben jetzt keine Wohnungen mehr zu vergeben, wir haben Kapitalismus, da sind die Wohnungen Privateigentum. Den Komsomol gibt es nicht mehr, die Sowjetunion auch nicht, die Gewerkschaft ist aufgelöst, und das Ministerium hat kein Geld. Ihr müßt euch schon selber helfen. Aber«, so Anton, »wie sollen wir uns denn selber helfen ohne Geld und ohne Arbeit?«

Für Anton gibt es in Sewerobaikalsk keine Chance mehr – weder in seinem erlernten Beruf noch in irgendeinem anderen. Die Arbeitslosigkeit in der Stadt beträgt über 60 Prozent, die einzige Tätigkeit, mit der Anton die Familie über Wasser hält, sind Gelegenheitsarbeiten. Mal repariert er jemandem das Auto, mal verlegt er in einer Wohnung einen elektrischen Anschluß.

Und Jelena?

»Ich gehe jeden Tag auf die Arbeitslosenbörse, biete mich an, sage, daß ich jede Arbeit annehme. Auch als Putzfrau würde ich arbeiten. Aber wer in Sewerobaikalsk braucht schon eine Putzfrau? Es ist einfach beschämend.

Wir können hier nicht weg, weil wir anderswo weder eine Arbeit noch eine Wohnung finden. Wir fühlen uns hier wie Geiseln.«

Und Anton sagt, wobei er die Arme am Körper herabhängen läßt und die geöffneten Handflächen zeigt: »Der Staat hat uns vergessen. Wir sind überflüssige Menschen. Niemand braucht uns mehr ...«

»Und welche Rolle spielt für Sie der Baikal?«

»Der Baikal? Ich glaube«, sagt Jelena, »selbst wenn wir weg könnten, würde er uns nicht loslassen.«

»Wieso?«

»Von ihm geht offenbar irgendein Magnetismus aus. Schauen Sie sich doch um, wie schön es ist! Im Winter – dieser Schnee, die Menschen, die Fische fangen, die Natur, diese Wildheit. Und im Frühjahr, Sommer und Herbst die Taiga, diese Farben, die Früchte, die Tiere ... Der Baikal hat einfach unser Herz gefangen. Hier werden wir sterben.«

Während des Gesprächs ist Irina gekommen, die Schwiegertochter von Jelena und Anton. Auf dem Arm trägt sie ihre in eine dicke Decke eingewickelte sechs Monate alte Tochter Maria. Irina und ihr Mann sind ebenfalls arbeitslos. Doch im Gegensatz zu Jelena und Anton haben sie sich noch nicht mit einem Leben in Sewerobaikalsk abgefunden.

»Wir wollen weg, nichts wie weg. Hier ist es kalt, neun Monate im Jahr. Und wenn wir auch anderswo keine Arbeit finden, unsere Tochter soll wenigstens da aufwachsen, wo es wärmer ist. Verhungern werden wir schon nicht.«

Dann geht Irina mit der kleinen Maria auf dem Arm in den Verschlag, der als Hühnerstall dient. Täglich ein frisches Ei ist der einzige Luxus der Menschen im Waggon.

SOMMERREISE

STEPPEN AM BAIKAL

Durch wilde baikalische Steppen,
Wo Gold in den Bergen man sucht,
Muß mühsam ein Wandrer sich schleppen,
Ein Mann, der sein Schicksal verflucht.

Sein Hemd ist schon beinah hinüber,
Ist oft schon geflickt und gestopft.
Den Häftlingsrock trägt er darüber,
So grau wie die Mütz' auf dem Kopf.

Dem Kerker war nachts er entflohen,
Dort litt für die Wahrheit er Qual.
Die Kräfte zu schwinden ihm drohen –
Da liegt vor ihm breit der Baikal.

Er kann kaum zum Ufer noch dringen;
Ein Fischerboot liegen er sieht.
Er nimmt es und fängt an zu singen
Von der Heimat ein trauriges Lied.

Der Wind scheint ihm Antwort zu geben:
»Vergeblich ist all deine Flucht.
Von denen ist keiner am Leben,
Die töricht dein Herz dort noch sucht.«

Der Flüchtling erreicht dann das Ufer;
Die Mutter, die liebe, kommt nah.
»Ach, grüß dich, sag, wo ist mein Bruder,
Und sag, ist denn Vater noch da?«

»Dein Vater ist lang schon vergessen,
Liegt unter der Erde im Grab.
Dein Bruder, der schleppt mit den Ketten
Schon lang in Sibirien sich ab.«

Russisches Volkslied

IN BURJATIENS HAUPTSTADT ULAN-UDE

Diesmal wollen wir uns dem Baikalsee von der östlichen Seite nähern, von Ulan-Ude aus, der Hauptstadt Burjatiens. Die Autonome Republik Burjatien, wie sie sich offiziell nennt, ist Bestandteil der Russischen Föderation, eines von insgesamt 89 »föderalen Objekten«, die einen Sitz im Oberhaus des russischen Parlaments haben. Worin die »Autonomie« Burjatiens besteht, darüber kann allerdings auch die offizielle Jubiläumsbroschüre, die 1998 zum 75jährigen Bestehen dieser Teilrepublik vom staatlichen Informationszentrum in Ulan-Ude gedruckt wurde, keine Auskunft geben. Nicht einmal wie es zur Gründung der Autonomen Republik Burjatien im Jahr 1923 kam, wird dort erwähnt – durch den Einmarsch der Roten Armee in Ulan-Ude. Wie schon zu Zeiten der Sowjetmacht besteht die Autonomie Burjatiens in der heutigen Russischen Föderation vor allem in dem Recht auf eine eigene Flagge und eine eigene Hymne, einen regionalen Präsidenten und eine regionale, inzwischen weitgehend demokratisch gewählte Volksvertretung, Chural genannt. In der Praxis dürften die autonomen Befugnisse der Republik noch geringer sein als die eines deutschen Bundeslandes. Selbst die burjatische Sprache, der mongolischen eng verwandt, spielt im öffentlichen Leben nur noch eine untergeordnete Rolle. Kein Wunder, denn mehr als zwei Drittel der heutigen Bevölkerung Burjatiens, die insgesamt rund eine Million beträgt, sind Russen. Der Anteil der Burjaten, die sich zur Völkerfamilie der Mongolen rechnen, erreicht nicht einmal mehr 25 Prozent. Die altmongolische Schrift Burjatiens wurde schon 1939 durch die russische ersetzt. Der zwangsweisen Russifizierung beziehungsweise Sowjetisierung fielen zwischen 1927 und 1938 auch alle 47 buddhistischen Tempel und Klöster Burjatiens zum Opfer. Sie wurden geschlossen, als Lagerhallen und Viehställe benutzt oder einfach niedergebrannt.

Das Territorium Burjatiens ist fast so groß wie das wiedervereinte Deutschland. Es erstreckt sich entlang des gesamten Ost- und Südufers des Baikal und zieht sich auch noch um die schmale Nordspitze des Sees bis nach Sewerobaikalsk. Knapp hundert Kilometer vom Ufer des Baikal entfernt liegt in dem weiten Talkessel an der Mündung des Flusses Uda in die Selenga, den mächtigsten Zufluß des Baikal, die einstige Kosakensiedlung Werchne-Udinsk. Gegründet 1665 auf Befehl des Zaren Alexej, diente sie zunächst als befestigter Vorposten zur Unterwerfung der Burjaten und zur weiteren russischen Besiedlung Sibiriens. Bald jedoch entwickelte sie sich zu einer bedeutsamen Durchgangsstation im Handel mit China und der Mongolei und dann auch zu einem berüchtigten Verbannungsort. Die Sowjetmacht benannte die Stadt im Jahr 1934 um in Ulan-Ude und machte sie zugleich zu einem gewaltigen Industriezentrum, in dem eine Reihe von Schlüsselbetrieben der sowjetischen Volkswirtschaft angesiedelt wurden; darunter eine Flugzeugfabrik, eine Flußwerft und ein Eisenbahnreparaturbetrieb. Doch die großen Zeiten des Industriezentrums Ulan-Ude, in dem heute rund 400 000 Menschen leben, scheinen endgültig vorbei. Die kurze Fahrt vom Flughafen ins Zentrum der Stadt, nicht einmal dreißig Minuten lang, reicht, um erste, aber nachhaltige Erkenntnisse darüber zu gewinnen.

Slawa ist etwa fünfzig Jahre alt, muskulös, blond und hat hellblaue Augen. Sein sonnengebräuntes Gesicht ist glatt rasiert, der Geruch eines herben After-shave noch deutlich wahrnehmbar. Mit ein paar ruhigen, kraftvollen Griffen hat er unser Gepäck in seinen alten, etwas ramponierten Lada, einen FIAT russischer Bauart, geladen und mich, nachdem ich die Frage nach meiner Herkunft beantwortet habe, mit einem gutturalen »Gutten Tak« begrüßt. Nein, er sei kein Taxifahrer, erklärt er uns stolz, sondern ein pensionierter Oberst der Armee. Dreimal in der Woche, wenn die Flugzeuge aus Moskau in Ulan-Ude landen, mache er sich jedoch, wie viele andere Autobesitzer, auf den Weg, um vor dem kleinen Ankunftsgebäude einen Fluggast zu »fangen«, wie es im Russischen heißt. Von 1000 Rubel Rente, etwa 300 DM, könne auch in Ulan-Ude niemand leben, zumal wenn man, wie er, noch zwei Kinder in der Ausbildung habe.

Slawa ist außerordentlich gesprächig. Das Taxifahren, so meint er, sei doch keine Schande, immer noch besser, als nutzlos zu Hause herumzusitzen. Daß er es illegal tut, stört ihn nicht im geringsten. »Was, bitte, ist denn in unserem Land heute schon legal? Wenn du durchkommen willst, hast du doch gar keine andere Wahl!« Und Taxifahren, wenn auch ohne Lizenz, sei zumindest kein dunkles Geschäft, das mit der Mafia zu tun habe, wie so viele andere. Ehrliche Arbeit sei es, die er auch keinem anderen wegnehme, denn offiziell zugelassene Taxis gebe es in Ulan-Ude ohnehin viel zu wenige.

Und die Behörden, die Polizei?

»Man kennt sich. Und man hilft sich.«

Wir verstehen.

»Ihr versteht nicht alles«, beharrt Slawa und zeigt auf die Stadt, die im leichten Morgendunst zu beiden Seiten des Flusses Uda vor uns liegt. Das Flugzeugwerk, erklärt uns Slawa, hat zugemacht. Vor allem Hubschrauber hat es hergestellt, aber auch Kampfflugzeuge für die russische Armee. Doch diese habe jetzt nicht einmal mehr

Geld, um ihre Soldaten zu ernähren, also erst recht nicht für neues Gerät. Versuche der Firmenleitung, ins Exportgeschäft zu kommen, seien gescheitert. Warum, weiß Slawa auch nicht genau.

»Ich vermute, weil bei uns einfach die Konkurrenz zu groß ist. Versteht ihr? Bei uns sind doch fast alle Flugzeugfabriken pleite, und alle wollen exportieren oder mit ausländischen Partnern produzieren. Da sind wir hier, hinter dem Baikal, einfach viel zu weit weg.«

Und dann zeigt Slawa auf ein paar schrottreife Kräne am rechten Flußufer: »Das war mal der Hafen. Und daneben die Werft. Nichts mehr los. Beide zu. Wenn immer mehr Betriebe ihre Produktion einstellen, viele Bergwerke in der Umgebung schließen, Kohlegruben, Quarzgruben, Uranbergwerke, wenn die Landwirtschaft allmählich zerfällt«, Slawa ist gar nicht mehr zu bremsen, »was, bitte schön, was, soll denn dann noch transportiert werden?« Und das gelte nicht nur für die Flüsse und den Hafen, sondern auch für die Eisenbahn.

Seit dem Bau der Transsibirischen Eisenbahn um 1900 war Ulan-Ude der wichtigste russische Eisenbahnknotenpunkt östlich des Baikal. Hier zweigt die Strecke Richtung Mongolei und Peking ab, die Hauptverkehrsader von Sibirien nach Süden. Richtung Osten führt die Transsibirische weiter bis zur Hafenstadt Wladiwostok am Pazifischen Ozean. Doch weder von West nach Ost noch von Nord nach Süd oder umgekehrt, so erklärt uns Slawa, bewegt sich mehr viel, gemessen an früheren Zeiten. Damals, als es, wie Slawa formuliert, noch die Sowjetunion gab, fuhr hier ein Zug nach dem anderen durch, in jeder Richtung. Heute sind es nicht einmal halb so viele. Eine Reihe von Bahnstationen sei geschlossen worden, viele Bahnarbeiter, Lokführer, Rangierer, Zugbegleiter, Angestellte der Bahnverwaltung seien entlassen worden. Die Eisenbahnstrecke sei das wirtschaftliche Herz Burjatiens gewesen. Jetzt schlage es nur noch langsam, und das habe natürlich Auswirkungen auf die ganze Region. Von allen 89 Regionen der Russischen Föderation nehme Burjatien, was die Wirtschaftskraft angeht, die drittletzte Stelle ein. Schlechter gehe es nur noch den Kaukasusregionen Tschetschenien und Dagestan.

Auf uns macht Ulan-Ude den Eindruck einer großen, unorganischen Siedlung. Viele der Holzhäuser am Stadtrand wirken noch ärmlicher als in anderen Teilen Rußlands. Ähnliches gilt für Straßen und Wege, die wir vom Auto aus sehen. Ein großer Teil der bis in die Wohngebiete hineinreichenden Felder liegt brach; überall stehen verrottete Landmaschinen und anderer undefinierbarer Schrott herum. Viele Stallungen und Scheunen sind zerfallen. Ein Elend sei es, meint Slawa. Dabei habe er genaue Vorstellungen, wie alles aussehen müßte. »Wie bei den Deutschen!«

Wir werden hellhörig. Ob er denn mal in Deutschland gewesen sei, vielleicht als Soldat dort stationiert?

»Leider nein!« Slawas Stimme verrät ehrliches Bedauern. Aber er sei mit Deutschen aufgewachsen, in Kasachstan. Mit Wolgadeutschen, die während des Zweiten Weltkriegs von Stalin dorthin deportiert worden waren. Zwar habe jeder für sich gelebt, die Russen in russischen Dörfern, die Kasachen in kasachischen und die Deutschen in deutschen, doch natürlich habe man Kontakt gehabt, und man habe auf den ersten Blick gesehen, wer in welchem Dorf lebte.

»Die deutschen Dörfer waren die ordentlichsten. Die Häuser solide gebaut und sauber gestrichen, die Zäune gerade. Und an Sonnabenden haben sie den Weg vor dem Grundstück gefegt.« Wie zur Bekräftigung schlägt

Slawa mit der flachen Hand aufs Lenkrad. »Das sind ordentliche Leute. Ich hab' es als Kind selbst gesehen. Daran sollten wir uns ein Beispiel nehmen!«

Und unvermittelt fährt er fort: »Was Rußland fehlt, ist ein Hitler oder Stalin.«

Uns stockt der Atem. Stalinanhängern sind wir in Rußland schon häufiger begegnet, doch offene Sympathien für Adolf Hitler haben wir bislang nur im nationalistisch-antisemitischen Dunstkreis russischer Skinheads sowie bei Anhängern des Rechtsextremisten Schirinowskij kennengelernt. Und bei der großrussisch-faschistischen Gruppierung »Pamjat«, »Gedächtnis«, die ihre Uniformen ganz unverhohlen nach dem Vorbild der SS schneidert. Doch aus dem Munde eines gebildeten ehemaligen Offiziers der Sowjetarmee sind sie für uns unerwartet.

Slawa, der unsere Bestürzung bemerkt, beeilt sich denn auch, seine Sympathie für Hitler zu präzisieren. Natürlich finde er nicht gut, daß Hitler die Sowjetunion überfallen habe, er hätte sich mit Polen und Frankreich begnügen sollen, das wäre doch Land genug gewesen. Und die Geschichte mit den Juden, na ja ... Und natürlich seien Stalin und Hitler Verbrecher gewesen, aber Ordnung habe geherrscht in ihren Ländern, und die Menschen hätten zu arbeiten und zu essen gehabt. Und das sei doch schließlich das wichtigste. Das russische Volk brauche nun einmal eine starke Hand, eine Faust. Das sei immer so gewesen in der russischen Geschichte und werde auch immer so bleiben. So wie jetzt gehe es jedenfalls nicht weiter mit Rußland.

»Wir haben unsere Ehre verloren und werden nur noch von der Mafia regiert. Ich war mein Leben lang ein anständiger Soldat und möchte auch wieder in einem anständigen Land leben und nicht in einem, wo alles drunter und drüber geht.«

Zwei Kinder habe er, denen müsse er die Ausbildung finanzieren, die früher auch kostenlos gewesen sei. Daß da Bitternis aufkäme, müßten wir verstehen.

Wir ziehen es vor, zu schweigen.

An einer Bahnunterführung ist ein riesiges Transparent über die ganze Straßenbreite gespannt. »Kauft Plastikfenster aus Deutschland!« steht dort in russischer Sprache. Für Slawa ein Anlaß, das Gespräch wieder aufzunehmen. Von Ulan-Ude in die Mongolei oder nach China sei es ja nur ein Katzensprung, und auch Japan sei nicht weit. Doch der wichtigste Partner Rußlands sei nun mal Deutschland. Mit Chinesen oder Japanern zu handeln sei schwierig. »Die haben eine ganz andere Mentalität. Da weißt du nie, was die denken.« Aber die Deutschen seien nicht nur eine gewaltige Wirtschaftsmacht, sondern auch absolut zuverlässig.

»Wenn die ja sagen, meinen sie ja. Und wenn sie nein sagen, meinen sie nein.«

Und wenn die Deutschen etwas anböten, dann seien es auch seriöse Sachen. Nicht so ein Plunder, wie ihn die Chinesen hier auf ihren Märkten verkaufen. Man brauche nur an »Mercedes« zu denken, und dabei wendet er sich zu uns und verdreht die Augen, oder an »Volkswagen«. Auch wenn sich diese Dinge in Rußland im Augenblick nur »Banditen« leisten könnten, vieles andere, das jetzt aus Deutschland komme, sei einfach besser als die Konkurrenzprodukte aus Asien. Von den russischen Erzeugnissen ganz zu schweigen. Mit Deutschland müsse man sich gut stellen. Das sei das einzige, was offensichtlich auch Jelzin begriffen habe.

Und dann sagt Slawa ohne jeden Übergang: »Aber dazu gehört auch, daß wir die Beutekunst zurückgeben.«

Zunächst glauben wir, ihn nicht richtig verstanden zu haben. Doch Slawa setzt sofort zu einer Erklärung an.

»Ihr habt uns doch in den letzten Jahren soviel geholfen, mit Krediten und so, da ist es nur selbstverständlich, daß wir euch auch eure Bilder wiedergeben.« Sicher, er könne einsehen, daß viele Russen immer noch glaubten, Deutschland müsse für den Krieg bestraft werden und die Beutekunst sei nur eine geringfügige Entschädigung für die unermeßlichen Verluste, die die Faschisten dem russischen Volk und der russischen Kultur zugefügt hätten. Aber irgendwann einmal, so Slawa, müsse Schluß sein mit diesem Denken. »Wir müssen nach vorn schauen. Und Partner, die man braucht, darf man nicht schlecht behandeln.« Wenn die Deutschen die Beutekunst unbedingt zurückhaben wollen, na bitte, er habe nichts dagegen. Die Museen in Petersburg und Moskau würden davon bestimmt nicht arm. »Die haben doch noch soviel in ihren Magazinen, das sie noch nie ausgestellt haben. Sollen sie sich darum kümmern!« Wenn er, Slawa, zu bestimmen hätte, wäre dieses Problem längst gelöst. »Und ein anderes Problem mit den Deutschen haben wir doch nicht mehr. Oder?«

Wir sind im Stadtzentrum von Ulan-Ude angelangt. Die kleinen Holzhäuser sind steinernen, meist fünfgeschossigen Wohnblocks gewichen, die aussehen wie die Wohnblocks überall in der ehemaligen Sowjetunion, nur etwas niedriger, wegen der Erdbebengefahr. Einzig unser Hotel ist elf Stockwerke hoch, eine Stahlbetonkonstruktion, deren Fassade mit gemauerten blumigen Ornamenten verziert ist, die dem Gebäude das Flair asiatischer Architektur verleihen sollen. Im Inneren allerdings ist es ein Sowjethotel ungebrochen realsozialistischer Tradition – vom Chaos an der Rezeption über die strickenden Etagenfrauen bis zum abgebrochenen Duschkopf und dem fehlenden Warmwasser im Bad. Lediglich die nächtlichen Anrufe, bei denen ein »Institut für intime Dienste« den männlichen Hotelgästen Damen »aller Rassen und Klassen« anbietet, sowie ein farbiges Porträt des Dalai Lama über der Eingangstür zur Café-Bar im elften Stock zeugen von den neuen Zeiten in Rußland. Und die Zimmerpreise für Ausländer, die auch hier Weltniveau haben.

Vor dem Hotel lungern bettelnde Kinder, die sich mit dramatischen Gesten und herzzerreißendem Weinen und Schreien vor Ausländern und gutbetuchten Russen auf den Boden werfen und um Geld für ein Stück Brot oder die hungernde Familie bitten. Ignoriert man sie lange genug, stehen sie auf, lachen und zünden sich eine Zigarette an. Manche tragen Turnschuhe der Marke Nike, andere Edeljeans.

»Alles Theater«, schimpft Slawa, »eine Schande für unser Land. Aber die meisten Kinder können gar nichts dafür, sie werden von Erwachsenen zum Betteln und Klauen abgerichtet. Und niemand unternimmt etwas dagegen. Das ist das Schlimmste.«

Slawa schüttelt resigniert den Kopf und fragt, ob er nicht morgen auch wieder für uns arbeiten könne. Er kann.

Vom Hotel aus sind es nur wenige Schritte zur bedeutendsten »Sehenswürdigkeit« der Stadt, wie uns Slawa halb ernsthaft, halb ironisch verkündet hat. Es ist ein riesiger rechteckiger Aufmarschplatz, den repräsentative Gebäude in den unterschiedlichsten Baustilen einrahmen. Der neoklassizistische Präsidentenpalast mit hellen Säulen vor dem Eingangsportal, die nüchtern konstruktivistische Hauptpost, das massive, etwas verblichene KGB-Gebäude, auch heute Sitz des Geheimdienstes, und die mit folkloristischen Stilelementen verzierte burjatische Nationaloper. Auf der Längsseite vor dem Präsidentenpalast zieht sich eine terrassenartig ansteigende Tribüne hin, in deren Mitte auf einem gewaltigen Podest ein gußeiserner Leninkopf thront – in der Größe eines Heißluftballons. Ohne Hals, ohne Körper, vom Rumpf abgetrennt wie mit einer Guillotine, der größte Leninkopf der Welt. So jedenfalls hatte es uns Slawa gesagt, und auch wir können uns nicht erinnern, je ein ähnliches Denkmal gesehen zu haben. An einen Abriß ist offenbar nicht gedacht. Das Podest, das den Kopf trägt, wird gerade frisch gestrichen.

Ansonsten gleicht das Stadtbild von Ulan-Ude dem der meisten anderen russischen Städte der Nachwendezeit. Kleine Kioske, aber auch Supermärkte, die alle Herrlichkeiten der westlichen Konsumwelt anbieten. Reklametafeln werben für so ziemlich alle international bekannten Markenartikel von Marlboro bis Coca-Cola, Moulinex bis Miele, Toblerone bis Toyota. Privatbäckereien offerieren russische und burjatische Spezialitäten, eine genossenschaftliche Lebensmittelkette in blitzsauberen Verkaufsräumen holländischen Käse, ungarische Salami und italienischen Wein. Ein Fotostudio entwickelt Kodak-Filme noch am selben Tag, und die Wechselstube einer Bank hat rund um die Uhr geöffnet. Wie all dies zusammenpaßt in einer Stadt, in der die meisten Großbetriebe dichtgemacht haben? Ob all die kleinen Kioske, die mittleren Läden und die Supermärkte wirklich rentabel arbeiten? Wer die teuren italienischen Schuhe im eleganten Eckladen an der Hauptstrasse kauft, außer ein paar neureichen Russen, und all das deutsche und dänische Bier, mit dem die Stadt offensichtlich überschwemmt wird – niemand kann es uns genau sagen.

Auch Slawa nicht, der nur darauf hinweist, daß sich jeder eben so durchschlägt; mit zwei oder drei oder noch mehr Jobs, mit Gelegenheitsarbeiten. Und im übrigen verkauft man, was nur zu verkaufen ist – Erbstücke, Familiensilber, gebrauchte Kinderkleidung oder selbstgestrickte Socken und Handschuhe. Auch mit Schmuggelgut aus Japan und China werde ein schwunghafter Handel getrieben, das Glücksspiel boome – und die Prostitution. Von der Korruption auf allen Ebenen ganz zu schweigen. Aber, wie gesagt, so genau wisse er es nicht und wolle es auch nicht wissen. »Ein Segen jedenfalls ruht auf all dem nicht.«

Und dann drückt uns Slawa die neueste Ausgabe der in Ulan-Ude erscheinenden »Republikanischen Zeitung« in die Hand, der populärsten Zeitung der Stadt. Es ist eine Art Anzeigenblatt, »Verkaufspreis nach Vereinbarung«, mit viel Sex and Crime, aber auch einem durchaus seriösen Informationsteil. Hier finden wir im Juni 1998 die Ergebnisse der jüngsten, im Vorfeld der burjatischen Präsidentschaftswahlen durchgeführten soziologischen Untersuchung über die Stimmung der Bevölkerung in der Stadt. Sie besagt: Die Mehrheit der Menschen in Ulan-Ude, nämlich 53 Prozent, hat auch im achten Jahr nach dem Zusammenbruch der UdSSR noch immer ein positives Verhältnis zu Begriffen wie »Genosse«, »Sozialismus« oder »Sowjetunion«. Die Vokabeln der Neuzeit – »Reformen«, »Unternehmer«, »Privatisierung«, »Kapitalismus« – stoßen hingegen nur bei 0,7 Prozent der Befragten auf Sympathie. Und wie eh und je liegt die Hoffnung auf eine Verbesserung der sozialen Lage trotz der angeblichen Autonomie Burjatiens bei den zentralen Behörden in Moskau. Dem eigenen Bürgermeister und den anderen regionalen Institutionen trauen gerade mal sechs Prozent der Einwohner Ulan-Udes einen positiven Einfluß auf ihre Lebenssituation zu.

Slawa hat uns die Zeitung ohne Kommentar gegeben. Die Wahlen, die wenige Tage später in Burjatien stattfinden, bestätigen die Umfrageergebnisse. Gewählt werden fast überall die ehemaligen Kommunisten.

DIE KINDER BUDDHAS

Slawa ist pünktlich. Wir haben ihn gebeten, uns zur heiligsten Stätte des Buddhismus in Rußland zu bringen, zum Iwolginskij-Kloster, 40 Kilometer südwestlich von Ulan-Ude. Bevor wir losfahren, fragt Slawa, ob wir einen kleinen Umweg machen könnten, zu einer Stelle, die den Menschen hier in Burjatien fast ebenso heilig sei wie das Kloster.

Es ist einer der unzähligen Schamanenplätze dieser Region, der von Burjaten wie Russen gleichermaßen aufgesucht wird, um dem sibirischen Gott Burchan die Ehre zu erweisen. Von einem steilen Felsen hoch über dem Ufer der Selenga geht der Blick weit über das Flußtal und die burjatische Steppe bis zu den schneebedeckten Bergen, hinter denen der Baikal beginnt. Auf der Spitze des Felsens ragen vier im Quadrat aufgestellte mannshohe hölzerne Stelen empor. Sie sind den Pflöcken nachgebildet, an denen die Mongolen und Burjaten vor ihrer Jurte die Pferde festbanden. Als »Baum des Lebens« hatten sie zugleich symbolische Bedeutung. Ein derartiger Pflock vor der Hütte signalisierte: Hier lebt eine Familie, dieses Stück Erde hat einen Herrn. In jeden dieser Pflöcke waren, wie auch in die Stelen auf den Felsen, drei Ringe eingekerbt, der oberste für die Pferde der Herrscher des Himmels, der mittlere für die Pferde der gewöhnlichen Erdenmenschen und der untere für die Bewohner der unterirdischen Welt. An einem um die Stelen gespannten dünnen Seil hängen unzählige bunte Stoffstreifen, eine Girlande, die sanft im Wind schaukelt. Wenn der Wind die Bänder bewegt, so der Glaube der Mongolen und Burjaten, trägt er die

Gebete, die darauf geschrieben sind, in den Himmel. Egal, wo man sich inzwischen befindet und woran man denkt.

Am Fuß der hölzernen Pfosten liegen leere Flaschen, einzelne Zigaretten, Geldscheine und Münzen – Geschenke, die die Verbundenheit mit der Natur und dem Gott Burchan demonstrieren sollen. Bergspitzen und Felsen gelten im schamanistischen Glauben als Orte, an denen die Götter Berührung mit der Erde haben und die entsprechend in Ehren zu halten sind. Die vielen zerbrochenen Wodkaflaschen allerdings, die sich in unmittelbarer Umgebung des heiligen Vierecks finden, lassen nach Meinung von Slawa darauf schließen, daß manche es mit dieser Verehrung vielleicht ein wenig übertreiben.

Vom Schamanenfelsen geht die Fahrt schnurgerade durch die staubige Steppe Richtung Westen. Auf einer erstaunlich gut ausgebauten, asphaltierten Straße, vorbei an Viehherden, deren Hirten wie versteinert im dürren Gras sitzen, und an Gruppen sich frei über die Steppe bewegender Pferde, deren Vorderbeine locker gefesselt sind. Einige koreanische Arbeiter bemühen sich, einen eingefallenen Bewässerungsgraben zu reparieren. Unseren Versuch, mit ihnen ins Gespräch zu kommen, blocken sie energisch ab, indem sie sich ihre Mützen vor das Gesicht halten. Auf unsere Frage, warum hier Koreaner arbeiten und keine Russen oder Burjaten, unter denen doch nach dem Zusammenbruch der Kolchosen eine große Arbeitslosigkeit herrscht, antwortet Slawa einsilbig, aber bestimmt: »Sie sind zu faul.« Und nach einer Weile fügt er hinzu: »Es lohnt sich nicht.« Auf eine Diskussion, was denn nun stimme, ob sie wirklich zu faul seien oder es sich einfach nicht lohne, läßt sich Slawa nicht ein. »Wahrscheinlich beides«, brummt er und richtet den Blick geradeaus auf die Straße.

Das Iwolginskij-Kloster liegt etwas abseits, am Rande eines kleinen burjatischen Dorfes inmitten der Steppe. Wir haben inzwischen, dank Slawa, noch genauer gelernt, burjatische Dörfer von russischen zu unterscheiden. In russischen Dörfern stehen die kleinen, aus Holz gezimmerten Wohnhäuser meist unmittelbar an der Straße, in burjatischen Dörfern hingegen in der Mitte des Gehöfts. Andere Unterschiede sind kaum auszumachen, selbst die holzgeschnitzten Verzierungen rund um die Fenster und die Farben der Häuser, oft Blau oder Gelb, geben keinen Aufschluß über die Nationalität der Bewohner.

Das Iwolginskij-Kloster ist schon von weitem als ein für Rußland ungewöhnliches Bauwerk zu erkennen. Hinter einem hohen hölzernen Palisadenzaun erheben sich geschwungene rot-gelbe Pagodendächer – eine bunte exotische Insel im flimmernden Licht der eintönig grauen Ebene. Rund um den Haupttempel, dessen Eingangsportal von zwei gewaltigen, gelb und schwarz bemalten Tigern aus Stein bewacht wird, gruppieren sich einige kleinere Bethäuser, ein hölzernes Schulhaus und die Wohnhütten der Mönche. Zwischen einigen der Hütten sind Leinen gespannt, auf denen Wäsche flattert. An einer Hausecke stehen ein paar Frauen zusammen, einige haben kleine Kinder auf dem Arm. Zu Sowjetzeiten, so erfahren wir auf unsere vorsichtige Frage, durften die Mönche des Klosters heiraten. Die damals geschlossenen Ehen blieben auch nach der Wende bestehen. Neue Ehen dürfen allerdings nicht mehr eingegangen werden. Für buddhistische Mönche in Rußland gilt wieder das Zölibat.

Über dem gesamten Klosterkomplex liegt eine fast unheimliche Stille. Sie wird nur unterbrochen von einem gelegentlichen, hell klingenden Glockenton, der von einem der Bethäuser kommt, oder dem dumpfen Rattern, mit denen ein Mönch oder ein Besucher des Klosters eine der riesigen Gebetstrommeln dreht, die entlang der Innenseite des Klosterzauns aufgereiht sind. Am Eingang zum Klostergelände bieten ein paar Andenkenstände kleine Buddhafiguren an, Miniaturnachbildungen von Gebetstrommeln mit tibetischen Schriftzeichen, Porträts des Dalai Lama und eine broschierte Auswahl seiner Schriften, ein Handbuch der tibetischen Medizin, bunte Ansichtskarten Burjatiens, verschiedene Lehrbücher des Buddhismus sowie eine Sondernummer des in Ulan-Ude erscheinenden kulturell-ökologischen Journals »Heiliger Baikal« mit einer zusammenfassenden Darstellung der Geschichte des Buddhismus in Rußland. Sie geht besonders ausführlich ein auf die Verfolgung der Buddhisten unter Stalin und berichtet voller Hochachtung über Andrej Sacharow und dessen Eintreten auch für die Glaubensfreiheit seiner buddhistischen Landsleute.

Historisch ist der Buddhismus in Rußland eine vergleichsweise junge Erscheinung. In der Baikalregion hat er fast gleichzeitig mit dem Christentum Einzug gehalten, vor rund 250 Jahren, zu Beginn des 18. Jahrhunderts. Vom Westen her versuchten russisch-orthodoxe Mönche, die Urbevölkerung, vor allem Ewenken und Burjaten, zu christianisieren; im Osten, aus Tibet und der Mongolei, brachten Lama-Priester den Buddhismus ins Land. Die Grenze zwischen Buddhismus und Christentum verläuft noch heute entlang des Baikalsees. Während die Mehrzahl der am Westufer des Baikal lebenden Burjaten sich zur russisch-orthodoxen Kirche bekennt, sind die meisten Burjaten am Ostufer Anhänger des Buddhismus. Die Ewenken sind als eigenständige Volksgruppe so gut wie ganz aus der Baikalregion verschwunden. Doch weder dem Christentum noch dem Buddhismus ist es gelungen, den Urglauben der Burjaten, den Schamanismus, völlig zu verdrängen.

Nach diesem Urglauben der Burjaten ist nicht nur die Erde als Ganzes ein lebendiges Wesen, sondern überdies jeder einzelne Teil: jeder Berg, jeder Fluß, jeder See, jeder Weg, jeder Felsen. Alles ist bevölkert von guten und bösen Geistern, und Aufgabe des Schamanen – das Wort ist tungusisch und bedeutet »Asket«, »Zauberer« – ist es, Verbindung zu ihnen aufzunehmen. In der Vorstellungswelt seiner Anhänger sendet der Schamane, ein mit einer besonderen Sensibilität ausgestatteter Mann, seine Seele zu den Geistern aus, oder er gewährt ihnen Zutritt zu seinem Körper. Als Hilfsmittel dienen ihm ein besonderes Gewand, geräuscherzeugende Gegenstände, rhythmische Bewegungen und bewußtseinsverändernde Substanzen.

Die Schamanenzeremonien der Burjaten und anderer sibirischer Völker waren stets mehr als nur ein einfacher religiöser Akt. Es waren sehr komplexe, theatralisierte Handlungen, in denen das Wort ebenso eine Rolle spielte wie Musik, Gesang, Tanz, Feuer, Licht, Hypnose, Alkohol und andere Rauschmittel. Als Verbindungsglied zur Welt der Geister und Götter, als Führer auf Seelenreisen ins Reich der Toten und Ungeborenen sowie als Wundertäter genossen die Schamanen heiligenähnliche Verehrung.

In vielen sibirischen Völkern, auch bei den Burjaten, waren die Schamanen zugleich die wichtigsten Träger und Bewahrer der nationalen Kultur. Mit ihren Gebeten und Gesängen haben sie nicht nur die wesentlichen Elemente der Weltanschauung ihres Volkes zum Ausdruck gebracht, sondern zugleich das Bewußtsein der an ihren Zeremonien teilnehmenden Zuhörer und Zuschauer geprägt. Viele der bedeutendsten Epen und Balladen der sibirischen Völker stammen von Schamanen.

Heute gibt es in Sibirien nach übereinstimmender Auskunft vieler von uns befragter Ethnologen und Historiker kaum noch echte Schamanen. Die meisten, die sich als solche bezeichnen, gelten vielmehr als clevere Scharlatane, die mit einfältigen Touristen oder auch Landsleuten auf billige Weise Geschäfte machen – oder es zumindest versuchen. Elemente des Schamanismus sind jedoch bei den Anhängern der Hochreligionen rund um den Baikalsee, bei Christen wie Buddhisten gleichermaßen, noch lebendig – zum Beispiel die Opferriten für den Gott Burchan an den unzähligen heiligen Orten, den Schamanenplätzen auf Bergkuppen und Felsen, an Quellen und Brücken, Wegkreuzungen und Uferstellen. Auch bei religiös geprägten familiären Riten wie Hochzeitsfeiern und Beerdigungen sind immer wieder schamanistische Elemente zu beobachten – etwa das Vergießen einiger Tropfen Wodka oder Wein auf das Tischtuch oder die Erde. Und niemand, auch nicht die örtlichen Würdenträger des Christentums und des Buddhismus, nimmt an dieser Verknüpfung christlicher und vorchristlicher, buddhistischer und vorbuddhistischer Riten Anstoß.

Im Iwolginskij-Kloster empfängt uns der für Außenbeziehungen zuständige Baldan Lama. Er sitzt in einem kleinen, niedrigen Raum, vollgestopft mit Buddha-Figuren, Kerzen, Teppichen und zeremoniellem Gerät wie metallenen Gongs unterschiedlicher Größe, Trinkschalen und Gebetstrommeln. Ob es das Privatgemach des Baldan Lama ist, sein Arbeitszimmer oder ein allen Mönchen zugänglicher kleiner Gebetsraum, können wir nicht ausmachen. Außer einer nackten Glühbirne, die von der Decke baumelt, können wir kein elektrisches Gerät entdecken.

Wir hatten uns telefonisch im Kloster angemeldet. Auf Journalisten, so sagt uns der in einen roten Umhang gehüllte, kahlgeschorene Mönch mit freundlichem Lächeln, sei man hier im Augenblick nicht allzu gut zu sprechen. Eigentlich rede man gar nicht mehr mit ihnen. Nur bei uns wolle man eine Ausnahme machen, da wir aus Deutschland kämen und nichts mit den schlimmen Ereignissen und Verleumdungen der letzten Monate zu tun hätten. Worauf er anspielt, ist uns klar: auf eine spektakuläre Protestaktion der buddhistischen Mönche in Ulan-Ude, bei der es Anfang des Jahres 1998 sogar Rangeleien mit der Polizei gegeben hatte. Es ging um eines der drei Originale des weltberühmten »Atlas der tibetischen Medizin«, das in einem staatlichen Museum in Ulan-Ude aufbewahrt wird. Gegen eine nicht unbeträchtliche Summe harter Dollars wollte ihn die burjatische Regierung als Leihgabe einem Museum in den USA zur Verfügung stellen. Die Mönche protestierten gegen diesen, wie sie formulierten, Ausverkauf eines ihrer religiösen Heiligtümer, allerdings ohne Erfolg. Der Atlas, so argumentierten die Behörden, sei keineswegs eine religiöse Schrift, sondern ein auf den jahrtausendealten Erfahrungen eines Volkes basierendes medizinisches Lehrbuch, das nichts mit dem Buddhismus zu tun habe. Und die Zeitungen in Ulan-Ude wie die überregionalen Blätter in Rußland, die sich mit dem Fall befaßten, mutmaßten gar, daß es den Mönchen nur darum gegangen sei, das Geschäft mit den Amerikanern selbst zu machen. Aber, wie gesagt, und dabei lächelt der Baldan Lama wieder, mit uns wolle man reden, und wir dürften auch filmen, was immer wir wollten, vor allem den feierlichen Gottesdienst morgen, zum Geburtstag Buddhas, der in diesem Jahr auf den 10. Juni des christlichen Kalenders fiel. Wir sollten nur nicht vergessen, zuvor unsere Spende an der Tempelkasse einzuzahlen, egal ob in Dollar oder Rubel, gegen Quittung natürlich. Auch ein junger Lama würde uns dann zur Verfügung stehen, der sich besonders gut in der Geschichte des Klosters auskenne und uns alle anderen Fragen beantworten werde.

Am nächsten Morgen sind wir pünktlich zum Beginn des Festgottesdienstes um 9 Uhr zu Stelle. Die elektrische Registrierkasse am Tempeleingang hat unsere Hundert-Dollar-Spende verbucht, ohne allerdings eine Quittung auszuwerfen. Der Baldan Lama hat uns unsere Plätze angewiesen und versichert, daß das Interview mit dem jungen Kollegen wie geplant in der ersten Pause des den ganzen Tag dauernden Gottesdienstes, so gegen 11 Uhr, stattfinden könne.

In der Mitte des Tempels haben etwa sechzig kahlköpfige Mönche und Klosterschüler, alle in Gewänder unterschiedlicher Farbe – vor allem Rot und Orange – gehüllt, Platz genommen. Sie sitzen einander auf langen Bänken in zwei Dreierreihen gegenüber. Vor ihnen stehen niedrige Tischchen, auf denen sie Papierrollen mit Gebetstexten ausbreiten. Der Gang zwischen den beiden Sitzgruppen endet an der Stirnseite des Tempels vor einem prachtvollen Thron, über dem ein großes Ölbild hängt, ein Porträt des Dalai Lama. Der Gottesdienst, der in tibetischer Sprache abgehalten wird, erscheint dem Religionsfremden vor allem als ein stetig an- und abschwellendes Gemurmel, unterbrochen von mal sanft, mal heftig und zuweilen sogar gewitterartig einsetzenden akustischen Akzenten, für die verschiedene Gongs, Becken, Glocken und ein mit Ornamenten bemaltes paukenähnliches Instrument benutzt werden.

Während des gesamten Gottesdienstes zieht durch den Mittelgang ein Strom von Besuchern an den Mönchen vorbei. Unter tiefen Verbeugungen überreichen sie ihnen kleine Zettel. Darauf stehen die Namen Verstorbener, für die man um eine baldige Wiedergeburt bittet, oder die Namen Neugeborener, denen man ein gutes und langes Leben wünscht. Auch Danksagungen werden überreicht – für die Heilung von Krankheiten, für bestandene Prüfungen oder den Lohn und die Rente, die man nach vielen Monaten endlich wieder einmal bekommen hat. Jede Fürbitte oder Danksagung ist mit einer Spende verbunden, die man an der Tempelkasse entrichten kann oder den Mönchen direkt überreicht. Das Kloster ist darauf angewiesen, denn eine andere Finanzierungsquelle hat es nicht.

Der Zydyp Lama, der, wie versprochen, in einer Pause des Gottesdienstes, in der den Mönchen heißer Tee mit Zuckerstückchen und eine Brotscheibe gereicht wird, vor dem Hauptportal des Tempels zum Interview erscheint, ist ein hochgewachsener, etwa dreißigjähriger Mann mit kahlem Schädel und ausgeprägten mongolischen Gesichtszügen. Sein massiger Körper strahlt Ruhe und Selbstsicherheit aus. Nur die kleinen flinken Augen, die hinter einer dicken Brille unablässig hin- und herwandern, lassen eine offenbar erhöhte Aufmerksamkeit erkennen. Er spricht Russisch, leise und mit starkem burjatischem Akzent, und ist selbst für die Kollegen aus St. Petersburg nur schwer zu verstehen.

Der Buddhismus in Rußland, so sagt er, habe es nicht immer leicht gehabt. Sicher, nach den religiösen Reformen der Zarin Elisabeth um die Mitte des 18. Jahrhunderts habe der Buddhismus im Baikalgebiet gute Entwicklungsmöglichkeiten gehabt. Die Klöster seien von Steuern und Abgaben befreit worden, die Mönche, die meist aus Tibet und der Mongolei stammten, wären nicht zum Wehrdienst eingezogen worden, der zur Zarenzeit immerhin 25 Jahre dauerte. Bis zur Oktoberrevolution im Jahr 1917 habe so der Buddhismus in Burjatien unaufhörlich an Einfluß gewonnen, sei zur bestimmenden Religion am Ostufer des Baikal geworden. Mit dem Kommunismus jedoch habe die Heimsuchung der Buddhisten nicht nur in Burjatien, sondern auch in vielen anderen Teilen der Sowjetunion begonnen. »Die Tempel und Klöster wurden zerstört oder geschlossen; unzählige Gläubige, allen voran die buddhistischen Mönche und Gelehrten, verschwanden in den Lagern und Gefängnissen Stalins.« Erst 1956 seien sie rehabilitiert worden, aber da sei es für viele schon zu spät gewesen. Und von einer wirklich freien Entfaltung des religiösen Lebens hätte auch danach keine Rede sein können.

Aber wie, so fragen wir, ist zu erklären, daß das Iwolginskij-Kloster 1946 mit der ausdrücklichen Genehmigung Stalins gegründet wurde?

Der Zydyp Lama lächelt. Genau könne er das auch nicht erklären. Aber zum einen dürfe man nicht vergessen, daß es jahrzehntelang das einzige buddhistische Kloster in der Sowjetunion überhaupt gewesen sei, zum anderen habe es wohl mit dem Zweiten Weltkrieg zu tun. Stalin habe nicht nur die russisch-orthodoxe Kirche, sondern auch die anderen Religionsgemeinschaften der Sowjetunion als Verbündete im Kampf gegen den Faschismus gewonnen; viele Buddhisten hätten an der Front ihr Leben gelassen. Vielleicht sei die Gründung dieses Klosters eine Art Geste der Dankbarkeit gewesen.

»Obwohl, Dankbarkeit bei Stalin ...« Der Zydyp Lama lächelt wieder und läßt den Satz unvollendet. Auf jeden Fall jedoch sei dieser Akt der Toleranz für Stalin politisch nützlich gewesen, vor allem dem Ausland gegenüber. Wenn es um Fragen der Glaubensfreiheit gegangen sei, habe er stolz auf das Iwolginskij-Kloster verweisen können. Seht her, sogar die Buddhisten haben in der großen Sowjetunion ihre Heimstätte. »Zentrum des Buddhismus in der Sowjetunion« habe das Kloster denn auch offiziell geheißen. Ein Potemkinsches Dorf.

Und wie ging es mit dem Buddhismus nach Stalin weiter?

»Bis zum Tauwetter Gorbatschows schlecht«, sagt der Zydyp Lama und benutzt mit dem Wort »Tauwetter« einen Begriff, den der russische Schriftsteller Ilja Ehrenburg einst für den hoffnungsvollen Beginn der Chruschtschow-Ära prägte. Außer dem Iwolginskij-Kloster hätten bis zu Gorbatschow keine anderen buddhistischen Tempel und Gebetshäuser gebaut werden dürfen; die Verbreitung buddhistischen Schriftgutes sei untersagt gewesen, ebenso die Ausbildung junger Priester. Diese hätten in die Mongolei geschickt werden müssen, doch auch dort seien sie natürlich von den staatlichen Organen lückenlos kontrolliert worden. Gläubige Buddhisten hätten Angst gehabt, sich öffentlich zu ihrer Religion zu bekennen. Zwar sei man dafür nicht mehr ins Lager gekommen, aber die berufliche Zukunft und die gesellschaftliche Existenz hätte es allemal gefährdet.

»Es hat unter den Buddhisten eine Atmosphäre der Angst geherrscht, auch wenn der Terror Stalins schon vorbei war.«

»Und heute?«

Der Zydyp Lama legt die Handflächen vor der Brust aneinander. »Heute ist alles ganz anders. Seit 1991 erlebt der Buddhismus in Burjatien eine Wiedergeburt. Wie in der Geschichte unseres Landes beginnt er auch eine große Rolle in der Kultur und im Alltag der Gegenwart zu spielen. Er wird wieder ein Schlüsselelement unseres täglichen Lebens.«

Und wie zum Beweis zitiert er aus der Statistik. Allein im Iwolginskij-Kloster leben heute 55 Mönche. Dazu kommen noch zwanzig Eleven, die an der klostereigenen Schule zu jungen Priestern ausgebildet werden. Einen der jüngsten hatten wir während des Gottesdienstes gesehen: einen etwa zehnjährigen Jungen, gehüllt in ein rotes Mönchsgewand, unter dem ein paar Adidas-Turnschuhe hervorschauten. Allein in Burjatien gebe es heute zwanzig buddhistische Tempel und mindestens noch einmal soviel kleinere Gebetshäuser. Buddhistische Gemeinden würden nicht nur in anderen traditionell buddhistischen Gegenden Rußlands existieren, wie in Kalmückien und der Region Tuwa, sondern auch in Wladiwostok, Moskau, St. Petersburg und vielen anderen großen Städten. Auch in anderen Republiken der ehemaligen Sowjetunion seien neue buddhistische Gemeinden entstanden, im Baltikum etwa und in der Ukraine. Die jungen Priester würden zur Vervollkommnung ihrer Ausbildung nicht mehr nur in die Mongolei geschickt, sondern auch nach Indien, Thailand und Burma. Der Dalai Lama, das geistliche Oberhaupt auch der burjatischen Buddhisten, sei ein gerngesehener Gast in Rußland und besuche regelmäßig das Iwolginskij-Kloster. Seit kurzem seien die jungen Mönche auch wieder vom Wehrdienst freigestellt, mit einem Wort: Es sei, als habe ein »Wunder« stattgefunden.

»Wenn der Buddhismus in Burjatien heute wieder eine derartige Renaissance erlebt – hat dies auch Einfluß auf die Politik? Wird die Stimme des Buddhismus vom Staat gehört?«

Über das Gesicht des Zydyp Lama huscht erneut ein feines Lächeln. »Wir wollen gar keinen Einfluß auf den Staat und die Regierung. Wir wollen nur einen gesicherten Platz im gesellschaftlichen Leben, die Möglichkeit, in Freiheit und ohne Angst unseren Glauben praktizieren zu können, ohne bürokratische oder sonstige Hindernisse. Wir sind für eine strikte Trennung von Staat und Religion.« Allerdings, und an dieser Stelle zögert der Zydyp Lama kaum merklich, hätten die jüngsten Ereignisse gezeigt, daß es immer wieder auch schmerzliche Berührungen von Politik und Religion gebe, daß »wohl noch nicht alle, die im Staat Verantwortung tragen, Lehren aus der schlimmen Vergangenheit gezogen haben«. Daß Polizisten Mönche schlagen, trage jedenfalls nicht zur Schaffung einer Atmosphäre des Vertrauens zwischen Staat und Buddhismus bei.

Ob der »Atlas der tibetischen Medizin«, um den es dabei gegangen sei, denn wirklich ein heiliges Buch wäre, fragen wir.

»Natürlich«, antwortet der Mönch ungerührt, »für uns schon.«

Womit, wie wir verstehen, die Diskussion zu diesem Thema beendet ist.

Auf ein anderes Thema jedoch scheint der Zydyp Lama nur gewartet zu haben, die Frage nach dem Baikal. Genauer: nach der Rolle, die der Baikal im Buddhismus spielt. Doch bevor er, sichtlich erfreut, zu einer Antwort anhebt, unterbricht ihn ein anderer Mönch, der während des ganzen Gesprächs in unmittelbarer Nähe des Kamerateams gestanden und sich dabei unablässig Notizen gemacht hat. Wir mögen verstehen, daß der Zydyp Lama nun in den Tempel zurückmüsse, die Pause sei zu Ende, der Gottesdienst gehe weiter. In der nächsten Pause würde er alle weiteren Fragen beantworten. In der Tat sehen wir, wie aus allen Richtungen des Klostergeländes die Mönche wieder zum Tempel strömen, und vernehmen mehrere helle Beckenschläge, die offenbar die Fortsetzung des Gottesdienstes ankündigen.

Wir nutzen die Pause und die inzwischen sommerlich hell strahlende Mittagssonne zu Außenaufnahmen. Wir filmen den prächtigen holzgeschnitzten Haupteingang des Klosters, der aus einem riesigen Mitteltor, durch das bequem ein Lastwagen paßt, sowie zwei kleineren Nebentüren besteht und der nur einmal im Jahr für einen Umzug am höchsten buddhistischen Feiertag geöffnet wird. Jedes der drei Tore krönt ein weithin leuchtendes gelbes Pagodendach, aus dessen Unterkanten hölzerne Tierköpfe ragen. Durch das Schnitzwerk des Portals geht der Blick weit hinaus in die Steppe, wo einige Kühe grasen und ein leichter Wind kleine Staubsäulen emporwirbelt.

Zu den Besuchern, die nun in immer größerer Zahl das Klostergelände bevölkern und die vielen Gebetstrommeln drehen, bevor sie dem Tempel zueilen, befinden sich auch einige ältere Frauen in der traditionellen burjatischen Tracht: dem Chalat, einem weit geschnittenen, buntbedruckten orientalischen Mantel aus Seide oder leichter Baumwolle, weichen Schaftstiefeln und einem spitzen, kegelförmigen Filzhut. Manche schaffen es nur mit Mühe, die schweren, sie weit überragenden Gebetstrommeln, die in der Erde verankert sind, in Gang zu setzen. Das sind die Bilder, die Maxim besonders liebt. Wegen der Symbolik, wie er sagt, ohne dies jedoch näher zu erklären.

Noch während der Dreharbeiten ist unser Blick auf ein Zelt in der Nähe des Haupttempels gefallen, eine große burjatische Jurte, an deren Eingang ein windschiefes Holzschild mit der russischen Aufschrift »Café« hängt. Im Inneren bereitet ein junges, uns freundlich begrüßendes burjatisches Mädchen mit kurzen, lustig schaukelnden Zöpfen die Nationalspeise der Burjaten zu: Posy, mit Hackfleisch gefüllte Teigbällchen von der

Größe einer Kinderfaust. Sie wurden uns bereits an anderen Orten rund um den Baikal serviert, doch erst hier lernen wir, wie man sie richtig ißt. Man nimmt sie in die Hand, bestreut sie mit Pfeffer, beißt eine Ecke der Teigtasche ab und läßt die herauslaufende Brühe auf ein Stück trockenes helles Brot tropfen. So jedenfalls macht es ein uralter Mönch am Nebentisch, der, warum auch immer, am Gottesdienst nicht teilnimmt. Und genau so, bestätigt uns die nette Köchin, muß es auch gemacht werden.

Der Mönch und das Mädchen reden miteinander burjatisch. Als ich beginne, mir Notizen für die weiteren Dreharbeiten zu machen, blickt der Alte mißtrauisch herüber. Und dann bellt er mich mit seiner dünnen Fistelstimme auf russisch an: »Was machst du da? Was schreibst du da auf? Für wen schreibst du?«

Alle Versuche, mit ihm in ein ruhiges Gespräch zu kommen, scheitern.

»Erzählt mir nichts! Ich weiß, woher ihr seid.«

Sein zerknittertes Gesicht zieht sich noch mehr zusammen, seine schmalen Augen werden noch kleiner. Dann macht er nur noch eine verächtliche Geste, sagt etwas auf burjatisch zur Köchin und schlurft hinaus.

»Die Stimmung hier ist nicht gut im Augenblick«, sagt das Mädchen, »aber seid dem Alten nicht böse. Er hat schon soviel erlebt.«

Unser Zydyp Lama hält sein Versprechen. In der nächsten Pause des Gottesdienstes kommt er aus dem Tempel, und wir können das Gespräch vor der Kamera fortsetzen. Also, wie ist das mit der Rolle des Baikal im Buddhismus?

»Wenn Sie es geschichtlich betrachten, ist der Buddhismus eine klassische ökologische Religion. Er hat die Bewegung der Grünen seit Jahrhunderten vorweggenommen. Ihre Prinzipien ziehen sich wie ein roter Faden durch unsere Religion.«

Wir sind einigermaßen verblüfft und bitten um nähere Erläuterung.

Kein Problem, meint der Zydyp Lama und fährt mit leiser, aber eindringlicher Stimme fort:

»Unsere Religion, der Buddhismus, bestimmt auch unser Verhältnis zur Umwelt, der Natur. Es sind die buddhistischen Götter, die die Herren des Bodens sind, der Berge, des Baikal. Indem wir diese Orte – den Boden, die Berge, den Baikal – ehren, ehren wir unsere Götter. Wenn wir früher einen Baum gefällt haben, haben wir den örtlichen Gott, den Gott dieses Waldes, vorher um Verzeihung gebeten. Und wir haben den Baum auch nur gefällt, wenn wir ihn wirklich brauchten, zum Bauen oder zum Feuermachen. Diese Prinzipien prägen den Buddhismus seit 2000 Jahren, und sie sind heute wichtiger denn je – angesichts der Art, in der die Menschen mit der Natur umgehen, der Rücksichtslosigkeit, mit der sie die Technik einsetzen und die Umwelt zerstören. Wenn Sie es genau betrachten, waren diese ökologischen Prinzipien des Buddhismus nie aktueller als heute.«

»Und was heißt dies konkret für den Baikalsee?«

»Unser Kloster liegt ja nicht einmal hundert Kilometer vom Baikal entfernt, und wir beobachten genau, was dort geschieht. Viele Tiere und Pflanzen des Baikal sind wichtige Elemente der tibetischen Medizin, die auch von unseren gelehrten Mönchen praktiziert wird. Denken Sie nur an den Fisch Golomjanka, dessen Fett die Basis von mehreren Dutzend Heilmitteln ist. Nicht erst seit heute, sondern schon seit Jahrzehnten sehen wir wie alle vernünftigen Menschen eine zunehmende Gefährdung des Baikal. Und wir wissen, was es für den Baikal bedeutet, wenn der Mensch weiterhin so leichtfertig mit dem Wasser des Sees, dem Boden und dem Wald, der ihn umgibt, umgeht. Man hat zwei riesige Papierkombinate gebaut, die den See verschmutzen, und dafür auch noch ganze Wälder abgeholzt. Und man unternimmt nichts gegen die wilde Bautätigkeit rund um den Baikal. Zu Sowjetzeiten hat sich jedes Unternehmen, jeder Industriebetrieb, jede Behörde, die etwas auf sich hielt, in der unmittelbaren Umgebung des Sees ein Ferienheim oder Sanatorium gebaut, ohne Rücksicht auf die Ökologie. Heute setzen die Neuen Russen ihre Datschen an die schönsten Stellen des Baikal, und keiner schreitet dagegen ein. Dies alles zerstört den Baikal. Nicht in einem Jahr und auch nicht in zehn Jahren, aber auf Dauer mit Sicherheit. Das müssen die Menschen endlich begreifen – egal, an welchen Gott sie glauben.«

Beim Verlassen des Klosters stöbern wir noch einmal in den Auslagen der Andenkenstände. Dabei fällt uns eine schon etwas vergilbte Abhandlung über »Traditionen der Burjaten im Umgang mit der Natur« in die Finger. Vieles von dem, was uns der Zydyp Lama erzählt hat, finden wir hier bestätigt. Doch zugleich erfahren wir, daß die Wurzeln des spezifischen Naturverständnisses der Burjaten viel weiter zurückreichen, in die vom Schamanismus geprägte Zeit vor der Entstehung und Verbreitung von Buddhismus und Christentum. Im Verständnis der Burjaten, wie es in unzähligen Liedern und Legenden der Schamanen überliefert ist, waren Mensch und Natur stets eine Einheit. Die Natur war nicht nur Dach und Haus des Menschen, Grundlage seines Wohlergehens und seiner Gesundheit, sondern zugleich der Ausgangspunkt seiner ethischen und moralischen Überzeugungen. Jeder Mensch empfand sich als untrennbarer Teil der Natur, mit ihr verwoben durch die Vielzahl sichtbarer und unsichtbarer Fäden – ethnischer wie materieller und geistiger. Und nicht nur mit der unmittelbar umgebenden Umwelt wußte man sich auf diese Weise verbunden, sondern mit dem gesamten Kosmos, dem Weltall. Der Baikal war für die alten Burjaten ein lebendiges heiliges Wesen, das auf geheimnisvolle Weise unmittelbar mit dem Kosmos in Berührung stand. Was man dem Baikal antat, das tat man dem gesamten Kosmos an – entsprechend verhielt man sich ihm gegenüber. Nie wäre ein Burjate auf die Idee gekommen, einen Stein in den Baikal zu werfen. Und was für den Baikal galt, galt praktisch für die gesamte Natur. Sie stand unter dem Schutz der Allgemeinheit, zunächst im Zeichen des Schamanismus und später auch des Buddhismus. Niemand, so lesen wir in dem kleinen Buch über die Traditionen der Burjaten weiter, hätte auch gewagt, an den heiligen Schamanenplätzen zu jagen. Ein Umstand, dem der Erhalt einer ganzen Reihe von Tieren und Pflanzen bis auf den heutigen Tag zu verdanken ist. So war es bei Burjaten eine schwere Sünde, dem Steppenadler nachzustellen, dem göttlichen Vogel, der als Hüter und Bewahrer der Weidegründe verehrt wurde. Gleiches galt für Schwäne, die »Menschenvögel«, in denen die Burjaten die Verkörperung der höchsten sittlichen Eigenschaften sahen, die Quelle ewiger Achtung und Liebe.

Ausgesprochen vorsichtig gingen die Vorfahren der Burjaten auch mit dem Wald und dem Boden um, wofür es sogar schriftliche Zeugnisse gibt. So stand laut der Gesetzessammlung des Dschingis-Khan für das Viehzüchtervolk der Mongolen, dem auch die Burjaten angehören, auf das Graben in der Erde und anderen Naturfrevel die Todesstrafe. Selbst das Schuhwerk der Burjaten, so wird berichtet, geht in seiner eigenartigen Form auf die Verehrung der Natur zurück: Die Stiefelspitzen sind nach oben gebogen, um beim Gehen die Erde nicht zu verletzen.

Das Dorf gegenüber dem Iwolginskij-Kloster, das hatten uns die Mönche erzählt, wird fast ausschließlich von Burjaten bewohnt. Sie leben zumeist von ein paar Schafen, Kühen und den Touristen. Denn das Kloster ist, nach dem Baikalsee, die zweifellos größte Attraktion, die die Autonome Republik Burjatien Fremden bietet. Und seit in Rußland gegen die Religion kein Krieg mehr geführt wird, werden die Touristen in Scharen nach Iwolginsk, wie das Dorf heißt, gekarrt. Und wenn auch noch keine Verhältnisse wie vor bayerischen Klöstern herrschen, für die Dorfbewohner fällt allemal etwas ab. Vor dem Touristeneingang haben sich vier Bretterbuden etabliert, in denen nicht nur allerlei religiöser und folkloristischer Kitsch verkauft wird, sondern auch Brot und Bier, eingelegte Gurken und Walderdbeeren, Speiseeis und Limonade. Aus einem kleinen Tankwagen wird Kwas, leicht vergorener Brotsaft ausgeschenkt, und zuweilen bieten alte Frauen und Kinder auch frische, noch kuhwarme Milch oder ein Schaffell an.

Am Ende des Dorfes, auf einem mit Steppengras bewachsenen großen Grundstück, das sanft zu einem Bewässerungskanal abfällt, sehen wir einen Mann, der mit einer riesigen Axt Baumstämme bearbeitet. Mit kurzen, präzisen Schlägen schält er die Rinde vom Holz, flacht die Stämme an zwei Seiten ab und hackt in die Enden eine Fuge. Dann ruft er einen anderen Mann, und sie setzen die Stämme zum Viereck ineinander. Er baut ein Haus. Dabei stehen auf dem Grundstück schon zwei Holzhäuser, auf die gleiche Weise zusammengefügt, ohne Nägel. Auf unsere Frage, ob wir, da das Tor weit weg auf der anderen Seite des Grundstücks ist, über den Zaun steigen und uns alles mal näher anschauen dürften, antwortet er kurz: »Dawaj«, was soviel heißt wie »na los«.

Der Mann ist Burjate, Mitte Dreißig, braungebrannt. Er trägt eine Baseballmütze mit dem Signet der Firma Nike, ein hellblaues T-Shirt und eine ausgebeulte, dunkelblaue Trainingshose. An den muskulösen Unterarmen kleben Sägespäne, zwischen den schmalen Lippen hängt ein Stück Rinde, auf dem er ständig herumkaut.

Wir stellen uns vor, sagen, daß wir aus St. Petersburg und Germanien kommen und einen Film über den Baikalsee drehen.

»Über den Baikal? Das ist gut«, sagt der Mann und nickt. Und dann fragt er ganz unvermittelt: »Woher aus Germanien?«

»Aus Köln.«

Der Mann nickt wieder. »Das ist gut. Ich war nämlich auch in Germanien. Zwei Jahre lang. In Forst Zinna, bei Berlin.«

Dann fragt er, wie im Russischen üblich, nach unseren Vornamen und stellt sich selbst vor. Er heißt Ananda, ein burjatischer Name, der übersetzt Freude bedeutet. Es war, auch das haben wir gelesen, der Name des Lieblingsschülers von Buddha.

Ananda war als Soldat in der DDR stationiert, bis ganz zum Ende, wie er betont, »bis zu unserem Rückzug 1991«. Wenn es nach ihm gegangen wäre, wäre er gern noch länger in Deutschland geblieben, trotz des Heimwehs, aber die Geschichte – die Historie, wie er sagt – habe es anders gewollt. Und wenn man es objektiv betrachte: »Was sollten wir denn da eigentlich. Der Krieg war doch schon fünfzig Jahre vorbei!«

Und die NATO?

»Na ja, die NATO. Klar, die hat es gegeben. Aber daß die uns wirklich überfallen wollte, ich weiß nicht ... So verrückt kann die doch gar nicht sein. Wir haben schließlich Atomwaffen, das hätte denen also nichts genützt.« Wie auch immer, als seine Einheit aus der DDR abzog, habe er gedacht, das ist schon richtig so.

»8000 Kilometer von zu Hause weg, das war irgendwie unnatürlich.«

Und wie denkt er über die Wiedervereinigung Deutschlands?

»Das ist ganz normal, das mußte so kommen. Man kann doch ein Volk nicht ewig trennen. Die Deutschen sind ein Volk. Und ein Volk gehört zusammen.« Auch die Burjaten seien geteilt, räumlich: in Ostburjaten und Westburjaten. Die einen leben östlich des Baikalsees, die anderen westlich von ihm. Aber das sei eine natürliche Grenze, die niemanden hindere, den anderen zu besuchen, wie damals diese komische Mauer in Deutschland. »Nein, nein, es ist schon richtig so, wie alles in Deutschland gekommen ist.«

»Welche Erinnerungen haben Sie denn ganz persönlich an Deutschland?«

»Die allerbesten. Dieses Land hat Kultur, Sauberkeit. Die Menschen sind arbeitsam, ordentlich, pünktlich.«

Und wie gepflegt die Städte seien! Er sei häufiger in Luckenwalde gewesen, sechs Kilometer von Forst Zinna entfernt. »Welch eine Stadt!« Viel lernen könne man von den Deutschen. Man müsse sich nur Mühe geben. »Dann könnte hier auch alles ganz anders aussehen.«

Ob er denn bedauere, daß er wieder hierher, nach Burjatien, zurückgekommen sei, fragen wir Ananda.

»Ganz im Gegenteil! Hier ist doch meine Heimat. Hier leben meine Menschen. Hier ist meine Sprache, meine Religion. Hier gehöre ich hin. Was soll ich denn woanders?«

Und die vielen Probleme hier?

»Wer stark ist, beißt sich durch. Den anderen geht es immer schlechter. Aber das muß ja nicht so bleiben.«

Ananda spuckt die Rinde aus und wendet sich ab. Er müsse jetzt weiterarbeiten! Ob ich nicht Lust hätte, ihm zu helfen. Er müsse einen Baumstamm zerteilen, mit der Säge, ob ich so etwas schon mal gemacht hätte. Ich nicke, packe das andere Ende der Blattsäge, und nach ein paar Minuten ist der Stamm halbiert. Während Ananda ihn nun mit der Axt weiter bearbeitet, kommen wir auf den Hausbau zu sprechen. Was er denn mit einem dritten Haus auf seinem Grundstück wolle? Ob er denn eine so große Familie habe oder sonstige Leute, die er unterbringen müsse?

Ananda lächelt, läßt die Axt sinken und richtet sich auf. Dann zeigt er auf eines der Häuser. »Hier lebe ich mit meiner Mutter. Die anderen beiden Häuser«, er zeigt auf das fertige Haus und die Balken, die er gerade bearbeitet, »die anderen beiden verkaufe ich.«

»Wie, bitte?«

»Na klar. Das bringt gutes Geld.«

»Aber das zweite Haus steht doch schon fix und fertig hier auf dem Grundstück?!«

»Na und?«

Und dann beginnt Ananda zu erklären. Innen sei das Haus ja noch leer. Er baue nur die Wände, die Fußböden, die Fenster, das Dach. Jeder Baustamm, jeder Balken, jedes Brett ist einzeln numeriert. Dann kommt ein Interessent, und wenn ihm das Haus gefällt, nimmt es Ananda wieder auseinander und baut es da auf, wo es der Käufer gern haben möchte.

»Das Häuserbauen haben wir übrigens von den Russen gelernt. Wir haben ja früher in Jurten gewohnt. Wenigstens etwas Gutes.« Was er mit dem letzten Satz genau meint, läßt Ananda offen.

Die Kunden für seine Häuser – das fertige ist bereits verkauft, für das im Bau befindliche gibt es mehrere Anfragen – kommen aus ganz unterschiedlichen gesellschaftlichen Schichten. Zum einen sind es Neue Russen, oft Spekulanten, Schwarzhändler und andere dubiose Typen, die die Häuser als Datschen benutzen wollen; zum anderen sind es aber auch sozial schwache Familien, die sich das Leben in der Stadt nicht mehr leisten können und nun aufs Land flüchten. Mit den Kartoffeln und dem Kohl, den sie auf ihrem Grundstück anbauen, mit einer Kuh und ein paar Schafen hoffen sie, dort weitgehend autark leben zu können. Von diesen Menschen, so Ananda, gebe es immer mehr. Die Arbeitslosigkeit und die immer dramatischer steigenden Preise für Wohnungen, Strom, Gas, Lebensmittel, Bahnen und Busse zwingen manche geradezu, ihre Stadt zu verlassen, um auf dem Dorf eine Überlebenschance zu suchen. Und so ein Haus, wie er es baue, sei ja auch nicht allzu teuer, vergleichsweise. Mehr als 1500 Dollar würde er dafür nicht nehmen. Und wenn er sich anstrenge, habe er ein Haus in drei bis vier Wochen fertig.

Ein schöner Beruf, finden wir.

Ananda wehrt ab. Das sei nicht sein Beruf, er mache das alles in seiner Freizeit.

»Und was sind Sie von Beruf?«

»Lama-Priester. Hier gegenüber im Kloster.«

Zunächst glauben wir, nicht richtig gehört zu haben, denn auch Ananda spricht ein nur schwerverständliches Russisch. Doch Ananda wiederholt: Ja, ja, wir hätten richtig gehört, er sei Priester, Lama-Mönch im Iwolginskij-Kloster.

Ob er als Mönch denn nicht im Kloster leben müsse?

Ach was, lächelt Ananda und amüsiert sich offenkundig über unsere Unwissenheit. Er habe im Kloster feste Dienstzeiten, und dafür bekomme er wie in jedem anderen Beruf auch ein ganz normales Gehalt. Und in seiner Freizeit könne er machen, was er wolle, solange es natürlich mit den Gesetzen Buddhas im Einklang stünde. Und wohnen könne er auch, wo er wolle. Da er hier aus dem Dorf stamme, sei es doch ganz natürlich, daß er auch im Dorf wohne, bei seiner Mutter. Aber das sei alles gar nicht so wichtig. Für ihn sei entscheidend, daß er Mönch sein darf. »Das war ja, wie Sie wissen, hier nicht immer so.«

Dieser Satz bietet uns Gelegenheit, noch einmal auf die Probleme zwischen Burjaten und Russen zurückzukommen, die er im Verlauf unseres Gesprächs nur vorsichtig angedeutet hatte. Er wolle gar nicht über die Verfolgung der Religion unter den Russen, genauer der Sowjetmacht, reden, sondern über das, was sie sonst noch seinem Land, Burjatien, angetan hätten. Dabei macht er eine weitausholende Bewegung und zeigt über die sich bis zum bergigen Horizont hinziehende Steppenlandschaft.

»Dies ist eine sehr empfindliche Natur, eine sehr verwundbare Landschaft. Unsere Ahnen und Urahnen haben es gewußt und sich sehr weise, sehr vorsichtig verhalten. Sie haben Viehzucht getrieben und alles vermieden, was die Erde, den Boden beschädigt hätte. Und dann kamen die Russen und haben gesagt: Hier leben doch so wenig Menschen, und hier gibt es nur Landwirtschaft. Hier müssen Leute her, hier müssen wir Industrien bauen. Und dann kamen massenhaft Russen, es wurde Industrie angesiedelt und Landwirtschaft mit großen Maschinen betrieben. Das alles hat man mit europäischen Augen gesehen und geglaubt, man erweise uns eine Wohltat. Aber in Wirklichkeit wurde die traditionelle Lebensweise unseres Volkes zerstört, die Umwelt kaputtgemacht, zumindest schwer geschädigt.«

Ananda macht eine Pause und sagt dann, wie um einen Schlußpunkt zu setzen: »So war das mit den Russen.«

Und dann legt er noch mal eine Pause ein und fügt mit einem resignierenden Kopfschütteln hinzu: »Nicht einmal vor dem Baikal haben sie haltgemacht. Dem Baikal, unserem Stolz. Dem Meer, das uns Burjaten heilig ist.«

Die beiden Papierkombinate, die die Russen an die Ufer des Baikal setzten, seien nicht nur ein Frevel gegen die Natur, sondern gegen die Götter und den Kosmos. »Denn der Baikal ist eine kosmische Kraft, die nicht nur uns ernährt, sondern die ganze Welt.«

Auf unseren Einwand, daß dies doch nur alter Schamanenglaube sei, reagiert Ananda unwirsch. »Na und? So ist es eben. Ich glaube daran.«

Seine Vorfahren hätten am Baikal gebetet, und auch er fahre manchmal dorthin, um zu beten. »Obwohl ich Buddhist bin, ehre ich die heiligen Schamanenplätze. Das eine schließt das andere nicht aus.« Schließlich habe doch sogar der Dalai Lama am Schamanenfelsen auf der Insel Olchon, der größten im Baikal, gebetet. »Man muß auch den Glauben der Vorväter ehren.«

Als wir uns verabschieden, erscheint in der Tür seines Wohnhauses eine etwa sechzigjährige Frau mit einem bunten Kopftuch und einem Eimer in der Hand. Offenbar will sie Wasser holen. Auf uns zeigend, fragt sie Ananda etwas in burjatischer Sprache. Nachdem dieser geantwortet hat, ruft sie uns auf russisch zu: »Jungs, kommt rein, zum Essen.«

Dankend lehnen wir ab. Unser Schiff wartet. So nehmen wir zumindest an.

KEIN SCHIFF FÜR TOURISTEN

Eigentlich war alles perfekt geplant. Mindestens zwei Wochen sollten wir kreuz und quer über den Baikalsee fahren, dorthin, wohin wir wollten; mit einem Schiff ganz für uns allein, einem Schiff, auf dem man schlafen und essen kann und das möglichst wenig schaukelt, damit Maxims Bilder nicht verwackeln. Kein Problem, hatte der Direktor des Baikal-Instituts der Akademie der Wissenschaften in Irkutsk gesagt, wir haben drei Forschungsschiffe, ein großes, ein kleines und ein mittleres. In Ordnung, hatten wir gesagt, das mittlere ist vermutlich genau das richtige; 750 Dollar pro Tag ist ein fairer Preis, und wenn die Schiffsbesatzung auch noch bereit ist, sich nach unseren Wünschen zu richten, was Fahrtziele und Arbeitszeiten angeht – um so besser. Na klar, hatte der Direktor gesagt, ihr könnt sogar bestimmen, was es zu essen geben soll. Und wenn Jacques Cousteau mit diesem Schiff zufrieden war, werdet ihr es wohl auch sein. Doch nun ist das Schiff weg und Sascha auch, schon zwei Tage, um ein neues zu suchen.

Einst war das Baikal-Institut stolzer Besitzer einer Flotte von sieben Forschungs- und Expeditionsschiffen. Das ganze Jahr über, mit Ausnahme der Monate Januar, Februar und März, in denen der Baikal zugefroren ist, waren sie unterwegs, häufig auch mit ausländischen Wissenschaftlern, Naturfreunden, Journalisten. Dann brach die Sowjetunion zusammen, und die einst üppig subventionierten Akademie-Institute mußten sich selbst um ihre Finanzierung kümmern. Also wurde zunächst das Tafelsilber verkauft, bis auf das Allernötigste. Von den sieben Forschungsschiffen blieben nur drei übrig, und auch diese werden jetzt häufiger an Touristengruppen verchartert als zu wissenschaftlichen Zwecken eingesetzt, denn das Institut hat nicht einmal mehr Geld für Treibstoff. Auch Reparaturen werden nur noch notdürftig ausgeführt oder so lange hinausgezögert, bis der Dampfer überhaupt nicht mehr fährt. Und genau das ist jetzt mit unserem »Akademik Titow« passiert. Zwei Tage bevor das nach einem berühmten Sowjetwissenschaftler benannte Boot mit uns in See stechen sollte, gab die Turbine ihren Geist auf. Wann sie repariert werden kann, weiß nicht einmal der Institutsdirektor. Geld ist nirgends in Sicht. Um zu sparen, mußte er seinen Mitarbeitern in ihren Dienstwohnungen, für die sie teure Miete bezahlen, sogar schon das warme Wasser abstellen lassen. Das große Schiff kann er uns nicht geben, denn damit ist gerade eine Gruppe amerikanischer Wissenschaftler unterwegs, und das kleine Schiff wollen wir nicht, da es für Filmaufnahmen zu sehr schaukelt. Also zieht Sascha durch den Hafen von Irkutsk und sucht nach Ersatz, was sich recht dramatisch gestaltet.

Seit der Wende ist die Flotte auf dem Baikal immer kleiner geworden. Zu Sowjetzeiten hatte fast jeder Betrieb in der Nähe des Sees, soweit er etwas auf sich hielt, seinen eigenen Dampfer. Auch die Forstverwaltung, die Naturschutzbehörde, der Wetterdienst und unzählige andere staatliche Einrichtungen hatten eigene kleine Flotten. Gegen Geld und ein paar gute Worte konnte man hier Schiffe jeder Größe mieten, für einen Tag, einen Monat, alles ließ sich problemlos arrangieren. Doch nun sind viele dieser Schiffe verrottet, abgewrackt, liegen seeuntüchtig in den kleinen Häfen oder als Skelette am Strand. Was noch brauchbar war, wurde zumeist an private Unternehmer und Betriebe verkauft, die die Boote für eigene Zwecke nutzen. Lediglich ein cleveres Tourismusbüro in Irkutsk bietet im Moment eine westliche Motorjacht mit allem Komfort an, inklusive Fernsehanschluß in den Kajüten, zu einem Preis allerdings, der jede Vorstellungskraft eines bundesdeutschen Rechnungshofes sprengt. Für Sascha, der mit unserem Budget kalkulieren muß, also auch keine Lösung.

Schließlich findet er einen Dampfer, der für uns in Frage kommt, der Größe nach jedenfalls und auch hinsichtlich des Preises. Dieses Schiff der Klasse »Jaroslawjez« ist 19 Meter lang, 3,80 Meter breit, 18 Stundenkilometer schnell beziehungsweise langsam. Es ist frisch in Blau und Weiß gestrichen und macht äußerlich einen gepflegten Eindruck. Es hat zwei Kabinen, Platz für maximal acht Passagiere, also gerade ausreichend für uns und unser umfangreiches Kameragepäck. Sogar eine kleine Toilette gibt es an Bord und ein Wasserrohr, das als Dusche fungieren soll. Sascha ist begeistert und macht sich sofort auf die Suche nach dem Eigentümer. Dieser ist ein junger Mann, der, wie er erzählt, das Schiff erst vor wenigen Wochen erworben und mit seiner Frau eigenhändig neu gestrichen hat. Doch noch während Sascha mit dem Besitzer verhandelt, melden sich telefonisch weitere Interessenten: ein zu den Neuen Russen zählendes Ehepaar, das auf Anhieb das Doppelte bietet, sowie der russische Mitarbeiter einer amerikanischen Kosmetikfirma, die an diesem Wochenende in Irkutsk einen Kongreß veranstaltet und für ihre Chefs und deren Ehefrauen eine Fahrt auf dem Baikal organisieren will. »Preis nebensächlich!« Der Schiffsbesitzer schwankt, doch dann gibt Saschas Hinweis auf das Deutsche Fernsehen, in dem das schmucke Boot gezeigt werden soll, den Ausschlag. Allerdings bleibt Sascha mißtrauisch und beschließt, bis zur geplanten Abfahrt in zwei Tagen keinen Schritt mehr von Bord zu gehen. Zum Einkaufen des Proviants schickt er die Besatzung.

Das alles hat sich abgespielt, während wir noch am Ostufer des Baikal, 300 Kilometer entfernt, in der burjatischen Steppe und bei den Mönchen im Iwolginskij-Kloster drehten. Sascha informierte uns kurz über das Satellitentelefon, wobei er vor allem vom Komfort seines Schiffes schwärmte.

Was er nicht wissen konnte: Wir hatten in Ulan-Ude gerade den neuesten Reiseführer für die Baikalregion gekauft, in dem auch über die Möglichkeiten von Schiffsreisen ausführlich informiert wird. Dort heißt es über die Dampfer vom Typ »Jaroslawjez«, also unseren: »Die Konstruktion des Dampfers ist nicht geeignet für die Beförderung von Touristen. Es gibt praktisch keine sanitären Anlagen. Der Schiffsmotor arbeitet sehr laut, was für die Passagiere höchst unangenehm ist, vor allem nachts. Nicht alle Schiffe dieses Typs sind in ordnungsgemäßem Zustand. Manche haben weder Radar noch Funkverbindung. Grundsätzlich dürfen Schiffe der Klasse ›Jaroslawjez‹ nur bis zu Windstärken von elf Metern pro Sekunde und einem Wellengang bis zu zwei Metern fahren.«

»Na und«, seufzt Sascha sarkastisch, nachdem ich ihm das am Telefon vorgelesen habe, »wir sind doch auch keine Touristen.« Und außerdem habe dieser Dampfer, mit dem er schon mal gefahren sei, auch etwas Gutes: einen geringen Tiefgang.

»Stimmt«, sage ich, »auch das steht im Reiseführer: ›Der geringe Tiefgang des Dampfers vom Typ 'Jaroslawjez' gestattet das unmittelbare Anlegen an vielen Stellen des Ufers rund um den Baikalsee.‹«

»Na bitte«, sagt Sascha, »das ist doch das wichtigste für uns. Oder?«

Wir sind mit Sascha und seinem Schiff in Tanchoj verabredet, einer, wie wir der Karte entnehmen, kleinen Siedlung am Südostufer des Baikal. Hier soll, so besagt der auf der Karte eingezeichnete Anker, ein Hafen, zumindest aber eine Anlegestelle sein. Unser Weg führt uns von Ulan-Ude aus zunächst nach Norden und dann in Richtung Westen, durch das Tal der Selenga. Es ist die Straße, auf der schon Dschingis-Khan und seine Heere auf ihrem Weg nach Europa entlanggezogen sind. Auf der anderen Seite des Flusses verlaufen die Gleise der Transsibirischen Eisenbahn, zuweilen sehen wir auch einen Zug. Ansonsten begegnen wir einigen Viehherden, manche von berittenen Hirten bewacht. Wir fahren an ein paar russischen und burjatischen Dörfern vorbei, an einigen halbverfallenen Kolchosen, einer stillgelegten Ziegelei und einer – dem Firmenschild nach – Maschinenfabrik, wobei aber nicht erkennbar ist, ob sie noch arbeitet. Nach etwa 150 Kilometern erreicht die Straße das Ufer des Baikal und biegt nach Süden, parallel zum See und der in unmittelbarer Ufernähe verlaufenden Transsib, wie die Russen ihre berühmteste Bahnlinie nennen.

In den Dörfern entlang des Ufers treffen wir immer wieder auf Frauen, die auf kleinen Hockern an der Straße sitzen und Fisch anbieten: Omul und Charius, eine Art Äsche, warm oder kalt geräuchert, aber auch frisch. Bei einer Gruppe dieser »Straßenhändlerinnen« halten wir an und kommen mit einigen der Frauen ins Gespräch. Die jüngste ist siebzehn, die älteste, wie sie von sich aus erzählt, weit über siebzig Jahre. Eine hat ein kleines Kind auf dem Schloß, neben einer anderen schläft in der Schubkarre ein Säugling. Jeden Tag zwölf Stunden säßen sie hier, sagen die Frauen, und wenn es ein guter Tag sei, verkaufe jede von ihnen vier oder fünf

Fische; macht zusammen für jede Frau fünfzehn Rubel. Genau die Hälfte davon müsse an den Fischer abgeführt werden, von dem sie den Omul und die Äschen beziehen. So blieben im Durchschnitt sieben Rubel an guten Tagen. Das sind umgerechnet nicht einmal drei Mark. Oder DM 0,25 Stundenlohn.

»Und dafür sitzen Sie den ganzen Tag hier?«

»Was sollen wir denn sonst machen. Nutzlos zu Hause herumlungern? Arbeit gibt es hier doch keine mehr, auch nicht für die Männer. Jede Kopeke zählt – bei 100 Rubel Arbeitslosenunterstützung.«

100 Rubel, das sind 30 DM. Davon kann auch im ärmsten sibirischen Dorf keine Familie leben. Zumal, wie uns die Frauen erzählen, die Arbeitslosenunterstützung im nächsten größeren Ort persönlich abgeholt werden muß. »Die Busfahrt in eine Richtung kostet aber bereits 20 Rubel, macht hin und zurück 40.«

Überdies gingen von dem Verdienst noch die Schmiergelder ab, die sie den Polizisten zahlen müßten, damit sie ein Auge zudrücken. Denn offiziell sei diese Art Handel auf der Straße verboten.

»Jetzt im Sommer«, so sagen die Frauen, »geht es ja noch, wenn du hier sitzt. Du mußt nur aufpassen, daß die Fische nicht in der Sonne verderben. Aber im Winter, bei 30 Grad Frost und eisigem Wind vom Baikal her, da überlegt man es sich schon, ob man sich eine Stunde hinsetzt an die Straße oder zwei. Und dann noch das Kind dabei!«

Fast alle dieser Frauen haben früher bei der Eisenbahn oder in der Fischereikolchose gearbeitet. Die Eisenbahn hat dann beinahe die Hälfte des Personals entlassen – als erstes natürlich die Frauen. Und die Fischereikolchose steht kurz vor dem Ruin und beschäftigt ebenfalls nur noch ein paar Männer.

Und weggehen von hier?

»Ja, wohin denn? Woanders ist es doch auch nicht besser! Hier haben wir wenigstens noch ein Dach über dem Kopf, das sie uns so leicht nicht wegnehmen können. Nein, hier werden wir leben oder zugrunde gehen. Filmt uns nur und zeigt unser Elend. Und Jelzin bestellt einen schönen Gruß, diesem Verbrecher. Er ist an allem schuld.« Eine der Frauen ballt ihre Faust vor der Kamera, eine andere wendet den Kopf zur Seite und spuckt auf die Straße.

Den Hafen von Tanchoj und die Siedlung, die auf der Karte verzeichnet ist, können wir nicht finden. Jedenfalls nicht auf Anhieb. Erst nachdem wir achtlos an ein paar verfallenen Baracken und Schuppen vorbeigefahren sind, sagt Slawa, der Fahrer aus Ulan-Ude: »Ich glaube, das war Tanchoj.« Er meint es topographisch, aber es gilt auch im übertragenen Sinn, denn die Siedlung Tanchoj gibt es nicht mehr. Auch von einem Hafen ist weit und breit nichts zu sehen. Trotzdem ist sich Slawa ganz sicher, daß er hier irgendwo sein muß. Wir biegen nach rechts ab, nehmen den Sandweg durch eine Eisenbahnunterführung und kommen in eine malerische Bucht. Neben einem niedergebrannten Haus ragt ein undefinierbares Gewirr verrosteter Eisenträger und verkohlter, morscher Holzbalken, weit hinaus in den See, die Reste einer Mole. Aus einigen Balken stechen die Spitzen langer Nägel in die Luft.

»Das war mal der Hafen von Tanchoj«, stellt Slawa bitter fest.

Dann beginnt ein großer Streit. Wir sind uns sicher, daß Sascha gesagt hat, er würde mit dem Schiff nach Tanchoj kommen. Aber hier ist kein Hafen mehr, und die Mole ist auch keine Mole, sondern ein Trümmerhaufen. Nie und nimmer kann ein Schiff da festmachen!

Doch Slawa bleibt eisern. Das ist Tanchoj, und das ist der Hafen von Tanchoj, und einen anderen Hafen als diesen gibt es hier in dieser Gegend nicht. Wir sollten einfach warten, irgendwann werde Sascha mit dem Schiff schon kommen.

Längst ist es Abend geworden. Doch von Sascha und seinem Schiff keine Spur. Wir trösten uns, daß wir unsere Schlafsäcke dabeihaben und in der Bucht wohl auch ein windgeschütztes Plätzchen zu finden sein wird. Bei Nachttemperaturen um null Grad wenigstens etwas Komfort!

Als wir gerade dabei sind, den letzten Rest Hoffnung auf einen warmen Ruheplatz in einer gemütlichen Kajüte aufzugeben, behauptet Slawa plötzlich ganz aufgeregt, ein Schiff zu sehen. Außer einem winzigen blauweißen Dreieck allerdings, das gelegentlich wie die Spitze einer Speiseeistüte hinter einem schaumbekrönten Wellenkamm auftaucht, können wir nichts erkennen. Und als die Speiseeistüte immer näher kommt, werden wir immer sicherer: Das ist nicht unser Schiff.

Sascha hat von einem großen, komfortablen Schiff gesprochen. Diese Nußschale jedoch, die nach jedem Emportauchen im bewegten Wasser zu versinken droht, kann nie und nimmer unser Dampfer sein. Ein Irrtum, beharren wir, ein Irrtum! Aber Slawa bleibt stur. Wer, bitte schön, außer jemandem, der sich hier verabredet hat, solle denn diesen zauberhaften Hafen Tanchoj freiwillig ansteuern? Und Slawa scheint recht zu haben. Der Dampfer hält geradewegs auf uns zu. Und bald erkennen wir am Bug eine zusammengekrümmte Gestalt: Sascha, in einer für ihn etwas ungewohnten Haltung.

Der Kapitän ist offenbar fest entschlossen, an dem Trümmerhaufen, der einst eine Mole war, anzulegen.

Viele Male manövriert er den Dampfer vor und zurück, läßt ihn seitlich auf die Mole zutreiben, stoppt ihn dann wieder, unternimmt einen neuen Versuch und findet schließlich eine Stelle, an der kein Eisenträger oder verkohlter Balken wie ein abgebrochener Speer bedrohlich in die Luft ragt. Dort macht er an zwei schiefstehenden, dicken Pfählen fest. Allerdings ist der Wasserspiegel so niedrig und das Schiff so klein, daß erst eine Leiter besorgt werden muß, um vom Deck auf die Mole zu klettern.

Wir sind enttäuscht. Auf diesem winzigen Dampfer sollen wir zwei Wochen lang ausharren und einen Film drehen? Nicht eine Aufnahme würde gelingen, so wie der Kahn schaukelt! Und was ist mit dem so vollmundig in Aussicht gestellten Komfort?

Doch Sascha, dem diese Fragen gelten, ist kaum ansprechbar. Grün im Gesicht wie ein unreifer Apfel murmelt er nur, wir sollten froh sein, daß er und das Schiff und die Besatzung überhaupt hier seien. Er habe schon nicht mehr geglaubt, daß sie es schaffen würden. Auf dem See seien sie in einen fürchterlichen Sturm geraten, selbst der Schiffsjunge sei krank geworden.

Wir vermuten, daß uns Sascha nur ablenken will von seinen falschen Versprechungen, denn so weit wir blicken können, ist der Wellengang zwar etwas rauh, aber keinesfalls stürmisch. Das sei ja gerade die Tücke des Baikalsees, jammert Sascha. Vom Ufer sieht er ganz ruhig aus, und in der Mitte bläst der Sturm wie aus der Hölle. Etwas ungläubig blicken wir Sascha an, der sich allerdings schon wieder abgewendet hat und mit dem Oberkörper über der Reling hängt.

Einige Minuten später leisten wir ihm Abbitte. Der Koch ist aus seiner Kombüse gekrochen, laut vor sich hinfluchend. Die Hälfte des Geschirrs habe es ihm zerschlagen, so habe es gestürmt. Als sie losfuhren, am anderen Ufer, sei alles still und friedlich gewesen. Er habe gerade die Makkaroni aufgesetzt, da, mit einemmal habe es angefangen. »Rums und rums und noch mal rums.« Und so sei es dann die ganze Zeit gegangen, fast bis hierher, zum anderen Ufer. »So ist er eben, der Baikal. Du weißt nie, was er im nächsten Moment macht.«

Wir bringen unser Gepäck und die Kameraausrüstung in die beiden Kabinen unter Deck, inspizieren das Schiff und machen uns mit der Besatzung bekannt. Sie besteht aus vier Mann: dem Kapitän, dem Maschinisten, dem Schiffsjungen und dem Koch. Doch der gehört eigentlich nicht richtig zur Besatzung, was wir allerdings erst später erfahren werden.

Der Kapitän, Sergej, ist 24 Jahre alt, hat vor einem Monat sein Kapitänspatent gemacht und ist zum erstenmal alleinverantwortlich mit einem Schiff unterwegs. Er kennt den Baikal seit seiner Kindheit, hat auf Schiffsplanken laufen gelernt, denn auch sein Vater und Großvater waren Baikalkapitäne, und einige seiner Onkel auch. Eine ganze Kapitänsdynastie also, wie Sascha, der sich inzwischen etwas erholt hat, demonstrativ feststellt. Sergej wirkt eher schüchtern und erweckt bei allem, was er tut, den Eindruck, mit besonderer Sorgfalt ans Werk zu gehen. Persönlich prüft er noch einmal die Spannung der Taue, mit denen unser Schiff an den schiefen Pfählen festgemacht ist, und rüttelt an der Leiter, die vom Deck nach oben auf die zerfallene Mole führt. Daß eines der beiden Taue zur Hälfte durchgescheuert ist, scheint den Kapitän allerdings nicht sonderlich zu beunruhigen.

Igor, der Maschinist, ist etwa dreißig Jahre alt, hat hellblondes Haar und einen Schnauzbart gleicher Farbe.

Schon am Morgen sieht er aus, als habe er in Schmieröl gebadet, und wenn er nicht gerade am Schiffsmotor herumbastelt oder angelt, sitzt er in einer Ecke und liest Kriminalromane.

Der Jüngste der Besatzung ist Wanja, gerade mal vierzehn Jahre alt, von graziler Figur. Mit seinem Engelsgesicht sieht er aus wie der junge Alain Delon. Er ist der Schiffsjunge. Er hilft dem Kapitän, dem Maschinisten, dem Koch, darf manchmal sogar ans Ruder, wirkt aber immer ein wenig müde. Wenn er mal nichts zu tun hat, raucht er starke russische Zigaretten und spuckt die Tabakkrümel geräuschvoll über Bord.

Über die Kombüse und die Messe, den kleinen Eßraum, in der Schiffsbeschreibung offiziell Salon genannt, herrscht Mischa, ein etwa fünfzigjähriger untersetzter Brummbär mit wettergegerbtem, zerfurchtem Gesicht, das ein struppiger rötlicher Bart einrahmt. Im Hauptberuf ist er Zootechniker und arbeitet im selben Akademie-Institut wie unser wissenschaftlicher Begleiter Schenja, der auch auf dieser Reise wieder dabei ist.

Schenja ist sozusagen der Chef von Mischa. Seit 25 Jahren sind sie unzertrennlich: Keine Expedition, keine wissenschaftliche Forschungsreise, zu der Schenja nicht auch Mischa mitnimmt. Wenn die beiden anfangen zu erzählen, wirken sie wie ein altes Ehepaar. Sie haben, alles zusammengerechnet, fast zehn Jahre gemeinsam auf dem Baikal verbracht, im Winter auf dem Eis und im Sommer in Booten aller Art, vom Kajak bis zum großen Forschungsschiff. Beide sind landesweit berühmte Robbenforscher, und ihr augenblicklicher gemeinsamer Kummer ist, daß wir Fernsehleute uns offenbar mehr für die Menschen und Landschaften am Baikalsee interessieren als für die Tierwelt. Aber da ein Koch auf dieser Reise nun einmal gebraucht wird, hat Schenja seinen Freund eben in dieser Funktion mitgenommen, und zwar, wie sich herausstellt, keineswegs zum erstenmal. Mischa ist nämlich ein begnadeter Hobbykoch.

Entdeckt wurde diese Begabung in Mischas Militärzeit, auf welch wundersame Weise auch immer. Die höchste Auszeichnung, die er in seinem Leben bekommen habe, so schwärmt er, sei jedenfalls das Lob seines Generals für ein Essen gewesen, das er in seinem Regiment für 240 Gäste ausgerichtet habe. »Das waren noch Zeiten!« Zu Hause, bei seiner Familie in Irkutsk, kocht er nur an den Wochenenden und auch nur das, was er selbst mag. Auf Schiffen kocht er nur ungern. Da habe man keinen Platz, und ewig schaukele es, aber besser, als im Labor des Instituts herumzusitzen und endlose Zahlenkolonnen in den Computer zu tippen, sei es allemal. Wir sollten nur unsere Wünsche äußern, er würde für uns kochen, was wir wollten; am besten wäre es natürlich, wir würden häufig Makkaroni bestellen, seine Lieblingsspeise.

»Und was ist mit Kascha, *meiner* Lieblingsspeise?« wirft Nina ein, eine 22jährige Studentin der Geschichte, die uns ein paar Tage begleitet, um Fotos von der Reise zu machen.

Mischa wirft den Kopf in den Nacken und verdreht die Augen. »Kascha ... Mein Gott, ich hab's gewußt. Alle Russen lieben Kascha, nur ich kann sie nicht ausstehen.«

Und dann erzählt er. Als ganz junger Mann habe er eine geologische Expedition begleitet, hoch in den Norden Sibiriens, wo sie mit Hubschraubern abgesetzt worden seien und in kleinen, selbstgezimmerten Holzhütten gehaust hätten. Er sei zuständig gewesen für die Wartung der Geräte, schließlich sei er ja auch Techniker, und für den Proviant. Als der Trupp der Geologen nach einigen Monaten wieder von Hubschraubern abgeholt wurde, sei er gerade irgendwo im Wald gewesen. Vergessen hätten sie ihn, einfach vergessen. Da habe er nun gesessen, und vom Proviant sei auch nichts mehr übrig gewesen. Außer einem einzigen Sack Buchweizengrütze, Kascha. Davon habe er dann gelebt. »Drei Wochen lang, bis es dem Leiter der Expedition auffiel, daß ich nicht mit zurückgekommen war.« Seither könne er Kascha nicht mehr sehen. Aber natürlich habe er auch davon einen Vorrat dabei und würde sie zubereiten, auf welche Art auch immer wir wollten.

Mit dieser Schnurre des Kochs endet der erste Abend auf dem Schiff – und mit Ninas scheinbar beiläufiger Frage nach der verheißenen Dusche.

»Eine Dusche«, sagt Sascha mit fester Stimme, »gibt es, aber sie funktioniert nicht.«

Der Grund sei ganz einfach. Sie sei nachträglich eingebaut worden, ein westliches Modell, das mit Gas arbeite. Aber weder der Kapitän noch der Maschinist kennt das System, und beide weigern sich strikt, die Dusche in Gang zu setzen. Sie haben Angst, das ganze Schiff könnte explodieren. Das Angebot von Dima, unserem Toningenieur, sich das mysteriöse Ding einmal anzuschauen, da er auch von westlicher Technik ein wenig verstehe, lehnt Sergej, der junge Kapitän, vehement ab. Er trage die Verantwortung hier auf dem Schiff und werde keinerlei Risiko eingehen. Und wozu brauche man überhaupt eine Dusche an Bord? Die paar Tage könnten wir es doch wohl so aushalten, und im übrigen würden wir sicher auch in den Dörfern, die wir ansteuern, eine Banja finden. Die eiserne Tür zur Duschkabine jedenfalls bleibt fest verschlossen.

»Minkas«, der Name des Schiffes klingt im Russischen fast zärtlich. Ich rätsle, ob es ein Vorname ist, ein [illegible]lienname oder, wie so häufig bei Schiffen, der Name eines Tieres oder eines mythischen Gottes. Doch Sascha raubt mir umgehend alle Illusionen. Es sei überhaupt kein Name, sondern eine Abkürzung, gebildet aus den Wörtern »Ministerium« und »Kasse«. Es sei ein ehemaliges Boot der Steuerfahndung des russischen Finanzministeriums, erklärt er, das auf dem See eingesetzt wurde, um Jagd auf Raubfischer und andere dunkle Geschäftemacher in den Häfen und Betrieben rund um den Baikal zu machen.

Warum der neue Besitzer den Namen nicht geändert hat? Der Himmel weiß es. Wir jedenfalls wissen es nicht.

»Vielleicht hat er Spaß daran, die Leute mit dem Auftauchen seines Schiffes in Angst und Schrecken zu versetzen«, mutmaßt Mischa, der Koch.

Aber Sinn macht das auch nicht, und so beschließen wir, nach unserer Rückkehr den Besitzer selbst zu fragen.

MIT »MINKAS« DURCH DEN STURM

Am nächsten Morgen – es ist, wie wir durch die Bullaugen sehen, noch nicht richtig hell – werden wir durch ein ohrenbetäubendes Rumpeln und ein heftiges Vibrieren unserer Kajütenwände geweckt. Igor hat den Schiffsdiesel angeworfen, die Sommerreise über den Baikal beginnt. In der Nacht war es ruhig, im Windschatten der Bucht von Tanchoj hatte die »Minkas« nur leicht geschaukelt. Auch der Wetterbericht, den Kapitän Sergej über Funk abgehört hat, verspricht eine ruhige Fahrt. Wir beschließen, auszuschlafen. Mischa hat versprochen, sich mit dem Frühstück nach uns zu richten. Zu filmen gibt es ohnehin nichts, solange die Sonne nicht durch die dicke Wolkendecke kommt.

Nach einer Stunde allerdings wachen wir schon wieder auf. Das Schiff, das bis dahin gleichmäßig durch den See gepflügt ist, macht in Fahrtrichtung plötzlich merkwürdige Auf- und Abbewegungen, begleitet von immer heftiger werdenden klatschenden Geräuschen. An Deck stellen wir fest: Die Leute vom Wetterdienst haben sich offenbar geirrt. Eine steife Brise aus Nordwest bläst uns entgegen, auf den Wellen kräuseln sich erste Schaumkronen. Noch sind wir gelassen, allenfalls neugierig. Saschas Erzählungen vom gestrigen Abend, so sagen wir uns, waren vielleicht doch ein wenig übertrieben, auch wenn dem Koch wirklich ein paar Teller kaputtgegangen sind. Nach einer weiteren Stunde jedoch, wir fahren genau Richtung Nordwesten und nähern uns allmählich der Mitte des Baikal, der an dieser Stelle nur 50 Kilometer breit ist, beginnen wir schon mal vorsorglich die Rettungsringe an Bord unseres kleinen Dampfers zu zählen.

Es sind vier, aber es soll auch noch, wie der Schiffsjunge sagt, irgendwo eine aufblasbare Rettungsinsel geben; allerdings weiß er im Moment nicht, wo sie ist. Der Wind hat sich inzwischen zu einem veritablen Sturm entwickelt, der die »Minkas« auf- und niedertanzen läßt wie auf einer Achterbahn. Hinzu kommen nun auch noch plötzlich auftretende seitliche Böen, die das Schiff fast bis zur Reling ins Wasser drücken.

Keiner sagt mehr ein Wort. Zusammengekauert sitzen wir auf den festverschraubten Bänken des Achterdecks und halten uns fest. Sascha und Nina sind abwechselnd grün und weiß im Gesicht und hängen in immer kürzeren Abständen mit dem Oberkörper über der Reling. Auch allen anderen aus dem Team wird es schlecht.

Nur Maxim, der Kameramann, scheint unbeeindruckt. Er versucht, ein paar Bilder des sturmgepeitschten Baikal zu drehen, doch mit seiner großen Profi-Kamera ist dies unmöglich. Die immer heftiger werdenden Böen drohen ihn samt Kamera über Bord zu wehen. Auch unsere Versuche, ihn abzustützen oder festzuhalten, sind vergeblich. Zum einen ist uns so elend, daß wir uns selbst kaum auf den Beinen halten können, zum anderen brauchen wir beide Hände, um uns an den Bänken, der Reling oder den Aufbauten des Decks festzuklammern. Schließlich gelingt es Maxim, mit einer kleinen Handkamera, eher für Touristen und Amateure gedacht, doch noch einige Aufnahmen zu machen, zu dokumentarischen Zwecken, sozusagen.

Immer häufiger ragt jetzt der Bug der »Minkas« steil in den Himmel und stürzt dann mit einem gewaltigen Krachen tief ins nächste Wellental. Die Brecher donnern über das gesamte Vorderdeck und drohen, die Scheiben der Brücke einzuschlagen. Da es keine Scheibenwischer gibt, muß Wanja, der Schiffsjunge, alle paar Minuten hinaus, um mit einem Stoffetzen die Fenster zu putzen. Mit einer Hand nur, denn mit der anderen muß er sich am Geländer vor dem Ruderhaus festhalten.

Sergej, der Kapitän, der mit zusammengekniffenen Augen hinter dem Steuerruder steht und es mit vor Anstrengung weißen Knöcheln umklammert, gibt sich gelassen. Es handle sich lediglich um einen mittleren Sturm mit einer Windgeschwindigkeit von vielleicht 60 Stundenkilometern. Die Wellenhöhe betrage bis zu drei Metern. Von einem starken Sturm würden die Kapitäne auf dem Baikal erst reden, wenn die Wellen vier oder fünf Meter hoch gingen. Allerdings seien die Wellen auf dem Baikal weit tückischer als auf den Ozeanen, da sie viel steiler wären. Warum das so sei, wisse er auch nicht, aber er habe es mit eigenen Augen gesehen. Er habe seinen Wehrdienst bei der russischen Marine abgeleistet und sei dabei natürlich auch auf den offenen Meeren gefahren, vor allem auf dem Pazifik, vor der Küste von Wladiwostok.

»Der Baikal«, so Sergej nach einer langen Pause, in der wieder einige Brecher über das Vorderschiff gestürzt sind, »ist nicht gut und nicht böse. Er ist den Menschen gegenüber gleichgültig. Nur reizen darfst du ihn nicht, er verzeiht keinen Fehler. Und er haßt Betrunkene. Auch seine Geheimnisse bewahrt er, vor allem bei Unglücken.«

Genau diesen Satz haben wir vor kurzem auch in einer Historischen Vierteljahresschrift gelesen, die sich mit der Geschichte der Baikalregion befaßt und in Irkutsk herausgegeben wird. In einer ausführlichen Abhandlung sind dort die schlimmsten Schiffskatastrophen aufgelistet, die sich auf dem Baikal ereignet haben, seit die ersten Russen an seinem Ufer erschienen und den See mit größeren Booten befuhren. Die Chronik beginnt mit dem Jahr 1772, als das Schiff »Heiliger Kusma« auf das felsige Ostufer geworfen wurde und zerschellte, und verzeichnet dann für fast jedes Jahr neue Katastrophen, die größte zu Beginn dieses Jahrhunderts, als beim Untergang des Dampfers »Potapow« 158 Menschen ums Leben kamen.

Das schwerste Unglück der letzten Jahre ereignete sich am 2. August 1983, als in einem Sturm vor dem westlichen Ufer des Baikal die »Akademik Jumschokalskij« kenterte und die siebenköpfige Besatzung mit in die Tiefe riß. Trotz intensiver Suche wurde keiner der Ertrunkenen gefunden, das Schiff ist bis heute spurlos verschwunden. Es war ein Dampfer der Klasse »Jaroslawjez«, von der exakt gleichen Größe und Ausrüstung wie unsere »Minkas«. Noch wenige Stunden vor der Katastrophe hatte ruhiges, sonniges Sommerwetter geherrscht, die Wolken standen, wie es heißt, unbeweglich am Himmel. Keine Wetterstation, kein Radio hatte den Sturm vorausgesagt, der sich urplötzlich erhob und nach Berichten von Augenzeugen, die den Untergang vom nur drei Kilometer entfernten Ufer beobachteten, mit einer Geschwindigkeit bis zu 180 Kilometer pro Stunde über den See raste. Wobei er, wie dieselben Augenzeugen feststellten, ständig seine Richtung wechselte: Mal kam er von Südost, mal von Südwest. Keine Chance für den Kapitän, den Bug im Wind zu halten, wie es in der Sprache der Seeleute heißt.

Die Stürme auf dem Baikal sind ein Kapitel für sich. Ihnen sind ganze Bücher gewidmet, unzählige Lieder und Gedichte. Vom Bargusin, der aus dem Tal des gleichnamigen Flusses vom Ostufer auf den Baikal bläst, handelt das berühmteste aller Baikal-Lieder, die »Baikal-Hymne« (siehe Seite 11). Der Bargusin treibt einen entflohenen Verbannten, der sich in einem Omulfaß versteckt hat, über den See, nach Westen, in die Freiheit: »He, Bargusin, blas die Wogen noch mal, bald ist das rettende Ufer gewonnen.«

Über den Sarma, der mit Geschwindigkeiten bis zu 150 Kilometer pro Stunde vom Westen her weht, zuweilen Dächer von den Ufersiedlungen reißt, auf dem Strand liegende Motorboote umwirft und Schafe von den steilen Uferfelsen in die schäumende Brandung schleudert, hat der deutsche Naturforscher Karl Ritter, der 1879 in einen solchen Sturm geraten war, geschrieben: »Die Gewalt des Sturmwindes war so unbarmherzig und von solcher Elementarkraft, daß sich sogar im Verlauf vieler Stunden der Wellengang nicht legte, weil jede Woge in eine Vielzahl von großschuppigen Flächen zerfiel, aus denen ständig Wasserhosen wie weiße Nebelschwaden aufstiegen – eine Erscheinung, die sich an vielen Stellen an der Oberfläche des Sundes beobachten ließ.« Wobei mit Sund die Bucht gemeint war, in die der Fluß Sarma mündet, nach dem dieser Sturm benannt ist.

Fast jedes größere Flußtal und jede Gebirgsschlucht am Baikal haben ihren eigenen Wind, mit einem eigenen Namen. Es gibt den gütigen Wind und den warmen Wind, den grausamen Wind und den kalten Wind, den schwarzen Wind und den feuchten Wind. Vom Süden her weht der Kultuk, benannt nach dem Dorf am südlichen Ufer, von Norden der Werchowik, der »von oben«, von den Bergen kommt. Es gibt Namen für die Winterwinde und für die Sommerwinde und selbst für jene oft nur Sekunden währenden Winde, die schon wieder vorüber sind, bevor man sie überhaupt richtig wahrgenommen hat. »Wind«, sagt Sergej, »ist für uns ein anderes Wort für Wetter. Wenn wir sagen, ›es gibt Wetter‹, heißt das: ›Wind kommt auf.‹«

Ob er denn auf dem Baikalsee nicht zuweilen Angst habe, fragen wir Sergej.

»Angst habe ich nicht. Wenn du Angst hast, darfst du nicht Kapitän werden. Aber Ehrfurcht, die mußt du haben. Respekt. Sonst bist du verloren.«

Das habe er schon von seinem Vater und seinem Großvater gelernt, und das sei auch für ihn das wichtigste. Fremden mag es manchmal komisch vorkommen, wie er sich verhalte. Das habe er auch schon bei den Touristen beobachtet, als er noch nicht Kapitän gewesen sei; die meinten offenbar, es wäre doch alles ganz einfach auf dem Baikal, es wäre doch nur ein See, was solle denn da schon passieren. Und zur Not könne man auch schwimmen. »So ein Unsinn!« Die Wassertemperatur heute, Mitte Juni zum Beispiel, betrage gerade mal 4 Grad. »Zehn Minuten schwimmst du, wenn du Glück hast. Dann ist alles vorbei.«

Daß der Sturm, in dem wir uns immer noch befinden, vom Wetterbericht nicht vorausgesagt wurde, ist für Sergej nichts Ungewöhnliches. Jeder Teil des Sees habe nun mal sein eigenes Wetter, das könne man im einzelnen gar nicht so genau vorherbestimmen. Doch meistens, das müsse zur Ehre der Wetterdienste gesagt werden, seien die Voraussagen richtig, im Prinzip zumindest. Für ihn jedenfalls gelte die Regel: »Wenn schlechtes Wetter angekündigt ist, richte dich in jedem Fall danach. Ist gutes Wetter versprochen, bleib mißtrauisch; es kann so sein, muß aber nicht.«

In diesem Augenblick kracht wieder ein schwerer Brecher über das Vorschiff, die weiße Gischt klatscht gegen die Scheiben des Ruderhauses und nimmt Sergej für einige Augenblicke die Sicht. Nachdem das Wasser vom Deck abgelaufen ist und Wanja mit flinken Bewegungen, die eine Hand fest ans Geländer geklammert, die Scheiben wieder etwas sauber geputzt hat, fragen wir den Kapitän, ob er denn Vertrauen in sein Schiff habe.

»Es ist ein gutes Schiff«, sagt Sergej. »Es ist zwar schon über dreißig Jahre alt, aber solide gebaut. Auf einer Werft im Baltikum, in Riga. Die verstehen etwas davon.«

Sicher, zuweilen falle das Radar aus, aber das brauche man ja auch nur bei schlechtem Wetter oder in der Nacht, und da vermeide er es ohnehin zu fahren, nach Möglichkeit jedenfalls. Auch das Echolot könne er nur selten benutzen, da es im Moment an Papierrollen fehle, auf denen die Tiefenangaben registriert werden, und auch der Funkkontakt sei schon mal unterbrochen. Aber die Maschine, der Schiffsmotor, arbeite sehr zuverlässig, und das sei die Hauptsache. Gemessen an vielen anderen Schiffen auf dem Baikalsee, die zum Teil noch vor dem Krieg gebaut wurden, also vor rund sechzig Jahren, sei sein Dampfer geradezu ein Prachtstück. Im übrigen sei es auch völlig egal, was es für ein Schiff sei, eine Alternative habe er ohnehin nicht. Er müsse froh sein, diesen Job überhaupt bekommen zu haben. »Arbeitslose Seeleute gibt es am Baikal mehr als genug.«

Wir wissen, daß Sergej verheiratet ist und einen dreijährigen Sohn hat. Möchte er, daß auch er Kapitän auf dem Baikal wird, wie schon Sergejs Vater und Großvater?

»Nein«, sagt Sergej, und wirkt dabei etwas mißmutig, »nur das nicht. Am Baikal soll er bleiben, vielleicht sogar in unserem Dorf, wenn es dort Arbeit gibt. Aber Kapitän, das ist doch kein Leben.«

»Wieso?«

»Mehr als die Hälfte des Jahres bist du von der Familie getrennt, fährst auf dem See herum. Was hast du denn da von deiner Frau und deinen Kindern? Ich bin ja gleichsam automatisch Kapitän geworden, ohne sonderlich nachzudenken. Der Vater war's, der Großvater war's, na ja, und ich eben auch. Aber meinem Sohn wünsche ich ein anderes Leben. Wenn er allerdings unbedingt will – abhalten werde ich ihn nicht. Es ist schließlich, trotz allem, ein schöner Beruf.«

Nach etwa sechs Stunden läßt der Sturm nach. Es ist nicht mehr weit bis zum westlichen Ufer, wo Sergej eine schützende Bucht suchen will. Auch er wirkt erschöpft. Ein paar Stunden Ruhe und fester Boden unter den Füßen wird uns allen, so scheint es, guttun. Nach einer Weile finden wir sogar eine kleine Anlegestelle, von der ein Weg bergauf zu einer verlassenen Waldarbeitersiedlung führt. Auf der Uferböschung steht ein schlichtes Holzkreuz. Es erinnert an die sieben Besatzungsmitglieder, die an dieser Stelle am 2. August 1983 mit dem Dampfer »Akademik Jumschokalskij« untergingen.

Nachzutragen bleibt, daß auch Sergej es schließlich am nötigen Respekt gegenüber dem Baikal fehlen ließ. Aber da waren wir nach einem fröhlichen Abschied schon nicht mehr an Bord. Der Felsen, auf den die »Minkas« am Tag nach unserer Abreise in voller Fahrt lief, war – Glück im Unglück – nahe am Ufer. Sergej und die Besatzung konnten sich retten. Das Schiff versank.

KEINE ZUFLUCHT IN DEN WÄLDERN

DAS DORF HEISST Bolschoje Goloustnoje, Große kahle Mündung. Es hat seinen Namen von dem waldlosen Delta, durch das ein Fluß, der von den Höhen des Primorskij-Gebirges kommt, in den Baikal mündet. Bevor die ersten Russen am Baikal erschienen, trug der Fluß den burjatischen Namen Idin-Gol. Mit der Zeit ging der Name des Dorfes auch auf den Fluß über.

Die ersten Menschen, die sich hier im Jahr 1663 am Westufer des Baikal niederließen, waren Burjaten. Eine Familie mit drei Söhnen, deren Nachkommen, wie stolz berichtet wird, noch immer in Goloustnoje leben. Überliefert ist auch, warum sie gerade diese Flußmündung als Wohnsitz wählten: Es gab »Fisch ohne Angeln und Holz ohne Axt«. Wenige Jahre später erschienen russische Bauern sowie Mönche, die den als Heiden geltenden Burjaten die erste Ikone brachten und einen hölzernen Glockenturm bauten – genau an der Stelle, an der der Fluß in den See mündet und wo der Legende nach unter wundersamen Umständen die Übergabe der Ikone erfolgt sein soll. Sie war dem heiligen Nikolaus geweiht, »dem Wundertäter«, der als Schutzheiliger der Reisenden gilt. 1867, die Bevölkerung des Dorfes war inzwischen auf über 200 Menschen angewachsen, wurde neben dem Glockenturm eine hölzerne Kirche errichtet und ebenfalls dem heiligen Nikolaus geweiht.

Die in unmittelbarer Nachbarschaft der Kirche befindlichen Schamanenplätze jedoch verloren keineswegs an Bedeutung. Noch 1914 ergab eine konfessionelle Volkszählung in diesem Gebiet, daß sich mehr als die Hälfte der Einwohner zum Schamanismus bekannten.

Bis zu Beginn der Stalinzeit waren die Bewohner von Goloustnoje, Russen wie Burjaten, freie Jäger und Fischer. Im Zuge der Zwangskollektivierung verloren jedoch auch sie ihre Eigenständigkeit und mußten einer Kolchose beitreten. Sie trug den Namen »Weg zum Kommunismus«. 1937, auf dem Höhepunkt des Stalinschen Terrors, wurde die Kirche geschlossen. Die Glocken wurden heruntergerissen, die Heiligenbilder, die Ikonen, verbrannt. Nach den Erzählungen älterer Einwohner von Goloustnoje soll den Chef der örtlichen Verwaltung, der den Befehl zur Schließung und Schändung der Kirche gegeben hatte, schon wenig später die Strafe Gottes ereilt haben: Er erblindete. Zwei der Ikonen konnten von Gläubigen gerettet und versteckt werden; sie befinden sich heute im Kunstmuseum von Irkutsk.

Erst mit Beginn der Gorbatschow-Ära konnte die Kirche wieder als Gotteshaus hergerichtet werden. Sie wurde als Kulturdenkmal des neugegründeten Nationalparks an der Westküste des Baikalsees ausgewiesen und von Grund auf renoviert – mit Geldern eines amerikanischen Entwicklungshilfefonds, der in dieser Region ein Modellprojekt der Landschaftserneuerung durchführen wollte. 1995 wurde die erste Phase der Restaurierungsarbeiten abgeschlossen und die Kirche mit einem feierlichen russisch-orthodoxen Gottesdienst erneut dem heiligen Nikolaus, dem Wundertäter, geweiht. Als sich unser Schiff im Sommer 1998 dem Dorf Goloustnoje nähert, ist von einer Kirche allerdings weit und breit nichts zu sehen. Sie ist, wie uns Sergej, der Kapitän, sagt, vor kurzem abgebrannt. Ein Elektrokabel war unsachgemäß verlegt worden.

Auch von dem Dorf Goloustnoje, von dem wir so viel gehört und gelesen haben, ist kaum mehr etwas vorhanden. Statt dessen fallen im kleinen Hafen ein paar schrottreife Kutter auf sowie ein gewaltiger Laufkran auf Schienen, von dessen vier Beinen allerdings zwei bedrohlich eingeknickt sind. Auf unsere Frage, ob man mit diesem Kran früher Baumstämme verladen habe, antwortet ein alter Mann, der am Hafenbecken angelt: »Was heißt hier früher?« Der Kran wie die dahinterliegende Lagerhalle, in der einige Fenster und Türen fehlen und vor der ein Traktor ohne Räder steht, seien immer noch in Betrieb. Sie »arbeiten« noch, wie es auf russisch heißt; zwar selten, aber von Zeit zu Zeit eben doch. Sie gehören zu dem großen staatlichen Forstbetrieb, der hier vor fünfzig Jahren angesiedelt wurde und dem die gesamte Umgebung ihr heutiges Aussehen verdankt. Denn nicht nur das Tal des Flusses und das Delta der Mündung sind kahl, sondern auch viele Berghänge rund um das Dorf. Folgen des ungehinderten Raubbaus, der sogenannten industriellen Holzwirtschaft, mit der zu Sowjetzeiten riesige Waldflächen überall in Sibirien und auch am Baikalsee vernichtet wurden.

Der Hafen von Goloustnoje war eine der wichtigsten Verladestellen für die mächtigen Baumstämme, die entweder auf Schiffen oder zu Flößen zusammengebunden über den Baikal nach Irkutsk oder zur Transsibirischen Eisenbahn am gegenüberliegenden Ostufer transportiert wurden. Seit 1988 ist der industrielle Holzeinschlag in der unmittelbaren Uferzone des Baikal verboten, doch gelegentlich wird auch in Goloustnoje noch Holz angeliefert, das weiter im Hinterland geschlagen wurde. Es darf allerdings nicht mehr in Form von Flößen transportiert werden, sondern nur noch auf Schiffen oder im Winter per Lastwagen über das Eis, um eine weitere Verschmutzung des Baikal zu verhindern.

Die ersten Häuser des Dorfes sind etwa einen Kilometer vom Hafen entfernt. Früher standen sie, wie wir auf alten Fotos gesehen haben, unmittelbar am Ufer des Sees. Doch als in den fünfziger Jahren unseres Jahrhunderts bei Irkutsk das Wasserkraftwerk gebaut wurde und als Folge der Baikal um einen Meter stieg, mußten sie abgerissen und weiter landeinwärts wieder aufgebaut werden. Zu dieser Zeit – um 1955 – lebten in Goloustnoje rund tausend Menschen. Heute sind es nur noch knapp 600, fast genau zur Hälfte Russen und Burjaten, dazu eine Handvoll Ukrainer und Ewenken.

Ljudmilla ist Burjatin. Sie stammt, wie sie uns sofort erklärt, aus dem Geschlecht der Gründerfamilie und ist hier in Goloustnoje geboren: in einem der schönsten, reich mit Schnitzereien verzierten Holzhäuser, in dem bis vor kurzem noch ihre Großmutter lebte. Ljudmilla ist etwa 35 Jahre alt und hochgewachsen. Die ebenmäßigen mongolischen Gesichtszüge werden durch das streng gescheitelte und eng anliegende dunkle Haar noch betont. Die Lippen sind zartrosa geschminkt, an den Ohren hängen kleine goldfarbene Ringe. Eine, wie Sascha formuliert, imponierende Erscheinung. Ihre Muttersprache, sagt Ljudmilla, sei Burjatisch, doch auch Russisch spricht sie ohne Akzent, elegant, mit einer zuweilen geradezu poetischen Wortwahl. Ljudmilla ist die wichtigste Person im Dorf. Die einzige Frau im Baikalgebiet, die eine Forstverwaltung leitet, Herrin über 90 Kilometer Baikalufer und eine Waldfläche von 23 000 Hektar, ein Revier also von den Ausmaßen einer mittleren deutschen Großstadt.

Von ihrer Ausbildung her ist Ljudmilla Juristin. Ihr Studium hat sie an der Universität in Irkutsk absolviert. Danach arbeitete sie einige Jahre bei der Gebietsverwaltung und kehrte schließlich mit ihrem Mann und ihren beiden kleinen Töchtern nach Goloustnoje zurück, da eines der Kinder das Klima in der stark umweltbelasteten Großstadt Irkutsk nicht vertrug. In ihrem Heimatdorf hat sie sich zunächst, wie sie sagt, mehr schlecht als recht durchgeschlagen, mit dem, was man aus dem See und dem Wald holte. Offiziell war sie als sogenannte Tourismus-Beauftragte tätig, »was immer Sie darunter verstehen wollen«.

Zu ihrem Job als Forstchefin ist Ljudmilla durch Zufall gekommen. Als im Sommer 1995 im Revier von Goloustnoje ein mächtiger Waldbrand ausbrach, waren alle zuständigen Männer auf einer Konferenz in Irkutsk – angeblich. In Wirklichkeit hätten sie sich, wie es heißt, eine mehrtägige Sauftour geleistet. Also nahm Ljudmilla die Leitung der Löscharbeiten in die Hand; und zwar so erfolgreich, daß man danach sofort den Forstchef entließ und Ljudmilla an seine Stelle setzte. Ljudmilla hatte damit nicht das geringste Problem. »Ich bin doch hier geboren und aufgewachsen. Ich kenne hier jeden Baum. Und was die Männer können, kann ich allemal.« Stolz sei sie gewesen, daß man ihr diese Aufgabe anvertraut habe. Ausgerechnet ihr, dem Kind dieses Dorfes, das einst ihr Urahn gegründet hatte.

Und was ist ihre Aufgabe?

»Das, was vom Wald noch erhalten ist, so zu bewahren, wie es ist. Und den Baikal zu schützen. Damit auch unsere Kinder und Kindeskinder diese Herrlichkeit, dieses Stück reine Natur, noch bewundern können. Der Mensch darf sich nicht einmischen in die gottgegebenen Prozesse der Natur. Wir sind nicht die Herren der Taiga und nicht die Herren des Sees. Wir haben das alles nur geerbt, um es an unsere Kinder weiterzugeben, möglichst unversehrt.«

Die Voraussetzungen für ihre Arbeit allerdings sind, wie sie es mit einem kräftigen russischen Wort ausdrückt, miserabel. Sicher, es sei das einzig Richtige gewesen, daß man die Uferzone des Baikal 1988 zur Schutzzone erklärt und hier am Westufer des Sees einen Nationalpark eingerichtet habe, in dem der industrielle Holzeinschlag verboten bleibe. Eine Barbarei sei es gewesen, was man jahrzehntelang mit dem Wald gemacht habe. Doch habe man bei der Einrichtung des Nationalparks offensichtlich versäumt, sich Gedanken zu machen, was mit den Menschen, die bislang von der Holzwirtschaft gelebt hätten, werden sollte.

Die Folge: 70 Prozent der erwachsenen Einwohner von Goloustnoje sind heute arbeitslos. Zugleich sind die Mittel für die Verwaltung des Nationalparks, zu dem ihr Revier gehört, so drastisch gekürzt worden, daß sie auch ihren sechzehn Forstarbeitern nur noch einen symbolischen Lohn zahlen kann, 120 Rubel, umgerechnet 40 DM im Monat. Ljudmilla selbst erhält 180 Rubel.

Auch für ihre Hauptaufgabe, die Verhütung und Bekämpfung von Waldbränden sowie den sanitären Holzeinschlag, das heißt das Fällen und Abtransportieren kranker und verbrannter Bäume, fehlen ihr die elementarsten Mittel. Über ein einziges Feuerwehrauto verfügt sie noch, das allerdings schon seit einem Jahr wegen eines Motorschadens nicht mehr einsatzbereit ist. In Betrieb sind nur noch ein Traktor mit Anhänger und ein Jeep. Doch da auch das Benzingeld drastisch gekürzt wurde, geht sie die meisten Wege zu Fuß, bis zu 30 Kilometer am Tag, durch die Taiga, über die Berge, die Felsen ... Eine Telefonverbindung gibt es nicht, der einzige Kontakt zur Verwaltung des Nationalparks und einigen ihrer Außenstellen wird über ein altersschwaches Funkgerät aufrechterhalten. Doch zu manchem Außenposten ihres Reviers besteht nicht einmal ein Funkkontakt. Wenn dort ein Waldbrand ausbricht, muß der zuständige Förster zu Fuß losmarschieren, um Ljudmilla das Feuer zu melden. Und das dauert oft einen ganzen Tag oder mehr.

Für die Männer und Frauen, die einen Brand löschen sollen, gibt es keinerlei Schutzkleidung, nicht einmal ausreichend Verpflegung. Ab dem zweiten Einsatztag ist dafür kein Geld mehr vorgesehen. »Aber wenn die Taiga brennt, löschst du sie doch nicht in zwei Tagen!« Selbst an Schaufeln, Spaten und Äxten fehlt es. Auch an Motorbooten, um den Wald vom Ufer aus kontrollieren zu können. »Ich glaube«, stellt Ljudmilla verbittert fest, »daß die da oben erwarten, daß wir den Wald mit bloßen Händen löschen ... Und manchmal tun wir es sogar.« Denn wenn der Wald brennt, so Ljudmilla, entsteht nicht nur der Natur unermeßlicher Schaden, auch die Existenzgrundlage der Menschen hier ist bedroht. Was sie an Arbeitslosenhilfe vom Staat bekommen, reicht kaum für eine Person, geschweige denn für eine ganze Familie. Also leben die meisten in Goloustnoje von einem winzigen Stück Land, dem See und dem Wald. »Wenn der Wald brennt, gibt es keine Beeren mehr, keine Pilze, kein Holz, kein Wild. Und das bedeutet Kälte und Hunger.« Ljudmilla sagt es ganz unpathetisch. Wie ein Buchhalter, der eine Zahlenkolonne addiert.

Zur Verschlimmerung der Situation trage noch bei, daß die Verwaltung des Nationalparks, wie es Ljudmilla formuliert, »völlig unfähig und abgrundtief korrupt ist, vor allem der Direktor«. Als sie ihre Arbeit begann, hat Ljudmilla eine Mängelliste erstellt, Punkt für Punkt dargelegt, was anders gemacht werden müßte, wo es noch finanzielle Ressourcen gebe, die mobilisiert werden könnten. Kontakte habe sie geknüpft zu einer amerikanischen Umweltorganisation, die sich hier im Gebiet um Goloustnoje engagieren wollte. Doch den Direktor hätten all diese Vorschläge und Initiativen nur erschreckt. Er habe sich in seiner Funktion bedroht gefühlt und darauf gepocht, daß alle Kompetenzen bei ihm lägen und auch die Kontakte zu den Amerikanern ausnahmslos über ihn zu laufen hätten. Mit dem Ergebnis, daß die Amerikaner irgendwann kapituliert hätten vor der Bürokratie und der auch für sie offenkundigen Korruption der Verwaltung. Und das, obwohl sogar der amerikanische Botschafter nach Goloustnoje gekommen sei, im Gegensatz zum Chef der zuständigen Gebietsverwaltung in Irkutsk. Was die Korruption angehe, so gebe es dafür handfeste Beweise. Sie, Ljudmilla, sei schließlich Juristin und wisse, was sie sage. Nicht nur einen Großteil der Gelder für die Brandbekämpfung habe der Direktor in die eigene Tasche gesteckt und sich damit eine schicke Villa gebaut, nicht nur Jagdgenehmigungen habe er gegen dicke Schmiergelder erteilt, nein, vielmehr habe er – ausgerechnet er als Direktor eines Nationalparks, der die Natur schützen solle – mit einer dubiosen Firma Ferienhäuser unmittelbar am Ufer des Baikal gebaut, obwohl der gesetzliche Mindestabstand 500 Meter betrage. Und nicht genug damit: Für den Bau habe er auch noch Strafgefangene angefordert, die praktisch kostenlos gearbeitet hätten.

Alle zehn Forstchefs des Nationalparks, so Ljudmilla, hätten daraufhin einen Brief geschrieben, in dem die sofortige Entlassung des Direktors verlangt worden sei. Man habe ihn an den Generalstaatsanwalt der Russischen Föderation nach Moskau geschickt, an das Ministerium für Forstwirtschaft und an den Gouverneur des Gebietes von Irkutsk. Dann habe auch das Irkutsker Fernsehen über den Fall berichtet, obwohl die Reporterin und ihre Familie während der Dreharbeiten massiv bedroht worden seien – von anonymen Anrufern, die

Folgen für Leib und Leben ankündigten, wenn der Film ausgestrahlt werde. Auch offizielle Stellen hätten bei der Direktion des Fernsehens in Irkutsk Druck gemacht, um die Ausstrahlung zu verhindern. Doch die Reporterin, die Redaktion und Direktion des Senders seien standhaft geblieben, mit dem Ergebnis, daß nun endlich eine Kommission eingesetzt werden soll, um Ljudmillas Vorwürfe vor Ort zu prüfen. Wenn wir Lust hätten, könnten wir uns den Film bei ihr zu Hause anschauen. Sie habe ein Kopie davon.

Das Dorf Bolschoje Goloustnoje besteht aus etwa 150 Holzhäusern. Die Straßen sind schachbrettartig angeordnet, manche haben die Breite eines großstädtischen Boulevards. Sie sind alle unbefestigt und gleichen sandigen Hügellandschaften. In den Senken stehen riesige Wasserlachen. Kühe laufen herum, Kälber, Hühner und Enten. In einer der Pfützen liegt ein Autoreifen, vor einem morschen Gartenzaun das Wrack eines Lkws. Zuweilen knattert ein altes Motorrad mit Beiwagen durch das Dorf. Es gehört einem der Neffen Ljudmillas und ist der Stolz der Familie.

Das Haus, in dem Ljudmilla lebt, ist eines der größten im Ort. Es wurde offensichtlich erst kürzlich gebaut: Die hölzernen Balken, aus denen es zusammengefügt ist, sind noch hell und frisch; ebenso die Bretter des großen Hoftores, die mit Schnitzereien verziert sind. Vor dem Haus ist ein kleiner Garten mit Blumen, Salat und Zwiebeln angelegt; an der Rückseite erstreckt sich ein Feld, auf dem Kartoffeln, Kohl und Rüben wachsen. In einem unmittelbar ans Haus gebauten Schuppen sind ein paar forstwirtschaftliche Geräte untergebracht, darunter zwei Kettensägen und einige Feuerpatschen. Ein winziger Stall bietet Platz für ein paar Schafe, eine Kuh und zwei Kälber. Das alles, so erzählt Ljudmilla, habe ihr Mann mit eigenen Händen gebaut, zusammen mit ein paar Verwandten aus dem Dorf. Das Holz sei billig, und Zeit hätten die meisten ohnehin mehr als genug, Arbeit gebe es ja kaum noch in Bolschoje Goloustnoje. Ihr Mann arbeite als Waldarbeiter in der Försterei, sei also ihr, Ljudmillas, Untergebener. Probleme damit, so sagt sie, gebe es nicht.

»Im Beruf bin ich der Chef, zu Hause und in der Familie ist er es.«

Natürlich gebe es ein paar Dinge, die ihr der Mann zu Hause nicht abnehmen könne, die einfach Frauensache seien. Also Kochen, Waschen, Ofenheizen, Wasserholen sowie das Füttern des Viehs und das Melken der Kuh. Außerdem nähe sie auch noch Kleider für ihre beiden Töchter und spinne Wolle, aus der sie Strümpfe und Pullover stricke oder die sie an Leute aus der Stadt verkaufe.

Auch an diesem Abend muß Ljudmilla zunächst das Vieh versorgen und die Kuh melken, bevor sie das Essen, das sie vorbereitet hat, auf den Herd stellt und sich um ihre Gäste kümmert. Bevor wir uns das Video anschauen, so meinte sie, sollten wir mit ihr und der Familie zu Abend essen. Das Fernsehgerät und der Videorecorder können ohnehin erst um 21 Uhr eingeschaltet werden, denn Strom, so Ljudmilla, habe man im Dorf nur vier Stunden am Tag, morgens zwei und abends zwei. Häufiger könne das Dieselaggregat, das auf dem Hof der ehemaligen Holzkolchose stehe, nicht eingeschaltet werden, da der Gemeinde das Geld für den Treibstoff fehle. Früher, ja früher, als Benzin und Diesel nur wenige Kopeken, praktisch überhaupt nichts kosteten, habe das Aggregat Tag und Nacht gearbeitet, habe es Strom rund um die Uhr gegeben. Aber nun herrsche Marktwirtschaft, und da habe eben alles seinen Preis.

Ljudmilla hat einen Auflauf aus Kartoffeln und Fisch vorbereitet, dazu Blini mit saurer Sahne, Salat aus geriebenen Mohrrüben sowie Kohl, eingelegte Gurken, Marmelade und herzhaftes helles Brot mit dunkler Kruste. Alles aus eigener Produktion wie Ljudmilla erklärt, wobei sie mit einer schwungvollen Handbewegung über den ganzen Tisch zeigt. Die Fische aus dem Baikal, geangelt von ihrem Mann, Kartoffeln, Mohrrüben, Kohl und Gurken aus dem eigenen Garten, die Eier für die Blini von ihren Hühnern, die Milch und die Sahne von ihrer Kuh, die Beeren für die Marmelade von der ganzen Familie in der Taiga gesammelt. Auch das Brot hat sie, zusammen mit einer Freundin aus dem Dorf, selbst hergestellt. Nur Mehl, Tee, Salz und Zucker kaufe sie im Laden. Sogar die Schalen, in denen sie das Salz und den Zucker auf den Tisch stellt, und die Dosen, in denen Tee und Mehl aufbewahrt werden, hat sie selbst hergestellt – aus Birkenrinde. Zuweilen verkauft sie die kunstvoll geformten Schalen und Dosen, die mit feinen in die Außenhaut geschnittenen Mustern verziert sind, auch an Touristen, eine fast lebenswichtige zusätzliche Einnahmequelle.

Auch andere Frauen im Dorf hat sie ermuntert, sich auf diese Weise etwas zu verdienen. »Wir können doch nicht die Hände in den Schoß legen und auf ein Wunder hoffen. Wir müssen uns selbst etwas einfallen lassen.«

Dies sei um so wichtiger, als auch die Ausbildung der Kinder nicht mehr kostenlos sei. Früher habe man sie aufs Internat in die Stadt schicken können, denn im Dorf habe man nur eine vierklassige Grundschule. Heute seien viele der Internate geschlossen, andere seien so teuer, daß sie nur mehr für die Kinder von Neuen Russen in Frage kämen. Die Folge: In Bolschoje Goloustnoje liefen immer mehr Kinder und Jugendliche auf der Straße herum, ohne Ausbildung, ohne Arbeit. »Ein Teufelskreis, eine verlorene Generation«, wie Ljudmilla formuliert. Sie habe die Hoffnung, das Geld für die Ausbildung der Töchter zusammenzubekommen, aber dafür müsse sie sich eben anstrengen.

Bevor wir mit dem Essen beginnen, stellt Ljudmilla eine Flasche Wodka auf den Tisch. Ob er ebenfalls aus eigener Produktion ist, fragen wir nicht, aber es würde uns nicht überraschen. Schließlich gehört auch das Schnapsbrennen zum Autarkieverständnis vieler Familien in Sibirien. Keinen Widerspruch duldend, besteht Ljudmilla darauf, daß wir unsere Gläser leeren bis zum Boden und so oft, bis nichts mehr in der Flasche ist. Dies gehöre zur burjatischen Gastfreundschaft, und wir könnten doch nicht im Ernst abschlagen, auf unsere Bekanntschaft, unsere Gesundheit und das Wohl unserer Kinder zu trinken. Wobei Ljudmilla jedesmal, bevor sie trinkt, einen Finger in das volle Glas taucht und einige Tropfen Wodka auf das Tischtuch spritzt. »Für Burchan!« Wir kennen das schon und tun's ihr gleich.

Burjatien, sagt Ljudmilla, sei doch etwas Besonderes. So richtig klargeworden sei ihr dies erst in Amerika. Wir glauben, uns verhört zu haben. Aber Ljudmilla präzisiert: Sie sei kürzlich mit einer Gruppe russischer Forstleute in den USA gewesen, in New York, aber auch in einigen amerikanischen Nationalparks.

»Es war eine Studienreise, die von der amerikanischen Regierung finanziert wurde. Wir sollten uns informieren über den Naturschutz in den USA, über Methoden zur Verhütung und Bekämpfung von Waldbränden und über Probleme des ökologischen Tourismus.«

Imponiert habe ihr das System der amerikanischen Nationalparks. Davon könne sie hier in ihrem Pribaikalskij-Nationalpark nur träumen. Richtige kleine, unabhängige Zarentümer seien dies, mit hohem Ansehen bei den Behörden und der Bevölkerung. Sie müßten eigenverantwortlich wirtschaften, aber dafür seien zuvor auch die notwendigen Strukturen geschaffen worden: Heere von Parkwächtern, »Rangern«, wie sie auch auf russisch genannt werden, Verwaltungsfachleuten, Tourismusspezialisten, Umweltingenieuren, Zoologen, Biologen, Landschaftsplanern. Die Gesetze für die Nationalparks stehen nicht nur auf dem Papier, sondern werden in der Praxis überall streng befolgt. Wehe, man erwischt mal einen Touristen abseits der Wege. Aber bei ihnen, hier am Baikal? Ljudmilla winkt ab. Keine Gesetze, keine Infrastruktur, kein Geld, keine Kontrolle, kein Interesse.

»Alles Mafia, Korruption! Umweltschutz steht nur auf dem Papier.«

Dennoch hat sich Ljudmilla schon nach der ersten Woche in den USA wieder zurückgesehnt nach Sibirien, an den Baikal. Die Hektik des amerikanischen Lebens, die Geschäftigkeit der Menschen, auch mancher ihrer Berufskollegen, für die auch die Natur nur noch »bisines« – Ljudmilla sagt es auf englisch – zu sein scheint, sowie die Überheblichkeit mancher ihrer amerikanischen Gesprächspartner, die offenbar glaubten, die armen dummen Russen würden zu Hause immer noch in Bärenfellen herumlaufen und das Fleisch mit dem Löffel schneiden, das alles sei ihr ziemlich auf die Nerven gegangen. Am schlimmsten aber sei das Essen in Amerika gewesen. »Alles Plastik, ohne Geschmack, alles fad und matschig.« Als sie zurückgekommen sei, habe sie eine Woche lang nur russische und burjatische Nationalgerichte gekocht, gegen die Proteste ihrer Familie. Kascha und Posy und Blini und Borschtsch. Und dann habe sie sich gesagt: »Ein bißchen Amerika bei uns wäre ganz schön. Aber, um Gottes willen, nur ein bißchen.«

Nach dem Abendessen, das wie üblich in der Küche aufgetragen wurde, bittet uns Ljudmilla ins Wohnzimmer. Es ist inzwischen 21 Uhr, die Deckenlampen sind flackernd angegangen, und die beiden Töchter, elf und dreizehn Jahre alt, haben sich schnell aufgemacht in die Disco, wie der Dorfclub neuerdings genannt wird, um ein wenig zu tanzen, solange es Strom gibt. Im Wohnzimmer überrascht uns nicht nur die schwere Couchgarnitur mit ihren tiefen Sesseln, eine russische Variante des Gelsenkirchener Barock, sondern auch ein stattliches japanisches Fernsehgerät, unter dem viele Videokassetten gestapelt sind. Es sind meist amerikanische Spielfilme, wie sie in Irkutsk auf jedem Markt und an jeder Straßenecke verkauft werden, darunter »Vom Winde verweht« und mehrere Folgen von »Rocky« mit Sylvester Stallone, aber auch ein Video der russischen Poplegende Alla Pugatschowa und der Mitschnitt einer in Rußland überaus beliebten brasilianischen Familiensaga.

Ungefragt klärt uns Ljudmilla über ihren bescheidenen Wohlstand auf. Sie habe sich auf der Amerikareise ein wenig von ihren Spesen zur Seite legen können; überdies gebe sie kaum Geld aus. Die Mädchen bräuchten hin und wieder einen Rock oder ein paar Jeans, aber sie und ihr Mann hätten ja Uniformen vom Nationalpark, die hielten jahrelang. In der Tat trägt Ljudmilla auch am Abend eine ärmellose, wie eine Armeejacke gemusterte olivgrüne Weste und eine dazu passende Uniformhose. Ihren Mann übrigens, der auch nicht beim Abendessen dabei war, bekommen wir nur ein einziges Mal zu Gesicht – als ihn Ljudmilla ins Wohnzimmer ruft und fragt, ob das Loch im hinteren Gartenzaun endlich repariert sei.

Der Film, den das Irkutsker Fernsehen über Ljudmilla und die Probleme des Pribaikalskij-Nationalparks gedreht hat, ist etwa zehn Minuten lang. Eine engagierte Reportage, die Ljudmilla als kämpferische und eloquent formulierende Wortführerin gegen die Mißwirtschaft und Korruption der Parkverwaltung zeigt. Natürlich wird auch der Direktor des Parks befragt, der alle Vorwürfe bestreitet und behauptet, es handle sich um die Kampagne einiger Unzufriedener, angeführt von einer karrieresüchtigen Frau. Konkret jedoch geht er auf keinen der kritisierten Punkte ein. Zum Schluß berichtet die Reporterin, daß es einige Drohungen gegen Ljudmilla gegeben habe und auch gegen die Redaktion, doch man werde den Fall weiter verfolgen. Es wäre Zeit, daß sich die zuständigen Behörden endlich darum kümmerten.

Ljudmilla hat uns das Videoband mit sichtlicher Genugtuung vorgeführt. Eine mutige Reporterin sei es, davon bräuchte man viel mehr in Rußland. Denn das habe sie inzwischen begriffen: Nur wenn man an die Öffentlichkeit gehe, habe man die Chance, etwas zu erreichen. »Sonst machen die da oben mit dir, was sie wollen.« Doch auch jetzt, nachdem eine Kommission eingesetzt worden sei, um die Mißstände im Park zu untersuchen, wäre noch keineswegs sicher, daß sich etwas ändere. »Vielleicht kommen sie ja auch nur, fahren wieder weg, schreiben einen Bericht, und alles bleibt beim alten.« Immerhin, eine Hoffnung hat Ljudmilla: Da sich jetzt auch die Staatsanwaltschaft mit der Sache beschäftige, könne man wohl nicht mehr alles unter den Teppich kehren. Allerdings, fügt Ljudmilla nach einer Pause hinzu, so ganz genau könne man auch das nicht wissen. »Bei uns ist noch vieles möglich.«

Am nächsten Morgen lädt uns Ljudmilla zu einer Fahrt in ihr Forstrevier ein. Wir haben im Schulhaus übernachtet, dem einzigen zweistöckigen Gebäude im Dorf, aber ebenfalls aus Holz errichtet. In den Sommerferien werden in den beiden Klassenräumen ein paar Betten aufgestellt: für Touristen, die es in zunehmender Zahl auch nach Goloustnoje zieht.

Mit Ljudmilla, drei Forstarbeitern, der Kameraausrüstung und einigen Holzfällergeräten zwängen wir uns in einen altersschwachen, aber, wie sich herausstellt, überaus geländetüchtigen Jeep. Zuvor hat uns Ljudmilla noch eindringlich vor den Zecken gewarnt, die in dieser Gegend in hohem Maße mit dem Enzephalitis-Erreger verseucht seien und diesen auch auf Menschen übertragen. Sie und ihre Forstarbeiter würden einmal jährlich dagegen geimpft, aber wir sollten darauf achten, die Arme und Beine möglichst bedeckt zu halten, eine Mütze oder Kapuze zu tragen, Gesicht und Hände sollten wir nach Möglichkeit mit einer Creme oder einem Spray gegen Insekten schützen. Am besten geeignet sei ein Mittel namens »Autan«, das es auch manchmal in ihrem Dorfladen gebe. Wir hatten zum Glück schon vor unserer Reise daran gedacht.

Die Fahrt geht zunächst Richtung Süden, am Ufer des Baikal entlang. An den mit dürrem, hartem Steppengras bewachsenen Hängen weiden Schafherden. Zuweilen werden deutliche Erosionsschäden sichtbar. Nach einigen Kilometern geht die Steppenlandschaft in ein dichtes Waldgebiet über, das bis unmittelbar ans Ufer reicht. Es herrschen Kiefern und Lärchen vor, aber auch Birken und Espen sind reichlich vertreten. Auf einer kleinen Lichtung, kaum 100 Meter vom Ufer entfernt, sind einige Zelte aufgeschlagen. Daneben stehen mehrere Autos, darunter auch schwere amerikanische und japanische Geländewagen, die Modefahrzeuge der Neuen Russen. Alle tragen Irkutsker Kennzeichen. Irgendwelche sanitären Einrichtungen sind nicht zu erkennen, lediglich eine offene Feuerstelle, aus der heller Rauch quillt. Es ist einer jener halblegalen Campingplätze, von denen es im Gebiet um den Baikalsee in den letzten Jahren immer mehr gibt.

Ljudmilla ist auch für ihn zuständig und hat sogar, wie es scheint, ein gewisses Verständnis für diese Art von Tourismus. Irgendwo müßten die Leute sich doch erholen, und es gebe nur wenige Stellen am Baikal, die mit dem Auto so problemlos zu erreichen seien, wie das Delta der Goloustnaja.

Von Irkutsk sind es dorthin gerade mal 150 Kilometer, die Straße ist gut ausgebaut, da man auf ihr mit schweren Lastwagen das Holz transportiert, seit die Flößerei auf dem Baikal verboten ist. Wie viele Touristen jährlich in das Gebiet des Nationalparks kommen, wisse niemand genau, da man das nicht kontrollieren könne, jedenfalls nicht mit den wenigen Leuten, die sie habe, aber rund 30000 dürften es schon sein. An manchen Wochenenden im Sommer seien sogar schon 900 Autos in der Umgebung von Bolschoje Goloustnoje gezählt worden. Im gesamten Nationalpark existiere nur eine einzige Touristenherberge, aber die sei vor ein paar Jahren von einem Irkutsker Energieunternehmen aufgekauft worden. Alle Pläne zur Errichtung eines neuen, nach ökologischen Gesichtspunkten konzipierten Erholungszentrums seien bislang gescheitert.

Ljudmilla hat sich in Rage geredet. Natürlich könne man die Natur nicht einfach wegschließen. Auch die Leute aus der Stadt hätten ein Recht, sich an ihr zu erfreuen. Aber dafür müßten die Voraussetzungen geschaffen werden, eine Infrastruktur. Und die Menschen müßten in dem Bewußtsein erzogen werden, daß die Natur etwas Einmaliges sei, das es zu schützen und zu bewahren gelte. Sie könne nur versuchen, darauf zu achten, daß sich die Touristen an die wichtigsten Regeln und Gesetze halten: kein Feuer zu machen, wo es gefährlich wäre, keinen Müll wegzuwerfen, mit den Autos nur auf den vorgezeichneten Wegen zu fahren, nicht ohne Genehmigung zu jagen und zu fischen. Die einzige Möglichkeit, die sie habe, auf die Touristen einzuwirken, seien Gespräche, Ermahnungen und – bei groben Verstößen – das Verhängen von Geldbußen, die die Leute aber meist lächelnd bezahlen. »Wer ein Auto hat und hierherkommt, schaut nicht auf den Rubel.« Nur bei richtigen Wilddieben und Raubfischern, da gebe es noch andere Mittel …

In eigener Regie habe sie, erklärt Ljudmilla, vor zwei Jahren eine Maßnahme eingeführt, die sich zur Vermeidung von Waldbränden als hilfreich erweise. Seither nämlich registrieren Ljudmilla und ihre Männer in den Sommermonaten jede fremde Autonummer, derer sie in ihrem Forstrevier ansichtig werden. Wenn ein Waldbrand ausbricht, kann auf diese Weise häufig auf den Verursacher geschlossen werden, denn mehr als 80 Prozent der Brände entstehen durch Menschen – vorsätzlich oder aus Unachtsamkeit. Das Verfahren Ljudmillas hat sich offensichtlich herumgesprochen und zeigt Wirkung. Die Zahl der Brände in ihrem Revier ist jedenfalls deutlich zurückgegangen.

Allerdings stellen Waldbrände weiterhin eine gewaltige Gefahr dar, denn, so Ljudmilla, »die gesamte Taiga steht ja praktisch auf Kohle«. Und es sei absurd, wie die Behörden mit diesem Problem umgingen. Wenn die Taiga erst einmal brenne und es große öffentliche Aufmerksamkeit gebe, dann würden auch Millionen Rubel zur Bekämpfung der Flammen lockergemacht, jede Menge Soldaten abkommandiert und sogar kostspielige

Löschflugzeuge eingesetzt. Mit einem Bruchteil dieses Aufwands könnte man jedoch eine wirksame Brandprävention betreiben: den Ausbruch von Bränden überhaupt verhindern oder den Brandverlauf schneller unter Kontrolle bringen. »Aber bei uns kümmert man sich um ein Problem erst, wenn es akut wird. Und dann ist es meistens zu spät.«

Ein anderes Problem, so erzählt Ljudmilla bei dieser Gelegenheit, das die Behörden ebenfalls kaum rührt, ist die wilde Bebauung, vor allem der Datschenbau im Gebiet von Bolschoje Goloustnoje. Kaum eine andere Stelle am zumeist von steilen Felsen umgebenen Baikal bietet so gute Möglichkeiten für den Hausbau wie das Delta der Goloustnaja – eine Verlockung für unzählige Städter aus Irkutsk oder anderen Orten der Baikalregion, sich ausgerechnet hier eine Datscha hinzusetzen. Doch gibt es weder einen Landschaftsnutzungsplan noch einen Bebauungsplan. Aus finanzieller Not verkauft die Siedlungsverwaltung von Goloustnoje ein Grundstück nach dem anderen, zumeist auch noch, betont Ljudmilla, auf krumme Tour; und jeder baut im Prinzip, wie er will. Man brauche sich nur einmal die Umgebung von Irkutsk und das Ufer der Angara anzusehen, um zu begreifen, wie dort durch wilde Bebauung und häßliche Architektur die Landschaft bereits verschandelt und beschädigt worden sei. Genauso werde es mit Goloustnoje gehen, wenn nicht bald etwas passiere. Doch, so Ljudmilla achselzuckend, wahrscheinlich sei es mit dem wilden Datschenbau wie mit den Waldbränden: »Man unternimmt erst etwas, wenn es zu spät ist.«

Nach etwa einer Stunde sind wir mit unserem Jeep am Ziel: einem Waldstück 500 Meter oberhalb des Baikalufers, das deutliche Brandspuren trägt. Einige Bäume sind bis zur Spitze verkohlt, andere umgestürzt oder bis auf einen aus der Erde ragenden Stumpf verbrannt. Einzelne scheinen von den Flammen jedoch verschont worden zu sein, sie tragen keinerlei sichtbare Brandspuren.

»Das Feuer frißt nicht alles. Es ist kein mechanisches Wesen, sondern ein Lebewesen. Manchmal überspringt es einen Baum oder eine ganze Gruppe, brennt drumherum. Das hängt vom Wind ab, vom Boden, von vielen Faktoren. Wie im Leben.«

Ljudmilla scheint tatsächlich jeden einzelnen Baum zu kennen. Auf einer Karte hat sie fein säuberlich die Standorte der geschädigten Bäume eingezeichnet und den Grad der Schädigung vermerkt. Ruhig, aber bestimmt gibt sie ihre Anweisungen an die Forstarbeiter, die mit Kettensägen und Äxten den »sanitären Holzeinschlag« beginnen. Jeder Baum, der gefällt werde, sagt Ljudmilla in das Kreischen der Sägen, tue ihr weh. Denn in der Taiga wachse der Baum nur ganz langsam.

»Wenn eine Fläche einmal abgeholzt oder abgebrannt ist, bleibt sie lange kahl. Die verkohlten Zirbelkiefern etwa, die die Forstarbeiter gerade fällen, haben 250 Jahre gebraucht, um ihre jetzige Größe zu erreichen. Bei den Lärchen und Fichten dauert es rund 150 Jahre. 250 Jahre gewachsen – und in einer Minute abgesägt ... Da muß man doch nachdenklich werden.«

Ljudmilla versteht sich als Arzt, als Chirurg, der kranke Organe aus dem Körper entfernt. Sicher, auch das sei ein Eingriff in die Natur, aber ein helfender, kein vernichtender. Der industrielle Holzeinschlag hingegen, den man jahrzehntelang auch in der Uferzone des Baikal betrieben habe und heute etwas entfernter vom Ufer immer noch betreibe, werde die Natur für viele Generationen von Menschen vernichten. Man gehe nicht etwa selektiv vor und fälle ausgewählte Bäume oder Baumgruppen, sondern arbeite nach dem Kahlschlagprinzip. »Man holzt die riesigen Flächen einfach ab, ohne Rücksicht auf Art und Alter der Bäume oder die Folgen für die Umwelt, den Grundwasserspiegel, die Bodenoberfläche, die Erosionsgefahr.« Die Ergebnisse, so Ljudmilla sarkastisch, seien ja auch in der Umgebung von Bolschoje Goloustnoje zu besichtigen.

Auf der Rückfahrt ins Dorf kommen wir noch einmal auf das Problem der Wilderei zu sprechen, das Ljudmilla zuvor nur kurz angeschnitten hat. Obwohl auf Wilddiebstahl und Raubfischerei harte Strafen stünden, hätte sich das Problem in den vergangenen Jahren dramatisch verschärft. Sicher, Wilddieberei habe es schon immer gegeben, aber die Leute hätten daraus kein Geschäft gemacht, sondern in erster Linie sich selbst und ihre Familie versorgt. Heute, so Ljudmilla, kämen die Leute in schicken Geländewagen aus Irkutsk angereist, ausgerüstet mit Gewehren samt Zielfernrohr, automatischen Waffen mit Nachtsichtgeräten sowie allerlei anderem hochmodernen technischen Gerät und machten Jagd auf alles, was ihnen irgendeinen Nutzen bringt, selbst auf Tiere, die unter strengem Artenschutz stehen. Die Leute leiden keinerlei persönliche Not, sondern wollen nur krumme Geschäfte machen, sich noch mehr bereichern – durch den Schwarzhandel mit Fleisch, Fellen und Jagdtrophäen wie Geweihen oder Hauern.

»Gegen sie muß man mit aller Härte vorgehen. Und wenn ich einen von denen erwische, gibt es kein Pardon. Eine Flinte habe ich schließlich auch.«

»Und was ist, wenn Sie einen Wilddieb aus Ihrem Dorf antreffen?«

Ljudmilla lacht etwas verlegen, zuckt die Achseln. »Dann muß man sich taktvoll verhalten. Wir haben im Dorf viele kinderreiche Familien. Manche haben fünf oder sogar zehn Kinder. Die könnten gar nicht überleben, wenn der Vater oder einer der älteren Söhne nicht gelegentlich ein Reh, einen Hirsch oder ein Wildschwein schießt. Sie tun es aus Not, und mit solchen Menschen muß man Mitleid haben. Ich jedenfalls habe es. Das einzige, worauf ich achte: Sie müssen sich an die Schonzeiten halten. Sonst bekommen sie auch mit mir Ärger. Aber im Dorf kennen wir uns ja alle, da paßt man schon auf, daß die Beziehungen gut bleiben.«

Ungefährlich ist die Arbeit von Ljudmilla dennoch nicht. Sie muß sich nicht nur vor Bären und Wildschweinen in acht nehmen, die es hier in großer Zahl gibt, sondern offenbar auch vor Menschen. Im vergangenen Jahr jedenfalls ist im Wald auf sie geschossen worden. »Ein Steckschuß in den Rücken. Nichts Besonderes«, wie sie sagt, »die Kugel konnte herausoperiert werden.«

Ob es ein bewaffneter Wilddieb war oder jemand, dem ihr Kampf gegen Korruption und Mißwirtschaft im Nationalpark nicht paßt – es ist nie aufgeklärt worden. »Wahrscheinlich«, so mutmaßt Ljudmilla, »weil niemand ein Interesse daran hat.«

DEUTSCHE HILFE – ANFANG UND ENDE

Es hatte alles so gut angefangen. Aufbruchstimmung hatte geherrscht, damals, unmittelbar nach dem Zusammenbruch der Sowjetunion und nach der Wiedervereinigung Deutschlands. Mit einer Vielzahl neuer Abkommen sollten die Beziehungen zwischen der Bundesrepublik Deutschland und der unabhängig gewordenen Russischen Föderation vertieft und gefestigt werden – ein neuer Abschnitt in der Geschichte beider Länder sollte beginnen. Der Kalte Krieg war endgültig vorbei, ideologische Auseinandersetzungen gehörten der Vergangenheit an, ohne politische Scheuklappen und Angst vor militärischer Bedrohung sollten die gemeinsamen Aufgaben der Zukunft angepackt werden. Und welches Signal hätte dieser Absicht deutlicher Ausdruck verleihen können als eine gemeinsame Initiative, die sowohl auf die Beseitigung von Sünden der Vergangenheit als auch auf die Schaffung von lebenswerten Zukunftsperspektiven zielt – in einem Bereich, von dem das Wohl und Wehe der kommenden Generationen mehr abhängt als jemals zuvor in der Geschichte, dem Umweltschutz. Rußland bei der Beseitigung der ökologischen Sünden des Sowjetsystems zu helfen und dabei Erfahrungen zu gewinnen, die auch für die Menschen in Deutschland von Bedeutung sein können, das war die tiefere Absicht des Abkommens über die Zusammenarbeit auf dem Gebiet des Umweltschutzes, das von den Regierungen der Bundesrepublik Deutschland und der Russischen Föderation am 25. Mai 1992 geschlossen wurde. Zu den wichtigsten Punkten des Abkommens gehörten Vereinbarungen über den Austausch von Umwelttechnologie, Verbesserungen des Umweltrechts, Förderung von Umweltinformationssystemen und von Beiträgen zu Umweltplanung und Naturschutz. Das erste konkrete Kooperationsvorhaben im Rahmen dieses Abkommens wurde das »Baikal-Projekt«. Es sollte Modellcharakter haben.

Vorgeschlagen hatte das Projekt das zur russischen Akademie der Wissenschaften gehörende Institut für Geographie in Irkutsk. Federführend auf deutscher Seite wurde die bundeseigene Gesellschaft für Technische Zusammenarbeit (GTZ) in Eschborn. Die Finanzierung sollte in wesentlichen Teilen vom Bundesministerium für wirtschaftliche Zusammenarbeit und Entwicklung (BMZ) in Bonn kommen. Der Enthusiasmus auf beiden Seiten war groß. Bereits im August 1994 konnte der deutsche Projektleiter, Burghard Rauschelbach, konstatieren: »Auch wenn der Baikalsee so fern von Deutschland liegt und Deutschland aus sibirischer Sicht so fremd sein mag: schon die erste Projektphase hat große Gemeinsamkeiten im Problemverständnis und umfassende fachliche Berührungsflächen ergeben.«

Das Projekt sah vor, einen ökologisch orientierten Landschaftsnutzungsplan für die Baikalregion aufzustellen und damit Voraussetzungen für eine nachhaltige ökonomische und ökologisch gesunde Entwicklung dieses Gebiets zu schaffen. Über die Ausgangssituation waren sich russische und deutsche Wissenschaftler und Umweltschützer schnell einig gewesen. Im Gebiet rund um den Baikal seien Industrieansiedlung, Tourismus, Holzeinschlag sowie die Planung von Infrastrukturmaßnahmen in der teilweise zu Nationalparks erklärten Uferzone des Sees »weitgehend ohne raumordnerische Grundlage und ohne Vorsorgemaßnahmen für den Natur- und Umweltschutz erfolgt«; Wasser- und Luftverschmutzung, Bodenerosion und Zersiedlung wären die Folgen. Vordringliche Aufgabe sei es daher, »auf der Grundlage einer Erfassung des sozialen und natürlichen Potentials und einer Empfindlichkeitsbewertung der schutzbedürftigen Naturgüter sowie der bestehenden Umweltprobleme Wege zu einer nachhaltigen Entwicklung aufzuzeigen«. Dafür, so eine gemeinsame Erklärung aller in Rußland und Deutschland am Projekt Beteiligten, müßten Nutzungsformen gefunden werden, die den Lebensunterhalt und die Lebensqualität der Bevölkerung verbessern, »ohne die natürlichen Lebensgrundlagen zu übernutzen, die einmalige Tier- und Pflanzenwelt zu zerstören und den Naturhaushalt nachhaltig zu verändern«.

Ausgewählt wurde für dieses Projekt, neben der Baikalinsel Olchon, das Gebiet von Goloustnoje, die Kahle Mündung am Westufer des Sees. Der Einzugsbereich des Flusses Goloustnaja und das Delta erschienen den Projektplanern als geradezu klassisches Beispiel für den umweltzerstörenden Umgang der Menschen mit den natürlichen Ressourcen rund um den Baikalsee. Der jahrzehntelange rücksichtslose Holzeinschlag, der dichtbewaldete Berghänge und Uferzonen in riesige kahle Flächen verwandelte, der unkontrollierte Tourismus aus den nahe gelegenen Städten Irkutsk, Angarsk und Ust-Ordynskij sowie der wilde Datschenbau hatten das einst idyllische Gebiet zu einer ökologischen, aber auch sozialen Notstandsregion gemacht. Hier das Modell einer ökologisch orientierten und ökonomisch sinnvollen Landschaftsnutzung zu realisieren, die zugleich versucht, die schlimmsten Schäden der Vergangenheit zu lindern, dies hätte ein Signal sein können, dessen Bedeutung weit über die Baikalregion hinausgegangen wäre.

Man begann zunächst mit einer kartographischen Erfassung des Gebiets. Unterlagen des Gebietskomitees für Forstwirtschaft, Materialien der Nationalparkverwaltung, des Instituts für Jagdwirtschaft, der geologischen Verwaltung, des staatlichen Wasserkatasteramts wurden herangezogen und geobotanische Aufnahmen sowie Bodenaufnahmen angefertigt. Zugleich wurden soziologische und wirtschaftsgeographische Untersuchungen durchgeführt. Daten der regionalen und örtlichen Statistik wurden ausgewertet, der medizinischen Statistik, der demographischen Entwicklung. Und Befragungen der Bevölkerung wurden vorgenommen, denn, so die Erkenntnis der Projektmitarbeiter, »die Planung einer nachhaltigen Entwicklung wird nur Erfolg haben, wenn sie den Menschen einsichtig ist. Die Bevölkerung muß aktiv die Planung und Entwicklung mitgestalten können.« Parallel zu diesen Untersuchungen setzten sich russische und deutsche Juristen und Verwaltungsfachleute zusammen, um die gesetzgeberischen und administrativen Voraussetzungen und Bedingungen zu prüfen, unter denen ein derartiges Landnutzungsprojekt in Rußland realisiert werden könnte.

In einem in deutscher und russischer Sprache erscheinenden »Baikal-Brief«, der »an die Bewohner der Baikal-Region, an die Freunde der Baikal-Landschaft und an alle, die an einer nachhaltigen Entwicklung dieser Region interessiert sind« adressiert war, wurde in regelmäßigen Abständen über den Fortgang des Projekts berichtet. Informationsveranstaltungen wurden abgehalten, Fachseminare, Workshops. Studentische Projektgruppen der Universität Hannover und der Gesamthochschule Kassel engagierten sich ebenso wie die Forschungsstelle für europäisches Umweltrecht der Universität Bremen, Verwaltungsexperten des Regierungspräsidiums Leipzig, Umweltfachleute des Bundesamtes für Naturschutz und der Öko-Gruppe Naturerleben e.V. in Kiel. Aus Rußland reisten Vertreter des Irkutsker Instituts für Geographie, der Irkutsker Gebietsverwaltung und der Irkutsker Gesellschaft für Denkmalschutz zu Informationsbesuchen in verschiedene Städte der Bundesrepublik. Die Federführung für die Realisierung des Projekts lag auf russischer Seite beim Geographischen Institut der Akademie der Wissenschaften in Irkutsk, das beraten und betreut wurde von der Planungsgruppe Ökologie und Umwelt in Hannover.

Am Ende der ersten Projektphase wurde ein Maßnahmenkatalog in russischer und deutscher Sprache erstellt, der nicht weniger als achtzig Einzelpunkte umfaßt. Als wichtigste Sofortmaßnahme wird dort die Schaffung eines Sondergebiets für Naturschutz im Einzugsbereich des Flusses Goloustnaja postuliert. Dies könne aufgrund des neuen russischen Naturschutzgesetzes von 1995 theoretisch jederzeit realisiert werden, während es für eine ressortübergreifende Landschaftsplanung, wie sie in den meisten mitteleuropäischen Ländern gesetzlich verankert sei, in Rußland bis heute keine Rechtsbasis gebe.

Als Einzelmaßnahme im Bereich der Forstwirtschaft forderten die russischen und deutschen Umweltexperten des Baikal-Projekts unter anderem ein Verbot aller Holzeinschläge im Sondergebiet, das Verbot einer Anwendung chemischer Betriebsmittel bei forstwirtschaftlichen Vorhaben und eine Umorientierung auf biologische Schädlingsbekämpfungsmittel. Außerdem einen Verzicht auf schwere Maschinen bei der Durchführung forstwirtschaftlicher Arbeiten, Schutzmaßnahmen für seltene und bedrohte Tierarten, Einschränkungen für die Benutzung von Kraftfahrzeugen in den Wäldern, spezielle Regeln für das Jagdverhalten in diesem Gebiet und die Entwicklung und Förderung ökologisch angepaßter Nebenerwerbszweige wie etwa der Bienenzucht.

Für die Landwirtschaft sei eine Reduzierung des Ackerbaus auf den Eigenbedarf unerläßlich; ferner die Anlage von geregelten, das heißt eingezäunten Weideflächen, die Schonung der empfindlichen Steppenböden im Flußdelta, eine Einschränkung des Düngemitteleinsatzes sowie ein Verzicht auf chemische Schädlingsbekämpfungsmittel, und zwar sowohl auf den landwirtschaftlichen Nutzflächen als auch in privaten Gärten.

Nicht weniger rigoros liest sich das Umweltkonzept für die Bereiche Tourismus und Erholung. So sollten am Baikalufer Besucherzählungen vorgenommen und »ökologisch begründete Besuchergrenzwerte für verschiedene Teilgebiete« erarbeitet werden. Für den Teil des Sondergebiets, der im Pribaikalskij-Nationalpark liegt, sollte zunächst eine Beschränkung auf »1,5 Personen pro Tag« gelten. Zudem sollten Wanderwege, Schutzhütten und Beobachtungsstationen nach ökologischen Gesichtspunkten ausgebaut, Standorte für kleinere Erholungseinrichtungen und Campingplätze gesucht, Touren entlang des Baikalufers zu Wasser und zu Land erarbeitet und organisiert werden – mit kurzfristigen Aufenthaltsmöglichkeiten außerhalb der Uferschutzzone. Ein Müllentsorgungungskonzept sowohl für die Tourismuseinrichtungen als auch die ortsansässige Wohnbevölkerung und die Wirtschaftsbetriebe sei zu erarbeiten. Ebenso eine ökologische und wirtschaftliche Machbarkeitsuntersuchung zum Bau eines Jachthafens im Flußdelta der Goloustnaja.

Zu den allgemeinen Maßnahmen, die für dringend erforderlich gehalten werden, gehören: Vermeidung beziehungsweise Minderung der direkten Einleitung von Industrie- und Haushaltsabwässern in Fließgewässer und in den Baikal, der Aufbau einer flächendeckenden umweltverträglichen Stromversorgung und eines elektrischen Wärmeversorgungssystems aller Siedlungen sowie eines Wasserversorgungs- und -entsorgungungssystems unter ökologischen Gesichtspunkten.

Zur Verbesserung der sozioökonomischen Verhältnisse werden unter anderem ein Ausbau der Straße nach Irkutsk und der Bau eines Versammlungshauses in Bolschoje Goloustnoje für erforderlich gehalten sowie eine Studie zur Schaffung neuer Arbeitsplätze in traditionellen Bereichen wie der Holzverarbeitung und dem Kunsthandwerk, aber auch der Milchverarbeitung und Heilkräutersammlung. Der letzte Punkt der Studie empfiehlt die Schaffung neuer Arbeitsplätze auch im Dienstleistungsbereich, zum Beispiel bei der Betreuung und Versorgung von Touristen.

Manches in der Landnutzungplanung der GTZ und des Irkutsker Instituts für Geographie mag dem außenstehenden Beobachter akademisch und wirklichkeitsfremd vorkommen. Etwa die Forderung, auch das Pilze- und Zapfensammeln einer Reglementierung und Kontrolle zu unterwerfen und die Nutzung der traditionellen sibirischen Winterwege, also der zugefrorenen Flüsse und Seen durch Kraftfahrzeuge zu verbieten. Anderes mag aufgrund der katastrophalen Wirtschaftssituation in Rußland auf lange Sicht Zukunftsmusik bleiben. Doch der Vorbildcharakter, den die Studie für raumbezogene und ökologisch orientierte Planungen hier und in anderen Regionen Rußlands haben kann, wird auch von Experten anderer Länder, die sich mit ähnlichen Projekten an den ökologischen Brennpunkten der einstigen Sowjetunion befassen, neidlos anerkannt. Um so größer war die Enttäuschung, als im Dezember 1996 aus Bonn das Aus für das Projekt kam. »Ein deutscher Beitrag zur Finanzierung einer nächsten Projektphase«, heißt es im »Baikal-Brief« vom Januar 1997 lapidar, »ist 1997 nicht mehr vorgesehen.« Das heißt, das Bundesministerium für wirtschaftliche Zusammenarbeit und Entwicklung, welches das Projekt bislang mit etwa 1,3 Millionen DM unterstützt hat, stellt seine Zahlungen ein. Der deutsch-russische Traum von der Rettung wenigstens eines Teilgebiets am Baikal muß, so scheint es, begraben werden.

Dabei hatten sich die Planer über die Schwierigkeiten des Projekts durchaus keine Illusionen gemacht. Ganz nüchtern hatten sie als Ausgangspunkt ihrer Überlegungen konstatiert: »Die wirtschaftliche Lage in der Baikal-Region ist ernst. Langfristige Planung, Umwelt- und Naturschutz und die Endlichkeit der natürlichen Lebensgrundlagen sind nicht das handlungsleitende Kriterium der Bevölkerung. Es gibt existentiell vordringlichere Probleme.« Doch gerade in dieser besonders schwierigen Frage der Bewußtseinsveränderung der Bevölkerung vor Ort schien sich etwas zu bewegen, wie wir bei unserem Besuch in Goloustnoje feststellen konnten. Försterin Ljudmilla hatte uns den in russischer und deutscher Sprache gedruckten Ergebnisbericht der ersten Projektphase gezeigt, der ihr von der Irkutsker Gebietsverwaltung zugeschickt worden war. Bei einer ersten Lektüre hatte sie »viel Nützliches« festgestellt, auch »viel Richtiges«, an manchen Stellen jedoch hat sie auch gelacht und gemeint, »wie die sich das in Deutschland denken, das wird bei uns wohl noch hundert Jahre dauern ...«. Zum Beispiel die Vorstellung, wenn es Gesetze gebe, würden sich die Leute auch daran halten. »Die kennen Rußland nicht!« Mit anderen Dingen, die in der Studie vorgeschlagen werden, so Ljudmilla, würden einige Leute im Dorf schon Ernst machen. Nicht nur sie forme aus Birkenrinde Schalen und andere Behälter und finde dafür Käufer, sondern auch einige ihrer Freundinnen. Andere Frauen schnitzten Holzpuppen oder Tierfiguren, auch manche Männer versuchten sich neuerdings daran. Und einige Familien in Goloustnoje überlegten sich, wie sie im Sommer in ihren Häusern Touristen unterbringen könnten.

»Ein Anfang jedenfalls«, so Ljudmilla, »ist gemacht.« Allerdings wolle sie sich keinen Illusionen hingeben. Gemessen an den existentiellen Problemen, die die Menschen und die Natur am Baikal haben, seien das nur Kleinigkeiten. »Aber auf jedem Weg mußt du einen ersten Schritt tun.«

Auch im Bonner Ministerium für wirtschaftliche Zusammenarbeit und Entwicklung bedauert man, daß für die zweite Phase des Baikal-Projekts nun kein Geld mehr vorhanden sei. Inhaltliche Kritik am Projekt habe es nicht gegeben, im Gegenteil, es sei ein »sinnvolles Projekt«. Und wörtlich erklärt man: »Wir hätten gern weitergemacht.« Aber leider seien zum einen die Haushaltsmittel gekürzt worden, und zum anderen habe die Bundesregierung den Schwerpunkt ihres Beratungsprogramms für Osteuropa verlagert – ganz auf die Wirtschaftsberatung. Dies sei im übrigen mit den Regierungen in Osteuropa so abgestimmt, und da blieben eben für Unternehmungen wie das Baikal-Projekt keine Mittel mehr. Jede Schrumpfung des Etats zwinge zur Konzentration auf ganz bestimmte Bereiche, und das sei jetzt die Entwicklung der Wirtschaft. Außerdem stelle sich zunehmend die Frage nach den Erfolgsaussichten des Projekts, »da man den politischen Willen der russischen Seite bei diesem Vorhaben immer stärker bezweifeln muß«.

Für Burghard Rauschelbach kam die Streichung der Gelder für die Fortführung des Baikal-Projekts überraschend. Auch er, sagt er, habe nie eine inhaltliche Kritik an seiner Arbeit gehört und sogar die Zusage für eine weitere Finanzierung gehabt. Für vergleichbare Projekte, von denen die GTZ ja weltweit schon eine ganze Reihe durchgeführt habe – »wenn sich auch über manche streiten läßt« –, müsse man nach aller Erfahrung sechs bis neun Jahre rechnen. Allerdings, so Burghard Rauschelbach, hätte ihn eine Beobachtung stutzig gemacht: eine Informationsveranstaltung, die das Bundesamt für Naturschutz in Bonn im Jahr 1997 zusammen mit russischen Wissenschaftlern durchgeführt habe, um die Ergebnisse der ersten Phase des Baikal-Projekts der Öffentlichkeit vorzustellen. Es sei »enttäuschend und erschreckend« gewesen, wie die anwesenden Vertreter der verschiedenen Bonner Ministerien reagiert hätten, nämlich mit völliger Gleichgültigkeit. Nicht die geringste Reaktion habe es gegeben, eine vor allem auch gegenüber den russischen Gästen »peinliche Veranstaltung«. Offenbar, so Rauschelbachs Eindruck im Sommer 1998, habe man seitens der Bundesregierung keinerlei Konzept für die ökologische Zusammenarbeit zwischen Deutschland und Rußland. Und wenn jetzt die Gelder für die Fortführung des Baikal-Projekts gestrichen würden, habe dies natürlich auch mit dem politischen Stellenwert zu tun, mit dem Gewicht, das der Umweltschutz für die Bundesregierung hat.

Die Frage, ob die erste Projektphase vielleicht nicht doch ein wenig zu akademisch, zu theorielastig angegangen worden sei, verneint Burghard Rauschelbach energisch. Zuerst hätten doch die planerischen Grundlagen erarbeitet werden müssen, eine verläßliche Datenbasis, und das gehe nun einmal nicht ohne wissenschaftliche Systematik und Genauigkeit.

»Und was hätte in der zweiten Phase des Projekts passieren sollen?«

»Da hätten wir aus dem akademischen Rahmen heraus und an die konkrete Umsetzung gehen müssen. Auf allen Ebenen: der politischen wie der administrativen und bei der Bevölkerung vor Ort.«

Die Beobachtung, daß sich das politische und administrative Umfeld für den Umweltschutz in Rußland in den letzten Jahren deutlich verschlechtert hat, hat auch Burghard Rauschelbach gemacht. »Die Situation ist absolut unbefriedigend.« Zur Wendezeit, Ende der achtziger und Anfang der neunziger Jahre, habe der Umweltschutz in Rußland, der dort jahrzehntelang ein Fremdwort war, durchaus eine gewisse Akzeptanz gehabt. Doch mit der rapiden Verschlechterung der wirtschaftlichen Situation sei auch der Gedanke des Umweltschutzes in Rußland wieder in den Hintergrund gerückt. Und viele Leute in Politik und Verwaltung in Moskau wie in der Provinz, so Rauschelbach, die früher durchaus aufgeschlossen gewesen seien für die Probleme des Umweltschutzes, würden sich heute nur noch für wirtschaftliche Fragen interessieren und betrachteten – wie früher – die Ökologie als einen Feind der Ökonomie. Auch wenn sie öffentlich vielleicht etwas anderes verkünden.

Hat dann nicht, so fragen wir, die Bundesregierung recht, wenn sie, in Übereinstimmung mit der russischen Regierung ihre unterstützenden Aktivitäten ganz auf die Wirtschaft konzentriert?

Das Gegenteil, so Rauschelbach, sei nötig, und genau das wäre die Aufgabe der zweiten Projektphase gewesen: in Rußland insgesamt und speziell in der Baikal-Region Personen zu finden und auch zu bezahlen, feste Ansprechpartner vor Ort, die die konkrete Umsetzung des Projekts vorantreiben. Personen, die bei allen Behörden und der Bevölkerung Aufklärungsarbeit leisten und für das Projekt werben. Als Lobbyisten des Umweltschutzes, gerade weil so viele Politiker und Verwaltungsleute in Rußland vom Umweltschutz nichts mehr hören wollen.

Und was bleibt nach all der Arbeit und den 1,3 Millionen DM, die von Deutschland aus bislang in das Projekt gesteckt wurden?

Zunächst einmal, so Burghard Rauschelbach, die planerischen Grundlagen. Auf dieser Basis könne jederzeit weitergearbeitet werden, könnte die Realisierung von Einzelpunkten oder von größeren Teilkomplexen in Angriff genommen werden. »Und dann hoffen wir, daß wir in den Köpfen dort einiges bewegt haben.« Zunächst bei den russischen Wissenschaftlern und den Fachleuten, mit denen man unmittelbar zusammengearbeitet habe, aber auch bei dem einen oder anderen Mitarbeiter der Administration. Vor allem aber, das sei sein Eindruck, habe man durch das deutsche Engagement und das Know-how, das man transferiert habe, die Position der verschiedenen Umweltgruppen und Bürgerinitiativen, die sich am Baikal in den vergangenen Jahren organisiert haben, stärken können. Diese NGO, wie sie in der Fachsprache heißen, diese »Nichtregierungsorganisationen«, in Rußland seien zwar noch immer weitgehend ohne politischen Rückhalt, doch hätte sich ihre Akzeptanz in der Bevölkerung deutlich verbessert. Obwohl, auch das müsse man sehen, bestimmte spektakuläre Aktionen, wie sie in der westlichen Welt immer wieder Aufsehen erregen, in Rußland meist ohne größere Resonanz bleiben, wenn sie von den dortigen Umweltgruppen kopiert werden.

Womit Burghard Rauschelbach offenbar auf die Besteigung von Schornsteinen des Papierkombinats von Baikalsk anspielt, mit der Aktivisten der russischen Sektion von Greenpeace und Mitglieder der Irkutsker Umweltschutzorganisation Baikal-Welle im Sommer 1996 auf die noch immer andauernde Verseuchung des Baikal durch diese Fabrik hinweisen wollten. Die Aktion hatte in der russischen Öffentlichkeit vor allem Kopfschütteln hervorgerufen.

Zu dem, was das Baikal-Projekt der GTZ den russischen Partnern gebracht hat, zählt Burghard Rauschelbach auch ganz praktische Dinge. Die karthographischen Geräte etwa und die geographischen Informationssysteme, mit denen man das Geographische Institut in Irkutsk ausgerüstet habe und mit denen das Institut nun wissenschaftliche Umweltverträglichkeitsstudien für alle möglichen Auftraggeber durchführen kann. Es könnte sich auf diese Weise wenigstens zu einem Teil refinanzieren, »wenn man dort nur mehr von Marketing verstünde«.

Und was wird mit dem Campingplatz im Gebiet von Olchon am Ufer des Baikalsees, von dem als »Modell-Campingplatz« im Projekt so viel die Rede ist? Aus fünf Holzhäusern sollte er bestehen für die Unterbringung von Touristen während des ganzen Jahres, einem Sanitätshaus mit Abfallentsorgung, einer Banja, einem Parkplatz und einer Holzplattform zum Sonnenbaden. Allein für die Planung dieses kleinen Campingplatzes mußte ein Aufwand getrieben werden, mit dem man, so ein Beteiligter, »anderswo ein halbes Seebad baut«. Deutsche Spezialisten wurden nach Irkutsk eingeflogen, dann mußte das Konzept mit dem »Generalplan der Tourismus-Entwicklung und der wirtschaftlichen Aktivitäten des Rayons Olchon« abgestimmt werden, dem Geographischen Institut in Irkutsk, der Irkutsker Gesellschaft für Denkmalsschutz und der Gebietsverwaltung von Irkutsk. Danach mußte die Meinung der lokalen Bevölkerung und der Verwaltung des Rayons Olchon eingeholt werden. Und dann die Zustimmung der Landwirtschaftsbehörden, der Forstverwaltung usw. Und zu guter Letzt suchte die GTZ auch noch Sponsoren in Deutschland. Und nun – wird der Campingplatz usw. gebaut?

»Er wird gebaut«, so Burghard Rauschelbach, »die Fundamente sind schon gelegt.« Allerdings gebe es nun ein neues Problem. Man habe zwar keine Sponsoren in Deutschland gefunden, wohl aber Reiseveranstalter, die auf die Idee »Camping am Baikalsee« angesprungen seien. Doch nun finde man auf russischer Seite keinen Betreiber für den Campingplatz. Der größte russische Reiseveranstalter »Intourist«, der Nachfolger der sowjetischen Monopolorganisation gleichen Namens, habe an einem so kleinen Objekt kein Interesse. »Die schießen die Touristen lieber massenweise mit den Raketas, den Tragflügelbooten, über den Baikal, das bringt finanziell viel mehr.« Und kleinere russische Reiseveranstalter, die es mit dem Öko-Tourismus wirklich ernst meinen, seien auch nicht in Sicht. Es gibt offenbar noch keine ausreichende Nachfrage.

Die Feststellung Rauschelbachs wird von der offiziellen Statistik bestätigt. Von den rund zwei Millionen Touristen, die die Baikal-Region jährlich besuchen, sind, so das Wirtschafts-Informationszentrum in Ulan-Ude, nur ein Prozent an Öko-Tourismus interessiert. Und das sind zumeist Ausländer.

Auch in dieser Hinsicht, so scheint es, könnte die Bundesrepublik weiterhin sinnvolle Entwicklungshilfe leisten. Selbst wenn man sie nur unter wirtschaftlichen Aspekten betrachtet. Doch das Baikal-Projekt, das erste deutsch-russische Gemeinschaftsunternehmen des Umweltschutzes, ist wohl tot. So jedenfalls sieht es im Sommer 1998, als wir den Baikal bereisen, aus.

ROBBEN, ROBBEN, ROBBEN

Über kein Tier Sibiriens ist so viel geschrieben worden, kein Tier dort wurde häufiger gefilmt, über keinen anderen Bewohner des Sees wurde in den vergangenen Jahren so heftig gestritten, wie über die Baikalrobbe. Und keine anderen Bilder haben die Weltöffentlichkeit so nachdrücklich auf die Gefährdung des »Brunnens des Planeten« durch Umweltgifte hingewiesen wie die dramatischen Aufnahmen vom Massensterben der Baikalrobben im Jahr 1987. Zugleich ist mit der Baikalrobbe, der einzigen Süßwasserrobbe der Erde, eines der vielen bis heute ungelösten Rätsel des Baikalsees verbunden, die Frage: Wie sind die Robben eigentlich hierhergekommen?

Wissenschaftlich beschrieben wurden die Baikalrobben zum erstenmal von dem deutschen Forscher Johann Georg Gmelin, der als Teilnehmer der Großen Nordischen Expedition des Vitus Bering 1735 auch am Baikalsee Station gemacht hatte. Nach ihm wurden sie auch benannt: *Phoca sibirica Gmelin.*

Schon auf unserer Winterreise hatten wir unaufhörlich über die Robben gesprochen. Wir hatten zwar keine gesehen, weil sie sich in dieser Jahreszeit unter dem Eis und in Schneehöhlen versteckt halten, doch wir hatten als wissenschaftlichen Begleiter einen Mann, dessen Lebensinhalt, wie er selbst sagt, die Robben sind – Schenja. Wir haben ihn bereits vorgestellt: Dr. Jewgenij Petrow, Zoologe, Dozent am Limnologischen Institut der Sibirischen Abteilung der Akademie der Wissenschaften der Russischen Föderation, kurz auch Baikal-Institut genannt. Von Schenja hatten wir gelernt, daß es im Baikalsee zur Zeit etwa 70 000 bis 100 000 Robben gibt, aber annähernd genaue Zahlen hat man nicht, da schon seit Jahren keine wissenschaftlichen Robbenzählungen mehr durchgeführt worden sind. Der Grund dafür: Die russischen Wissenschaftler des Baikal-Instituts haben seit dem Zusammenbruch der Sowjetunion kein Geld mehr für derartig aufwendige Unternehmungen. An manchen Stellen des Sees, die zur Beobachtung der Robbenpopulation wichtig sind, ist Schenja schon seit fünf Jahren nicht mehr gewesen. Die letzte Zählung, die allerdings wegen schlechter Wetterbedingungen vorzeitig abgebrochen werden mußte, wurde 1995 von einer Gruppe in Deutschland stationierter, auf Umweltfragen spezialisierter britischer Soldaten unter Leitung von Professor Lieth durchgeführt. Sie hat, allerdings hochgerechnet, die Zahl von 83 000 Robben ergeben, die zur Zeit im Baikalsee leben.

Die Robbe, so haben wir es ebenfalls von Schenja gelernt, steht im Ökosystem des Baikalsees neben dem Menschen und dem Omul an der Spitze der Nahrungskette und konkurriert mit diesen um den reichen Fischbestand im See. Der Omul und die Robben jagen teilweise dieselben Fischarten, vor allem die Golomjanka. Und obwohl die Baikalrobbe den Omul selbst nicht jagt, da dieser für die Robben viel zu schnell und zu wendig ist, hat sie doch einen großen Einfluß auf dessen Populationsstärke, denn sie kann einen wesentlichen Teil seiner Beutefische reduzieren. Nicht zuletzt deshalb, so Schenja, wäre es wichtig, die Entwicklung des Robbenbestandes mit wissenschaftlichen Methoden zu kontrollieren. Aber dafür, wie gesagt, gibt es schon seit Jahren keine Mittel mehr.

Im Durchschnitt wiegen die Baikalrobben 50 Kilo und bestehen wie die Golomjanka, eines ihrer Hauptnahrungsmittel, zur Hälfte aus Fett. Einige Prachtexemplare erreichen sogar ein Gewicht von 150 Kilo und eine Länge von 1,80 Metern. Sie können bis zu fünfzig Jahren alt werden, ihre mittlere Lebenserwartung beträgt um die zwanzig Jahre. Die Baikalrobben sind, wie ihre Geschwister, die Salzwasserrobben, Säugetiere, die ihre Jungen lebend zur Welt bringen. Ihr genuiner Lebensraum ist das Wasser, zum Atmen allerdings benötigen sie Sauerstoff aus der Luft. Dies zwingt sie, von Zeit zu Zeit aus dem Wasser aufzutauchen oder im Winter von unten Löcher in die Eisdecke zu bohren, um Luft holen zu können. Da ihr Blut jedoch extrem viel Sauerstoff aufzunehmen vermag, können sie sehr lange unter Wasser bleiben – bis zu einer Stunde. In der Regel allerdings tauchen sie alle fünfzehn bis zwanzig Minuten kurz auf.

Natürliche Feinde haben die Robben in der Tierwelt des Baikal außer den Braunbären nicht. Doch während die Robben im Nördlichen Eismeer auch im Wasser ständig auf der Hut vor Bären, nämlich Eisbären, sein müssen, droht den Baikalrobben im Wasser von anderen Tieren keine Gefahr. Lediglich auf ihren sommerlichen Liegeplätzen am Ufer können sie eine Beute der Braunbären werden, und im Frühjahr, wenn die Bären aus dem Winterschlaf erwachen, auch an ufernahen Stellen auf dem Eis. Doch da sie ihre Schneehöhlen in der Regel fernab vom Ufer haben, sind sie dort vor Braunbären genauso sicher wie vor Wölfen, Füchsen und Zobeln. Lediglich Raubvögel und aggressive Möwen können den Robbenbabys gefährlich werden, doch wird dies, so Schenja, nur selten beobachtet.

Dies alles und noch viel mehr hatten wir von Schenja schon im Winter über die Robben gelernt. Doch nun, so hatte er uns versprochen, wollte er uns zu dem Ort führen, an dem diese wundersamen Tiere so gut zu beobachten sind wie an keiner anderen Stelle des Baikal, zu den Felsen am Ufer der Kleinen Uschkani-Inseln, so ziemlich genau in der geographischen Mitte des Baikalsees. Es ist ein Archipel, bestehend aus vier Inseln, einer größeren und drei kleineren, über deren Entstehungsgeschichte die Wissenschaftler, ebenso wie über die Herkunft der Robben, noch immer streiten. Vielleicht, so eine der Theorien, sind sie durch tektonische Verwerfungen vom Boden des Baikal an die Oberfläche gedrückt worden, vielleicht sind sie aber auf ganz andere Weise entstanden. Tatsache ist, daß sie eine Reihe endemischer, also einzigartiger, nur hier vorkommender Pflanzenarten beherbergen, daß sie bewaldet sind und daß in ihren Felshöhlen schon zur Steinzeit Menschen lebten. Und daß sie im Sommer der Lieblingsort der Baikalrobben sind.

Unsere »Minkas« hat vor der größten der Uschkani-Inseln geankert, in Sichtweite der Wetterstation. In dem eisernen Beiboot mit Außenbordmotor setzen wir zu einer der kleineren Inseln über, an deren Westseite die Liegeplätze der Robben sind. Der See ist spiegelglatt, am strahlend blauen Himmel zeigt sich kaum eine Wolke. In der Ferne sind die schneebedeckten Gipfel der Heiligen Nase zu sehen: eine dem Ostufer des Baikal vorgelagerte Halbinsel, deren felsige Südspitze die Form einer Nase hat und als heiliger Schamanenplatz gilt. In weitem Bogen umfahren wir die Robbeninsel und nähern uns ihr von Osten, gleichsam von hinten. Die Robben nämlich, so hat uns Schenja erklärt, gehören zu den scheuesten Säugetieren überhaupt. Ihr außerordentlich feines Gehör und ihr scharfer, weitreichender Blick reagieren auf die kleinste ungewohnte Veränderung in ihrer Umgebung. Beim geringsten fremden Laut, den sie wahrnehmen, der unscheinbarsten fremden Bewegung in ihrer Nähe flüchten sie unter die Wasseroberfläche und tauchen erst nach vielen Minuten, oft an ganz anderen Stellen, wieder auf.

Der Weg vom Ostufer der Insel führt einige hundert Meter durch den dichten Mischwald bergan und endet auf einem Steilhang unmittelbar über den Liegeplätzen der Robben. Tief gebückt, selbst das Knacken eines Astes nach Möglichkeit vermeidend, schleichen wir uns mit unserem Kameragepäck, Schenja voran, den Waldweg hinauf und kommen uns dabei vor wie Kinder beim Indianerspielen. Doch Schenja, der sich alle Augenblicke zu uns umdreht und beschwörend den Finger auf den Mund legt, macht uns deutlich, daß es die einzige Möglichkeit ist, die Robben zu Gesicht und vor die Kamera zu bekommen. Auf dem höchsten Punkt des Steilhanges endet der Weg an einer aus dünnen Ästen zusammengefügten Sichtblende, in der ein viereckiges Loch ausgespart ist: gerade groß genug, um das Gesicht und das Kameraobjektiv durchzustecken. Von dieser Stelle beobachten nicht nur gelegentlich anreisende Fotografen und Kamerateams die Robben, sondern auch die Wissenschaftler, die immer noch versuchen, die Geheimnisse dieser einzigartigen Lebewesen zu enträtseln. Es ist Schenjas Lieblingsplatz am Baikal.

Während Maxim filmt, versuchen wir durch die seitlichen Ritzen der Sichtblende einen Blick auf die Robben zu werfen. Sie liegen etwa 200 Meter von uns entfernt auf einer Gruppe kleiner Felsen, die in unmittelbarer Nähe des Ufers aus dem See ragen. Einige der Tiere drehen der prallen Sonne genüßlich den Bauch zu, andere die Seite oder den Rücken. Manche scheinen nicht zu liegen, sondern an der Seite der Felsen zu hängen. Das glänzende Fell ist dunkelbraun oder dunkelgrau, die langen Schnurrbarthaare sind auch auf die

Entfernung gut zu erkennen. Die meisten Robben haben die Augen geschlossen; ob sie schlafen oder damit ihr Wohlgefühl ausdrücken, kann auch Schenja nicht sagen. Dabei herrscht auf den Felsen ein ständiges Auf und Ab. Während die einen sich nach einer gewissen Zeit wieder ins Wasser fallen lassen und ganz verschwinden oder nur noch die Köpfe in die Luft strecken, wobei sie aussehen wie schwimmende Hunde, bemühen sich andere, mit ihren kurzen Schwimmflossen und unter heftigen Bewegungen des plumpen, massigen Körpers die Felsen zu erklimmen und einen der freigewordenen Plätze zu ergattern. Wobei es gelegentlich zu kleinen Rangeleien kommt und man einander mit den spitzen, fingerartigen Krallen der Schwimmflossen am Fell kratzt. Doch auch friedlich nebeneinander liegende Robben kratzen sich mitunter gegenseitig, wofür es, so Schenja, bisher ebenfalls noch keine wissenschaftlich gesicherte Erklärung gibt. Als Bekundung freundschaftlicher Zuneigung und Demonstration des Zusammengehörigkeitsgefühls werten es die einen; andere hingegen interpretieren es als Geste, die Distanz schaffen soll. Wie dem auch sei, daß zuweilen durch heftiges Kratzen ein Nachbar vertrieben oder ein anderer am Platznehmen gehindert wird, können wir genau beobachten.

Die Zahl der Robben, die sich unter uns auf den Felsen und im Wasser tummeln, schätzen wir auf etwa einhundert. Alles in allem, so Schenja, versammeln sich im Bereich der Uschkani-Inseln in den Monaten Juni und Juli rund 2000 Robben. Und zwar unabhängig davon, wie groß ihre Gesamtzahl im Baikal jeweils ist. Ein weiteres noch ungelöstes Geheimnis dieser Lebewesen und dieses Sees.

Nachdem Maxim zwei Kassetten mit zusammen sechzig Minuten Laufzeit abgedreht hat und flüsternd meint, nun habe er genug Material für einen wissenschaftlichen Lehrfilm über die Robben, treten wir vorsichtig, wie wir gekommen sind, den Rückzug an. Saschas Vorschlag, mit einem kurzen Pfiff die Robben alle auf einmal zum Verschwinden zu bringen, was sicher ein eindrucksvolles Bild wäre, hat ihm einen strafenden Blick von Schenja und einen heftigen Verweis eingebracht. Wie könne man sich Tieren gegenüber nur so verhalten! Seine geliebten Robben zu erschrecken – welch eine barbarische Vorstellung! Auch wenn es Schenja halbwegs im Scherz sagt – wir spüren, daß er es sehr ernst meint.

Auf der Rückfahrt zur »Minkas«, nach Westen, in einen blutroten Sonnenuntergang hinein, sind alle schweigsam. Die Begegnung mit den in Freiheit lebenden und offenbar in ihrem natürlichen Dasein durch nichts gestörten einzigartigen Tieren hat jeden auf seine Weise nachdenklich gemacht.

Erst später am Abend, nachdem Mischa wieder Kascha und Makkaroni serviert hat, kommt das Gespräch noch einmal ausführlich auf die Robben. Wie sieht es denn nun tatsächlich mit dem Einfluß der Umwelt auf die Baikalrobben aus? Wie wirkt sich die Verschmutzung des Wassers und der Luft aus, von der ja auch der Baikal nicht unberührt bleibt, wollen wir von Schenja wissen.

Schenja gibt sich zunächst streng wissenschaftlich. Ein kausaler Zusammenhang zwischen Schadstoffen und dem Auftreten von Krankheiten bei Robben im Baikal sei bislang noch in keinem einzigen Fall nachgewiesen worden. Jedenfalls nicht in dem Sinne, daß ein bestimmter Schadstoff eine bestimmte Krankheit bei diesen Tieren ausgelöst hätte.

Und die große Epidemie, das Massensterben der Baikalrobben im Jahr 1987? Dies, so Schenja, sei im Prinzip keine ungewöhnliche Erscheinung. Es sei eine

Virusepidemie gewesen, und Epidemien habe es unter Robben schon immer gegeben, auch an anderen Orten, obgleich vielleicht nicht in diesem Ausmaß. 1987, als die Baikalrobben an einem Virus erkrankten, seien auch die Robben im Nördlichen Eismeer an einem Virus erkrankt. Und zwar demselben wie die Robben im Baikal.

Nun hat aber, so beharren wir, die Chemikerin Jewgenija Tarasowa, übrigens mit Hilfe der Universität Bayreuth, festgestellt, daß sich im Fett der Baikalrobben eine signifikante Konzentration von Dioxinen, einem der gefährlichsten Umweltgifte, findet. Kann das nicht der Grund der Epidemie sein?

»Keinesfalls«, antwortet Schenja. »Das Dioxin im Fett der Robben ist nachgewiesen, das ist eine Tatsache, eine schlimme. Aber das Dioxin, das ist ebenfalls sicher, hat die Epidemie nicht ausgelöst. Allerdings ist unbestreitbar, daß die Dioxine das Immunsystem schwächen. Und das hat dann natürlich einen Einfluß auf die Anfälligkeit für Krankheiten und auf deren Verlauf. Daß dies auch bei der Robbenepidemie 1987 eine Rolle gespielt hat, ist durchaus denkbar.«

Und dann kneift Schenja die Augen ein wenig zusammen und sagt mit Nachdruck. »Ich möchte hier nicht in einem verkehrten Licht erscheinen. Jeder Schadstoff ist eine schlimme Sache, gerade auch für den Baikal. Natürlich müßte das Papierkombinat von Baikalsk, aus dem neben vielen anderen Schadstoffen wahrscheinlich auch Dioxine in den See gelangen, sofort geschlossen werden. Aber ich bin Wissenschaftler und warne vor zu schnellen Schlüssen, solange etwas nicht wirklich bewiesen ist. Vermutungen und Ideologien helfen uns nicht weiter. Und außerdem gibt es bei meinen Robben nicht nur alte, sondern immer neue Rätsel. Warum, zum Beispiel, sind in den vergangenen Jahren immer mehr Robben im

Baikal von Norden nach Süden gewandert, wo das Papierkombinat steht und das Wasser weitaus schmutziger ist als im Norden? Wir wissen es nicht, ganz einfach, wir wissen es nicht.«

Unvermeidlich kommt das Gespräch auch auf die Robbenjagd. Schenja hat uns Filme gezeigt, die er zusammen mit russischen Naturschützern, aber auch japanischen und französischen Wissenschaftlern über dieses Thema gedreht hat. Die offizielle Jagdsaison ist im Frühjahr, wenn der Schnee zu schmelzen beginnt. Zwischen Ende Februar und Anfang April bringen die Weibchen ihre Jungen zur Welt, in der Regel eines, in Ausnahmefällen zwei. Sie gebären in Schneehöhlen auf dem Eis des Sees, in denen die Robben überwintern. Sobald die Sonne kräftiger wird, verlassen die Robbenweibchen mit ihren Jungen die Schneehöhlen und geraten sofort ins Visier der Jäger. Das weiße Fell der zwei bis drei Wochen alten Robbenkinder ist die begehrteste und am besten bezahlte Beute. Aber auch das silbergraue Fell, das sich bei den jungen Robben im dritten oder vierten Monat herausbildet, wird auf den Pelzmärkten zu hohen Preisen gehandelt. Und das Fleisch der Jungtiere gilt als Delikatesse.

Doch auch die Jagd auf die älteren Tiere ist ein durchweg lukratives Geschäft. Aus ihrem Fell werden Pelzmützen, Handschuhe und Stiefel genäht, das Fett wird vor allem als Heilmittel in der Volksmedizin verwendet. Es wird erhitzt und getrunken, zum Beispiel bei Magenbeschwerden und Lungenerkrankungen wie Tuberkulose, oder zum Einreiben benutzt, gegen Ekzeme bei Kleinkindern und Erwachsenen. Auch für technische Zwecke wird das Fett gebraucht – zum Durchtränken des Schuhwerks, um es geschmeidiger und wasserfest zu machen, oder zum Einfetten von Holz, das dann, wie die

Menschen am Baikal behaupten, doppelt so lange hält. Das Fleisch der erwachsenen Robben wird meist als Tierfutter verwendet, soll aber auch für Menschen genießbar sein. Als besondere Delikatesse gilt den Burjaten und anderen Anwohnern des Sees die frische, noch warme Leber der Robben, die roh aufgetischt wird.

Die Jagd auf die Robben erfolgt auf dem gefrorenen Baikalsee zumeist mit dem Motorrad. In der Regel sind zwei Männer zusammen unterwegs: Der eine lenkt das Motorrad, der andere sitzt im Beiwagen und schießt. Wenn die Eisverhältnisse schwierig sind oder der Wind ungünstig ist, pirschen sich die Jäger auch zu Fuß an die Robben heran. Dabei schieben sie große, mit weißem Leinen bespannte Schilde vor sich her, in die ein kleiner Sehschlitz und ein Loch für den Gewehrlauf geschnitten sind. Auf diese Weise entgehen sie den wachsamen Augen der Muttertiere. Wenn das Eis zu tauen beginnt und sich die Robben auf den Eisschollen sonnen, wird die Jagd mit kleinen Booten fortgesetzt.

Noch makabrer erscheint uns die Jagd mit Netzen, die gewöhnlichen Fischernetzen ähneln und unter dem Eis oder zwischen den Eisschollen ausgebracht werden. Die in den Netzen gefangenen Robben werden dann mit der Faust oder einem Stock getötet – durch einen Schlag auf eine besonders dünne Stelle der Schädeldecke. Während die Jungtiere sehr zutraulich sind und sich kaum wehren, leisten die älteren Robben nicht selten heftigen Widerstand und können mit ihren hundeähnlichen, scharfen Zähnen die Jäger empfindlich verletzen.

Trotz des brutalen Tötens der Robben mit der Faust oder dem Knüppel, so wird uns erklärt, gilt die Jagd mit Netzen für weniger tierquälerisch als die Jagd mit dem Gewehr. Denn bei den schwierigen Eisverhältnissen, den schwankenden Booten und Motorrädern sowie dem alkoholisierten Zustand mancher Jäger wird ein Großteil der Tiere nur angeschossen und siecht verwundet oder verkrüppelt einem elendem Tod entgegen.

Seit Jahren fordern Umweltschützer und Naturfreunde ein generelles Verbot der Jagd auf Robben für den Baikalsee. Außer grundsätzlichen ethischen Erwägungen argumentieren sie mit der konkreten Gefahr des Aussterbens der Robben, zumindest aber eines drastischen Rückgangs ihrer Population im Baikalsee. Hierbei berufen sich etwa die Mitglieder der Irkutsker Umweltgruppe Baikal-Welle in einem Informationsblatt auch auf Zahlen des »bekanntesten Robbenforschers J. A. Petrow«. Gemeint ist unser Schenja. Und wie sieht er selbst die Robbenjagd?

»Was die Zahlen angeht, so kann von einer akuten Gefahr für den Robbenbestand im Baikal zur Zeit nicht gesprochen werden. Unser Problem ist: Alle Zahlenangaben für den heutigen Tag beruhen auf Schätzungen oder Hochrechnungen. Richtig gezählt worden ist ja schon lange nicht mehr. Nach meinen Schätzungen dürften wir im Moment etwa 100 000 Robben, vielleicht etwas mehr, vielleicht etwas weniger, haben. Die offizielle Fang- beziehungsweise Abschußquote beträgt im Jahr rund 7000. Aber sie wird zur Zeit nicht einmal zu 30 Prozent erfüllt. Das jedenfalls sagt die offizielle Statistik, und hier beginnt das Problem.«

Viel schlimmer nämlich, so Schenja, als die offizielle Zahl der getöteten Tiere, sei das, was nicht in der Statistik festgehalten werde. Früher habe es am gesamten Baikal nur eine einzige Kolchose gegeben, die das Recht auf die sogenannte industrielle Robbenjagd hatte, oder genauer: sie offiziell als Wirtschaftszweig betreiben durfte. Ihr waren 90 Prozent der gesamten Quote zugeteilt, die pro Jahr zum Fang oder Abschuß frei war.

»Das war leicht zu kontrollieren. Heute jedoch haben mehr als dreißig Organisationen das Recht, auf dem Baikal Robben zu jagen. Und was die alle tun, weiß niemand so genau.«

Zwar seien sie verpflichtet, sich an die vorgeschriebenen Zahlen zu halten und über ihre Jagdergebnisse exakt Rechenschaft abzulegen, doch danach richte sich niemand; und er kenne auch überhaupt niemanden, der dies kontrolliere. »Deshalb wissen wir auch nicht, wie viele Robben wirklich pro Jahr getötet werden und wie die Entwicklung weitergeht.«

Wäre es unter diesen Umständen nicht doch sinnvoll, die Robbenjagd generell zu verbieten?

»Unter rein zoologischen Gesichtspunkten ist die Jagd überflüssig, denn die Natur reguliert sich von allein. Vorausgesetzt, der Mensch läßt sie in Ruhe. Ich persönlich wäre auch froh, wenn überhaupt nicht gejagt würde, aber das ist eine unrealistische Vorstellung.«

»Warum?«

»Zum einen gehört die Jagd hier am Baikal zum Lebensgefühl der Menschen, auch die Robbenjagd. Die Väter haben gejagt, die Großväter und alle Generationen davor. Ein Mann, der nicht jagt, ist kein Mann – diese Maxime gilt noch immer für viele. Nimmst du einem Mann das Gewehr, nimmst du ihm einen Teil seiner Männlichkeit. Wer möchte das schon? Hinzu kommt, daß die Robbe als natürlicher Feind der Fische gilt und damit auch als Feind der Fischer. Und es ist ja wirklich nicht angenehm, wenn du dein Netz herausziehst und feststellst, eine Robbe hat es dir zerrissen. Oder sie hat alle Fische im Netz gefressen, und es hängen nur noch die Köpfe dran. Ein ökologisches Verständnis, ein Bewußtsein dafür, daß auch die Robbe ihren Platz im System der Natur haben muß, wächst bei uns nur ganz langsam. Und so glauben immer noch viele, mit jeder Robbe, die sie töten, eine gute Tat zu tun. Und das wird man auch mit einem Verbot nicht ändern.«

Weit schwerer als das alte Rollenverständnis der Männer in Sibirien im allgemeinen und am Baikal im besonderen, als die Tradition der Jagd und das mangelnde Verständnis für ökologische Zusammenhänge, so Schenja, wiegt heute aber die nackte materielle Not, die ein Verbot der Robbenjagd als unrealistisch erscheinen läßt. »Ein nicht unbedeutender Teil der Menschen am Baikalsee ist ganz einfach ökonomisch abhängig von der Jagd auf die Robben. Würden sie darauf verzichten, hätten sie keine Lebensgrundlage mehr. Denn im Gegensatz zu den Behauptungen mancher Umwelt- und Naturschützer ist die Robbenjagd noch immer ein lukrativer Erwerbszweig. Ohne die Robbenjagd würden manche hungern.«

Die Rechnung, die Schenja aufstellt, ist ebenso einfach wie überzeugend, und zwar sowohl in ihrer offiziellen als auch der inoffiziellen Variante. Da der Robbenjäger seine Konzession in der Regel von einer Kolchose oder einer anderen offiziellen Organisation hat, müßte er seine Beute auch dort abliefern. Für ein Kilo Robbenfleisch beziehungsweise Fett erhält er drei Rubel, umgerechnet eine Mark. Den Preis für das Fell kann er in der Regel frei aushandeln, je nach Qualität, Farbe und Größe. Dafür bekommt er offiziell 50 bis 60 Rubel. Auf dem Schwarzmarkt hingegen bekommt er pro Fell zwischen 150 und 200 Rubel. Wenn die Frau oder andere Familienmitglieder die Felle auch noch verarbeiten, zu Mützen und Handschuhen etwa, beträgt der Erlös pro Fell bis zu 500 Rubel. Das bedeutet, kein Jäger wird alle Felle offiziell abliefern, sondern mindestens die Hälfte für sich behalten und auf eigene Faust zu Geld machen. Geht man davon aus, daß ein eingespieltes Jägerpaar pro Tag bis zu zehn Robben schießt, zumindest im Monat April, wenn die Robbenjagd offiziell erlaubt ist, so kann dies die Existenzgrundlage für ein ganzes Jahr sein. Zumal es andere Verdienstmöglichkeiten am Baikal, außer in der Fischerei, kaum gibt und die wenigen Betriebe und Kolchosen, die noch nicht geschlossen sind, ihre Löhne nur unregelmäßig oder überhaupt nicht mehr zahlen. Zudem hat Schenja noch eine andere Beobachtung gemacht: Seit einigen Jahren nämlich ist die Nachfrage nach Pelzwerk aller Art, also nicht nur Zobel und Nerz, sondern auch nach Robbenfellen, deutlich gestiegen. Eine umsatzstarke Handelsgesellschaft in Irkutsk, wo auch die größte Pelzbörse des Landes ihren Sitz hat, ermuntert die Jäger geradezu, möglichst viele Robben zu schießen oder zu fangen, egal, ob legal oder illegal.

»Auf diese Einnahmequellen«, so Schenja, »können die Menschen gar nicht verzichten. Wollte man die Robbenjagd verbieten, würde die einheimische Bevölkerung nicht gerade freundlich darauf reagieren.«

In der Tat: Vor fünf Jahren haben die Behörden versucht, ein zeitweiliges Jagdverbot einzuführen – aber das hat »fast einen Aufstand ausgelöst und mußte schnellstens wieder rückgängig gemacht werden«.

Um die Einwohner dennoch von der Robbenjagd abzubringen, haben russische und amerikanische Umweltschützer unlängst eine gemeinsame Initiative gestartet. Mit dem »Projekt Robben« soll herausgefunden werden, inwieweit die Bevölkerung am Baikalsee tatsächlich materiell von der Robbenjagd abhängig ist und was erforderlich wäre, um diese Abhängigkeit zu beenden. Dazu heißt es in der Projektbeschreibung: »Wenn es gelänge, die Bevölkerung in den Dörfern am Baikalsee mit den notwendigen Lebensmitteln und mit Kleidung zu versorgen und gleichzeitig einen Touristenstrom zur Beobachtung der Robben zu organisieren, der den Menschen zusätzlich Einkünfte brächte, könnte man die Jagd auf die Baikalrobben wahrscheinlich einstellen.« Als ersten Schritt zur Verwirklichung dieses Projekts führen die Mitglieder der russisch-amerikanischen Initiative zur Zeit eine Fragebogenaktion in den Baikaldörfern durch, um genaue Zahlen über den Anteil der Robbenjagd am Gesamteinkommen der Familien zu bekommen.

Schenja hat für diese Aktion nur ein mitleidiges Lächeln übrig. »Typisch amerikanisch«, meint er. »Die Leute glauben, sie könnten uns hier glücklich machen, wenn sie uns Lebensmittelpakete und Kleidung schicken. Vielleicht legen sie noch ein paar Glasperlen dazu. Wer, bitte schön, möchte sich denn von Fremden ernähren lassen, einfach so, wie im Zoo? Die Menschen haben doch ihren Stolz!«

Die ganze Geschichte, so Schenja, sei einfach Unsinn. Auch wenn die Fragebogen anonymisiert seien, »niemand, aber auch gar niemand, würde da ehrlich hineinschreiben, wie viele Robben er tatsächlich schießt, wem er sie wirklich verkauft und was er dafür bekommt ... Ich kenne die Menschen hier seit 25 Jahren. Ich weiß genau, wer in welchem Dorf auf die Jagd geht. Und ich weiß, daß sie sich keinem Fragebogen, auch keinem anonymen, anvertrauen.« Schließlich seien es alles kleine Dörfer, jeder kenne jeden; da sei es ganz einfach, bei jedem Fragebogen herauszufinden, wer ihn ausgefüllt hat. Und dieses Risiko gehe niemand ein. »Die Leute sind zwar arm, aber nicht dumm.«

Und die Idee mit den Touristen, die zur Robbenbeobachtung hierherkommen sollen, um so für zusätzliche Einkünfte der Bewohner zu sorgen?

Schenja schüttelt den Kopf. »Diese Leute wissen offenbar nicht, wovon sie reden. Die Robben sind überaus scheue Tiere. Da kann ich gar nicht mit Massen von Touristen anrücken.« Außerdem seien die besten Plätze zur Robbenbeobachtung auf den Uschkani-Inseln. Die aber liegen mitten im Baikalsee und sind nur mit dem Schiff zu erreichen. Die Miete für einen Dampfer vom Typ »Jaroslawjez«, auf dem man sieben bis acht Passagiere unterbringen kann, beträgt pro Tag 700 Dollar – ohne Verpflegung und andere Nebenkosten. Um von Listwjanka, dem Heimathafen der meisten Baikalschiffe, zu den Uschkani-Inseln zu kommen, braucht man allein drei bis vier Tage. Und die einzige Zeit, in der sich die Robben dort massenhaft tummeln, sind ohnehin nur die Monate Juni und Juli. Wie soll sich das denn rechnen?

»Auch ich«, so Schenja, »sehe die Zukunft des Baikal nur im Tourismus, im ökologischen. Aber nicht im Robbentourismus. In Rußland haben wir gar nicht diese touristische Mittelschicht, die sich derart teure Unternehmungen leisten könnte. Und warum sollen Amerikaner hierherkommen, wenn sie Robben massenhaft bei sich zu Hause – in San Francisco oder anderswo – beobachten können? Mir wäre es am liebsten, wenn man die Robben in Ruhe ließe. Für den Tourismus gibt es viele andere Möglichkeiten.«

»Wenn Sie«, fragen wir Schenja, »die Macht hätten, die Robbenjagd zu verbieten, würden Sie es tun?«

»Ich glaube, generell verbieten sollte man die Jagd nicht, auch wenn sie für die Menschen nicht mehr existentiell notwendig wäre. Sie gehört einfach zum Lebensgefühl der hiesigen Bevölkerung. Verbieten ist ganz einfach. Aber das Verbot auch durchzusetzen, das ist eine andere Sache. Dazu müßten alle mitziehen, von ganz oben bis ganz unten.«

Außerdem, so Schenja, gebe es ja praktisch schon ein Verbot, nämlich die offizielle Abschußquote von 6000 bis 7000 Robben pro Jahr. Alles, was darüber hinausgehe, sei schon jetzt verboten, sei illegal. Aber genau da liege das Problem: »Wie will man die illegale Robbenjagd bekämpfen, die viel mehr Schaden anrichtet als die legale? Dazu bräuchte man wirksame Kontrollen, und genau die fehlen.« Zwar gebe es Behörden, deren Aufgabe es sei, den Robben- wie den Fischbestand zu schützen, doch diese seien machtlos und letztlich auch desinteressiert.

»Sie haben die gleichen Probleme wie alle anderen staatlichen Institutionen, sie haben kein Geld. Es fehlt an der Ausrüstung, an Autos, Motorrädern, Schneemobilen, Booten, an Ersatzteilen und Benzin. Und an Geld, um die Leute anständig und regelmäßig zu bezahlen. Kein einziger Inspektor wird sich – in der doppelten Bedeutung des Wortes – aufs Eis begeben, um jemanden zu ertappen. Es ist eine äußerst harte und unangenehme Arbeit bei ständiger Kälte, Nässe und Wind. Und sie ist lebensgefährlich. Zum einen, weil es auf dem Eis immer gefährlich ist: Löcher, Spalten, morsche Stellen, ein unachtsamer Moment, und du bist verloren. Zum anderen sind die Wilderer bewaffnet und schießen auf die Kontrolleure im Zweifelsfall genauso bedenkenlos wie auf die Robben. Wer also wird da sein Leben riskieren – für einen Hungerlohn?«

Und wenn schon mal eine Kontrolle stattfindet, so Schenja weiter, dann nicht etwa, um Wilderer zu fangen und zu bestrafen, sondern um den eigenen Lohn aufzubessern. »Man nimmt ihnen ein bißchen Geld ab und steckt es in die eigene Tasche. Der Wilderer ist froh, daß die Anzeige unterbleibt, der Kontrolleur freut sich, daß er etwas eingenommen hat, und so lebt man am Baikal friedlich miteinander.« Er kenne in den letzten Jahren nicht einen einzigen Fall, bei dem es anders gewesen wäre. »Kein illegaler Jäger, auch kein Wilderer, ist vor Gericht gekommen und verurteilt worden. Und das gilt für die illegalen Robbenjäger ebenso wie für Raubfischer. Allenfalls wurden manchmal Netze beschlagnahmt, um sie am nächsten Tag wieder zurückzugeben. Man ist ja schließlich aus demselben Dorf oder dem Nachbardorf.«

Endgültig verloren hat Schenja seinen Glauben an die Wirksamkeit von Kontrollen übrigens, als er im vergangenen Jahr den obersten Chef der Fischereischutzbehörde dabei beobachtete, wie er mit einem Trupp von Freunden an einem Wochenende mit einem großen Schiff zum Fischen fuhr – mitten in der Schonzeit. Ein Jagd- und Fischereiverbot für die Baikalregion sei unter diesen Vorzeichen wohl kaum durchzusetzen.

Wenn aber auch mit Verboten und Kontrollen der illegalen Robbenjagd nicht beizukommen ist, worauf setzt Schenja dann seine Hoffnung?

»Zunächst einmal muß sich die Lebenssituation der Bevölkerung im ganzen Land ändern. Die Menschen müssen Arbeit bekommen und anständig dafür bezahlt werden, damit sie nicht mehr aus ökonomischer Not wildern und illegal Robben schießen müssen. Und zum anderen muß Aufklärungsarbeit betrieben werden.«

Und nun beginnt Schenja die Institution zu loben, die er gerade erst wegen ihres »unsinnigen« Projekts zur Rettung der Robben kritisiert hat – die Umweltgruppe Baikal-Welle in Irkutsk. So abwegig es sei, die Bevölkerung am Baikal durch Lebensmittel- und Kleiderspenden vom Jagen abbringen zu wollen, so wichtig sei es, Erziehungsarbeit zu leisten. Und in dieser Hinsicht erscheint ihm die Tätigkeit der Baikal-Welle als geradezu vorbildlich. Indem sie in die Schulen gehe und den Kindern dort grundlegende Kenntnisse über ökologische Probleme und Zusammenhänge vermittele, indem sie mit den Kindern Exkursionen durchführe, sie zu eigenen Beobachtungen animiere und zugleich auch versuche, die Öffentlichkeit durch Artikel, Filme, Diskussionsveranstaltungen über die Gefahren für den Baikal aufzuklären, habe die Baikal-Welle schon viel dazu beigetragen, die traditionelle Gleichgültigkeit vieler Russen den Fragen des Umweltschutzes gegenüber abzubauen. Allerdings, so Schenja, sei dies alles erst ein Tropfen im Meer. Und wenn es nicht gelinge, Rußland bald aus seiner schweren ökonomischen Krise herauszuführen, werden auch alle diese Bemühungen letztlich zum Scheitern verurteilt sein. Denn auch das sei seine Erfahrung am Baikal: »Im Zweifelsfall hat die Ökonomie immer Vorrang vor der Ökologie.« Und was die Robben angehe, so seien sie ein geradezu idealer Indikator für den Gesamtzustand des Sees. Solange es ihnen gutgehe, sei auch der Baikal noch in Ordnung. Die Alarmzeichen wie etwa die steigenden Schadstoffkonzentrationen im Fett der Tiere seien unübersehbar. Aber, und damit beendet Schenja das Gespräch an diesem Abend, mehr als 25 Millionen Jahre habe der See überlebt, und er wird noch lange weiterleben.

»Das ist meine ganz persönliche Überzeugung. Einen wissenschaftlichen Beweis dafür gibt es allerdings auch nicht. Leider!«

DIE FISCHER VON KURBULIK

Kapitän Sergej ist wieder einmal auf Nummer Sicher gegangen. Wir hatten vor den Uschkani-Inseln geankert, die Robben auf ihren Liegeplätzen gefilmt und wollten am nächsten Morgen mit dem kleinen Beiboot auf die größte der Uschkani-Inseln zur Wetterstation übersetzen. Doch mitten in der Nacht hatte uns das ohrenbetäubende Rumpeln der Schiffsturbine geweckt. Die »Minkas« fuhr volle Kraft voraus. Sturm komme auf, sagte uns Sergej, er habe gerade den Wetterbericht gehört. Er nähere sich von Süden, geradewegs in Richtung Uschkani-Inseln. Er wolle versuchen, weiter im Norden in den Tschiwyrkutsker Meerbusen zu gelangen und dort an der Ostseite der Heiligen Nase eine ruhige Bucht zu finden. Man könne nie wissen, wie sich der Sturm entwickle, und bei den Uschkani-Inseln gebe es keine schützende Bucht oder einen anderen sicheren Ankerplatz. Bei schlechtem Wetter in dieser Gegend zu ankern sei lebensgefährlich, nicht nur, weil der Sturm das Schiff von der Ankerkette reißen könnte, sondern auch wegen der vielen Felsen unter Wasser rund um die Inseln.

Wir haben den leisen Verdacht, daß Sergej wieder einmal übervorsichtig ist, hüten uns aber, irgend etwas zu sagen. Zum einen hat er die Verantwortung für das Schiff und uns alle. Zum anderen hat er ja vielleicht tatsächlich recht. Als wir am Morgen den Meerbusen von Tschiwyrkutsk erreichen, beginnt es zu regnen, und von Süden kommt Wind auf.

Sergej steuert die Bucht von Kurbulik an, wo es eine Mole gibt, an der wir die »Minkas« festmachen wollen. Doch während die Mole in Sicht kommt, wird der Wind immer heftiger, erreichen einzelne Böen, wie es uns scheint, Orkanstärke. Vorsichtig versucht Sergej an der Südseite der Mole anzulegen, doch eine gewaltige Welle erfaßt das Schiff und drückt es mit einem dumpfen Krachen an die Planken. Knarrend und knackend bäumt sich die Mole auf und reißt in der Mitte ein Stück weit auseinander. Die Reling an der Steuerbordseite der »Minkas« wird nach innen gedrückt und verbogen, an einer Stelle ganz aus der Verankerung gerissen.

»Sergej übt wieder«, lautet der sarkastische Kommentar Saschas.

Doch zum Lachen ist niemandem. Von der Südseite, das ist klar, bekommt Sergej die »Minkas« nicht an die Mole. Jeden Moment kann eine neue Welle, eine noch stärkere Bö, das Schiff mit noch größerer Kraft gegen die Planken schleudern. Sergej setzt zurück und steuert die andere Seite der Mole an. Doch nun droht der Sturm aus Süd, uns von der Mole weg auf den Strand zu drücken. Schon hat sich der Bug knirschend in den Sand gebohrt und das Heck ebenfalls bedrohlich dem Ufer genähert, als der Wind einige Augenblicke wie von Geisterhand angehalten wird. In diesem Moment gelingt es Sergej, dem trotz des kalten Wetters die Schweißtropfen auf der Stirn stehen und der so angespannt ist, daß er alle Mann samt den Schiffsjungen aus dem Ruderhaus gejagt hat, die »Minkas« freizubekommen und an der Nordseite der Mole festzumachen. Gleich danach setzt der Sturm wieder ein.

Das Dorf Kurbulik besteht aus einer Häuserzeile, die parallel zum Ufer verläuft. Dazwischen zieht sich ein breiter, von tiefen Kuhlen durchfurchter Sandweg hin. Einige der etwa fünfzehn Häuser sind frisch gestrichen, zumeist blau oder weiß. Andere haben offenbar schon seit Jahren keine Farbe mehr gesehen.

Vor dem Fenster eines der frisch gestrichenen Häuser ist eine Satellitenschüssel montiert, für die wenigen Stunden am Tag, wie uns der Besitzer erklärt, in denen es im Dorf Strom gibt. Der Mann arbeitet in Irkutsk. Was genau er dort macht, will er uns nicht sagen. Er habe mit Handel zu tun ... Hier in Kurbulik sei er nur noch selten, meist an den Wochenenden, um zu fischen oder zu jagen.

Nicht nur auf dem Vordach seines Hauses, sondern auch auf einigen anderen sehen wir Fischköpfe verschiedener Größe, die dort zum Trocknen aufgesteckt sind. Mit ihren weit aufgerissenen Mäulern wirken sie furchterregend, als sollten sie böse Geister abschrecken. Sie werden als Souvenirs an Touristen verkauft, die hier im Sommer gelegentlich mit einem Dampfer anlegen.

Trotz des Sturms, der noch immer nicht abflaut, und der gelegentlichen Regengüsse wirkt der Strand keineswegs ausgestorben. Eine ältere Frau in Gummistiefeln und mit hochgebundenem Rock spült in den Wellen Geschirr und scheuert ein paar Töpfe mit Sand aus. Zwei Männer machen sich am Motor eines auf den Strand gezogenen winzigen Fischerboots zu schaffen. Im Windschatten einiger aufgestapelter Benzin- und Dieselfässer hocken ein paar Jugendliche und lassen eine Flasche Wodka kreisen. Und über allem liegt das Geschrei fetter Möwen, die träge im Sturm schaukeln und nur gelegentlich hinabstoßen in die am Strand reichlich herumliegenden Abfallhaufen.

Auf der Dorfstraße laufen einige Kühe herum. Sobald ein Kuhfladen in den Sand fällt, öffnet sich ein Gartentor, und ein Mann oder eine Frau mit einer Schaufel kommt heraus; vorsichtig wird der Kuhfladen aufgenommen und wie eine Trophäe in den Hof getragen.

»Kuhscheiße ist hier Gold«, erklärt Schenja.

Sie wird gebraucht als Dung für den Garten oder die kleinen Gewächshäuser, wie die winzigen, mit Plastikbahnen abgedeckten Beete etwas hochtrabend genannt werden, die hinter fast jedem Haus zu sehen sind. Wer eine Kuh hat in Kurbulik, gilt als reich. Denn im ganzen Dorf gibt es nur fünf Stück davon, mehr sind nicht zu ernähren, da es in der Bucht keine Weideflächen gibt. Nur wenige Meter hinter dem sandigen Strand, auf dem die Häuser stehen, beginnen steil ansteigende Felswände, auf denen außer Zirbelkiefern und einigen verkrüppelten Birken nichts wächst. Zwischen zwei Felshängen hindurch führt ein vom Regen ausgewaschener schmaler Pfad, die Landverbindung Kurbuliks in die Welt.

Eines der Häuser ist der Dorfladen. Er ist geschlossen. Ein Schild verweist darauf, daß die Verkäuferin im Nachbarhaus wohnt. Dorthin solle man sich bei Bedarf wenden. Doch die Verkäuferin, eine etwa vierzigjährige rundliche Frau mit Pausbacken und einem dicken Kopftuch, sieht sich an diesem Tag außerstande, in den Laden zu kommen. Sie habe Zahnschmerzen, sagt sie, und außerdem gebe es ohnehin kaum etwas zu kaufen.

»Brot ist alle, Mehl ist alle, Bier ist alle, Wodka auch. Spiritus macht der Fischer nebenan.«

Was sie denn im Laden habe, fragen wir, wenn sie wieder gesund sei.

»Tee, Zucker, Waschpulver.«

Wir bedanken uns.

Am Nachmittag kehren zwei Fischerboote vom Fang zurück. Es sind umgebaute, von einem Außenbordmotor angetriebene große Ruderboote, deren Heck tief im Wasser liegt und die hinter jeder höheren Welle auf Nimmerwiedersehen zu verschwinden scheinen. Zwölf Stunden waren die Fischer auf dem See, nun machen sie am Strand, unmittelbar neben der Mole fest. In jedem Boot sind vier Mann, eine Brigade. Sie haben Omul gefangen, Äschen und Renken, 200 Kilo pro Boot, wie sie schätzen. Die Männer sind müde, naß und durchgefroren. Mit flinken Bewegungen schaufeln sie die Fische in Kisten und wuchten sie auf die Mole. Dort werden sie auf eine Lore geladen und in eine Baracke am Ufer geschoben, das Fischkombinat.

Gesprächig sind die Männer nicht. Wenn wir etwas wissen wollten, sagen sie, sollten wir mit dem Chef reden. Sie dürften nichts sagen. Aber der Chef ist nicht da, und schließlich reden einige der Männer doch. Das Fischkombinat sei früher eine Kolchose gewesen, nun ist es ein Privatbetrieb, eine Aktiengesellschaft, wie es offiziell heißt. Der Chef ist eine Frau hier aus Kurbulik, aber die sei nur eine Strohfrau. Wer die wirklichen Besitzer sind, wissen die Männer nicht. »Irgendwelche dunklen Geschäftemacher aus Irkutsk.«

Früher haben im Fischkombinat zehn Brigaden gearbeitet, jetzt sind es nur mehr zwei. Pro Kilo Fisch, das die Männer abliefern, erhalten sie 35 Kopeken, umgerechnet zehn Pfennig. 200 Kilo hat jedes Boot heute mitgebracht, ein durchschnittlicher Fang; macht pro Brigade 70 Rubel, etwa zwanzig Mark. Geteilt durch vier, bleibt für jeden Fischer ein Tagesverdienst von etwa fünf Mark.

»Und dafür fahren Sie immer wieder hinaus?«

»Was sollen wir denn machen? Zu Hause herumsitzen?«

»Und wovon leben Sie?«

»Von dem Fisch, den wir uns braten ...«

Bargeld haben die Fischer schon seit Jahren nicht mehr gesehen. Ihr Lohn wird ihnen in Fisch und Holz »ausgezahlt«.

Schenja schätzt, daß die Männer, um wenigstens ihre Familien ernähren zu können, etwa die Hälfte jedes Fanges für sich behalten müssen. Einen Teil davon verkaufen sie an Touristen, Schiffsbesatzungen oder andere Leute, die sich nach Kurbulik verirren.

Der Aktiengesellschaft, die das einstige Fischkombinat übernommen hat, scheint es nicht schlechtzugehen. Die Mole ist, ungewöhnlich für die Schiffsanlegeplätze am Baikalsee, frisch ausgebessert; sogar eine Schiene für die Lore ist gelegt.

Vor der Baracke, in der der Fisch verarbeitet und verpackt wird, hat man ein neues, mit hohem Stacheldraht eingezäuntes Holzgestell gebaut, auf dem ein Teil der Fische getrocknet wird. Aus einem Kamin neben der Baracke quillt ständig weißer Rauch; dort werden Fische geräuchert.

In der Baracke arbeiten vier Frauen in Gummistiefeln, Gummischürzen und wollenen Kopftüchern. Sie sortieren die Fische, nehmen sie aus, hängen sie zum Trocknen oder Räuchern auf, verpacken sie in Kisten. Die Frauen sind noch verschlossener als ihre Männer – die Fischer, mit denen wir zuvor gesprochen haben. Ja, früher hätten hier zehn Frauen gearbeitet. Jetzt seien aber andere Zeiten, Marktwirtschaft; da müsse man froh sein, wenn man überhaupt noch arbeiten dürfe. Mal blicken die Frauen verlegen auf den Boden, dann lachen sie wieder, beim Wort Marktwirtschaft zum Beispiel, und manchmal wenden sie auch einfach nur den Kopf ab und flüstern untereinander. Zuweilen blicken sie zur weit offenstehenden Tür, als ob sie jemanden erwarteten, vor dem sie sich in acht nehmen müßten. Allmählich jedoch beginnen sie, uns doch ein paar Auskünfte zu geben. Mal mit einem Halbsatz, mal mit einer Andeutung, mal auch nur durch einen halblauten zornigen Fluch, wie er sonst nur von russischen Männern zu hören ist.

Es stimme, sagt die Jüngste, etwa sechzehn Jahre alt, einen festen Lohn erhielten sie nicht. »Der ist abhängig davon, wieviel Fisch gefangen wird.« Es gibt keinen bezahlten Urlaub, bei Krankheit keinen Lohn – »und schwanger darfst du auch nicht werden«.

»Haben Sie denn überhaupt keine soziale Absicherung?«

»Doch, unsere Gesundheit. Wenn die weg ist, ist alles weg. Die nächste Frau wartet schon auf deinen Job.«

Wie auch ihre Männer, werden sie mit Fisch und Holz bezahlt. Geld ist zu einem Begriff aus der Vergangenheit geworden.

Und irgendwelche Hoffnungen für die Zukunft?

»Welche Zukunft denn? Zukunft – das ist etwas für die anderen. Uns reicht's schon, wenn wir überleben. Vielleicht haben es die Kinder ja mal besser. Aber das weiß nur Gott. Oder der Teufel.«

Dann verstummt das Gespräch. Ein Mann ist aufgetaucht und hat mit lauter Kommandostimme die Frauen aufgefordert, sich gefälligst um ihre Arbeit zu kümmern. Seine hohen Stiefel und eine helmähnliche Schirmmütze verleihen ihm etwas Finsteres, Autoritäres. Eine Partie Trockenfisch müsse noch bis zum Abend versandfertig sein, bellt er. Die Frauen haben sich schulterzuckend umgedreht und wieder den Fischkisten zugewandt.

Am Strand neben der Mole hocken Kinder. Sie haben ein paar alte Pappkartons, dürre Äste und zwei Bretter, die offenbar angeschwemmt worden sind, zusammengetragen und angezündet. Ganz nahe sind sie ans Feuer herangerückt und halten ihre Hände über die Flammen, um sich zu wärmen. Das jüngste der Kinder, ein

Mädchen in einem dünnen Mäntelchen und mit heruntergerutschten löchrigen Wollstrümpfen, ist etwa drei Jahre alt, der älteste Junge, der eine Baseballmütze mit dem Schirm im Nacken trägt, vielleicht elf. Sie alle sind in Kurbulik geboren, und der Strand hier ist, wie sie sagen, ihr liebster Spielplatz. Feuer machen sie nicht nur, um sich zu wärmen, sondern auch um Kartoffeln zu braten und manchmal sogar einen Fisch. Zwar gebe es Fisch und Kartoffeln täglich zu Hause, aber sie selbst am Strand zu braten mache viel mehr Spaß, und Hunger habe man sowieso andauernd.

Früher, so erzählen sie, habe es in Kurbulik einen Kindergarten gegeben, doch der sei schon lange geschlossen. Die Grundschule bestehe nur noch aus den ersten drei Klassen, dann müssen die Kinder ins Internat nach Ust-Bargusin, den nächsten etwas größeren Ort. Jeden Montag werden sie mit dem Bus abgeholt und am Sonnabend wieder nach Kurbulik zurückgebracht. Im Sommer dauert die Fahrt vier Stunden, wenn die Straße nicht gerade im Schlamm versunken ist, im Winter geht es über das Eis des Baikal etwas schneller. Und manchmal fährt des Bus überhaupt nicht, wenn er kaputt ist oder wenn es zu heftig schneit.

Die meisten Väter und Mütter, so erzählen die Kinder, sind arbeitslos.

»Und was machen sie?«

»Die Frauen«, sagt Wolodja, der Älteste, »sind meist zu Hause. Und die Männer gehen zum Fischen oder zum Jagen. Oder sie sitzen zu Hause und trinken.« Sein Vater arbeite allerdings viel im Garten. Daher hätten sie auch immer Kartoffeln und Kohl und könnten manchmal auch etwas davon verkaufen. Und neulich hätten sie alle zusammen das Haus neu gestrichen. Die Farbe habe der Vater für Holz eingetauscht. Das hätte er bekommen, weil er einige Tage in der Fischfabrik ausgeholfen habe und mit einer Brigade auf den See gefahren sei.

Wolodja selbst würde am liebsten in Kurbulik bleiben. Aber das, so meint er, werde wohl nicht gehen, weil er Chauffeur werden möchte. »Und wer braucht in Kurbulik schon einen Chauffeur?«

Am Abend, als unser Schiff Kurbulik verläßt, erzählt uns Mischa, der Koch, folgende Geschichte: Der Ort Kurbulik habe früher ganz anders geheißen – Pokojniki, übersetzt: die Verstorbenen oder Verblichenen. Den Namen habe er zum Gedenken an die erste Gruppe von Russen erhalten, die an dieser Stelle an den Baikal gekommen seien. »Weil sie den Stör, den sie gefangen haben, nicht sachgerecht zubereitet haben, sind sie alle gestorben.«

Was uns Mischa damit sagen will, bleibt unklar.

WETTERSTATION IM PARADIES

Wir hatten erwartet, eine glückliche Frau zu treffen: eine junge Meteorologin, deren Arbeitsplatz einer der schönsten der Welt ist, die Große Uschkani-Insel, mitten im Baikalsee. Weitab vom Lärm der Großstadt und jeder Zivilisation, in absoluter Stille, umgeben von reiner Luft und glasklarem Wasser, mit den Früchten des Waldes vor der Tür und dem unerschöpflichen Reichtum an Fischen im See. Ohne Vorgesetzte, ihr eigener Herr, lebend im Rhythmus der Jahreszeiten, ohne Hektik den Tag vom Sonnenaufgang bis zum Sonnenuntergang genießend. Das Glück, so hatten wir gedacht, müsse um so vollkommener sein, als sie auch ihre Familie bei sich hat, ihren Mann und ihr Kind.

Die Kleinen Uschkani-Inseln sind unbewohnt. Auf der Großen Uschkani-Insel leben fünf Menschen: Tatjana, die Leiterin der Wetterstation, Jura, ihr Ehemann, Anton, der siebenjährige Sohn der beiden, sowie Ira und Pjotr, zwei ältere Gehilfen Tatjanas. Sie haben sich in zwei Holzhäuschen eingerichtet, die hoch über dem steil abfallenden südlichen Ufer der Insel auf einer schmalen, in die Taiga geschlagenen Lichtung stehen.

Von der Anlegestelle am See, einem schmalen Steg, an dem nur Ruderboote und flache Motorboote festmachen können, führt eine steile Holztreppe nach oben. Am Ende der Treppe erwartet die Neuankömmlinge ein Rudel von fünf wild bellenden und herumspringenden Hunden. Fremde Menschen sind für sie offenbar etwas Ungewohntes. Doch Tatjana, die uns inmitten der Hunde begrüßt, beruhigt uns: Es sei die reine Freude, die die Hunde so ungebärdig erscheinen lasse, die Freude über die Abwechslung, endlich mal etwas anderes riechen zu können. Die Rasse ist nur bei einem zu erkennen, einem Husky, die anderen sind bunte Promenadenmischungen. Lebhaft umwedeln sie uns, beschnüffeln unsere Ausrüstung, aber bald lassen sie sich streicheln und verhalten sich sehr zutraulich, was nicht auf eine kleine, dunkelbraune Katze zutrifft, die uns bei jeder Gelegenheit mit steil erhobenem Schwanz ungnädig anknurrt. Allerdings geht es uns dabei noch besser als den Hunden, die nie sicher sind vor den blitzschnellen Pfotenhieben des kleinen Biestes, wie Anton seine Katze nennt.

Neben den beiden Holzhäuschen stehen ein hoher Antennenmast und zwei aus Lamellenwänden gezimmerte Wetterkästen, zu denen eine kurze Leiter führt. Allerdings, so erklärt uns Tatjana, seien sie seit langem außer Betrieb; die Instrumente seien jetzt an einer anderen Stelle, einige hundert Meter entfernt, direkt an der Südwestecke der Insel, wo die Wetterdaten, vor allem die Windgeschwindigkeiten, noch präziser zu erfassen seien als hier, auf der an drei Seiten von Wald umstandenen Lichtung.

Vor dem Eingang zu Tatjanas Häuschen ist unter einem Vordach ein riesiger Herd mit vier Feuerstellen und einer Backröhre in die Erde gemauert. Daneben hängen an einer Holzwand allerlei Töpfe und anderes Küchengerät. Auf den Pfosten, an denen die Holzwand befestigt ist, stecken umgestülpte Eimer und Einweckgläser. Am Herd macht sich gerade Ira zu schaffen.

»Im Sommer«, sagt sie, »wird immer im Freien gekocht.«

Hinter den beiden kleinen Wohnhäusern sind ein paar Geräte- und Vorratsschuppen zu sehen, ein riesiger Stapel gehacktes Holz, ein altes Dieselaggregat auf Rädern, ein Motorrad mit Beiwagen, ein auseinandermontiertes Schneemobil, eine Kinderschaukel, und ganz weit weg, wo der Wald beginnt, ein winziges, hölzernes Toilettenhäuschen mit spitzem Giebel.

Während wir mit Anton, dem blonden, aufgeweckten Jungen, der uns vom ersten Moment mit Beschlag belegt hat, auf der Schaukel herumtollen und ihn dabei auch filmen, beobachten wir, wie Tatjana mit zwei vollen Wassereimern die steile Treppe vom See heraufsteigt. Oben steht ihr Mann Jura, ein kräftiger, dunkelhaariger Bursche mit leicht mongolischen Gesichtszügen und imponierendem Schnauzbart, und unterhält sich angeregt mit Pjotr. Keiner von beiden macht irgendwelche Anstalten, Tatjana die Eimer abzunehmen.

Ob das immer so sei, daß die Mutter das Wasser vom See heraufschleppen müsse, fragen wir Anton.

»Na klar«, antwortet er und schaukelt seelenruhig weiter, »das ist doch Frauenarbeit.«

»Und wer hackt das Holz?«

»Manchmal der Vater. Aber meistens die Mutter.«

»Und was macht die Mutter sonst noch?«

»Fast alles.«

»Und der Vater?«

"Der fährt meist mit dem Boot herum, oder geht durch den Wald. Oder er schläft.«

Jura, Antons Vater, ist Wächter im Nationalpark, der einzige hier auf den Uschkani-Inseln: Zu tun hat er offenbar nicht allzuviel. Touristen verirren sich kaum hierher; im Juni und Juli kommt manchmal eine Forschergruppe oder ein Kamerateam, um die Robben auf ihren Liegeplätzen vor der Nachbarinsel zu beobachten; ab und zu schaut ein Fischer oder ein Jäger, oder ein Kollege Juras aus einem anderen Teil des Nationalparks vorbei. Und im Winter, wenn man über das Eis fahren und den Weg von Irkutsk mit dem Auto oder Motorrad in nur vierzehn Stunden zurücklegen kann, gibt es auch schon mal Besuch von dort, von einem Freund, Bekannten oder Verwandten. Ansonsten hat Jura zu beobachten, was sich in der Tierwelt auf den Inseln tut und wie sich die Vegetation entwickelt; er muß Waldbrände melden und darauf achten, daß niemand in seinem Revier fischt oder jagt. Wenn das Wetter ruhig ist, kann er mit seinem kleinen Motorboot die Gewässer um die Inseln problemlos kontrollieren, und wenn das Wetter schlecht ist, bleibt er eben zu Hause. Im Winter fährt er mit dem Motorrad oder dem Schneemobil über das Eis, aber meistens sitzt er vor einem Loch, das er ins Eis gehackt hat, und angelt oder bringt ein Netz aus. Auch das Fleisch für den Haushalt besorgt er, schließlich gibt es niemanden, der das Jagdverbot auf den Inseln kontrolliert – außer ihm selbst. Jura ist gastfreundlich, erwartet aber im Gegenzug von seinen Besuchern auch eine gewisse Freigebigkeit. Als wir im Winter zum erstenmal hier waren und in einem kleinen verandaähnlichen Anbau ihres Häuschens übernachteten, bewirtete er uns schon bei unserer Ankunft am Mittag mit Wodka. Am nächsten Morgen beim Frühstück fragte er als erstes, ob wir nicht eine Flasche Bier für ihn dabeihätten. Wir hatten.

Tatjana ist etwa 35 Jahre alt, klein und zierlich; große, dunkle Augenringe verleihen ihrem Gesicht einen abgehärmten Ausdruck. Sie trägt eine uniformartige Jacke, darunter einen grobgestrickten grauen Pullover sowie eine weite, etwas zerschlissene Trainingshose gleicher Farbe.

Als beste Absolventin ihres Jahrgangs hat sie vor zwölf Jahren das Meteorologische Institut der Universität in Nowosibirsk beendet und ist sofort auf die Große Uschkani-Insel im Baikalsee gekommen. Der Grund: Ihr Mann

Jura hatte hier eine Anstellung als Parkwächter gefunden. Für vier oder fünf Jahre hatten sie gedacht; daß es nun schon zwölf geworden sind, können sie eigentlich selbst noch nicht so recht glauben. Auch die Tätigkeit hier hatte sich Tatjana etwas anders vorgestellt.

Anfangs arbeiteten auf der Wetterstation fünf Leute: zwei Meteorologen und drei Hilfskräfte. Heute sind es insgesamt nur mehr drei: Tatjana als Meteorologin und Ira und Pjotr als Gehilfen. Die Arbeit freilich sei nicht weniger geworden. Im Gegenteil, immer neuere und kompliziertere Instrumente seien hinzugekommen, die bedient und abgelesen werden wollten. Alle drei Stunden müssen die Werte registriert und per Funk nach Irkutsk durchgegeben werden. Das bedeutet, alle drei Stunden raus, bei Tag und bei Nacht, im Sommer wie im Winter, bei 35 Grad Hitze ebenso wie bei 45 Grad Kälte. Nachts müssen die paar hundert Meter bis zum Ende der Insel, wo die Instrumente aufgebaut sind, im Schein einer Taschenlampe zurückgelegt werden, da es keinerlei Außenbeleuchtung gibt. Strom hat man hier sowieso höchstens zwei Stunden am Tag aus dem Dieselaggregat, für mehr reicht der Treibstoff nicht. Auch im Winter, selbst wenn man im Schneesturm die Hand nicht vor den Augen sieht und bis zur Hüfte in der weißen Pracht versinkt, müssen die Instrumente abgelesen werden. Da nur einer der beiden Helfer über die erforderliche Qualifikation verfügt, müssen sie sich zu zweit diese Arbeit teilen. Manchmal hat Tatjana vier Tage und Nächte hintereinander Dienst: Alle drei Stunden raus, Daten ablesen, Daten durchgeben usw.!

Ob hier am Baikal ein besonderes Klima herrsche, das Wetter besondere Eigenheiten aufweise, fragen wir.

»O ja«, sagt Tatjana, »davon könnte man stundenlang erzählen.«

Und dann schildert sie die verschiedenen Stürme und Winde, von denen sie mindestens zwanzig mit Namen kennt. Am faszinierendsten aber finde sie ein Phänomen, das es ihres Wissens nur hier gebe: »Wenn zu einer bestimmten Zeit des Tages der Wind innerhalb einer Minute von Nordwest in die entgegengesetzte Richtung dreht, also plötzlich aus Südost weht, kannst du absolut sicher sein, daß es binnen dreißig Minuten zu regnen beginnt. Du kannst die Uhr danach stellen!«

Und auch sonst habe der Baikal ein durchaus eigenes Klima. Im Sommer sei es hier, bedingt durch die Wassermassen, die sich nicht so schnell erwärmen, kälter als im übrigen Sibirien, im Winter dafür etwas wärmer. Und Wolken habe man auch viel weniger als sonst in Sibirien und auch ganz andere Wolkenformationen. Was ebenfalls damit zusammenhänge, daß der Baikal kein See, sondern ein Meer sei. »Das größte Meer in der größten Landmasse der Welt.«

Und dann erzählt Tatjana vom Wechsel der Jahreszeiten: vom Frühjahr, wenn das Eis mit ohrenbetäubendem Krachen und Knallen zu bersten beginnt, und wie klar das Wasser des Sees gleich nach dem Tauen sei. »40 Meter tief kannst du schauen.« Im Sommer habe man hier mehr Sonnentage als auf der Krim; am schönsten aber sei es zum Ende des Sommers – der übrigens auch im Russischen »Altweibersommer« heißt –, wenn die Taiga in allen Farben glüht und die einsetzenden Herbststürme dicke weiße Schaumkronen auf die Wellen zaubern.

»Vorstellen kann sich das nur, wer es mit eigenen Augen gesehen hat. Sicher, auch der Winter hat seinen Reiz, wenn der Schnee die Häuser zuweilen bis unters Dach zuschüttet und man sich mit dem Schlitten auf dem Eis vom Motorrad ziehen lassen kann. Das sind die Freuden des Baikal.«

»Tatjana, Sie haben einen wunderschönen Beruf an einem der schönsten Fleckchen dieser Erde. Viele beneiden Sie um Ihr Leben in diesem Paradies. Können Sie diese Leute verstehen?«

»Natürlich kann ich sie verstehen. Ich habe ja genauso gedacht, als wir hierherkamen. Ein Paradies! Und die ersten Jahre haben wir es auch so empfunden. Und wir haben es genossen. Die unberührte Natur, die Ruhe, die frische Luft, jede Jahreszeit mit ihrer eigenen Faszination; die Abgeschiedenheit, das freie Leben ohne einen Natschalnik, einen Vorgesetzten, unmittelbar vor der Nase. Doch mit der Zeit wird all das immer selbstverständlicher, und du beachtest es kaum noch. Dann werden andere Dinge in deinem Leben wichtiger. Und plötzlich wünschst du dir: Nur weg! Ich will hier weg!«

»Können Sie das etwas näher erklären?«

»Als wir ankamen, war ich schwanger. Macht nichts, haben wir uns gesagt, sie werden mich mit dem Hubschrauber abholen, und ich werde in Ust-Bargusin, wo die Familie meines Mannes wohnt, entbinden. So geschah es auch, bei der Geburt der Tochter. Es war aber das einzige Mal in zwölf Jahren, daß ein Hubschrauber kam. In allen anderen dringenden Fällen mußten wir stundenlang mit dem Boot über das Wasser oder dem Motorrad über das Eis. Als die Tochter dann drei Jahre alt wurde und es Zeit für den Kindergarten war, habe ich beim Wetterdienst nachgefragt, ob man nicht eine andere Stelle für mich hätte, in der Stadt oder in der Nähe einer Siedlung. ›Warte noch ein wenig, bis das Kind sieben ist und zur Schule muß, dann besorgen wir dir etwas‹, hieß es. Also gut, haben wir gesagt, warten wir.«

An dieser Stelle macht Tatjana eine Pause und fragt, ob sie nicht zu ausführlich erzähle. Nein, nein, sagen wir, ganz im Gegenteil, uns interessiere das alles sehr.

»Also dann!« sagt Tatjana. »Als die Tochter sechs wurde, haben wir wieder beim Wetterdienst angefragt. Wie es denn nun wäre mit einer anderen Stelle. Die Tochter müsse in die Schule, raus aus dem Wald und runter von der Insel und noch etwas anderes lernen außer Pilze zu sammeln, Beeren zu pflücken, Fische zu fangen und giftige von ungiftigen Schlangen zu unterscheiden. Es täte ihnen schrecklich leid, haben darauf die Chefs vom Wetterdienst in Irkutsk gesagt, ›wir haben leider keine andere Stelle für dich, sei froh, daß du überhaupt noch Arbeit hast. Und wenn du deine Tochter nach Irkutsk ins Internat schickst, werden wir dir helfen.‹«

Ins Internat wollte Tatjana ihre Tochter nicht geben, denn die anderen Kinder dort fahren in der Regel am Wochenende nach Hause zu ihren Eltern, und das wäre für Irina, wie die Tochter heißt, eine noch größere Qual gewesen. »Denn wie, bitte schön, hätte sie denn am Wochenende von Irkutsk nach Hause auf die Insel kommen sollen?«

Also fand man eine entfernte Tante in Irkutsk, die Irina bei sich aufnahm. Schon sechs Jahre lebt sie nun dort. Nach Hause, zu den Eltern, kommt sie nur in den Sommerferien.

Dann wurde Anton geboren, und das Spiel ging von vorne los. Nur kam diesmal kein Hubschrauber. Vielmehr zog Jura seine hochschwangere Frau fünf Stunden auf dem Schlitten über das Eis. Wieder fragte Tatjana nach einer neuen Stelle, wieder erhielt sie die Antwort, man habe nichts. Aber wenn Anton zur Schule komme, dann, ja dann sei sicher etwas frei. Nun ist Anton sieben Jahre alt und müßte spätestens in diesem Herbst zur Schule, aber Tatjana hat immer noch keinen anderen Arbeitsplatz.

»Einmal hat es mir das Herz gebrochen, als ich meine Tochter weggeben mußte. Ein zweites Mal werde ich es nicht tun. Meinen Sohn gebe ich nicht her! Ich habe eine Familie, und ich möchte mit dieser Familie zusammen leben, zumindest solange die Kinder klein sind. Aber wie das gehen soll …? Ich weiß es nicht.«

Tatjana weint.

Antoscha, der sich zu uns gesetzt hat, schmiegt sich an seine Mutter, wobei er beide Arme um ihre Hüfte legt.

»Mamotschka, wein nicht, du siehst doch, ich bin ganz fröhlich. Ich gehe gern nach Irkutsk. Ich freu mich auf die Schule. Endlich weg von hier!«

Tatjana streicht ihm über das Haar, drückt ihn noch fester an sich. »Aber ich lasse dich nicht, du Dummer!«

»Mama, wir werden sehen.« Dann reißt sich Antoscha wieder los und jagt hinter der Katze her. Die bleibt von Zeit zu Zeit stehen, knurrt ihn an, faucht und läuft weiter. Antoscha hat keine Chance, sie zu fassen, dennoch rennen beide unermüdlich zwischen den Schuppen und Holzhäusern umher. Ein Spiel, so scheint es, das sie häufig miteinander treiben.

Tatjana hat sich mit einem Taschentuch, das sie aus ihrer verschlissenen Trainingshose gezogen hat, die Augen getrocknet und kräftig geschneuzt. Sie habe, so sagt sie, während sie zu Antoscha hinüberschaut, der jetzt auch noch mit Schik, einer Art Schäferhund, herumalbert, wirklich keine Ahnung, was sie im Herbst mit dem Jungen machen werde. Lesen und Schreiben könnten sie ihm zur Not ja auch selbst beibringen, beides könne er übrigens schon ein wenig, aber das sei doch auf Dauer keine Lösung. Und gegen die Gesetze verstoße es auch. Zwei Monate habe sie noch Zeit, dann spätestens müsse die Entscheidung fallen. Ihr graue davor, und im Moment wolle sie einfach nicht mehr daran denken.

Demnächst werde vielleicht eine Freundin aus Irkutsk zu ihr kommen, und das bringe ein wenig Abwechslung. Obwohl, wie sie festgestellt hat, die meisten Besuche hier nach demselben Muster ablaufen. »Zuerst schwärmen die Leute davon, wie paradiesisch es hier ist, wie ruhig. Das saubere Wasser! Die saubere Luft! Der wunderschöne Blick aufs Meer!« Doch schon nach einigen Tagen würde das Schwärmen nachlassen. »Ständig die Eimer mit Wasser aus dem See über die steile Treppe schleppen, Feuer im Herd machen, Asche auskratzen und zur Müllgrube tragen ... Kein Strom, kein Fernsehen! Allenfalls, wenn der Generator nicht gerade defekt ist, am Abend eine oder zwei Stunden lang. Keine Dusche! Und das Klo – aus gutem Grund – weit weg im Freien ...« Im Sommer die Mücken, im Winter die Kälte – das alles sei, vor allem für Frauen, »nicht gerade angenehm«. Die meisten Leute jedenfalls, die zu Besuch kämen, wären nach einiger Zeit froh, wenn sie wieder weg könnten.

»Dabei«, so Tatjana, »war in den ersten Jahren das Leben auf der Insel noch vergleichsweise komfortabel. Regelmäßig kam ein Versorgungsschiff des Meteorologischen Dienstes aus Irkutsk, das das Notwendigste brachte.« Der Dienst habe eine eigene Flotte gehabt, und die hätte sich um die am See und auf den Inseln gelegenen Wetterstationen gekümmert. Allerdings sei alles, was von Bord verkauft worden sei, noch viel teurer gewesen als in Irkutsk, und da sei es schon sehr viel teurer als in Moskau oder St. Petersburg. Dabei verdiene sie nicht einmal tausend Rubel – also umgerechnet rund 300 DM im Monat –, alle Überstunden eingerechnet. Zudem könne man auf der Insel kaum etwas anpflanzen. Bäume und Sträucher würden auf dem teils felsigen, teils sandigen Untergrund zwar wachsen, aber für Obst und Gemüse gäbe es keine Chance. »Wir haben alles versucht, aber hier wächst einfach nichts. Die Tomaten wurden so groß wie Erbsen.«

Dennoch, da man ja sonst kein Geld ausgegeben habe, sei man ganz gut über die Runden gekommen. Außerdem habe ihre Wetterstation damals noch ein eigenes Schiff gehabt. »Damit konnte man, wenn es wirklich wichtig war, auch einmal fünf oder sechs Stunden über den See bis zur nächsten Siedlung am Ostufer, nach Ust-Bargusin, fahren. Das war dann zwar eine Tagesreise, aber da das Benzin billig war, konnte man es sich gelegentlich leisten.«

Einmal im Jahr sei sogar ein Arzt gekommen; den hätte der Wetterdienst geschickt, und das sei kostenlos gewesen. Heute jedoch, so Tatjana, sei alles anders. Ein eigenes Schiff hätten sie nicht mehr, das brauche der Meteorologische Dienst in Irkutsk, um damit Touristen auf dem Baikal spazierenzufahren. Das bringe mehr Geld, und darauf sei der Dienst dringend angewiesen. Denn einen Großteil seiner eigenen Flotte habe er verkaufen müssen; wie fast alle staatlichen Organisationen stehe auch der Wetterdienst kurz vor dem Ruin.

»Von den 150 Wetterstationen, die es einst im gesamten Gebiet von Irkutsk gab, sind inzwischen mehr als fünfzig geschlossen worden. Und von den zwanzig Stationen, die früher direkt am Baikal das Wetter beobachteten, sind heute nur noch zehn in Betrieb.«

Auch Tatjana hat vom Wetterdienst schon seit mehr als einem Jahr kein Geld mehr bekommen. Nicht ihr Gehalt, das auf ihr Konto in Irkutsk ausgezahlt werden müßte, und auch keinen Rubel für die Wetterstation.

»In diesem Jahr«, so Tatjana, »ist auch noch nicht ein einziger Dampfer zu uns gekommen, kein Versorgungsschiff. Wir erhalten keine Lebensmittel mehr, keine

Post, keinen Diesel, kein Benzin. Und es gibt auch keinerlei ärztliche Versorgung mehr. Nicht einmal das Geld, um einen neuen Besen zu kaufen, bekomme ich vom Wetterdienst.«

Immer und immer wieder hat Tatjana bei der Verwaltung angefragt, gebeten und gebettelt. Ganz davon abgesehen, daß sie bald überhaupt keinen Strom mehr haben werden, weil es keinen Treibstoff für den Generator mehr gibt, nicht einmal für eine halbe Stunde am Tag, würden auch immer mehr meteorologische Geräte und Instrumente kaputtgehen, für die sie dringend Ersatz bräuchte. Von den drei Bodenthermometern zum Beispiel funktioniere nur noch eines. Wenn auch das ausfalle, was dann?

Wochenlang hat sie aus Irkutsk nicht einmal eine Antwort bekommen. Schließlich – es ist noch gar nicht lange her – erhielt sie einen Funkspruch: »Wenn ihr euch nicht selbst versorgt, müssen wir die Station schließen.«

»Und nun?«

»Was, ›und nun‹?« fragt Tatjana ein wenig unwirsch. »Nichts! Was sollen wir denn machen? Wegfahren? Wie denn? Wohin denn?«

Verhungern würden sie hier schon nicht. Und wenn die Geräte kaputtgingen und es keinen Ersatz gebe, dann würde man eben die Daten nicht mehr ablesen und per Funk durchgeben. Übrigens die einzige Kommunikationsmöglichkeit mit der Außenwelt – solange der Generator noch funktioniert.

Immer wieder hätte sie mit Jura, ihrem Mann, überlegt, ob sie nicht zu seiner Familie nach Ust-Bargusin ziehen sollten. Aber wie denn, ohne Arbeit? Die Verwandten wären doch selbst alle arbeitslos und wüßten kaum, wie sie ihre Kinder satt kriegen sollen. Da könnten sie doch nicht auch noch hin! Nein, dann schon lieber hier auf der Insel bleiben. Da hätten sie ein Dach über dem Kopf, da hätten sie Wasser und Fische aus dem See, Holz und Wild aus dem Wald – und man werde ja auch immer bescheidener. Aber ein Leben sei das nicht. »Jedenfalls nicht, wenn man Kinder hat, die mal etwas werden sollen und mit denen man zusammen leben möchte, solange es nur geht.«

Wenn tatsächlich einmal ein Wissenschaftler oder ein Fotograf und ganz selten einmal ein paar Touristen kurz Station machen, um die Robben auf den Nachbarinseln zu beobachten, bieten ihnen Tatjana und Jura einen Schlafplatz auf der Veranda oder in einem Schuppen an oder erlauben ihnen, ihr Zelt am Strand aufzuschlagen. Damit und mit den Fischen, die sie ihnen überlassen, verdienen sie ein paar Rubel. Mit diesem Geld kaufen sie dann den Schiffsbesatzungen, so die hier ankern, etwas Diesel oder auch ein paar Lebensmittel ab. Oder man tauscht Naturalien: Fische, selbst gesammelte Pilze und Beeren, selbst geschossenes Wild gegen Mehl, Kartoffeln, Zucker und Salz.

»So leben wir im Paradies.«

Zum Schluß unseres Besuches zeigt uns Tatjana noch ihre Wetterstation. Mit einem Bleistift und mit einem dicken Heft bewaffnet, stapft sie den etwas abschüssigen Pfad zur Südwestecke der Insel, wo die Geräte aufgebaut sind. Die Katze und der Hund Schik dicht hinter ihr her. Pünktlich alle drei Stunden warten die beiden vor der Haustür, um Tatjana zu begleiten. Nur wenn es sehr kalt oder sehr warm ist, bleibt die Katze auf der Treppe liegen. Tatjana kann sie gut verstehen, sagt sie.

Behutsam öffnet Tatjana jeden der vier Wetterkästen, beugt sich über Thermometer, Hydrometer und andere für uns geheimnisvolle Apparaturen, die am Boden liegen oder in unterschiedlicher Höhe in der Erde stecken. In ihr Heft notiert sie jeweils eine lange Zahlenkolonne. An einem der Geräte versucht sie mit einem kleinen Schraubenzieher etwas auszubessern oder einzustellen. Dann macht sie sich auf den Rückweg, wieder begleitet von Schik und der Katze. Einen Blick für den traumhaften Sonnenuntergang hinter den schneebedeckten weiß und rot glühenden Bergspitzen am gegenüberliegenden westlichen Ufer des Sees hat sie nicht.

Nachdem Tatjana die Daten aus der Kladde in ein großes Buch im winzigen Funkraum ihrer Station übertragen hat, fragen wir, ob sie in den letzten Jahren beim Wetter in Sibirien und besonders hier am Baikal irgendwelche Veränderungen beobachtet hat.

»Natürlich«, sagt sie, »ziemlich große sogar. Die Winter sind häufig viel wärmer als früher und die Sommer viel kälter.« Auch das Frühjahr und der Herbst würden immer unregelmäßiger einsetzen.

»Haben Sie eine Erklärung dafür?«

»Nein, ich habe mich auch nicht näher damit befaßt. Es ist ganz einfach meine persönliche Beobachtung.«

»Könnte es vielleicht mit El Niño zusammenhängen?«

»Womit?«

»Mit El Niño, diesem Klimaphänomen, das in den letzten Jahren auf der ganzen Erde für soviel Aufregung sorgt?«

»El Niño? Nie gehört. Ich registriere hier nur die Daten und gebe sie weiter. Die Auswertung macht der Meteorologische Dienst in Irkutsk. Ich habe schon seit Jahren keinen wissenschaftlichen Kontakt mehr mit Kollegen gehabt. Wie denn? Über Funk geht es nicht, und andere Verbindungen, Telefon, Telex oder Fax und was es sonst noch so gibt, haben wir nicht. Auch kein Radio, da wir sowieso keinen Sender reinbekommen. Hin und wieder, wenn der Generator arbeitet, schauen wir abends kurz ins Fernsehen. Ein Spielfilm bringt für Anton wenigstens etwas Abwechslung. Und wenn wir einmal eine Zeitung bekommen, die nur ein halbes Jahr alt ist, freuen wir uns: Das ist für uns eine frische Zeitung. Die Welt ist für uns weit weg.«

Bei der Abfahrt schenken uns Tatjana und Jura noch eine Plastiktüte voller frisch gefangener Fische.

»Kommt bald wieder!«

Vom Heck unseres Schiffes schauen wir noch lange auf die Insel, die immer kleiner wird.

DAS UFER DER BRAUNBÄREN

Schon an anderen Stellen, an denen die »Minkas« angelegt hatte, waren wir gewarnt worden: Wir sollten uns nicht zu weit vom Ufer weg in die Taiga begeben und in der Nacht am besten überhaupt auf dem Schiff bleiben. Es würden Bären in der Gegend herumlaufen, und wir sollten darauf achten. Besonders gut seien ihre Spuren im Ufersand zu sehen.

Bereits im Winter hatten wir an einer Stelle unweit der Halbinsel Heilige Nase im frischen Schnee auf dem Eis Bärenspuren entdeckt: die mächtigen Tatzenabdrücke eines Braunbären, den, wie Schenja vermutete, der Hunger vorzeitig aus dem Winterschlaf getrieben hatte. Der vergangene Sommer sei nämlich für Bären sehr schlecht gewesen, kalt und regnerisch, so daß es nur wenige Beeren und Pilze gegeben habe. Da habe sich so mancher wohl ohne den sonst üblichen dicken Winterspeck zur Ruhe begeben müssen. Da wir im Winter jedoch mit Autos unterwegs waren und jeden Bären auf der kahlen Eisfläche schon von weitem gesehen hätten, haben uns diese Spuren nicht sonderlich beunruhigt. Im Gegenteil, wir waren neugierig und hätten gern einmal einen Bären aus der Nähe gefilmt, allerdings nur durch die Autoscheiben.

An der bröckelnden Kaimauer, an der die »Minkas« an diesem Morgen festmacht, stehen zwei schon vom Schiff aus gut erkennbare Schilder. Auf dem einen ist zu lesen: »Ministerium für Geologie der UdSSR, Abteilung Baikal-Quarz-Projekt«. Auf dem etwas kleineren: »Ufer der Braunbären«. Die Anlegestelle gehört zu einem stillgelegten Steinbruch auf halber Höhe des Bergmassivs, das sich hinter dem Uferstreifen auf über 2000 Meter erhebt. Bis zur Wende in Rußland wurde hier im Tagebau Mikroquarzit abgebaut, ein wertvolles Gestein zum Schleifen von Metallspiegeln. 1993 wurde die Grube aus uns zunächst unbekannten Gründen geschlossen.

Bevor wir uns auf den Weg zur stillgelegten Grube machen, von der man einen weiten und eindrucksvollen Blick über den Baikal haben soll, beratschlagen wir die Situation. Schenja und der Kapitän wissen, daß das Ufer seinen Namen zu Recht trägt. Es ist tatsächlich eine bei Braunbären überaus beliebte Gegend mit reicher Vegetation, und wir haben in einem Reiseführer gelesen, daß man an dieser Stelle Ausflüge nur in Begleitung eines Jägers mit Gewehr machen soll. Doch wir haben weder einen Jäger noch ein Gewehr dabei und sind auch sonst nicht sonderlich kühn. Zumal Dima, unser Toningenieur, gerade auch noch die Geschichte von seinem Neffen zum besten gegeben hat, dem ein Bär in der Taiga erst unlängst einen Arm zerfetzt hat. Also wird Sascha losgeschickt, um in der kleinen Siedlung am Ufer, gegen gutes Honorar natürlich, einen Begleiter mit Gewehr und nach Möglichkeit auch ein Auto zu organisieren. Vor den vier Holzhäuschen parken, soweit wir es aus der Ferne erkennen können, ein Jeep und ein Lkw. Nach etwa einer Stunde kommt Sascha zurück, sichtlich deprimiert. In den Holzhäusern wohnen vier Männer mittleren Alters und eine alte Frau, die sie Babuschka nennen, Großmutter. Die Männer bewachen, wie sie sagen, den verlassenen Steinbruch, haben aber offenbar nichts zu tun. Doch weder den Jeep noch den Lastwagen können wir ausleihen, denn beide, so haben die Männer Sascha erklärt, seien schon lange kaputt. Begleiten will uns auch niemand. Man erwarte heute Freunde, die mit dem Boot kämen, und mit ihnen wolle man zum

Fischen. So ein Tag sei für sie ein Feiertag, das müßten wir verstehen. Und ein Gewehr, so beteuern sie, habe ohnehin keiner. Gott bewahre!

Während Sascha ob seiner Erfolglosigkeit zerknirscht ist, bleibt Schenja, der sich auskennt, gelassen. Die Autos seien wohl wirklich kaputt; wenn hier mal ein Auto fahre, sei es sowieso ein Wunder. Und was die Gewehre angehe, so würden die Männer ganz einfach lügen. Hier habe jeder Mann ein Gewehr und gehe damit auf die Jagd. Da das Ufer aber zum Nationalpark gehöre und das Jagen dort offiziell verboten sei, hätten die Männer einfach Angst, zuzugeben, daß sie es trotzdem tun. Wovon sonst sollten sie denn leben? Das Ministerium für Geologie zahle doch schon längst nicht mehr. »Wahrscheinlich hat man die Männer einfach vergessen, oder sie sind hiergeblieben, weil sie anderswo ohnehin kein Dach über dem Kopf finden würden. Hier leben sie als freie Männer und ernähren sich von der Natur.« Fast klingt es aus Schenjas Mund ein wenig neidisch.

Inzwischen ist die Sonne durch die Wolken gekommen und taucht den See, auf dem sich nur leicht ein paar Wellen kräuseln, in ein gleißendes Licht. Ideales Wetter zum Filmen, meint Maxim und drängt zum Abmarsch. Sergej, der Kapitän, hat sich an seine Signalpistole erinnert, die er uns mitgeben will, vielleicht könnte man damit im Notfall einen Bären erschrecken. Aufmerksam liest Sascha die Gebrauchsanweisung: »Legen Sie die Pistole in die linke Hand und schrauben Sie vorsichtig den Verschluß der Mündung ab. Dann halten sie die Pistole senkrecht mit dem Lauf nach oben über den Kopf und drücken ab. Sollte die Pistole versagen, werfen Sie sie schnellstens über Bord.« Aha, sagt Sascha und schiebt sie in seine Jackentasche.

Ich habe inzwischen den Reiseführer hervorgeholt, in dem es auch ein Kapitel »Gefahren des Baikalsees« gibt. Dort heißt es zum Thema Bären: »Bei der Begegnung mit einem Bären sollte man sehr vorsichtig sein und diesem am besten ausweichen. Man soll sich ihm nicht nähern oder ihm gar folgen, um vielleicht ein paar seltene Fotos zu machen. Besonders gefährlich ist die Begegnung mit einer Bärin, die Junge hat.« Und dann gibt es ein paar Hinweise ganz praktischer Natur. »Im Falle einer unerwarteten Begegnung mit einem Bären muß man sehr entschieden handeln. Der Bär fürchtet sich vor scharfen Lauten, Schreien, Lärm, dem metallischen Klappern von Töpfen und Eimern. Wenn Sie auf den Bären mit Entschiedenheit zugehen und dabei kräftig auf einen leeren Topf schlagen, flüchtet er gewöhnlich. Auch fürchten Bären Rauch und Feuer. In keinem Fall aber«, so der abschließende Rat in meinem Reiseführer, »versuchen Sie, vor dem Bären davonzulaufen. Er ist schneller als ein Mensch und holt Sie mit Sicherheit ein.«

Nachdem ich diese Empfehlungen für den Fall einer Begegnung mit Bären mit möglichst gleichgültiger Stimme vorgelesen habe, herrscht in unserer Runde zunächst einmal Schweigen. Schließlich schlägt Sascha vor, die Männer, die als Wächter am Ufer leben, noch einmal zu befragen. Wie schätzen sie die Situation ein? Haben sie in letzter Zeit in der Nähe der Siedlung und an der Straße, die bergauf zum Steinbruch führt, Bären oder Spuren von ihnen gesehen?

Nein, bekräftigen die Männer, die sich inzwischen auf der Bank vor einem der Häuser versammelt haben, in den letzten Tagen hätten sie nichts Verdächtiges gesehen. Und außerdem seien wir fünf ausgewachsene Kerle, da würden wir doch wohl einen Bären verscheuchen können. Ob sie es ernst meinen oder uns auf den Arm nehmen, wollen wir gar nicht erkunden. Wir beschließen, loszumarschieren. Als wir außer Sichtweite der Männer sind, schnappen sich Maxim und ich einen dicken Ast, von denen genügend herumliegen. Wir tun, als ob wir ihn zum Wandern bräuchten.

Hinter der Siedlung gammeln die Reste eines Maschinenparks vor sich hin: ein Lkw ohne Fenster, Türen und Räder, die Schaufel eines Baggers, ein umgestürzter Kran, zerschlissene Autoreifen und ein paar verrostete Schubkarren. Durch die Ritzen eines verfallenen Schuppens wächst Gras, an dem sich ein paar Angoraziegen gütlich tun. Mir fällt auf, daß es neben Böcken mit gewaltigen geraden auch solche mit gebogenen Hörnern gibt.

»Die einzigen Haustiere neben Hunden und Katzen«, erklärt uns Schenja, der Zoologe, »die hier überleben.« Die Leute, die hier wohnen, hätten früher versucht, auch Kühe und Schafe zu halten, aber die seien alle von den Bären gefressen worden. Die Angoraziegen hingegen seien überaus sensibel, spürten die Nähe von Bären sofort und flüchteten. Wenn Bären im Wald auftauchen, blieben sie ganz dicht an den Häusern, wie die Hunde und Katzen auch. Die Tatsache, daß die Angoraziegen heute etwas entfernt von der Siedlung herumstreunen, nehmen wir als Ermutigung.

Der mit Geröll und Sand bedeckte Weg führt in langgezogenen Kurven bergauf, vorbei an hochgewachsenen Kiefern und Fichten, die später von kleineren Zirbelkiefern und dünnen Birken abgelöst werden. Umgestürzte Baumstämme und dichtes Unterholz lassen darauf schließen, daß die Taiga in dieser Gegend nicht forstwirtschaftlich genutzt wird. Nach einer Stunde, in der wir angestrengt marschiert sind – es muß ja auch das

Kameragepäck geschleppt werden –, aufmerksam nach links und rechts in den Wald geschaut haben und bei jedem Knacken eines Astes erschreckt zusammengefahren sind, fragt Maxim, der als letzter geht, unvermittelt: »Sind Bären um diese Jahreszeit eigentlich hungrig?«

»Ziemlich«, brummt Schenja, der vorweg marschiert und offenkundig ebenfalls etwas genervt ist.

»Wieso?« beharrt Maxim. »Der Winterschlaf ist doch schon vorbei.«

»Ebendrum. Wir haben erst Juni, und da gibt es außer Gras noch nichts zu fressen.«

»Wovon leben die Bären denn sonst?«

»Von allem möglichen. Von Kleintieren wie Waldmäusen und Eichhörnchen, von Vieh, das sie gelegentlich reißen, Pilzen, Wurzeln. Am liebsten aber von Beeren und Nüssen. Und die kommen erst später im Sommer.«

»Und Fische?«

»Erst wenn die zum Laichen die Flüsse heraufziehen.«

»Dann kommen wir als Frühstück für sie also gerade recht?«

»Genau!«

Als wir an einer Stelle verschnaufen, in deren Nähe junge Zedernbüsche stehen, kann sich Schenja nicht verkneifen, uns noch einen Hinweis zu geben: »Frische Zederntriebe lieben Bären ganz besonders.«

Wir beschließen, das Thema Bären ein für allemal zu vergessen. Es gibt einfach keine Bären am Ufer der Braunbären! Jedenfalls nicht, solange wir hier unterwegs sind. »Konjez, basta!«

Dennoch, bis ganz zum Steinbruch marschieren wir nicht mehr. Aber nicht nur aus Angst vor Bären, sondern weil sich der Himmel wieder zugezogen hat und es mit einem schönen Blick auf den Baikal von oben wohl sowieso nichts mehr wird. Und weil hinter einer Wegbiegung plötzlich eine mit hohem Gras überwachsene Lichtung auftaucht, in deren Mitte ein Wachturm steht. Sie interessiert uns weit mehr als der Steinbruch. Im Näherkommen erkennen wir neben dem Wachturm auch einen verrosteten Stacheldrahtzaun mit emaillierten Isolierköpfen sowie einige verfallene Baracken. Ein ehemaliges Lager, wie meine russischen Kollegen sofort feststellen. Auf dem Wachturm ist ein riesiger Scheinwerfer montiert, dessen Scheibe eingeschlagen ist. In der Leiter zum Wachturm fehlen mehrere Sprossen, dennoch kann man hinaufklettern. Von oben bietet sich ein beklemmendes Bild: weit weg, in der Tiefe, schemenhaft der jetzt grauschimmernde Baikal, im Rücken die schneebedeckten Gipfel des Primorskij-Gebirges und rundherum das satte, in unzähligen Schattierungen leuchtende frühsommerliche Grün der Taiga; und mitten in diesem Stück paradiesischer Natur, wie mit dem Messer hineingeschnitten, ein mit Stacheldraht umzäuntes kahles Viereck, eine Todeszone von ehedem. Der Scheinwerfer auf dem Wachturm läßt sich noch in alle Richtungen bewegen.

Von hier aus also sind die Häftlinge zur Arbeit in den Steinbruch getrieben worden, und zum Bau der Straße, die durch den Wald zur Anlegestelle am Ufer führt. In keinem Reiseführer hatten wir darüber gelesen, auch Schenja kannte dieses Lager nicht. Doch nun wird uns auch klar, warum der Steinbruch nicht mehr arbeitet. Seit es keine politischen Häftlinge als billige Arbeitskräfte mehr gibt, ist er nicht mehr rentabel.

»Fast alles, was in Sibirien gebaut wurde, ist auf den Knochen von Menschen errichtet«, sagt Schenja.

Als wir die Straße zurückgehen, sagt keiner mehr etwas.

IM REICH DER ZOBEL

Es ist das schönste aller sibirischen Dörfer. Darüber herrscht zumindest in unserem Team Einigkeit. Es heißt Dawscha und liegt an einer sanft geschwungenen, weiten Bucht am Nordostufer des Baikal. Der Name Dawscha stammt aus der Sprache der Ewenken und bedeutet: große offene Fläche, Wiese.

Dawscha ist das Verwaltungszentrum des Bargusin-Naturschutzparks, des ältesten Naturschutzgebiets in Rußland. Es erstreckt sich auf einer Fläche von über 370 000 Hektar vom Ufer des Baikal bis zu den Gipfeln des Bargusin-Gebirges im Osten, die fast 2500 Meter hoch sind. Die Hälfte des Naturschutzparks nehmen felsige Bergmassive ein, bewachsen mit den typischen Baumarten der Gebirgstaiga – Zirbelkiefern, Lärchen, Fichten, Birken. Es ist die Heimat des Bargusin-Zobels, des begehrtesten und wertvollsten aller sibirischen Pelztiere.

Zobel sind gedrungene, spitzschnäuzige Marder, die bis zu 60 Zentimeter lang werden und einen etwa 20 Zentimeter langen Schwanz haben. Ihr Fell ist braungelb oder dunkelbraun, fast schwarz, langhaarig und weich. Die hochwertigsten schwarzen, sehr feinhaarigen Felle trugen in Rußland den Namen Kronenzobel. Die Zaren ließen sich ihren Tribut in Zobelfellen entrichten, Kaiser und Könige in aller Welt schmückten sich mit ihnen. Mäntel, Mützen und Handschuhe aus Zobelfell galten in St. Petersburg wie in Paris als unverzichtbare Attribute der eleganten, wohlsituierten Dame, und auch heute noch wird der Zobel auf Pelzauktionen in aller Welt hoch gehandelt. Im Kampf um den Zobel wurden blutige Feldzüge geführt, in Sibirien fielen ihm ganze Völkerschaften zum Opfer. Was für die seefahrenden Europäer das Gold der Azteken und die Gewürze Indiens waren, war für die Russen das Zobelfell, das »weiche Gold Sibiriens«. Wie Kanada und Teile der Vereinigten Staaten von Amerika verdankt Sibirien seine Erschließung und erste Ausbeutung der Jagd nach Pelzen und dem Handel mit ihnen. Auch in dieser Hinsicht war die Eroberung Sibiriens das östliche Pendant zur Kolonisierung des amerikanischen Westens.

Die Jagd auf den scheuen und überaus flinken Zobel erfordert großes Geschick und noch mehr Geduld. Dennoch kannte die Gier nach seinem wertvollen Fell keine Grenzen. Anfang des 20. Jahrhunderts drohte den Zobeln in Sibirien das gleiche Schicksal wie den Büffeln im Wilden Westen: Sie waren fast ausgerottet.

Zur Rettung und wissenschaftlichen Erforschung der Zobel wurde 1916 der Bargusin-Naturschutzpark gegründet. Die wenigen noch hier lebenden Ewenken, ein sibirisches Nomadenvolk von Jägern und Rentierzüchtern, wurden, wie es offiziell heißt, in nördlichere Gebiete umgesiedelt. Das heißt im Klartext: Sie wurden mit administrativem und materiellem Druck vertrieben. Zuvor schon war ihre Bevölkerungszahl dramatisch zurückgegangen – nicht zuletzt auf Grund der Krankheiten und anderer zivilisatorischer »Errungenschaften«, die ihnen die russischen Eroberer Sibiriens gebracht hatten.

Der Zobelbestand hat sich inzwischen längst erholt, zumal die Jagd auf diese Tiere für die Wirtschaft Rußlands kaum noch eine Rolle spielt. Mehr als 90 Prozent der Felle, die heute auf den Weltmarkt kommen, stammen von Zobeln, die in Farmen gezüchtet wurden und in ihrer Qualität die in freier Wildbahn erlegten Tiere sogar übertreffen. Doch als Naturschutzgebiet ist der

Bargusin-Park von einzigartiger Bedeutung. Neben Zobeln leben hier Bären, Elche, Wölfe und viele andere Säugetiere, 250 Vogelarten und mehr als 650 verschiedene Pflanzen. Jegliche materielle Nutzung des Parks ist verboten, lediglich wissenschaftliche Beobachtungen dürfen durchgeführt werden.

Für Touristen ist der Zugang zum Park streng reglementiert. Jeder Besuch muß von der Parkverwaltung genehmigt werden und ist kostenpflichtig – für Ausländer zehn Dollar am Tag, zuzüglich fünf Dollar für eine Fotogenehmigung –, wobei sich die Besucher nur auf zwei vorgeschriebenen Lehrpfaden bewegen dürfen. Straßen gibt es im Bargusin-Park nicht, er ist ausschließlich vom Ufer des Baikalsees oder mit einem Hubschrauber zu erreichen. Nicht zuletzt dieser strengen Abschirmung gegenüber der Außenwelt dürften die außergewöhnlichen Meßergebnisse zu verdanken sein, die hier seit 1982 gesammelt wurden: Danach verzeichnet der Bargusin-Park die reinste Luft und das sauberste Wasser von allen Gebieten der ehemaligen Sowjetunion.

Heute hat die Verwaltung des Bargusin-Parks offiziell drei Aufgaben. Erstens: die Bewahrung des ursprünglichen Zustands der Natur, in die der Mensch noch nie verändernd eingegriffen hat – weder durch Holzeinschlag noch durch Landwirtschaft. Zweitens: die wissenschaftliche Beobachtung des Gebiets und die Gewinnung von Erkenntnissen, die für andere Naturschutzzonen in Rußland und darüber hinaus von Bedeutung sind. Und drittens: das Vertrautmachen der Besucher mit dem Reichtum der unberührten Natur und dem Gedanken des Natur- und Umweltschutzes.

Das Dorf Dawscha besteht aus siebzehn Holzhäusern und einem kleinen, aus Stein gemauerten Gebäude, dessen Außenwände weiß gekalkt sind. Dieses Steingebäude, nur wenige Schritte vom Ufer des Baikal entfernt, ist das Badehaus des Dorfes – ein Badehaus ganz besonderer Art, wie sich herausstellt. In seinem Inneren strömt aus zwei Schläuchen ständig 42 Grad warmes, sulfathaltiges Wasser, mit dem bei Bedarf zwei in den Boden eingelassene Badewannen gefüllt werden. Es ist eine der unzähligen heißen Heilquellen in der Region des nördlichen Baikalsees. Auf uns jedenfalls hat sie, nach zehn Tagen »Minkas«, eine leicht angenehme und belebende Wirkung. Die Dorfbewohner nutzen sie auch zum Wäschewaschen.

Die Holzhäuser säumen zwei Straßen. Die eine verläuft, durch eine große Wiese vom Ufer getrennt, parallel zum See, die andere im rechten Winkel dazu. An der Ecke sind der Dorfladen und das Klubhaus, dessen Dach eine riesige Satellitenschüssel krönt. Der Eingang zum Klubhaus ist mit geschnitzten Holzfiguren verziert, auch die meisten Fenster und Türen der anderen Häuser weisen kunstvolle Schnitzereien auf. In den Fenstern fast aller Häuser hängen Gardinen, davor stehen in Vasen und Töpfen farbenprächtige Blumen. In der Mitte der Straße, die vom Ufer weg in die Taiga führt, weiden ein paar Schafe und Kühe. Am Dorfbrunnen, gegenüber dem Klubhaus, haben sich einige Jugendliche mit Mountainbikes versammelt. Zwei der Jungen scheinen nicht ganz nüchtern zu sein, obwohl es erst Mittag ist. Am Ende des Dorfes erstreckt sich ein großes, mit dürrem Gras überwachsenes Feld. Dort baumelt an einem hölzernen Mast ein ausgebleichter, rot-weißer Windsack. Daneben steht ein Doppeldecker vom Typ AN-2, im russischen Volksmund Kukuruzjez, Maishüpfer, genannt, da er vorwiegend zu landwirtschaftlichen Zwecken eingesetzt wird. Das Fahrwerk der AN-2 ist eingeknickt, im linken Flügel klafft ein Loch.

Insgesamt leben im Dorf 89 Menschen, 48 von ihnen sind Angestellte des Naturparks, die anderen Kinder und Rentner. Im größten der Holzhäuser ist die Verwaltung des Parks untergebracht, die sogenannte wissenschaftliche Abteilung sowie ein kleines Dorfmuseum, in dem neben der Tier- und Pflanzenwelt des Parks auch seine Entstehungsgeschichte dokumentiert ist. Besonders ausführlich wird hierbei die Rolle des deutschstämmigen Forschers Georg Doppelmaier gewürdigt, der als Gründungsvater des Bargusin-Naturparks gilt. In einem kleinen Nebenraum sind holzgeschnitzte Figuren, aus Birkenrinde geformte Schalen und Fäßchen sowie kleine Bilder in Öl oder Aquarell ausgestellt, die Tiere und Pflanzen, aber auch Landschaftsmotive aus dem Bargusin-Park zeigen. Sie stammen von Dorfbewohnern und sind, wie uns der Hausherr, Alexander Ananjew, ausdrücklich erklärt, zum Verkauf bestimmt.

Alexander Ananjew, stellvertretender Direktor des Bargusin-Naturparks, hat uns beim Einlaufen unseres Schiffes an der Mole in Empfang genommen. Wir waren zwar nicht angemeldet, da Dawscha über keinerlei Post- oder Telefonverbindung verfügt, doch von seinem Arbeitszimmer aus hat er einen weiten Blick über die Bucht und den Baikal. Und wenn ein Schiff wie die »Minkas« Kurs auf Dawscha nimmt, ist dies etwas ungewöhnlich, da die Bucht schon zum touristischen Sperrgebiet gehört. Doch als Alexander Ananjew unseren Begleiter Schenja erblickt, sind die Formalitäten schnell geregelt. Die beiden kennen sich seit vielen Jahren. Auch Alexander, wie wir ihn nach russischer Sitte bald anreden, ist Zoologe, allerdings nicht Robbenspezialist wie Schenja, sondern Ornithologe.

Als erstes hat Alexander einen Rat für uns und als zweites eine, wie er formuliert, dringende Bitte. Der Rat betrifft die Bären, die sich um diese Jahreszeit besonders häufig am Ufer herumtrollen: Sie suchen dort Köcherfliegen, die in dicken Klumpen an den Steinen im flachen Wasser und am Strand kleben und für Bären eine Delikatesse sind. Wir mögen, so Alexander, doch nach Einbruch der Dunkelheit das Schiff nicht mehr verlassen, um etwa ins Badehaus oder anderswohin zu gehen. Nachts seien die Bären nur schwer zu sehen, und bevor es zu einer unliebsamen Begegnung kommt, sollte man lieber das Ufer meiden.

Die dringende Bitte Alexanders betrifft die strengen Vorschriften, die im Naturpark gelten. Nur auf den vorgezeichneten Wegen dürfen wir uns bewegen, und wenn wir etwa zum Filmen auf einen Berg möchten oder an eine andere Stelle abseits der Wege, dann nur unter Führung eines Mitarbeiters der Parkverwaltung. Selbst die Wiese, die zwischen dem Ufer und dem Dorf liegt, sollten wir um Himmels willen nicht betreten, denn auch sie befinde sich unter ständiger wissenschaftlicher Beobachtung, sei Forschungsgegenstand sowohl für die Botaniker als auch die Zoologen des Parks. Nur den schmalen Trampelpfad, der sie durchquert, dürften wir benutzen – eine Mahnung, die sich direkt an Maxim richtet, der gerade verkündet hat, er wolle sein Stativ in der Mitte der Wiese aufbauen, da man von dort den eindrucksvollsten Panoramaschwenk über das Ufer und die Bucht drehen könne. Im Vordergrund die weiß, gelb und blau blühenden Wiesenblumen und dahinter …, na ja, wir würden es ja selber sehen. »Aber wenn es nicht geht, dann geht es eben nicht.« Maxim hat ein besonderes, offenbar nicht ganz konfliktfreies Verhältnis zu Umweltschützern, doch davon sagt er an dieser Stelle nichts, wir werden es erst später erfahren.

Alexander ist ein untersetzter, kräftiger Mann von etwa vierzig Jahren. Er trägt eine dunkelbraune Lederjacke, darunter ein offenes weißes Hemd. Sein volles tiefschwarzes Haar und sein ebenso schwarzer, kurz geschnittener Bart, der das Gesicht einrahmt, verleihen ihm ein südländisches Aussehen. Er ist jedoch geborener Sibirier und seit fünfzehn Jahren im Bargusin-Park tätig. Alexander spricht mit freundlicher, leiser Stimme, um seine Augen ziehen sich feine Lachfältchen. Doch zuweilen nimmt sein Gesicht auch einen schwermütigen Ausdruck an, zeigen die Mundwinkel Spuren von Resignation. Vor zwei Tagen hat er von den zuständigen Behörden in Ulan-Ude den Auftrag erhalten, die Hälfte seiner Mitarbeiter zu entlassen. Doch bevor er darüber spreche, wolle er zunächst einmal auf die grundsätzliche Problematik der Naturschutzzonen im Baikalgebiet eingehen.

Früher, so Alexander, habe am Baikal nur ein einziger Naturpark existiert, eben der Bargusin-Park. Heute gebe es an den Ufern des Sees fünf Naturschutzzonen: drei von ihnen ausgewiesene Naturschutzgebiete und zwei Nationalparks mit besonders strengen Vorschriften. »Das Betreten aller fünf Zonen ist nur mit besonderer Genehmigung und nach Entrichtung jährlich neu festgesetzter Gebühren möglich.« Und tatsächlich haben wir, als wir unsere Aufnahmen im Zabaikalskij-Nationalpark machten, zu dem auch die Uschkani-Inseln mit den Robben gehören, pro Drehtag für unser professionelles Kamerateam 500 Dollar bezahlt. Zwei der Schutzzonen liegen am Westufer des Sees: der Pribaikalskij-Nationalpark, zu dem auch die Insel Olchon gehört, und das Baikal-Lena-Naturschutzgebiet, in dem erst vor wenigen Jahren die Quelle der Lena, eines der gewaltigsten Ströme der Erde, entdeckt wurde. Am Ost- beziehungsweise Südostufer des Baikal befinden sich der Zabaikalskij-Nationalpark, das Bargusin- und das Baikal-Naturschutzgebiet, wobei die Naturschutzgebiete ebenfalls Parks genannt werden. Außer dem Bargusin-Park sind alle anderen Gebiete erst vor wenigen Jahren zu Schutzzonen erklärt worden, auf dem Höhepunkt der landesweiten Protestbewegung gegen die weitere Verschmutzung des Baikal.

Die Diskussion, die um die Parks in Rußland inzwischen entstanden ist, läßt Alexander kalt. Natürlich gebe es Leute, die meinten, man dürfe die Natur nicht vor den Menschen verschließen. Und schon gar kein Geld für ihren Besuch nehmen. Der Mensch habe ein Recht auf freien Zugang zur Natur und man dürfe Felder und Wälder, Küsten und Taiga nicht abriegeln wie früher die Zaren oder Gutsbesitzer ihre Parks. Das aber, so Alexander, sei einfach Unsinn. »Hier in Sibirien gibt es so unendlich viel Natur, da muß es auch ein paar Stellen geben, die so bleiben, wie sie immer waren.« Und um das zu gewährleisten, müsse man eben auch Eintritt erheben. Genau darin liege jedoch das Grundproblem aller Naturparks – nicht nur am Baikal, sondern überall in Rußland. Der Staat sei einfach nicht in der Lage, die Parks in dem Maße zu schützen und zu erhalten, wie es erforderlich wäre. Die Eintrittsgelder seien nur ein Tropfen auf den heißen Stein. »Damit können wir unsere Arbeit nicht finanzieren.« Aber der gesamtökonomische Zustand des Landes sei so katastrophal, daß auf weitere Mittel nicht zu hoffen sei.

Und was bedeutet das für die Arbeit des Parks und das Leben der Menschen in Dawscha?

»Wenn sich nichts ändert, wird unser Dorf sterben. Wir sind abgeschnitten von der Außenwelt, im Sommer nur mit dem Schiff zu erreichen und im Winter nur über das Eis. Früher hatten wir ein eigenes Flugzeug, doch 1992 ist es wegen Altersschwäche ausgemustert worden. Ein neues gibt es nicht, und Geld für eine vielleicht noch mögliche Reparatur auch nicht. Die Menschen können selbst in dringendsten Fällen nicht mehr zum Arzt. Die Kinder können nicht mehr in die Schule, da das Internat in Sewerobaikalsk, das früher kostenlos war, inzwischen geschlossen ist. Und Lebensmittel können wir auch nicht mehr heranschaffen, da wir kein Geld für Diesel haben. Wenn wir nicht unsere Kartoffeln anbauen würden, würden wir hungern.«

Und dann nennt Alexander ein paar Zahlen. Für alle festangestellten Mitarbeiter des Parks, also insgesamt 48, erhält er pro Monat 21 000 Rubel, das sind umgerechnet 6500 DM. Das bedeutet ein durchschnittliches Monatsgehalt von 130 DM, wobei alle Angestellten das gleiche bekommen, der einfache Parkwächter ebensoviel wie der promovierte Biologe oder Forstwissenschaftler. Doch dies alles sei nur eine Pro-forma-Rechnung. Denn seit einiger Zeit müßten von diesen 21 000 Rubel auch noch die gesamten Betriebskosten des Parks bestritten werden: also sämtliche Kosten für Bewachung, Pflege, wissenschaftliche Forschung, Verhütung und Bekämpfung von Waldbränden.

»Nicht eine Kopeke gibt es mehr für Treibstoff, für Ersatzteile, für Arbeitsgeräte, nicht einmal für Papier und Bleistift für die wissenschaftliche Arbeit.«

Noch habe man einen kleinen Vorrat an Diesel, damit könne man den Generator betreiben und das Dorf zwei Stunden pro Tag, abends von 21 Uhr bis 23 Uhr, mit Strom versorgen. Doch man könne nicht mehr mit Booten auf Patrouille fahren, um die Uferzone zu kontrollieren, und auch keine Motorräder mehr einsetzen, um im Sommer die Situation in den Wäldern zu beobachten.

»Und was ist mit der Feuerwehr?«

»Noch haben wir eine. Aber jetzt kam der Befehl, sie abzuschaffen, da für ihren Unterhalt kein Geld mehr vorhanden ist ...«

»Und wenn der Wald brennt?«

»Wir wissen es nicht. Wir haben weder Mittel zur Prophylaxe noch zum Löschen. Und was es bedeutet, wenn ein Wald, der 500 Jahre nicht gebrannt hat, plötzlich brennt, können Sie sich ja vorstellen.«

Stolz sei man gewesen, daß es seit 1971 im Bargusin-Park kein Feuer mehr gegeben habe, das durch Menschen verursacht wurde. »Aber jetzt ist die nächste Katastrophe programmiert, und wir können nichts als hilflos zuschauen.«

Wie, fragen wir Alexander, wirkt sich der Geldmangel auf die wissenschaftliche Arbeit aus? Die ist doch nicht so kostenintensiv wie etwa die Waldbrandbekämpfung.

»Natürlich wird fleißig geforscht«, sagt Alexander. »Aber mit welchen Methoden und mit welchen Konsequenzen?« Natürlich habe man auch ein paar Computer, die man vor einigen Jahren von einer ausländischen Universität geschenkt bekommen habe, aber man könne sie nicht benutzen, da man ja nur zwei Stunden am Tag Strom habe. Auch Austausch mit anderen Wissenschaftlern, gar im Ausland, sei so gut wie unmöglich – ohne Post, ohne Fax, ohne Telefon ...

Früher, da hätten junge Leute Schlange gestanden, um bei ihnen im Bargusin-Park zu arbeiten, Berge von Bewerbungen hätten sich angesammelt. Heute melden sich nur noch unverbesserliche Romantiker, aber auch die könne man nicht einstellen, da man sie weder bezahlen noch ernähren könne. Und dazu die fehlende Infrastruktur! Früher konnte man die Leute mit dem eigenen Kukuruzjez aus Ulan-Ude oder mit dem eigenen Schiff aus Sewerobaikalsk oder Ust-Bargusin abholen. Doch heute? Heute komme höchstens noch mal eine kleine Gruppe von Wissenschaftlern für ein paar Tage zu einer Exkursion, aber auch das nur ganz selten und unter großen organisatorischen Schwierigkeiten.

»Und wie sieht es mit Kontakten zu ausländischen Kollegen aus?«

Vor vier Jahren habe es eine wissenschaftliche Zusammenarbeit mit Kollegen aus französischen Nationalparks gegeben. Zweimal war sogar eine Gruppe französischer Biologen hier. »Doch dann haben die Franzosen gemerkt, daß es eine sehr einseitige Zusammenarbeit war. Sie mußten für alles bezahlen, und aus Rußland kam keine Kopeke. Da ist das Ganze natürlich wieder eingeschlafen.«

Auch zum WWF hat man versucht, Kontakte zu knüpfen. Doch dort, so Alexander mit einem etwas bitteren Unterton, kümmere man sich vor allem um »prestigeträchtige« Tiere, und das seien nun mal ihre Bären, Wölfe und Zobel nicht. Daß der Bargusin-Park dennoch ein einzigartiges und schützenswertes Naturdenkmal sei, wäre ihnen nicht klarzumachen gewesen. »Sie haben sich nicht für uns interessiert.«

Hat es denn Kontakte zu deutschen Kollegen gegeben? fragen wir.

Die habe es gegeben, sagt Alexander, mehrfach sogar, mit Vertretern verschiedener deutscher Nationalparks. Doch bei diesen Kontakten hätten ihnen die deutschen Kollegen vorsichtig zu verstehen gegeben, daß ihre Interessensphäre sich vor allem auf Europa konzentriere und am Ural ende. »Der Baikal paßte nicht in ihr wissenschaftliches Programm.«

Mit alldem, so Alexander, hätte man zur Not ja noch leben können. Aber seit vorgestern habe er überhaupt keine Vorstellung mehr, wie es weitergehen solle. Die Hälfte aller Angestellten des Parks entlassen? Einfach so, nach dem Motto: »Wir haben kein Geld mehr für euch, vielen Dank! Auf Wiedersehen!« Und er solle aussuchen, wen er entläßt?!

»Aber wo sollen die Menschen denn hin! Sie haben doch nicht einmal das Geld, um wegzufahren? Und selbst wenn sie es haben, wo finden sie denn Arbeit? Wo ein Dach über dem Kopf? Die Menschen sind Geiseln des Parks. Ihn zu verlassen bedeutet Verlust ihrer Existenz, vielleicht sogar ihres Lebens!« Alexander schließt die Augen und schüttelt wortlos den Kopf. Nein, sagt er dann, ich will heute noch nicht darüber nachdenken, sonst verliere ich den Verstand. »Es ist doch ein so schöner Tag.«

Nach einer Weile, wir haben schweigend dagesessen und auf den im strahlenden Sommerlicht bläulich glitzernden Baikal geschaut, nimmt Alexander den Gesprächsfaden wieder auf. Für die Menschen, die er jetzt entlassen müsse, sei es eine Tragödie, aber für den Park vielleicht auch. »Wir werden kaum mehr eine Möglichkeit haben, ihn zu schützen. Weder vor Wilderern noch vor rücksichtslosen Touristen, noch vor Waldbränden. Und auch mit der wissenschaftlichen Arbeit wird es zu Ende sein.«

Warum er dennoch hierbleibe, fragen wir ihn.

»Weil ich ein unverbesserlicher Optimist bin. Diejenigen, die keine Hoffnung mehr haben, sind schon längst weggegangen – von hier und aus unserem Land überhaupt. Die noch hierbleiben, sind wahrscheinlich alle Optimisten. Man muß doch an etwas glauben. Ich persönlich glaube noch immer, daß es irgendwann einmal besser wird, auch wenn es vielleicht lange dauert.«

Und es gebe, so Alexander, ja durchaus noch den einen oder anderen Anlaß zu vorsichtiger Hoffnung. So habe er den Eindruck, daß das Umweltbewußtsein bei einem Teil der Bevölkerung in der Baikal-Region in den vergangenen Jahren zunehmend stärker geworden sei. Immer mehr Menschen würden begreifen, daß auch die Ressourcen Sibiriens nicht unendlich seien und der Baikalsee ein unersetzbares und hochempfindliches Wunder der Natur ist, das es zu schützen gelte. Gerade diejenigen, die direkt am See wohnen, vom See leben, würden merken, wie die Industrialisierung, aber auch der Tourismus den Baikal bedrohen. Doch viele dieser Menschen seien in einer Zwickmühle: Zwar wachse ihr Umweltbewußtsein, aber zugleich verschlechtere sich ihre soziale Situation. Und in diesem Zwiespalt siege verständlicherweise immer wieder der Selbsterhaltungstrieb über den Naturschutz.

»Der Mensch weiß, daß er so etwas eigentlich nicht darf, aber er möchte essen. Und dann geht er eben fischen oder jagen, auch wenn es verboten ist. Entweder um den Fisch und das Wild selbst zu essen, sie zu verkaufen oder gegen andere lebenswichtige Dinge einzutauschen. Wenn er seine Existenz nur auf diese Weise sichern kann, dann schert er sich nicht um Verbote und Gesetze.«

Auch unter den jungen Leuten macht Alexander ein zunehmendes Interesse an Fragen des Umwelt- und Naturschutzes aus. Doch bleibe dieses Interesse vorerst ohne konkrete Folgen. Der Grund ist für Alexander ganz klar. »Den Leuten an der Spitze des Staates fehlt das politische Bewußtsein für die Bedeutung der Umwelt. Die meisten sind noch aus der alten Schule des real existierenden Sozialismus, für die ist Natur nichts anderes als eine Schatzkammer, die man nach Belieben ausbeuten kann. Nach dem Motto: Unser Land ist doch so groß und unsere Natur so reich! Also schlagen wir die Taiga kahl und fischen die Seen leer. Es wird schon alles wieder nachwachsen.«

Wie die Situation politisch zu ändern wäre, darüber hat Alexander ziemlich konkrete Vorstellungen: »Wir bräuchten eine viel stärkere Bewegung der Grünen. Wie bei euch in Deutschland, wo die Grünen ja sogar schon im Bundestag sitzen. Wir brauchen eine neue Generation von Politikern, völlig neue Leute. Solche, die schon in der Jugend die entsprechende Bildung, das entsprechende Bewußtsein bekommen haben und dies dann auch auf der staatlichen Ebene in politisches Handeln umsetzen können.«

Natürlich, so Alexander, sei die Lage der russischen Wirtschaft katastrophal, und es gebe für die Politiker kaum Geld, das zu verteilen wäre. Man könne ja nicht einmal den Lehrern, den Ärzten und Bergleuten die Löhne zahlen; und auch nicht den Mitarbeitern der Naturparks. Dennoch müsse man begreifen, daß jede Investition in den Umweltschutz eine Investition in die Zukunft sei. »Es ist einfach eine kurzsichtige Politik, die glaubt, die Ökologie immer an den Schluß aller Probleme stellen zu können. Hier muß ein Umdenken stattfinden, auch bei den politischen Führern unseres Landes.«

Bis es dahin komme, so Alexander, sei es aber wohl noch ein langer Weg. »Die alte Generation will einfach nicht abtreten.«

Dennoch, wiederholt Alexander noch einmal, denkt er nicht daran, mit seiner Familie den Bargusin-Park zu verlassen. »Ich bleibe eben Optimist«, sagt er und lächelt dabei.

»WIR SIND WEITER, ALS IHR DENKT …«

Von Dawscha in den nächsten Ort ist es mit dem Schiff eine Tagesreise. Mit dem Flugzeug dauerte es früher eine Stunde. Der Ort heißt Ust-Bargusin und liegt an der Mündung des Bargusin-Flusses, rund 150 Kilometer südlich von Dawscha. Einst war Ust-Bargusin der wichtigste Hafen am mittleren und nördlichen Baikal, heute ist er fast zur Bedeutungslosigkeit herabgesunken. Jäger und Fischer haben hier seit Jahrhunderten gelebt, später auch Holzfäller. Als Verbannungsort erlangte er traurige Berühmtheit. Von Ust-Bargusin aus wurden die Zobelfelle, das Holz und andere Kostbarkeiten der Taiga über den Baikal nach Irkutsk verschifft, von wo aus sie in alle Welt weiterbefördert wurden. Von Ust-Bargusin aus versuchten viele Strafgefangene und Verbannte auf abenteuerliche Weise über den See nach Westen, in die Freiheit zu flüchten. Auf winzigen Fischerbooten, selbstgezimmerten Flößen; oder sogar in jenem Omulfaß, wie es in der Hymne des Baikal besungen wird.

Etwa 10 000 Menschen leben heute in Ust-Bargusin. Die Straßen sind wie ein Schachbrett angelegt und sehen einander zum Verwechseln ähnlich. Die kleinen Holzhäuser sind meist mit einem hohen Bretterzaun umgeben, aus Stein ist nur ein einziges Gebäude, die Schule. Im Hafen ist kaum Betrieb. Ein Teil der Boote dümpelt rostend vor sich hin, andere sind an Land gezogen und werden ausgeschlachtet. Von einigen sind nur noch Skelette übrig. An der Mole verkaufen ein paar Frauen an kleinen Holztischen oder direkt aus Plastiktüten frischen Fisch, Brot und Graupen sowie Haushaltsartikel. Auch Waschpulver, Seife, selbstgestrickte Socken und Handschuhe werden angepriesen. Ein Kiosk, dessen Scheiben vergittert sind und an dem sich nur eine kleine Luke öffnet, durch die das Geld und die Ware gereicht werden, arbeitet rund um die Uhr. Im Angebot sind vor allem Bier und Wodka.

An einigen Straßenecken sind Läden eröffnet, die so wohlklingende Namen tragen wie »Paradies« und »Jugend« oder auch einfach Frauennamen wie »Wera« und »Irina«. Hier gibt es Konfektionskleidung, Radios, Fernseher, Taschenrechner, Computerzubehör, aber auch Äxte, Schaufeln, Angeln, Gas- und Spirituskocher sowie Feuerlöscher. In einem Geschäft mit dem Namen »Zobel« suchen wir allerdings vergeblich nach irgendwelchen Pelzwaren. Dafür entdecken wir Büstenhalter und Dessous, manche angeblich aus französischer Produktion, Baumwollhemden, Jeans der Marken Lewis und Diesel, Adidas-Turnschuhe und Leinenpantoffeln, die »Schanghaiki« genannt werden, da sie aus China kommen.

Unsere Frage nach Pelzmützen nötigt der Verkäuferin nur ein müdes Lächeln ab: »Die nähen die Leute hier doch selbst«, klärt sie uns auf.

»Und warum heißt das Geschäft Zobel?« fragen wir.

»Weil es ein schöner Name ist.«

Fast 70 Prozent der Einwohner von Ust-Bargusin sind arbeitslos. Das erfahren wir von Igor, einem etwa vierzigjährigen Forstingenieur, den wir am Hafen kennengelernt haben. Der größte Arbeitgeber im Ort war die Fischfabrik, in der nicht nur Fisch aus dem Baikal verarbeitet wurde, sondern auch aus dem Pazifik. Er wurde von Wladiwostok mit der Transsibirischen Eisenbahn bis nach Ulan-Ude und von dort mit Lastwagen nach Ust-Bargusin gebracht. Hier wurde er in Konservendosen verschweißt und mit dem Schiff über den Baikal nach

Irkutsk transportiert. Seit vier Jahren ist die Fischfabrik geschlossen. Der andere große Betrieb am Ort, die Forstkolchose, wurde in viele kleine Einheiten aufgeteilt und an Privatleute oder Aktiengesellschaften verkauft; die meisten Arbeiter wurden entlassen. Beschäftigung gibt es fast nur noch in der staatlichen Verwaltung – in der Gemeindeverwaltung, in der Schule, dem Krankenhaus, auf der Post und in der Verwaltung des Zabaikalskij-Nationalparks, die in Ust-Bargusin ihren Sitz hat. Hier ist auch Igor angestellt: als Forstinspektor und Parkwächter.

Igor ist in Ust-Bargusin geboren, hat in Tschita das Technikum beendet und dort auch seine Frau kennengelernt. Sie ist Lehrerin an der Schule in Ust-Bargusin. Igor und Galja, wie seine Frau heißt, haben zwei Kinder, acht und zwölf Jahre alt. Sie wohnen in einem Holzhaus mit Telefonanschluß, elektrischem Licht, einer Satellitenschüssel auf dem Dach und einer kleinen Banja im Garten. Sie kommen, wie sie sagen, einigermaßen über die Runden. Allerdings hat Galja schon seit fünf Monaten kein Gehalt mehr bekommen, und auch Igors Arbeitgeber, der Nationalpark, ist mit drei Monatsgehältern im Verzug. Dafür, so schwärmt Igor, gebe es in der Parkverwaltung einen Computer, mit dem er häufig im Internet surfe. Daher kennt er zum Beispiel einen in New York erschienenen Reiseführer über den Baikalsee und weiß, daß dieser, was Ust-Bargusin angeht, schon wieder überholt ist. Es gebe nämlich für Touristen hier im Ort inzwischen sehr viel mehr Übernachtungsmöglichkeiten als noch vor ein paar Jahren. »Not macht eben erfinderisch, und die Not ist groß bei uns in Ust-Bargusin.«

Die Basis für Igors bescheidenen Wohlstand und die derzeit einzige Einkommensquelle der Familie ist ein klappriger russischer Kleinbus. Igor hat ihn nach der

Wende der Forst-Kolchose abgekauft, die damit ihre Arbeiter transportiert hatte. Nun macht Igor mal hier und mal da im Ort kleine Besorgungen mit dem Bus und wartet vor allem auf Touristen, die in den Sommermonaten zuweilen auch in Ust-Bargusin auftauchen. Mit ihnen fährt er dann auf den wenigen Straßen, die es hier gibt, kreuz und quer durch das Tal des Bargusin, im Norden bis zum Fuß der Bargusin-Alpen, wie sie auf russisch heißen, deren ganzjährig mit Schnee bedeckte Gipfel mehr als 2800 Meter aufragen, im Westen über eine sumpfige Landzunge auf die felsige Halbinsel Heilige Nase, nach Osten, bis der Weg irgendwo in der Taiga endet, und nach Süden, direkt am Ufer des Baikal entlang, zu den schwefelhaltigen, 55 Grad heißen Heilquellen des Ortes Turka, einem der ältesten Kurorte in Ostsibirien. Bei all diesen Touren kommt ihm sicherlich auch seine Stellung als Inspektor des Nationalparks zugute. Ihm stehen die Wege offen, die anderen versperrt sind. Sein Dienstausweis ist ein Sesam-öffne-Dich selbst für die Teile des Nationalparks, deren Zufahrtswege von der dem Innenministerium unterstehenden Miliz bewacht werden. Auch eine Kontrolle des Innenraums seines Busses, wie sie sonst in diesem Gebiet häufig von der Miliz durchgeführt wird, angeblich auf der Suche nach Schmuggelware, hat Igor nicht zu befürchten. Manchmal, wenn er ganz großes Glück hat, kann er auch Touristen am Flughafen von Ulan-Ude abholen. Das sind dann 260 Kilometer durch die Taiga und über die Berge und 260 Kilometer zurück, insgesamt etwa fünfzehn Stunden, die Hälfte davon auf einer waschbrettartigen Schotterpiste, die zudem noch mit tiefen Schlaglöchern übersät ist. In seinem Kleinbus, der keine Federung zu haben scheint, dessen Türen klappern, als fielen sie jeden Moment heraus und dessen

Fenster mit Klebestreifen befestigt sind, sind eine Tortur, die Maxim, nachdem Igor auch uns in Ulan-Ude abgeliefert hat, mit einer mittelalterlichen Folter vergleicht. Doch für Igor ist der Kleinbus sein ein und alles. Er hütet ihn wie seinen Augapfel, putzt ihn bei jeder Gelegenheit und läßt ihn, selbst wenn wir irgendwo in der Wildnis Rast machen, nicht aus dem Blick. »Ohne den Bus«, so Igor, »wüßte ich nicht, wie ich meine Familie durchbringen sollte. Jedenfalls nicht auf legale Weise.«

Mit der Formulierung »auf legale Weise« spielt Igor darauf an, daß viele Menschen in Ust-Bargusin ihr Überleben nur anders sichern können – eben durch illegale Jagd und Wilderei. »Bei uns jagen alle. Weil sie müssen.«

Nach der Wende, so Igor, als die Betriebe zusammenbrachen oder privatisiert wurden und die meisten Menschen in Ust-Bargusin keine Arbeit mehr hatten, habe jeder zunächst verkauft, was nur irgendwie zu verkaufen gewesen sei. Erbstücke, Schmuck, Teppiche, Porzellan, nicht unbedingt benötigte Haushaltsgeräte, Kleidungsstücke, Pelze. Sogar aus den großen Städten wie Ulan-Ude oder Irkutsk seien Abnehmer gekommen und hätten aufgekauft, was sie nur kriegen konnten. Jetzt hätten die Leute nichts mehr zu verkaufen und lebten fast ausschließlich vom Wald und vom See. Die Männer gingen so gut wie alle auf die Jagd, egal, ob sie eine Lizenz haben oder nicht. Sie schießen Wild zum Eigenverzehr und Pelztiere zum Verkauf.

»Die Folge: Für Zobelfelle und andere wertvolle Pelze sind die Preise in den Keller gegangen, auch wenn die Nachfrage groß, ja in den letzten Jahren sogar noch gestiegen ist.«

Aber da nun fast jeder jage, sei der Markt ganz einfach verstopft. Für Berufsjäger bedeute dies die Vernichtung ihrer Existenz. Sie können gegen die übermächtige Konkurrenz der Hobbyjäger und Wilddiebe nicht mithalten. Zumal ein lukrativer Zweig der Jagd in den Wäldern östlich des Baikal jetzt ganz verboten sei, die Jagd auf Bären.

»Nach zwei schlechten Sommern hintereinander, in denen es nur wenig Beeren und Pilze gab, sind viele Bären regelrecht verhungert oder haben sich an ungenießbaren Pflanzen vergiftet. Und obwohl der Hunger die Bären zunehmend aggressiv macht und sie immer häufiger Menschen angreifen, sogar in den Dörfern, dürfen sie nicht geschossen werden. So besagen es jedenfalls die Vorschriften.«

In der Praxis allerdings, so Igor, ist auch dieses Verbot kaum durchzusetzen. »Wir haben gar nicht genug Leute, um aufzupassen. Und mancher der Inspektoren, die wir haben, bräuchte selber einen Inspektor, um ihm auf die Finger zu schauen. Und im übrigen: Im Ort kennt doch jeder jeden. Wer will sich denn da Feinde fürs Leben machen?«

Auch Igor selbst sieht das Problem der Wilderei mit einer gewissen Gelassenheit. »Man kann den Leuten doch nicht verbieten, für das Überleben ihrer Familien zu sorgen.« Allerdings, und da kenne er keinen Spaß, wenn jemand gegen elementare Jagdgesetze verstoße, dann greife er ein, gebe keine Ruhe, bis der Übeltäter gefaßt und bestraft sei. Erst kürzlich habe er einen Wilddieb, der eine Bärenmutter schoß, die zwei Junge hatte, vor Gericht gebracht. Das Verfahren laufe noch.

Mit der Raubfischerei verhalte es sich ähnlich. Zwar habe man unlängst strengere Strafen eingeführt und könnte für jeden illegal gefangenen Omul 25 Rubel, umgerechnet sieben Mark, und für jeden Stör 240 Rubel kassieren, doch welcher arme Teufel hier habe schon so viel Geld? »Früher lebten die Menschen in Ust-Bargusin von der Fischereikolchose, heute leben sie direkt vom See. Und dem Baikal ist es doch völlig egal, ob die Kolchose täglich zehn Tonnen Fisch aus dem Wasser zieht oder es die Raubfischer tun.« Die nämlich würden pro Tag ohnehin nicht soviel schaffen.

Eine Zukunft für Ust-Bargusin sieht Igor nur im Tourismus, in einem, wie er es ausdrückt, »vernünftigen«. Aber was »vernünftiger Tourismus« sei, darüber gingen die Meinungen im Ort nicht selten auseinander. So hätte die Verwaltung geplant, zwei große Hotels zu bauen, um damit Touristen anzulocken. Viel Mühe habe es gekostet, die Verantwortlichen von diesem absurden Vorhaben abzubringen. Touristen, so Igor, würden doch ohnehin nur in der kurzen Sommerzeit von Mitte Juni bis Ende August kommen, wenn überhaupt, und den Rest des Jahres stünden die Hotels dann leer, müßten aber unterhalten, beheizt werden usw. Da würde die Gemeinde unter dem Strich nur zuzahlen. Ein privater Investor würde niemals ein solches Risiko auf sich nehmen.

Igor und seine Freunde setzen sich für ein ganz anderes Tourismus-Konzept ein: Man müsse große Unternehmen finden, aus der Energiebranche etwa, und mit ihnen einen Deal machen: »Wir richten für euch Sommerlager ein, und ihr liefert uns dafür zum Beispiel Strom.« Aber erste Versuche in dieser Hinsicht seien ohne Erfolg geblieben. Das Experiment mache nur Sinn bei Betrieben, denen es gutgehe, und die hätten meist schon eigene Sanatorien, Ferienlager usw. Da sei man einfach zu spät gekommen, aber man müsse es weiter versuchen.

Eine andere Initiative zur Belebung des Tourismus jedoch habe schon erste erfreuliche Resultate gebracht: die Aufforderung an Privatleute, Zimmer oder Gästewohnungen zur Verfügung zu stellen. Man müsse ihnen günstige Kredite zum Bau von Toiletten und Bädern besorgen oder ihnen das Geld, das man in die Errichtung von Hotels stecken wolle, direkt als Zuschuß geben. Das wäre auf Dauer billiger und effektiver, denn Privatleute würden sich auch im Winter um den Zustand ihrer Quartiere kümmern, ohne daß die Gemeinde auch nur eine Kopeke dafür bezahlen müßte. Mehr als 200 private Touristenschlafplätze seien in Ust-Bargusin in den letzten Jahren bereits entstanden, doch es könnten noch viel mehr werden. Voraussetzung dafür, daß dieses Konzept langfristig funktioniere, sei aber die Verbesserung der Infrastruktur, vor allem die verkehrsmäßige Anbindung von Ust-Bargusin. Früher habe man einen eigenen Flughafen gehabt; nun sei er geschlossen. Außerdem sei in der Sommerzeit täglich ein Dampfer aus Irkutsk gekommen; heute lege nur noch einmal in der Woche ein Schiff aus Irkutsk an, und das habe gerade mal 120 Plätze. »Wo sollen denn da die Touristen herkommen?« Aus Ulan-Ude, sieben Stunden auf der Holperstrecke durch die Taiga, würden doch nur die allergrößten Enthusiasten anreisen, und davon gebe es nicht allzu viele.

Immerhin, auch wir sind zwei Nächte in einem Privatquartier in Ust-Bargusin untergekommen, bei Olga, die wie die meisten anderen Vermieter im Ort für »Bed and breakfeast« pro Nacht zwanzig Dollar nimmt. Olga war bis morgens um drei aufgeblieben, um auf uns zu warten, nachdem die »Minkas« stundenlang auf einer Sandbank in der Hafeneinfahrt von Ust-Bargusin festsaß. Wir hatten uns ein paar Tage zuvor auf ziemlich komplizierte Weise über Funk und handvermittelte Telefonverbindungen angemeldet, und es hatte geklappt. Olga hatte ein Fischgericht vorbereitet, das sie nur aufzuwärmen brauchte, und die Banja angeheizt. Zusammen mit ihrem elfjährigen Sohn lebt sie in einem geräumigen Holzhaus, in dem sie zwei Zimmer an Gäste vermietet. Außer der Banja, die in einem Anbau untergebracht ist, hat sie ein komplett eingerichtetes, mit italienischen Fliesen gekacheltes Badezimmer mit Wanne und WC sowie eine Küche mit riesigem Kühlschrank, Gasherd und Mikrowelle. Ein eigens installiertes Pump- und Heizungssystem versorgt den Haushalt mit fließendem Wasser, das aus einem Brunnen im Garten kommt. Das Geld für diese Installationen haben Olga und ihr Mann beim Bau der Baikal-Amur-Magistrale verdient, wo sie beide mehr als zehn Jahre als Ingenieure tätig waren. Das Haus hat Olga von ihren Eltern geerbt. Olgas Mann ist vor zwei Jahren bei einem Jagdunfall ums Leben gekommen, sie selbst ist schon seit längerem arbeitslos. So widmet sie ihre ganze Kraft nun ihrer Privatpension und kann, wie es scheint, davon leben. Ihre Telefonnummer jedenfalls ist sogar im Internet zu erfahren. Dafür hat ihr Sohn gesorgt, dessen liebstes Spielzeug ein PC ist. Nun bringt er der Mutter den Umgang damit bei.

»Wir sind in Ust-Bargusin«, sagt er uns stolz, »weiter, als ihr denkt.«

WASSER, WERTVOLLER ALS GOLD

DER BAIKAL

Vom Baikalsee träumt' ich schon immer,
Nun hab ich ihn endlich gesehn:
Vom Schiff aus der Wellen Geschimmer,
Die Zedern auf felsigen Höhn.

Da fielen gar viele Geschichten
Und Lieder mir ein ohne Zahl,
Die von diesem Wunder berichten,
Dem heiligen Meer, dem Baikal.

Wir fuhren ja nur, um zu landen,
's war Abend, 's war kalt, es war Mai,
Der Zug stand schon da, wir entschwanden
Mit ihm gleich ins ferne Kathai.*

Wie oft möcht' ich heimkehren können
Zum See, der so weit nun entfernt;
Ich kann ihn bekannt doch nicht nennen:
Gesehn heißt nicht kennengelernt.

Igor Sewerjanin

*Kathai – alter Name für China.

GREENPEACE UND DIE BAIKAL-WELLE

Das Monster ist ein Kind des Kalten Krieges. Wie eine offene, schwärende Wunde liegt es am Südufer des Baikalsees und stößt aus riesigen Schloten dicke Wolken weißen und schmutziggrauen Rauches aus, der wie Nebel über die gesamte Umgebung zieht, bis hinauf zu den Spitzen der bewaldeten Berghänge. Zuweilen verdunkelt er sogar die Sonne, und wenn es regnet, legt er sich als schmieriger Film aufs Land und den See.

Das Baikalsker Zellulose- und Papierkombinat, so der offizielle Name dieses größten Umweltverschmutzers der Baikalregion, wurde 1966 in Betrieb genommen. Die sowjetische Luftwaffe brauchte für die Reifen ihrer schweren Langstreckenbomber einen besonders haltbaren Cord, der angeblich nur mit Baikalwasser hergestellt werden konnte – seiner unübertroffenen Reinheit wegen.

Die ersten Siedler, die das Werk und die gleichzeitig entstehende Stadt mit dem Namen Baikalsk bauten, kamen am 12. April 1961 hier an, just an dem Tag, an dem Jurij Gagarin als erster Mensch ins Weltall flog. Ein symbolisches Datum, das Aufbruch signalisieren sollte, eine neue Etappe im Wettkampf der Supermächte um die Vorherrschaft im Kosmos wie auf der Erde. Vergeblich hatten russische Wissenschaftler, allen voran Biologen und Meeresforscher, aber auch Schriftsteller wie Valentin Rasputin, gegen dieses Irrsinnsprojekt protestiert. Sie wurden als vaterlandslose Gesellen beschimpft, denen es an Verständnis für die notwendigen Maßnahmen zur Verteidigung der Sowjetunion fehle; zeitweilig wurden sie sogar verdächtigt, die Interessen des Feindes zu vertreten. Das Wort Umweltschutz war damals in der Sowjetunion unbekannt.

Inzwischen ist der Kalte Krieg beendet, der Spezialcord für Flugzeugreifen durch anderes Material ersetzt und Papier oder Zellulose aus Baikalsk nur noch in der Mongolei und in China gefragt – zu Dumpingpreisen. Dennoch produziert das Kombinat unentwegt weiter, wenn auch, wegen der Absatzschwierigkeiten, in verringertem Umfang. Nach Angaben der Betriebsleitung und der Regionalregierung von Irkutsk werden noch immer täglich 5000 Kubikmeter Holz verarbeitet, geschlagen in unmittelbarer Nähe des Baikalsees, sowie 210 000 Kubikmeter Abwässer in den See geleitet. Das entspricht der Ladung von 10 000 Tanklastwagen. Und noch immer wird bei der Zelluloseproduktion das Verfahren der Chlorbleiche angewandt, das als extrem umweltbelastend gilt und in anderen Ländern längst verboten ist.

Neben zahlreichen anderen hochgiftigen Stoffen werden bei diesem Verfahren krebserregende Dioxine, Phenole und organische Chlorverbindungen frei. In den Anfangsjahren wurden die Abwässer der Fabrik nahezu ungeklärt in den Baikal geleitet. Inzwischen wurden Hunderte von Grenzwertüberschreitungen registriert, gravierende Veränderungen in der einzigartigen Fauna und Flora des Sees festgestellt. So hat der Nestor der russischen Baikalforschung, der langjährige Leiter des Limnologischen Instituts der Russischen Akademie der Wissenschaften in Irkutsk, Professor Grigorij Galasij, schon Anfang der neunziger Jahre darauf hingewiesen, daß die Zahl der wirbellosen Tierarten im See von 47 auf sieben zurückgegangen ist und die der Weichtiere, Mollusken genannt, von 18 auf sieben. Und er hat die Beobachtung vieler Fischer bestätigt, daß die Fische nicht mehr so groß werden wie früher und wesentlich länger für ihr Wachstum brauchen. Das durchschnittliche Fanggewicht des Omuls hat sich sogar halbiert. Nachweisbar durch das Zellulosekombinat verursacht sind auch die erhöhte Sterblichkeit der Epischura, jener Krebse, die das natürliche Filtersystem des Sees bilden, sowie Mutationen von Mikroorganismen bis in eine Wassertiefe von 45 Metern. Selbst wenn die Produktion in Baikalsk sofort gestoppt würde, so hat Professor Galasij ausgerechnet, bräuchte der See etwa 400 Jahre, um sich von diesen Schäden zu erholen.

Die Leitung des Zellulosekombinats verweist darauf, daß man die Kläranlagen in den vergangenen Jahren ständig modernisiert habe, die Abwässer sowohl biologisch als auch chemisch reinige und keinerlei giftige Schadstoffe, schon gar keine Dioxine, in den Abwässern mehr festgestellt worden seien. Was die Werksleitung nicht sagt, ist, daß sie bestimmte Stoffe gar nicht nachweisen kann, weil ihr dafür die Apparaturen fehlen. Dies gilt ganz besonders für die überaus aufwendige und komplizierte Dioxinanalytik. Messungen unabhängiger Experten auf dem Werksgelände hat die Kombinatsleitung bislang noch nicht zugelassen. Eine einzige Probe, die die Werksleitung auf Drängen von Umweltschützern zur Untersuchung auf Dioxin an die Universität Bayreuth geschickt hatte, war negativ.

»Das bedeutet«, so Professor Michael McLachlan, der die Untersuchung durchführte, »die Probe kann nicht in Ordnung gewesen sein. Denn bei der Chlorbleiche entsteht zwangsläufig Dioxin. Was jetzt dringend erforderlich ist, sind Messungen unabhängiger Experten auf dem Werksgelände von Baikalsk und in seiner unmittelbaren Umgebung. Doch niemand hat uns bislang eingeladen.«

Zugleich warnt Professor McLachlan davor, die Diskussion um die vom Zellulosekombinat ausgehenden

Umweltgefahren auf die Dioxinproblematik zu verengen. Die Dioxine nämlich, die er zusammen mit seiner russischen Kollegin Jewgenija Tarasowa im Fett der Baikalrobben gefunden habe, stammen mit an Sicherheit grenzender Wahrscheinlichkeit nicht aus diesem Kombinat, sondern müssen ihren Ursprung irgendwo anders in der Baikalregion haben, im industriereichen Tal der Angara vermutlich. Entscheidend sei, die Gesamttoxizität des Baikalsees systematisch zu analysieren, das heißt, die Gesamtbelastung mit Giftstoffen festzustellen. Professor McLachlan hat den russischen Behörden Vorschläge unterbreitet, wo und mit welchen Methoden Messungen vorgenommen werden sollten. Was daraus werde, bleibe abzuwarten. Angesichts der desolaten wirtschaftlichen Lage des Landes müsse man aber wohl eher skeptisch sein. Daß das Zellulosekombinat in Baikalsk geschlossen werden müßte, steht freilich auch für Professor McLachlan außer Frage. Die Unzahl der Schadstoffe, die bei dem derzeitigen Produktionsprozeß frei werden, lasse gar keine andere Wahl, wenn man es mit dem Schutz des Baikal wirklich ernst meine. Und selbst wenn das Kombinat geschlossen würde, bliebe es immer noch eine chemische Zeitbombe.

In der Tat lagern, das haben Mitarbeiter von Greenpeace ermittelt, auf dem Werksgelände von Baikalsk schon heute rund fünf Millionen Tonnen hochgiftigen Klärschlamms samt Rückständen von Kadmium, Blei und Quecksilber. Die Klärbecken erstrecken sich auf eine Fläche von 700 000 Quadratmetern und befinden sich nur einen Kilometer vom See entfernt. Zwar versichert die Werksleitung, daß man beim Anlegen der Becken strengstens auf die Einhaltung aller Sicherheitsnormen geachtet habe und der Beckenboden und die Beckenwände hermetisch dicht seien, doch nicht nur russische Umweltschützer haben da ihre Zweifel. »Es wäre die erste Baustelle bei uns, auf der nicht schlampig gearbeitet worden wäre!« Hinzu kommen die ständigen seismographischen Erschütterungen der Baikalregion, die auch für die Fundamente der Kläranlagen auf Dauer nicht ohne Folgen bleiben dürften.

In Gesprächen mit der Werksleitung und Behördenvertretern von Baikalsk begegnet man immer dem gleichen Argumentationsmuster. Zunächst wird bestritten, daß vom Kombinat überhaupt eine Gefahr für die Umwelt und speziell für den Baikalsee ausgehe. Es seien nur böswillige Journalisten und wissenschaftlich unbedarfte Umweltaktivisten, die diese Gefahr herbeiredeten. Wenn man dann auf die durch Umwelteinwirkungen verursachten Veränderungen der Flora und Fauna, vor allem im südlichen Teil des Sees, zu sprechen kommt, wird die Schuld auf andere Industriebetriebe der Region geschoben, die Chemie-, Aluminium- und Erdölwerke zwischen Irkutsk und Bratsk, deren Emissionen der Wind in den Baikal trage, auf die fehlenden Kläranlagen in den Siedlungen am südlichen Ufer des Sees, auf die Landwirtschaft und den Tourismus. Erst ganz zum Schluß der Diskussion folgt in der Regel der Satz: »Wir würden das Kombinat ja gern schließen, aber wir können nicht.«

Von den 17000 Einwohnern der Stadt Baikalsk arbeiten nämlich rund 3000 im Zellulosekombinat. Es ist der einzige Arbeitgeber am Ort, mehr als 95 Prozent ihrer Steuereinnahmen erhält die Stadt vom Werk. Und nicht nur finanziell ist sie auf das Kombinat angewiesen, auch ihre Infrastruktur hängt an diesem Werk. Es liefert die Wärme für die gesamte Stadt, die Wohnungen, die Schulen, die Krankenhäuser. Sogar die Wasserversorgung erfolgt über das Werk, die Kläranlagen sind mit denen des Werks identisch. »Stadt und Kombinat«, sagt der Bürgermeister von Baikalsk, »bilden einen einheitlichen Organismus. Wenn das Kombinat geschlossen wird, stirbt die Stadt. Leider!«

Speerspitze im politischen Kampf um die Schließung des Zellulosekombinats von Baikalsk ist seit einigen Jahren die nach der Wende in Rußland gegründete Sektion von Greenpeace in Moskau. Zuständig für die Probleme der Baikalregion bei Greenpeace ist Roman Pukalow, ein hochgewachsener, schlanker Mann von etwa 35 Jahren. Seine Oberlippe ziert ein schmales dunkles Bärtchen, die lebhaften Augen verraten Energie und Selbstbewußtsein. Er ist Diplom-Geograph, einer von sechzehn hauptamtlichen Mitarbeitern, die Greenpeace Rußland heute hat. Der erste Chef von Greenpeace Rußland war übrigens ein Enkel Lew Kopelews.

In ganz Rußland zählt Greenpeace heute etwa 5000 aktive Mitglieder, und es werden, wie Roman Pukalow stolz vermerkt, ständig mehr. Etwa 15 Prozent der Gelder, die Greenpeace Rußland zur Verfügung stehen, stammen von privaten russischen Spendern, der Rest kommt von Greenpeace International. Die Computer, mit denen das Moskauer Büro von Greenpeace ausgestattet ist, wurden von Greenpeace Deutschland gespendet.

Das Selbstbewußtsein, das Roman Pukalow ausstrahlt, ist durchaus verständlich. Nicht zuletzt dem internationalen Druck von Greenpeace nämlich, so Roman Pukalow, ist es zu verdanken, daß die Unesco im Jahr 1996 den Baikalsee zum Weltnaturerbe erklärte und damit unter den Schutz und die Aufmerksamkeit der internationalen Gemeinschaft stellte. Und außerdem, so merkt er lächelnd an, sei er, Roman Pukalow, der einzige in Rußland, der bislang einen Prozeß gegen Boris Jelzin gewonnen habe, federführend für Greenpeace Moskau vor dem Obersten Gerichtshof. Es ging dabei um die ungesetzliche Lagerung von Atomabfällen in der russischen Region Krasnojarsk.

Um die Umweltprobleme des Baikalsees zu erläutern, schleppt Roman Pukalow ganze Stapel von Papier aus den vollgestopften Schränken seines Büros herbei: Gesetzestexte, wissenschaftliche Gutachten, vertrauliche Protokolle von diversen Sitzungen verschiedener Regierungskommissionen, Wirtschaftlichkeitsberechnungen, Tabellen, Graphiken. Zwischendurch wirft er noch gelegentlich einen Blick in den Computer oder ruft einen Kollegen in Irkutsk an, um weitere Einzelheiten zu dieser oder jener Frage zu erfragen und sich zugleich über die neuesten Entwicklungen vor Ort zu informieren. Bei alledem wirkt er sehr konzentriert. Seine Antworten sind präzise.

Wenn es streng nach Recht und Gesetz ginge in Rußland, so Roman Pukalow, hätte das Zellulosekombinat in Baikalsk schon 1992 geschlossen werden müssen. Seit diesem Jahr nämlich gibt es eine von der Moskauer Regierung erlassene Verordnung, die die Einleitung giftiger Abwässer in den Baikal unter Strafe stellt. Doch werden die Strafen weder gezahlt noch vom Staat eingetrieben. Kein Wunder, so Roman Pukalow, denn sonst wäre das Kombinat längst pleite. Die Höhe der Strafe nämlich, über die Jahre addiert und korrekt berechnet, übersteige inzwischen den Wert des gesamten Betriebs. Gegen die Untätigkeit der Behörden juristisch vorzugehen sei sehr schwierig, denn das Kombinat leugne schlicht jede gesetzwidrige Einleitung. Ein langjähriger Expertenstreit wäre die Folge, der angesichts der erforderlichen Messungen und Analysen auch überaus kostspielig werden müßte. Nun hoffe man auf ein Gesetz zum Schutz des Baikalsees, mit dem man die Schließung des Kombinats sofort bei Gericht einklagen könne. »Es soll ein Gesetz über die gesamte Baikalregion sein, das die Rechtsgrundlage schafft, mit der man sogar die russische Regierung vor Gericht bringen kann, falls das Werk nicht geschlossen wird.«

Das Gesetz sieht die Schaffung von drei Schutzzonen in der Baikalregion vor. In der zentralen Zone, etwa 25 bis 50 Kilometer um den Baikalsee herum, soll sowohl der Bau als auch der Betrieb von Atomkraftwerken, Zellulose-, Metallverarbeitungs- und Chemiebetrieben verboten sein. Auch die Nutzung dieser Zone für militärische Zwecke soll untersagt werden. Eine weitere Zone gilt als Pufferzone. Sie umfaßt die gesamte Republik Burjatien und das Einzugsgebiet der großen Flüsse am Ostufer des Baikal. Hier soll es strenge Auflagen nicht nur für die Industrie, sondern auch die Land- und Forstwirtschaft geben. Eine dritte Zone schließlich wird »Zone der atmosphärischen Einflüsse« genannt und erstreckt sich bis 200 Kilometer westlich vom Baikal. Hier ist die Neuansiedlung jeglicher Atomanlagen verboten, ebenso von Fabriken, bei deren Produktion Schadstoffe frei werden, die eine Gefahr für den Baikalsee darstellen könnten.

Bereits 1993 wurde ein erster Entwurf dieses Gesetzes in das russische Parlament, die Duma, eingebracht, doch erst im Juni 1997 in dritter Lesung endgültig verabschiedet. Und zwar mit überwältigender Mehrheit, nur ein Abgeordneter stimmte dagegen. Doch die Hoffnung, daß dieses Gesetz nun auch in Kraft treten würde, erwies sich als trügerisch. Präsident Jelzin legte sein Veto ein und rief den parlamentarischen Vermittlungsausschuß an. Fast ein Jahr dauerte es, bis dieser Vermittlungsausschuß zu einem – allerdings eindeutigen – Votum kam.

Er empfahl, das Baikalgesetz ohne Wenn und Aber ein weiteres Mal von der Duma verabschieden und damit rechtswirksam werden zu lassen. Spätestens Anfang 1999, so die Hoffnung der russischen Umweltschützer, soll diese letzte parlamentarische Hürde genommen werden.

Jahrelang hatte die Betriebsleitung des Zellulosekombinats, das 1992 in eine private Aktiengesellschaft umgewandelt wurde, die Verabschiedung des Gesetzes zu verhindern versucht beziehungsweise gefordert, das Kombinat von der Geltung des Gesetzes auszunehmen. Man hatte angekündigt, eine Umstrukturierung des Produktionsprozesses vorzunehmen, statt Zellulose nur noch ein Halbfabrikat für Papier herzustellen und dabei auch auf die Chlorbleiche zu verzichten. Nachdem Greenpeace mit Hilfe amerikanischer Experten allerdings herausgefunden hatte, daß dieses Verfahren weltweit bislang nur in zwei kanadischen Fabriken praktiziert wird und selbst dabei umweltschädliche Stoffe frei werden, wachsen erhebliche Zweifel an diesem Projekt. Weil sich zudem noch herausstellte, daß von den heute 3000 Arbeitsplätzen nur etwa 800 übrigbleiben würden und für jeden dieser verbleibenden Arbeitsplätze 300 000 Dollar investiert werden müßten, geriet der politische Widerstand gegen das Baikalgesetz endgültig ins Wanken.

Auf die Frage, wer denn, außer der Betriebsleitung und den Werksangehörigen, so heftig gegen das Baikalgesetz und die Schließung des Zellulosekombinats gekämpft habe und zum Teil auch heute noch kämpfe, zuckt Roman Pukalow die Schultern. So genau wisse man das nicht; einige der Gegner kenne man, andere nicht. Natürlich sei die Stadtverwaltung von Baikalsk gegen die Schließung des Kombinats, weil dies, wie sie glaube, das Ende der Stadt wäre. Und dann die Großaktionäre des Werks, ferner hochgestellte Beamte in Irkutsk, die sich bei der Privatisierung im Jahr 1992 ebenfalls schnell einige Aktienpakete unter den Nagel gerissen hätten, Lobbyisten aus der Zellulose- und Papierindustrie und natürlich auch Unternehmer aus der Holzwirtschaft, die mit dem Kombinat gute Geschäfte machten. Das Absurde dabei sei, so Roman Pukalow, daß das Kombinat selbst längst rote Zahlen schreibe und hoch verschuldet sei. Allein in den letzten beiden Jahren habe es bei der Russischen Staatsbank zehn Millionen Dollar Kredit aufnehmen müssen, nur um Holz für die Verarbeitung einkaufen zu können. Volkswirtschaftlich mache das Kombinat ohnehin keinen Sinn mehr, denn nur wenige hundert Kilometer entfernt, in Bratsk und in Ust-Ilimsk, gebe es zwei weitere Zellulose- und Papierkombinate, die beide nicht ausgelastet seien.

Und warum hält man dennoch so verbissen an dem Werk in Baikalsk fest?

»Zum einen«, so Roman Pukalow, »ist es die tatsächlich nicht unberechtigte Sorge um die Menschen und die Zukunft der Stadt Baikalsk. Zum anderen gibt es Hinweise darauf, daß die Werksleitung einen großen Teil der Produktion illegal ins Ausland, vor allem nach China verschiebt und den Erlös in die eigene Tasche steckt. Längerfristig hofft man offenbar, den gesamten Papiermarkt in Nordchina, Korea und der Mongolei erobern zu können und dann auch wieder ganz offiziell Gewinne zu machen. Natürlich immer noch auf Kosten der Umwelt, und das müssen wir verhindern.«

Die Strategie von Greenpeace Rußland beim Kampf um die Erhaltung des Baikalsees und die Schließung des Zellulosekombinats ist doppelgleisig und zeigt durchaus Wirkung. In Moskau erzeugt man öffentlich und intern

Druck auf die Abgeordneten der Duma und die russische Regierung; man arbeitet in unzähligen Kommissionen mit, die sich mit den ökologischen, wirtschaftlichen und juristischen Fragen dieses Problems beschäftigen; man läßt inländische und ausländische Experten Gutachten erstellen, versorgt die Presse und die Öffentlichkeit mit Informationen. Zugleich hat man im Verbund mit Greenpeace International bewirkt, daß das Zellulosekombinat von Baikalsk zumindest in Europa keine Abnehmer mehr für seine Produkte findet und das Thema »Baikalsk« inzwischen sogar bei Regierungsverhandlungen zwischen Rußland und den USA auf der Tagesordnung steht.

Aber was, so fragen wir Roman Pukalow, soll nach Ansicht von Greenpeace mit den Menschen in Baikalsk werden, wenn das Werk schließt und damit der einzige Arbeitgeber der Stadt verschwindet, es keine Heizung und keine Abwasserentsorgung mehr gibt?

Roman Pukalows Antwort klingt sarkastisch: »Für das Geld, das man für die sogenannte Umstrukturierung des Kombinats ausgeben wollte, könnte man alle Arbeiter des Kombinats aus Baikalsk nach Sotschi auf der Krim umsiedeln, dort Arbeitsplätze für sie schaffen und Häuser bauen.« Und dann schlägt Roman Pukalow eine riesigen Mappe mit Zeichnungen, Tabellen, Grundrissen, Gebäude- und Geländeskizzen auf.

»Natürlich kann man das Werk nicht von einem Tag auf den anderen schließen, das geht schon um der Menschen willen nicht. Aber wir haben mehr als zehn Alternativ-Projekte erarbeitet, mit deren Hilfe in Baikalsk allmählich neue Arbeitsplätze entstehen könnten und die das Kombinat Schritt für Schritt überflüssig machen würden. Die Lage der Stadt ist landschaftlich ungemein reizvoll: auf der einen Seite der See, auf der anderen riesige Berge, in denen es schon heute zwei alpine Skipisten gibt – ideale Bedingungen für den Tourismus. Man könnte umweltfreundliche Industrien ansiedeln, die für ihre Produktion sauberstes Wasser brauchen, zum Beispiel eine Fabrik für Baby- und Kindernahrung. Man könnte eine Möbelfabrik bauen, Holz gibt es ja in Hülle und Fülle, eine Marmeladenfabrik, denn auch Früchte und Beeren hat man genug. Man könnte eine bereits vorhandene, aber stillgelegte kleine Limonadefabrik zu einer Abfüllstation für Baikalwasser ausbauen und dann dieses als Heil- und Mineralwasser verkaufen. Man könnte ein internationales Kongreßzentrum errichten, das den Schwerpunkt seiner Arbeit auf Probleme des Umweltschutzes legt, und vieles mehr.«

Den Einwand, daß vielleicht manches ein wenig zu idealistisch gesehen sei, läßt Roman Pukalow nicht gelten.

»Natürlich geht das alles nicht von heute auf morgen. Dafür braucht man Investoren und Investitionen. Und so wie die Dinge zur Zeit bei uns ins Rußland liegen, müßten die wohl vor allem aus dem Ausland kommen. Aber als allererstes braucht man eine politische Entscheidung. Man muß den politischen Willen haben, die Dinge wirklich in Angriff zu nehmen, sonst ändert sich gar nichts.«

In seinem Optimismus und in seinem Engagement läßt sich Roman Pukalow auch von persönlichen Gefährdungen nicht beirren. Er hat Morddrohungen erhalten und Briefe, in denen die Entführung seiner Kinder angekündigt wurde für den Fall, daß er nicht aufhöre, »weiterhin Schwierigkeiten zu machen«. Wer hinter diesen Drohungen stehe, sei ihm völlig klar: einflußreiche mafiose Wirtschaftskreise, die rund um den Baikal ihre schmutzigen Geschäfte machen. Mit Erdöl, Holz und Zellulose. Der Kampf gegen das Monster von Baikalsk, die Zellulosefabrik, ist übrigens nur ein Teil der umweltpolitischen Arbeit von Roman Pukalow zur Rettung des Baikal. Mit gleicher Energie zieht er gegen den stellenweise noch immer unkontrollierten Holzeinschlag in der Baikalregion zu Felde sowie gegen die Verschmutzung der Umwelt durch die erdöl- und metallverarbeitende Industrie im Angaratal. Die Drohungen, die er erhält, nimmt er ernst. Doch um sich selbst, so sagt er, mache er sich keine Gedanken. »Ich tue, was ich tun muß.« Das Problem sei die Familie, seien die Kinder. »Sie muß ich schützen. Und ich glaube, ich weiß, wie ich es machen muß.«

Einer der wichtigsten Verbündeten von Greenpeace Rußland beim Kampf um den Erhalt des Baikalsees ist die »Ökologische Baikal-Welle« in Irkutsk, die inzwischen stärkste Umweltorganisation Sibiriens. Während Greenpeace seine Aktivitäten vor allem auf den politischen Kampf um die Durchsetzung des Umweltgedankens in Moskau konzentriert, organisiert die Baikal-Welle den Widerstand gegen die Umweltzerstörung an der Basis. Gegründet 1992, zählt die Baikal-Welle heute acht hauptamtliche Mitarbeiter; sieben von ihnen sind Frauen. Finanziert wird ihre Arbeit in erster Linie durch Fördergelder amerikanischer und deutscher Stiftungen, allen voran der Heinrich-Böll-Stiftung. Mit Hilfe dieser Gelder sowie von Sachspenden gelang es, in Irkutsk ein Büro in einem Gebäude der Sibirischen Abteilung der Akademie der Wissenschaften einzurichten: drei Zimmer, vollgestopft mit acht Schreibtischen, drei Computern, drei Telefonen, einem Kopiergerät, einem Fax, einem Fernsehgerät mit Videorecorder, einer Unzahl von Büchern und Zeitschriften zum Thema Natur- und Umweltschutz in russischer, englischer und deutscher Sprache. An den Wänden hängen Plakate, Tier- und Landschaftsfotos und wissenschaftliche Tabellen. In einer

Ecke stehen ein elektrischer Samowar und etwas Geschirr mit rotem Blümchenmuster. An einem der Regale baumelt ein Diplom für einen Film über die Dioxingefahr im Baikalgebiet, ausgestellt von der Jury des Internationalen Dokumentarfilmfestivals 1998 in Kopenhagen. Der Film wurde produziert von der Baikal-Welle und ist vor allem für den Einsatz in Schulen des Bezirks Irkutsk bestimmt.

Die Idee zur Gründung der Baikal-Welle hatte Jenny Sutton, eine 1946 in Indien geborene Engländerin, die 1974 aus Liebe zu Lew Tolstoj als Sprachlehrerin nach Irkutsk kam – und hiergeblieben ist.

Jenny Sutton ist mittelgroß und grazil. Ihr volles, ungebändigt nach allen Seiten abstehendes dunkelgraues Haar verleiht ihr das Aussehen einer kämpferischen Löwin. In der Tat gilt Jenny Sutton, die fließend Russisch spricht, als das Kraftwerk der Baikal-Welle, ein Energiebündel, das stets neue Ideen produziert und sich an der eigenen Phantasie begeistert. Mit dem Umweltschutz hatte sie, als sie nach Rußland kam, zunächst, wie sie sagt, nicht viel im Sinn. Erst in den späten achtziger Jahren, als sich in Irkutsk viele Intellektuelle, allen voran der Schriftsteller Valentin Rasputin, öffentlich für den Schutz des Baikalsees einsetzten, Demonstrationen gegen das Zellulosekombinat organisierten und ihren Protest bis nach Moskau und in die höchsten Partei- und Regierungsgremien trugen, wurde auch Jenny Sutton aktiv. Kurzerhand funktionierte sie 1990 den Englischen Club an der Akademie der Wissenschaften in Irkutsk in einen Englischen Umweltclub um und animierte dessen Mitglieder, sich für Umweltfragen zu interessieren. Sie selbst besorgte Fachliteratur aus England, übersetzte sie, verteilte sie an Kollegen und Kinder in den Schulen, versuchte in Industriebetrieben und bei Behörden für die

Belange des Umweltschutzes zu werben. 1992 dann ließ sie den Englischen Umweltclub als »Ökologische Baikal-Welle« ins Vereinsregister eintragen und ist seither eine ebenso feste wie unbequeme Größe im politischen und gesellschaftlichen Leben der Region Irkutsk. Zusammen mit der Biologin Tatjana Markowa und der Journalistin Olga Belskaja, deren Film in Kopenhagen preisgekrönt wurde, bildet sie das – gewählte – dreiköpfige Direktorium der Baikal-Welle und legt sich mit so ziemlich allen an, die in irgendeiner Weise Verantwortung tragen für den Baikalsee und die Gesundheit der Menschen in seiner Umgebung. Sie streitet mit den Wissenschaftlern des für den Baikalsee zuständigen Limnologischen Instituts der Akademie der Wissenschaften in Irkutsk, denen sie vorwirft, zu kompromißlerisch zu sein und aus Sorge um die finanzielle Basis des Instituts häufiger die Interessen der Politik und der Industrie als des Umweltschutzes zu vertreten; sie verklagt Betriebe, die massiv gegen die russischen Umweltgesetze verstoßen, und Behörden, die diese Verstöße untätig hinnehmen. Dabei ist sie von einer Kompromißlosigkeit, die selbst manche ihrer Mitstreiterinnen und Mitstreiter immer wieder überrascht.

»Überall auf der Welt müssen die Menschen sagen: Es gibt einen Punkt, an dem keine Kompromisse mehr gemacht werden können. Weil es Dinge gibt, mit denen einfach keine Kompromisse gemacht werden dürfen, wie mit dem Faschismus zum Beispiel.«

Für Jenny Sutton ist die Grenze, jenseits derer es keine Kompromisse mehr geben darf, der Baikal. Noch, so hofft sie, ist diese Grenze nicht überschritten; noch gibt es eine Chance, den See zu retten und auf diese Weise die Menschen davon zu überzeugen, daß sie selbst etwas für den Erhalt ihrer Lebensgrundlagen und ihrer Lebensqualität tun können. »Wenn es nicht gelingt, den

Baikal zu retten«, so Jenny Sutton, »werden wir auch den Planeten nicht retten.«

Als der strategische Kopf der Baikal-Welle gilt Tatjana Markowa. Nüchtern analysierend, still, aber beharrlich nach Wegen suchend, kühl abwägend, idealistischen Schwung in pragmatisches Handeln umsetzend – so beschreiben sie ihre Freunde, und so lernen wir sie kennen. Wir sind mit Tatjana Markowa bei strahlendem Wetter auf den Baikal hinausgefahren und ankern mit unserer »Minkas« einige hundert Meter vom Ufer entfernt direkt vor dem Zellulosekombinat von Baikalsk. Der Rauch, der in dicken Schwaden aus einigen der Schornsteine kommt, zieht sich auch heute über die Stadt und die Berghänge hinauf wie ein schmutziggrauer Teppich. Tatjana Markowa macht uns darauf aufmerksam, daß nur die Hälfte der Schornsteine raucht, was bedeutet, daß das Werk offenbar nicht ausgelastet ist und die Produktion heruntergefahren wurde. Auch für Tatjana Markowa ist das Zellulosekombinat die größte aktuelle Gefahr für den Baikalsee. In den dreißig Jahren, seit das Werk produziert, so Tatjana Markowa, ist bereits die Hälfte des Baikalwassers in der einen oder anderen Form von dem Kombinat in Mitleidenschaft gezogen worden, vor allem in den ersten Jahren, als die Abwässer fast ungeklärt in den See geleitet wurden. Doch auch wenn heute Filteranlagen und Klärbecken existieren, Restbestände giftiger Stoffe gelangen noch immer in den See. Überhaupt sei es eine Absurdität, eine Chemiefabrik direkt am Ufer des saubersten Sees der Welt, des größten Trinkwasserreservoirs der Erde, immer weiterproduzieren zu lassen.

»Jede Art von Abfall stört das Ökosystem des Baikal.«

Und kann es nicht auch eine Havarie geben oder ein Erdbeben?

»Selbst ohne Havarie und ohne Erdbeben: Wenn das Kombinat noch dreißig Jahre weiterproduziert, ist der See kaputt.«

Zusammen mit den Kolleginnen und Kollegen der Baikal-Welle, aber auch befreundeten Wissenschaftlern und Ärzten, hat Tatjana Markowa seit 1990 Daten und Informationen rund um das Zellulosekombinat gesammelt und versucht, die Behörden wie auch die Bewohner der Stadt Baikalsk damit zu konfrontieren. Wobei sie mit unendlichen Problemen zu kämpfen hatte und bis heute kämpft: mit Geldmangel, dem Fehlen von unabhängigen und qualifizierten Laboratorien und Instituten, die Messungen vornehmen und analysieren können, der Ignoranz von Betriebsleitung und Behörden in Baikalsk sowie der Abwehrhaltung der Bevölkerung der Stadt, die um ihre Existenzgrundlage fürchtet. Dabei sind die gesundheitlichen Folgen der Zelluloseproduktion, die Tatjana Markowa in Baikalsk beobachtet hat, überaus dramatisch: Verzögerungen der geistigen Entwicklung bei Kindern, Beeinträchtigung der Fruchtbarkeit der Frauen, Schwächungen des Immunsystems, auffallende Häufungen verschiedener Krebsarten, Mißbildungen. Doch sind all diese Feststellungen bislang nicht das Ergebnis systematischer Untersuchungen, dazu fehlen der Baikal-Welle das Geld und die Möglichkeiten, sondern rein empirische Beobachtungen. Von den russischen wissenschaftlichen Institutionen, so Tatjana Markowa, ist wenig Unterstützung zu erwarten.

»Die haben schon seit Jahren nicht einmal mehr das Geld, das Baikalwasser systematisch zu untersuchen.«

Systematische Aufschlüsse erhofft man sich nun von der privaten Hamburger Forschungsgesellschaft ERGO. Sie ist auf die Untersuchung von Umweltgiften spezialisiert und hat sich bereit erklärt, kostenlos Blut- und

Muttermilchproben der Bevölkerung von Baikalsk zu analysieren.

Verbittert ist Tatjana Markowa über die weitgehende Vergeblichkeit ihrer Versuche, die Bevölkerung von Baikalsk über die Gesundheitsgefahren und die Gefahren für den Baikalsee, die vom Zellulosekombinat ausgehen, aufzuklären. »Geradezu feindselig werden wir empfangen, als ob wir den Menschen schaden wollten.« Maximal zwanzig Leute würden kommen, wenn sie in Baikalsk zu einer Informationsveranstaltung einlade. »Und da steh' ich dann allein oder zusammen mit Jenny oder einer anderen Kollegin gegen den Rest.« Sicher, allmählich gebe es auch in Baikalsk einige Leute, die sehen, was um sie herum passiert, die nachdenklich geworden sind, aber die Mehrheit verschließe die Augen, aus Angst um den Arbeitsplatz und die Wohnung. Dabei, gesteht Tatjana Markowa in einer stillen Minute, sei sie eigentlich froh, nicht die Entscheidung über das Kombinat fällen zu müssen.

»Ich kenne nur den theoretischen Weg, nicht den praktischen. Ich weiß, daß das Kombinat geschlossen werden müßte, sofort. Aber ich weiß auch, daß es nicht geht, um der Menschen willen.«

Eine vollständige Schließung des Kombinats, so Tatjana Markowa, sei vielleicht erst in zehn Jahren realistisch, aber mit dem gezielten Herunterfahren der Produktion und der Schaffung alternativer Arbeitsplätze in der Stadt Baikalsk müßte sofort begonnen werden.

»Je länger das Kombinat arbeitet, um so mehr Menschen werden krank und um so schlechter geht es dem Baikal.«

Ein Fonds müsse gegründet werden für die Ansiedlung kleiner, umweltfreundlicher Betriebe, den Aufbau einer touristischen Infrastruktur; Geldgeber im In- und

Ausland müßten gefunden werden, die ökonomisches Interesse und ökologisches Engagement verbinden. Es sind im Prinzip die gleichen Vorstellungen, die auch schon Roman Pukalow entwickelt hat, kein Wunder, denn Greenpeace und die Baikal-Welle arbeiten inzwischen so eng zusammen, daß über eine Fusion nachgedacht wird.

Doch noch andere Probleme bewegen Tatjana Markowa. Es sind Probleme mit ihrer eigenen Befindlichkeit, Fragen nach dem Sinn und den Chancen ihres Tuns. Sie spricht leise, und wenn sie gedankenverloren über die Reling der »Minkas« in das glasklare, an dieser Stelle himmelblaue Wasser des Baikal schaut, scheint auf ihrem Gesicht ein Hauch von Müdigkeit zu liegen.

»Ja, ich bin müde, zuweilen jedenfalls«, gibt sie unumwunden zu. Seit zehn Jahren ist sie in der Umweltbewegung aktiv, seit zehn Jahren kämpft sie, unter widrigsten Umständen, um die Rettung des Baikal, weiß, daß sie alle guten Argumente auf ihrer Seite hat, und erlebt, wie sie dennoch immer wieder gegen Mauern anrennt.

»Mit welchem Optimismus haben wir vor zehn Jahren begonnen, mit welchen Hoffnungen. Und dann kamen immer wieder Rückschläge, immer wieder Mißerfolge. Manchmal hatten wir das Gefühl, daß wir überhaupt nichts machen können, überhaupt nichts erreichen. Und dann gab es immer wieder eine kleine Hoffnung, und wir haben von neuem angefangen. Neue Kommissionen zum Schutz des Baikal wurden gegründet, neue Initiativen gestartet, und wir haben uns gesagt, da müssen wir dabeisein und zu helfen versuchen. Und wieder ging's los, mit neuem Optimismus. Und dann haben die Kommissionen ihre Arbeit wieder eingestellt, die Initiativen versandeten, und auch unter uns gab es immer mehr, die resigniert haben.«

Doch seit im Sommer 1998 der Vermittlungsausschuß der Duma, der über das Gesetz zum Schutz des Baikal und die Zukunft des Zellulosekombinats befinden sollte, zu der Feststellung kam, daß die einzige ökologisch vertretbare Möglichkeit die Schließung des Kombinats sei, hat Tatjana Markowa neuen Mut gefaßt, neue Hoffnung geschöpft.

»Wir haben an dem Beschluß mitgewirkt«, sagt sie voller Stolz. »Noch nie waren wir dem Ende dieses Monsters so nah wie heute. Wir haben das Gefühl, daß jetzt von allen Seiten Druck ausgeübt wird, daß auf der ganzen Welt die Leute über den Baikal sprechen und begreifen, in welcher Gefahr er ist.«

Dennoch bleibt Tatjana Markowa realistisch. Was sei von den Behörden nicht schon alles versprochen worden! Wie viele Gesetze und Vorschriften zum Umweltschutz gebe es schon heute, die nur auf dem Papier stünden und nie in die Realität umgesetzt worden seien! Welche Chancen hätten Umweltschützer und einige anständige Politiker schon gegen die geballte Macht der Industrie und ihrer mafiosen Hintermänner auf hohen Regierungsposten. Und je schlimmer die wirtschaftliche Lage Rußlands werde, um so geringer seien die Chancen des Umweltschutzes. »Aber weitermachen müssen wir, es gibt doch keine Alternative.«

Das Jahr 2000, das haben sie und ihre Freunde den Behörden in Irkutsk abgerungen, soll offiziell zum »Jahr des Baikal« erklärt werden. »Es wäre doch gelacht, wenn wir bei dieser Gelegenheit nicht wieder ein Stück vorankämen.«

Für einen Moment scheint es, als sei die Müdigkeit aus Tatjanas Gesicht gewichen.

RASPUTINS KAMPF

Die Mühe könnten wir uns sparen, hatten uns russische Kollegen gewarnt: Valentin Rasputin zu einem Interview vor die Kamera zu bitten sei ein schöner Wunschtraum. Dünnhäutig sei der vielfach Preisgekrönte geworden, noch dünnhäutiger als früher, mißtrauisch, eigenbrötlerisch. Ganz in die Literatur habe er sich verkrochen, trete öffentlich höchstens einmal bei einer Dichterlesung auf und engagiere sich gesellschaftlich nur noch im Beirat des russisch-orthodoxen Gymnasiums von Irkutsk, zu dessen Gründern er zählt.

Der 1937 in einem Dorf an der Angara geborene Rasputin gilt vielen als der bedeutendste russische Schriftsteller des ausgehenden 20. Jahrhunderts. Keiner hat so einfühlsam, so eindringlich, so sprachgewaltig und so lebendig über das heutige Sibirien und den Baikalsee, das Leben der Menschen an seinen Ufern und den Angriff des Fortschritts auf die dörfliche russische Kultur geschrieben wie dieser Sohn einer einfachen Bauernfamilie. Mit seinem Roman »Abschied von Matjora«, der das Versinken seines Heimatdorfes in den Fluten der vom Irkutsker Wasserwerk aufgestauten Angara beschreibt, erlangte er Weltruhm. In seinen »Skizzen über den Baikal« erzählt er eine der vielen Legenden über die Entstehung des Sees. »Und der Herr schaute und sah: Unerquicklich war ihm die Erde geraten. Hoffentlich würde sie sich nicht über ihren Schöpfer beschweren. Und damit sie ihm nicht gram wäre, machte er ihr ein Geschenk: Nicht etwa einen einfachen Schemel, auf den man die Füße stellt, schleuderte er ihr hinunter, sondern das Maß seiner Reichtümer selbst, mit dem er abwog, wieviel ein jeder zu erhalten hatte. Das Maß fiel auf die Erde und verwandelte sich in den Baikal.«

Seit den siebziger Jahren hat sich Valentin Rasputin nicht nur literarisch, sondern auch politisch für die Rettung des Baikalsees engagiert. Er spielte eine führende Rolle bei der Entstehung der ersten Umwelt- und Bürgerbewegung in der Sowjetunion, organisierte den Widerstand vieler Schriftsteller und anderer Intellektueller gegen ökologische Wahnsinnsprojekte des Sowjetregimes, wie die geplante Umleitung der sibirischen Flüsse von Norden nach Süden, und gehörte unter Michail Gorbatschow der Regierungskommission zum Schutz des Baikal an. Nach dem Zusammenbruch der Sowjetunion erregte er Aufsehen durch zunehmend radikalere nationalistische Positionen und seinen öffentlichen Schulterschluß mit der neuen Generation der russischen Nationalkommunisten. Um den Schriftsteller Rasputin wurde es vorübergehend ruhiger. 1997 jedoch, aus Anlaß seines sechzigsten Geburtstags, erschien ein neuer Erzählband Rasputins, den auch die ihm gegenüber politisch distanzierte russische Kritik als glanzvolle Rückkehr des Schriftstellers in die Welt der Literatur feierte.

Als wir uns mit Valentin Rasputin auf seiner Datscha am Ufer der Angara treffen, begrüßt er uns mit ausgesuchter Höflichkeit. Er erinnert sich, mit einem Kollegen der ARD, Fritz Pleitgen, vor genau zwanzig Jahren schon einmal ein »gutes Gespräch« gehabt und dabei »gut gefeiert« zu haben. Und er ist, wie er betont, noch immer dankbar, daß er als Schriftsteller auch in Deutschland schon sehr früh anerkannt und verlegt worden sei. Heute allerdings kämen von dort kaum mehr Honorare, seine Bücher seien offenbar vergriffen. Daß sie nicht nachgedruckt worden seien, hänge vielleicht, so vermutet er, mit seiner politischen Haltung in den vergangenen

Jahren zusammen, aber genau wisse er es nicht, und er wolle in dieser Hinsicht auch nicht vorschnell urteilen.

Valentin Rasputin ist viel schlanker, als wir ihn von früheren Fotos in Erinnerung haben. Seine Gesichtsfarbe ist blaß, die Haut wirkt fast durchsichtig. Er trägt ein graublaues Hemd, eine braune Cordhose und weiße Turnschuhe. Seine schmale, leicht gebeugte Figur wirkt zerbrechlich, ein Eindruck, den seine langsamen, bedächtigen Bewegungen und seine leise Stimme noch unterstreichen. Die Datscha, nur durch eine weiß und gelb blühende Wiese von den Angara getrennt, ist ein zweistöckiges, bescheiden eingerichtetes Holzhaus mit einer kleinen gläsernen Veranda. Der vordere Teil des großen Gartens ist dicht mit Bäumen, Sträuchern, hochaufragendem Rittersporn und anderen Blumen bewachsen und gibt dem ganzen Anwesen ein verwunschenes Aussehen. Hinter dem Haus sind Beete für Kartoffeln, Mohrrüben, Gemüse und Salat angelegt. Rasputin selbst kümmert sich darum. »Ich liebe es, die Erde zu graben.« Unweit der Datscha steht ein kleines steinernes Gartenhaus, das geheizt werden kann: Rasputins Arbeitszimmer, in dem er im Winter auch schläft. Ein weiteres kleines Häuschen wird das ganze Jahr über von einem eigens angestellten Wächter bewohnt; sonst, so Rasputin, würde »hier kein Brett auf dem anderen bleiben«. Er selbst lebt die eine Hälfte des Jahres in Moskau, die andere hier auf der Datscha oder in seiner Stadtwohnung im nahe gelegenen Irkutsk.

Es ist später Nachmittag. Die Sonne steht tief über den bewaldeten Hügeln auf dem anderen Ufer der Angara, die hier eine mehrere Kilometer breite Bucht gebildet hat – Folge des in den fünfziger Jahren bei Irkutsk gebauten Staudamms, dem auch das Heimatdorf Rasputins zum Opfer gefallen ist. Wir wollen das letzte

Tageslicht ausnutzen, um noch einige Aufnahmen von Rasputin am Ufer seiner über alles geliebten Angara zu machen. Geduldig kommt Rasputin jeder Bitte Maxims nach, geht mal, die Sonne im Gesicht, dem Ufer und der Kamera entgegen, mal, von Maxim mit der Kamera auf der Schulter begleitet, am Ufer entlang, und zum Schluß, die Sonne im Rücken, bedächtig über die Wiese aus dem Bild hinaus.

Zwischendurch, während Maxim das Stativ umbaut, das Objektiv wechselt oder eine neue Kassette einlegt, dreht sich das Gespräch immer wieder um das Lieblingsthema Rasputins: Sibirien und seine Menschen. Er, so sagt er nicht ohne Stolz, sei ein geradezu klassischer Sibirier, eine Mischung aus den verschiedensten Völkerschaften und sozialen Ständen; unter seinen Vorfahren befänden sich sowohl sibirische Ureinwohner als auch verbannte polnische Adlige. Voller Zorn blickt er auf die vierhundertjährige Geschichte zurück, in der sich Rußland Sibirien »angeeignet und untertan gemacht« habe.

»Sibirien wird durch zwei Dinge bestimmt, durch Reichtum und dunkle Wildheit. Nur diese beiden Dinge waren für Rußland wichtig. Den Reichtum hat es aus Sibirien herausgesogen und ihm dafür seine menschlichen, in Anführungszeichen gesprochen, Abfälle geschickt, die Welt des Verbrechens.«

Auch heute noch, so Rasputin, sei Sibirien für die russische Metropole vor allem als Rohstofflieferant von Interesse, als Schatzkammer, die man bis zum letzten ausbeute. Und zu den gewöhnlichen Kriminellen, die früher Sibirien bevölkerten, sei nun noch eine andere Klasse gekommen, die sich kaum um Recht und Gesetz schert, die Neuen Russen. Am Beispiel seiner Datscha könne er es erläutern. Zweimal habe man versucht, unmittelbar vor seiner Nase, auf der Wiese zwischen seinem Grundstück und dem Ufer der Angara, eine weitere Datscha zu bauen, obwohl dies laut Gesetz so nahe am Ufer strikt verboten ist. Zu Sowjetzeiten war es ein Parteifunktionär, der sich seine Villa, und um nichts anderes ging es, dorthin setzen wollte. Ein Anruf beim Parteichef des Gebiets – »und der Fall war erledigt«. Nach der Wende, im Jahr 1995, wollte sich einer der Neuen Russen an gleicher Stelle sein Cottage, wie es nun auf russisch heißt, bauen. Monate habe es gedauert, die Einschaltung unzähliger Juristen und Beamten sei nötig gewesen und schließlich auch noch eine Menge Geld, um dieses Ansinnen in letzter Minute zu verhindern. »Und wenn man mich hier nicht gekannt hätte, hätte ich überhaupt keine Chance gehabt.«

Auf Vorschlag Maxims nehmen wir in einem der Ruderboote, die ans Ufer gezogen sind, Platz. Hinter den Hügeln auf der anderen Seite der Angara ist der milchig blaue Dunst des Baikal zu erahnen, jenes Meeres, das auch Rasputin in seinen Büchern stets »heilig« nennt.

»Warum«, fragen wir Valentin Rasputin, »ist der Baikal auch für Sie ein heiliges Meer?«

»Der Baikal ist berühmt und heilig nicht wegen seiner lebenspendenden Kraft, nicht wegen seines Reichtums, nicht wegen seiner Macht, sondern wegen seiner Großartigkeit und natürlichen Majestät, die er durch die Jahrhunderte bewahrt hat, die der Zeit und allen Umgestaltungen getrotzt haben. Der Baikal erweckt bei den Menschen unterschiedliche Gefühle. Bei den einen mystische, bei den anderen ästhetische und bei dritten schlicht materielle. Am häufigsten jedoch weckt er mystische Gefühle, auch bei uns Einheimischen. Ich lebe seit mehr als vierzig Jahren mit dem Baikal. Ich kenne den Baikal im Winter, im Frühling, im Sommer, im

Herbst. Und jedesmal wenn ich ihn wiedersehe, habe ich das Gefühl, ich müßte über mich hinauswachsen, um dem Baikal überhaupt innerlich näherzukommen, ihn richtig anzuschauen und zu verstehen. Doch das kann nicht jeder. Um den Baikal verstehen zu können, muß der Mensch eine Seele haben. Und die hat nicht jeder. Einem Menschen mit Seele aber öffnet sich der Baikal. Er begreift, daß diesem Meer ein mächtiger Geist innewohnt, ein Geist der Reinheit und Gerechtigkeit, der den Menschen zu ihrem Lebensrecht verhilft, solange sie die Natur achten. Sobald wir am Baikal sind, verändern wir uns, sind nicht mehr dieselben, die wir vor dem Baikal waren: Der Mensch verläßt ihn total verändert. Ich weiß das von mir selbst, und viele haben mir davon erzählt. Und sie haben mir davon berichtet, daß dieser Geist, diese neugewonnene Reinheit sozusagen, das ganze Jahr ihre Wirkung bewahrt. Deshalb kommen die Menschen auch immer wieder zum Baikal zurück.«

»Können Sie diese geistige Kraft des Baikal ein wenig näher beschreiben?«

»Das, was wir als Geist bezeichnen, muß nicht unbedingt das Gefühl sein, das mit der Kirche oder dem Glauben an Gott verbunden ist. Geist – das ist etwas, das uns mit der Ewigkeit verbindet. Das ist vor allem ein religiöses Gefühl, aber auch das Gefühl der Anbetung für solche Naturwunder wie den Baikal. Der Mensch braucht nicht an Gott zu glauben, er kann Atheist sein, er kann an andere Werte glauben; aber wenn er am Baikal steht, wird er nur staunen. Diese geradezu überirdische Schönheit versetzt den Menschen in Staunen und zwingt ihn nachzudenken; über die Welt nachzudenken, über sich selbst und über die sittlichen Werte, die ihm wichtig sind. Der Mensch kommt sich besser vor, und später wird er vielleicht versuchen, auch tatsächlich besser zu werden. Das ist so, als würde der Baikal verlangen: Mensch, bleibe bitte ein Mensch! Als würde er dem Menschen eine Substanz der Güte injizieren, und diese Substanz fängt an zu wirken. Auch, wenn ich nicht behaupten möchte, daß diese Substanz bei allen wirkt. Natürlich nicht!«

Wir kommen auf Rasputins langjähriges Engagement in der Umweltbewegung zu sprechen. Er erzählt von Erfolgen und Niederlagen: Wie es gelungen sei, aus zaghaften Anfängen einen massiven Bürgerwiderstand zu organisieren und 1987 sogar das Regierungsabkommen zum Schutz des Baikalsees zu erkämpfen; wie sie erreichten, daß im Papierkombinat an der Selenga ein geschlossener Wasserkreislauf installiert wurde; und wie in manchen Siedlungen am Ufer des Baikal umweltfreundlichere Heizkraftwerke ertrotzt wurden. »Aber der größte Teil unserer Vorhaben ist nicht realisiert worden. Und das schlimmste ist, daß das Zellulosekombinat in Baikalsk bis heute nicht geschlossen ist oder wenigstens die Produktion umgestellt hat.«

»Ich habe«, sage ich, »das Gefühl, daß Sie von diesem Kampf auch müde geworden sind.«

»Ja, ich bin müde. Zehn Jahre angestrengter öffentlicher Arbeit – das war nicht nur der Kampf um den Baikal, sondern auch der Kampf um kulturelle Werte, um die Literatur, die Alltagskultur und um die Denkmäler der Kulturgeschichte. Das war der Kampf gegen die Umleitung der sibirischen Flüsse und vieles, vieles mehr. Dies alles hat mich im Grunde von der Literatur abgehalten. Ich beschäftigte mich hauptsächlich mit politischer Publizistik, mit dem Abfassen von Artikeln, aber sehr wenig mit Literatur, dem Schreiben von Prosa. Dabei bin ich doch in erster Linie Schriftsteller! Manchmal habe ich mich fast geschämt, daß ich mich so von meiner literarischen Tätigkeit zurückgezogen habe. Natürlich, die Bürgerpflicht ist eine wichtige Sache, die Bürgerpflicht muß unbedingt erfüllt werden. Aber ich bin dem, was ich für den Baikal zu tun hatte, so eifrig nachgekommen, daß ich für mehr als zehn Jahre der Literatur den Rücken gekehrt habe, gleichsam aus der Literatur herausgefallen bin. Und das ist unverzeihlich.

Meine Rückkehr zur Literatur ist der eine Grund, daß ich mich nun nicht mehr so stark in der Umweltbewegung engagiere. Der andere Grund aber ist die derzeitige Situation in Rußland. Jetzt, da sich Rußland im Zustand des freien Falls befindet, und zwar eines freien Falls ohne Fallschirm, ist wohl nicht der richtige Moment, über sauberes Wasser und saubere Luft zu reden, so wichtig dies auch wäre. Viel wichtiger sind heute ein Stück Brot und ein bißchen Sicherheit für die Zukunft, damit die Menschen überleben können. Das Land braucht Stabilität; erst dann kann man wieder ernsthaft über Umweltprobleme und den Schutz des Baikal reden. Dabei haben wir noch Glück im Unglück.«

Rasputin macht eine längere Pause und klopft sich die Stechmücken von den Handflächen, die jetzt gegen Abend in immer dichteren Schwärmen am Ufer entlangtanzen.

»Mit dem Glück im Unglück meine ich die wirtschaftliche Situation Rußlands und die Folgen für den Baikal. Obwohl wir nur einen kleinen Teil unserer Forderungen durchsetzen konnten, hat die Verschmutzung des Baikal nachgelassen. Der Grund: Viele der Chemie-, Aluminium- und Maschinenfabriken entlang der Angara, deren Emissionen den Baikal so sehr belastet haben, sind stillgelegt worden oder mußten ihre Produktion erheblich drosseln. Was die Umweltschützer nicht geschafft haben, schafft die Wirtschaftskrise. Traurig, aber wahr. Selbst die stolze Baikalflotte, die für den See eine so große Rolle gespielt hat, liegt still. Nur die Mücken haben sich vermehrt.«

»Aber auf die Wirtschaftskrise zu hoffen kann doch langfristig keine Lösung für die Probleme des Baikal sein?«

»Natürlich nicht. Auf der einen Seite hat der Baikal mit seiner riesigen Wassermenge sicher auch einen gewaltigen Selbstschutzmechanismus, der übrigens noch immer nicht ganz erforscht ist, der aber dafür sorgt, daß so schnell nicht alles kaputtgehen kann. Auf der anderen Seite müssen wir uns sehr viel stärker auf den gesunden Menschenverstand besinnen. Die Tragödie, die das Land heute durchleidet, erlebt es nicht vergeblich. Sie ist eine Chance, umzudenken. Das Wasser ist das wertvollste Gut auf der Welt. Es ist mehr wert als Erdöl. Und bald wird es genausoviel wert sein wie Gold. Wasser ist lebensnotwendiger als Brot. Und ich will nicht aufhören zu glauben, daß wir einmal eine Regierung bekommen und eine Gesellschaft haben werden, die wenigstens aus praktischen Gründen begreifen, was der Erhalt des Baikal wert ist. Man könnte mit dem Wasser handeln. Man könnte Wasserleitungen legen, dies würde dem Baikal kaum Schaden zufügen, und man könnte mit dem Wasser Gewinne erzielen.«

»Und welches wären Ihrer Meinung nach die wichtigsten Sofortmaßnahmen?«

»Natürlich die Schließung oder zumindest eine Umstrukturierung des Zellulosekombinats von Baikalsk. Noch wichtiger aber ist, das geplante Gesetz über den Verkauf von Grund und Boden zu verhindern. Denn von diesem Gesetz droht dem Baikal mehr Gefahr als von dem Zellulosekombinat. Sollten die Grundstücke am

Baikal verkauft werden und sich dort Leute ansiedeln dürfen, die keinerlei moralische Verpflichtung gegenüber diesem See, der Natur und den Menschen ihrer Umgebung verspüren, und dies wird nach aller Erfahrung die Mehrheit von ihnen sein, dann wird es für den Baikal schlimm werden.«

Nachdem die Sonne hinter den Hügeln versunken ist, bittet uns Rasputin ins Haus. Er zeigt uns zunächst die kleine, spitzgieblige Hütte, sein Arbeitszimmer. Ein Schreibtisch, ein Stuhl, ein Bett und ein großer gemauerter Ofen. Überall verstreut – auf dem Tisch, auf dem Fensterbrett und auch auf dem Boden – Manuskriptseiten, mit spitzem Bleistift eng beschrieben. Die Buchstaben sind so mikroskopisch klein, daß sie mit bloßem Auge fast nicht zu entziffern sind. Auch Rasputin selbst hat, so sagt er, manchmal seine Mühe damit, aber so schreibe er schon seit seiner Kindheit. Zwangsläufig kommt das Gespräch auf die Situation der Literatur in Rußland, ein, wie Rasputin seufzend meint, sehr schwieriges Thema.

»Warum?«

»Weil die Situation der Literatur, wie die gesamte Situation in Rußland, eine so schwierige ist. Früher wurde in Rußland mehr gelesen als in irgendeinem anderen Land der Welt. Das sind keine leeren Worte, sondern eine Tatsache. Dann jedoch, innerhalb von zwei, drei Jahren nach der Wende, hat man plötzlich aufgehört zu lesen. Aber ich habe nicht aufgehört zu schreiben, und meine Erzählungen werden auch veröffentlicht. Dennoch wissen die Leute nichts davon, weil sie eben kaum mehr lesen.«

»Wie erklären Sie sich das?«

»Wie ich mir das erkläre? Der Lebensstandard der Menschen ist so tief gesunken, daß sie das Gefühl haben, ihre Würde verloren zu haben. Sie müssen sich um das tägliche Überleben, um das tägliche Stück Brot sorgen, müssen sich ständig abmühen und sehen dennoch keine Perspektive. Dies ist ein physisch wie psychisch bedrückender Zustand. Der Mensch kümmert sich nur noch um die alltäglichsten Dinge und hat überhaupt keine Energie mehr, an sich zu arbeiten, sich zu bessern. Und die Literatur dient doch dazu, den Menschen, seine Seele besser zu machen. Aber der Mensch heute glaubt, er brauche das nicht. Selbst wenn man ihm sagen würde, er sei gar kein Mensch mehr, wäre es ihm gleichgültig. Er würde nicht einmal protestieren. Es ist ihm egal, wofür man ihn hält. Er ist auch mit allen negativen Entwicklungen in sich selbst einverstanden. Also, wozu braucht er noch die Literatur?«

»Gibt es denn keine Kulturpolitik, die dem entgegensteuert?«

»Der Ton in unserem Land wird leider von zweifelhaften Politikern, sogenannten Neuen Russen, Oligarchen, angegeben und nicht von den besten Repräsentanten der Gesellschaft. Eine Kulturpolitik haben wir nicht. Was bei uns stattfindet, ist allenfalls eine Zerstörung der Kultur.«

»Aber es gibt doch keine Zensur mehr?«

Rasputin lacht. »Unter der Zensur habe ich mich wohler gefühlt als heute. Es war viel interessanter, denn Schreiben bedeutete, Widerstand zu leisten. Und im übrigen gibt es im Alltag auch heute eine Zensur, die noch viel besser funktioniert als die damalige – auf den verschiedenen Ebenen der Redakteure, in den verschiedenen Redaktionen.«

»Sind Sie denn für die Wiedereinführung der staatlichen Zensur?«

»Im Sinne einer sittlichen Kontrolle, ja. So wie bei euch in Deutschland, wo, um nur einen Punkt zu nennen, die Pornographie verboten ist. Oder bei einer bestimmten Art von Blasphemie. Bei den meisten Schriftstellern, die früher verboten waren, ist der Haß auf unser Land, auf seine Menschen, doch deutlich zu spüren. Bazillen können viele anstecken!«

»Gilt das auch für einen so großartigen Schriftsteller und Satiriker wie Wladimir Wojnowitsch, dessen Bücher – etwa ›Die denkwürdigen Abenteuer des Soldaten Tschonkin‹ – hier immer wieder verboten wurden?«

»Ich war zwar nie für die Zensur tätig, aber in diesem konkreten Fall hätte ich mir auch überlegt, ob ich so etwas drucke oder nicht. Es gibt heilige Dinge wie den Krieg, mit denen man solche Scherze wie Wojnowitsch nicht treiben darf.«

»Wer zerstört denn Ihrer Meinung nach die russische Kultur?«

»Dies geschieht in erster Linie durch die Massenkultur, die amerikanische Kultur. Diese Kultur, die Gewalt, Sex und Amoralität propagiert. Nun sagt man uns, daß auch Europa, ja die ganze übrige Welt das durchgemacht hat, aber man muß bedenken, daß in Rußland der Mensch anders ist, daß Rußland seine eigenen historischen Gesetze hat. Gut, Europa hat das durchgemacht, aber Europa hatte dafür viel Zeit. Rußland hingegen wurde von heute auf morgen in diese neue Massenkultur hineingestoßen, ohne daß es darauf vorbereitet gewesen wäre. In Afrika sollen Völkerstämme leben, für die Milch giftig ist, weil sie noch nie in ihrem Leben Milch getrunken haben. Ihr Organismus kennt Milch nicht, und so ist sie für ihn Gift. Genauso ist es mit Rußland. Wo ein anderes Volk vorsichtig gewesen wäre und sich erst allmählich an das Neue gewöhnt hätte, sind wir sofort ganz eingetaucht. Und das war Gift. Rußland kannte das nicht. Rußland hat eine andere

Kultur, eine andere Moral gehabt. Ich möchte damit nicht sagen, daß Rußland besser gewesen ist, daß der russische Mensch besser war als die anderen. Nein! Aber er war er selbst!«

»Aber Rußland kann sich doch auf Dauer nicht der internationalen Entwicklung verschließen?«

»Natürlich kann sich Rußland nicht ewig verschließen. Natürlich werden auch wir Teil dieser Entwicklung. Aber man kann es doch bedauern. Rußland soll sein eigenes Leben leben. Jedes Land, das irgendwann einmal entstanden ist oder gerade entsteht, hat den Ehrgeiz, selbständig zu leben, ohne daß man ihm fremde Meinungen, fremde Lebensregeln aufzwingt. Die Zivilisation, die jetzt der Welt aufgezwungen wird, ist eine technische, geistlose Zivilisation. Rußland aber hatte eine eigene Zivilisation. Egal welche, aber das war die geistige Zivilisation, die jetzt verlorengegangen ist. Wenn wir uns weiter in Richtung dieser einheitlichen Zivilisation bewegen, dann werden, da bin ich ganz sicher, göttliche oder irgendwelche anderen Kräfte eingreifen. Dann wird der Schöpfer erneut über seine Schöpfung, den Menschen, befinden.«

»Aber im Zuge der Globalisierung, der Internationalisierung aller Lebensbereiche, wird Rußland doch gar keine Möglichkeit haben, allein zu überleben?«

»Warum soll die Internationalisierung der einzige Weg sein? Vielleicht geht doch beides: ein nationaler Staat und eine offene Gesellschaft. Man braucht doch nicht unbedingt multinationale Strukturen, in die Rußland so tief hineingezogen wird, daß von ihm gar nichts mehr, insbesondere nichts Eigenes mehr übrig bleibt.«

Rasputin erhebt sich und geht zum Fenster des Arbeitszimmers. Von hier aus schweift der Blick weit hinaus über das Tal der Angara und die gegenüberliegenden

Hügel. »Manchmal muß ich an den Eisernen Vorhang zurückdenken. Natürlich, das war eine zutiefst unzivilisierte Sache. Uns wurde dadurch vieles vorenthalten. Ich persönlich konnte erst sehr spät ausländische Schriftsteller lesen, auch meine deutschen Lieblingsschriftsteller der Neuzeit, Wolfgang Borchert und Heinrich Böll. Ich hätte viel früher damit anfangen sollen; als Schriftsteller habe ich dadurch viel verloren. Der Kulturaustausch ist unbedingt notwendig. Keine Kultur kann sich abkapseln, genausowenig wie die Wirtschaft. Aber bei all dem brauchen wir Schutzmechanismen, damit die eigene Kultur erhalten bleibt, sie ihre eigene Färbung bewahrt. Das ist auch wichtig für die Weltkultur. Wenn aus der Weltkultur eine Einheitskultur wird, dann ist es keine Kultur mehr, sondern nur noch ein Surrogat.«

Rasputin bittet uns auf die kleine Veranda seiner Datscha. Mit einem sanften Griff hebt er die schwarze Katze aus einem der Korbsessel, setzt im elektrischen Samowar Teewasser auf, stellt frischgebackenes Weißbrot, Milch, Kefir, Butter, Honig, kleine russische Lebkuchen, Walderdbeeren, Marmelade, eingelegte Gurken und Pilze auf den Tisch. »Alles aus der Umgebung«, sagt er. »Gurken, Beeren und Pilze sogar selbst geerntet.«

Eine Weile reden wir über den Reichtum der russischen Taiga und das Elend der russischen Landwirtschaft, die nicht einmal mehr das eigene Volk ernähren kann, ganz zu schweigen von den Zeiten vor der Oktoberrevolution, als man Getreide sogar exportierte. Dann schneiden wir vorsichtig das Thema an, von dem wir vermuten, daß es das heikelste wird.

»Valentin Grigorjewitsch, Sie haben in letzter Zeit häufiger darüber geschrieben, daß Rußland einen gewissen Patriotismus braucht?«

»Nicht einen gewissen, sondern einen ganz großen.«

»Was bedeutet das?«

»Man muß die eigenen Werte beschützen. Ich glaube, ich bin nicht nur Patriot, sondern in gewisser Weise auch Nationalist. Rußland braucht heute den Nationalismus. Manche versuchen, den Nationalismus mit dem Faschismus gleichzusetzen. Das ist absolut falsch. Faschismus ist dem russischen Menschen fremd. Er wird nie ein Faschist sein, er wird sich nie über andere Völker erheben wollen. Die Geschichte beweist, daß der russische Mensch mit Minderheiten zusammenleben kann, eine natürliche Fähigkeit zur Koexistenz besitzt. In der gegenwärtigen Zeit aber hat der russische Mensch sein Selbstbewußtsein und seine Selbstachtung verloren. Mit so einem Volk kann sich kein Staat aus seiner Krise befreien. Damit das Volk aber sein Selbstbewußtsein wiederfinden kann, muß man ihm die Werte zeigen, die seinem Geist eigen sind, die Schätze der Geschichte, die Schätze und die Notwendigkeit seines Glaubens. Mit anderen Worten, er muß wieder zu sich kommen und sich wie ein normaler Mensch fühlen. Und wenn wir sagen, das russische Thema, das russische Problem, der russische Mensch, dann heißt das: ›Du darfst dich nicht unmoralisch benehmen, denn du bist ein Russe!‹ Ich glaube, der Nationalismus ist unter den heutigen Umständen bis zu einem gewissen Grad sogar notwendig. Er könnte wie eine Arznei wirken. Ein kranker Mensch braucht Arznei. Der Nationalismus könnte jetzt so eine Arznei werden. Aber sobald die Gesellschaft gesund wird, muß man diese Arznei wieder absetzen. Sonst wird die Arznei zum Gift.«

»Möchten Sie denn, daß Rußland wieder eine Großmacht wird?«

»Natürlich. Entweder Rußland ist eine Großmacht, oder es hört auf zu existieren.«

»Und was heißt Großmacht für Sie?«

»Die Fähigkeit, sich selbst verteidigen zu können. Und das kann Rußland heute nicht.«

»Bedeutet Großmacht nicht auch, vielleicht andere Völker wieder, wie es heißt, beglücken zu können?«

»Um Himmels willen, wir wollen niemandem unser System aufzwingen, so wie wir es früher wollten. Das und die Ideologie hat uns zerrissen. Aber ein so großes Land wie das unsere muß sich selbst organisieren können, oder es zerfällt.«

»Und sehen Sie Feinde, die Rußland bedrohen?«

»Natürlich. Für mich sind Feinde die Mächte, die Rußland ihr Gesetz aufdrücken wollen. Kulturell wie wirtschaftlich. Rußland hat seine eigenen Gesetze.«

»In der letzten Zeit haben Sie wiederholt öffentlich den Schulterschluß mit den Kommunisten demonstriert.«

»Was ist schlimm daran? Ja, ich bin ein Nationalbolschewist. Wobei ich nicht falsch verstanden werden möchte. Ich war nie Mitglied der Partei, habe in meinen Büchern in der letzten Zeit auch keine einzige positive Figur eines Kommunisten geschildert. Ich denke nicht mal an sie. Ich stand doch die ganze Zeit in Opposition zum Kommunismus. Doch mit Beginn der Gorbatschow-Ära, Mitte der achtziger Jahre, als sich die Partei von ihren alten Vorstellungen zu lösen begann, in der Zeit, die man bei uns die Zeit des Nationalsbolschewismus nannte, war ich bereit, mich mit ihnen zu versöhnen. Weil ich gesehen habe, was die sogenannte liberale Bewegung in unserem Land anrichten und wohin sie Rußland treiben würde.«

»Und die verbrecherische Vergangenheit des kommunistischen Regimes, der Terror, die Unterdrückung – schreckten die Sie nicht ab?«

»Es ist doch paradox: Als der Bolschewismus begann, sich von dieser schrecklichen Vergangenheit loszusagen, und nicht mehr die Ideologie, sondern die Nation in den Vordergrund stellte, ist man sofort von allen Seiten auf ihn losgegangen. Als er aber noch im Namen der Ideologie und des Internationalismus den Terror praktizierte, haben sich so ziemlich alle damit abgefunden. Das kann ich nicht begreifen.«

»Haben Sie mitbekommen, daß viele Leser in Rußland und im Westen überrascht waren, als Sie sich zu den Rechten bekannten?«

»Solange es die Situation im Vaterland erfordert, Rechter zu sein, bin ich natürlich ein Rechter. Rechts und links, was heißt das schon. Mal galt ich als Rechter, jetzt wieder als Linker. Für mich ist das vom moralischen Standpunkt aus kein Seitenwechsel. Die Richtigen sind für mich die, bei denen die Wahrheit ist.«

Es ist spät geworden. Am klaren sibirischen Nachthimmel strahlen der Große Wagen, der Polarstern und unzählige andere Gestirne. Sie erscheinen uns näher als am europäischen Himmel. Valentin Rasputin hat darauf bestanden, uns zu unserem Auto zu begleiten, das wir am Hang über dem Ufer der Angara abgestellt haben.

»Morgen«, sagt Rasputin und legt dabei, durch die Nase tief Luft holend, den Kopf in den Nacken, »morgen beginnt in Sibirien der Herbst.«

Es wird der 1. September 1998 sein.

Während wir unsere Kamera, Mikrophone und sonstigen Gerätschaften im Auto verstauen, kommt Rasputin noch einmal auf den Baikal zu sprechen. Bei aller Sorge, die er sich um den See mache, sei er doch optimistisch. »Der Baikal ist klüger als wir, er wird sich erhalten. Wir Menschen, wir können uns nicht erhalten. Wir leben in den Tag hinein. Aber der Baikal rechnet auf ein langes Leben, er hat ein Gedächtnis von 25 Millionen Jahren.«

Rasputin macht eine Pause, wendet den Kopf Richtung Baikal, dann schaut er mich mit einem langen, in sich gekehrten Blick an. »Jedesmal wenn ich an Gott denke, denke ich in erster Linie an den besten Teil seiner Schöpfung. Ich glaube, der Mensch gehört nicht dazu. Aber die Natur, der Baikal, sie sind Teil der besten Schöpfung Gottes. Das ist etwas, was nicht einmal der Mensch zu zerstören vermag. Der Baikal wehrt sich. Der Baikal lebt immer noch, und der Mensch hat ihn noch nicht besiegt. Und er wird ihn auch nicht besiegen.«

Wir verabschieden uns.

»Wenn ihr in Moskau seid«, sagt Rasputin »besucht mich. Und auch, wenn ihr wieder zum Baikal zurückkommt.«

Wir versprechen es.

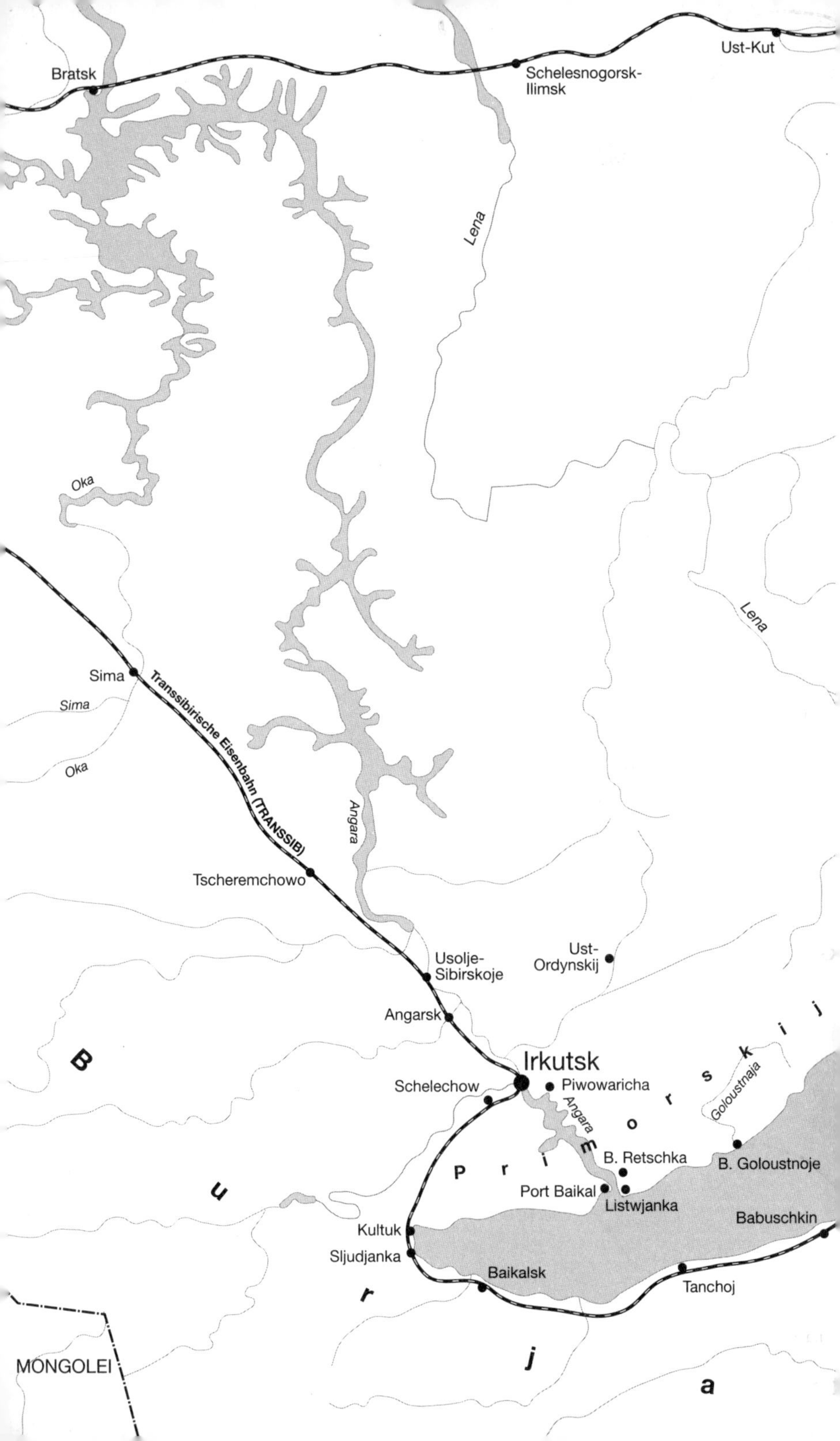
Bratsk
Schelesnogorsk-
Ilimsk
Ust-Kut
Lena
Oka
Sima
Sima
Oka
Transsibirische Eisenbahn (TRANSSIB)
Angara
Lena
Tscheremchowo
Usolje-
Sibirskoje
Ust-
Ordynskij
Angarsk
Irkutsk
Piwowaricha
Schelechow
Angara
Goloustnaja
B. Retschka
B. Goloustnoje
Port Baikal
Listwjanka
Babuschkin
Kultuk
Sljudjanka
Baikalsk
Tanchoj
P r i m o r s k i j
B u r j a
MONGOLEI